U0481155

中国古代哲学通诠

宋志明 著

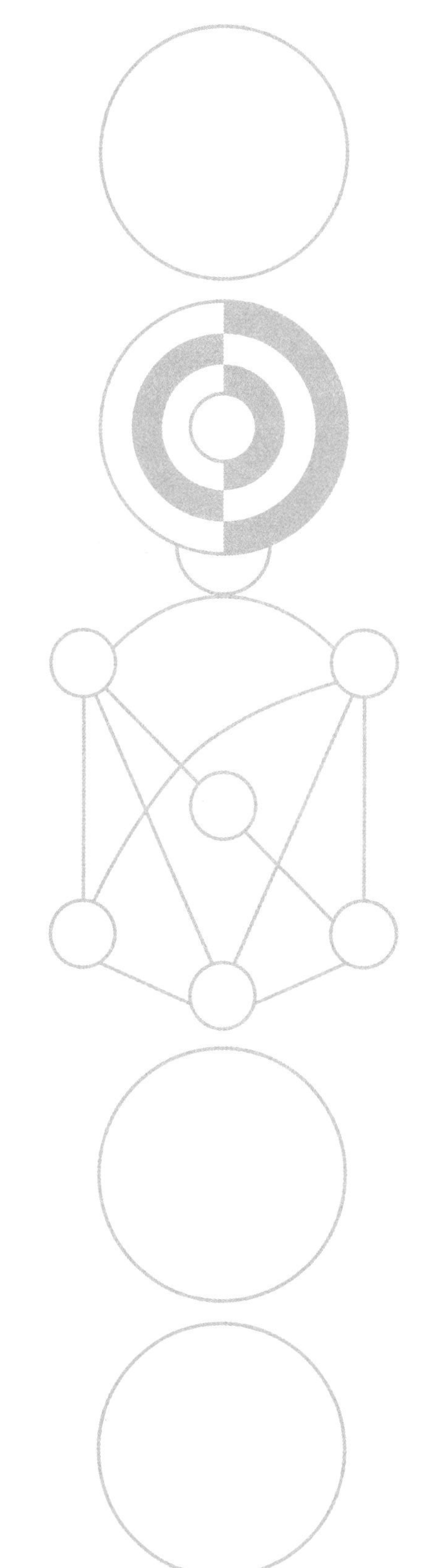

孔學堂文庫

孔學堂書局

本书获2022年贵州省出版传媒事业发展专项资金资助
本书获贵州省孔学堂发展基金会资助

图书在版编目（CIP）数据

中国古代哲学通诠 / 宋志明著. — 贵阳：孔学堂书局, 2024.1
（孔学堂文库 / 郭齐勇主编）
ISBN 978-7-80770-407-2

Ⅰ. ①中… Ⅱ. ①宋… Ⅲ. ①古代哲学－哲学史－研究－中国 Ⅳ. ①B21

中国国家版本馆CIP数据核字(2023)第218066号

孔学堂文库　郭齐勇　主编
中国古代哲学通诠　宋志明　著
ZHONGGUO GUDAI ZHEXUE TONGQUAN

策　　划：张发贤
责任编辑：陈　真　孟　红
版式设计：刘思妤
责任印制：张　莹

出　　品：贵州日报当代融媒体集团
出版发行：孔学堂书局
地　　址：贵阳市乌当区大坡路27号
印　　制：北京世纪恒宇印刷有限公司
开　　本：787mm×1092mm　1/16
字　　数：371千字
印　　张：22
版　　次：2024年1月第1版
印　　次：2024年1月第1次
书　　号：ISBN 978-7-80770-407-2
定　　价：88.00元

自 序

1973年，我在吉林炭素厂当工人。那时“文化大革命”虽已进入尾声，但还没有结束，所以“工人阶级”仍旧扮演双重角色：既是工业生产领域中的主力军，也是思想理论领域中的“主力军”。吉林炭素厂按照上级要求，也组建了“工人理论队伍”，我有幸成为其中一员，并且还是骨干。骨干享有可以脱产的特权，专门从事理论研究，参加写作班子。我们这些耍笔杆子的工人，被工友们戏称在“写作工段”上班。那时吉林大学哲学系以吉林炭素厂为基地开门办学，我便以吉林工人理论队伍骨干的身份，同哲学系师生在一起学习。后来我被派到吉林大学，住在招待所里，成为《荀子选注》注释组的成员，参与《荀子选注》编纂、注释、今译工作。在注释组的顾问当中，竟有大名鼎鼎的于省吾、金景芳二位老教授。《荀子选注》一书由教师、学生、工人共同完成，1974年由吉林人民出版社出版。《荀子选注》脱稿后，我接着参加了吉林大学哲学系和吉林炭素厂共同组建的《中国哲学史》编写组，编写组成员有朱日耀、吴锦东、吕希晨、陈庆坤等四位老师，还有若干学生和工人。我的任务是起草先秦部分的初稿，后来因陈庆坤老师被安排其他事情，我代替他主持近代部分定稿。我在吉林大学大约住了两年，身份是“工农兵讲师”。书稿写完后，印发征求意见稿2000册，发给中国哲学史界同行。我随同编写组老师到各地征求意见，第一站是北京大学。座谈会在冯友兰先生家召开，冯友兰先生、张岱年先生以及北大多位老师出席了座谈会。第二站是复旦大学，严北溟、胡曲元等先生出席了座谈会。第三站是中山大学，李锦全、吴熙钊等先生出席了座谈会。征求意见回来，还未来得及进一步修改，“文化大革命”宣告结束，编写组也随之解散，故而此书不了了之。

1979年我考入吉林大学，成为第一批攻读中国哲学专业的硕士生；1983年我又考入中国人民大学，成为第一批中国哲学专业毕业的硕士生中唯一攻读中国哲学专业的博士生。我的导师是石峻先生。我毕业后留校任教至今，多次为哲学专业本科生讲授中国哲学史课程。一个偶然的机会，我从一个业余的中国哲学史研究参与者起步，竟成为专业的中国哲学史讲授者和研究者。现如今，我与中国哲学史这门课程相伴已经快满38年，应当说有"品头论足"的资格了。

综观已经出版的十几种中国哲学史教材（其中大部分为多人合作编写），我觉得存在着三点遗憾。第一，不够"中国"。有些编写者似乎自信心不足，习惯于按照国外的模式来写，没有充分反映出中国哲学的独到精神、独到韵味。长期以来，中国哲学史研究仿佛必须拄着拐杖才能行走——其中一根拐杖是西方哲学史的研究模式，另一根拐杖就是苏联哲学史的研究模式——后者对我们的影响，恐怕比前者更大。第二，不够"哲学"。有些编写者似乎只是把古人的言论编纂在一起，并不做思想的提炼和问题的解析，求因、明变、评判一概不做。据有人统计，有些教材引用的原文，甚至超过全书三分之一的篇幅。这种读本与读书笔记没有什么区别。第三，不够"历史"。有些编写者选择的人物众多，似乎想把历史上有哲学言论传世的人都写进去，结果弄得篇幅冗长，无法展现哲学思想发展的脉络。在这种读本中，经常出现的字眼是"某某人同某某人一脉相承"，看不出后来哲学家的创新之处在哪里。

怎样弥补上述三点遗憾？这是我近年来思考的问题。围绕这个问题，我发表了30多篇文章。在此基础上，我写成此书，题为《中国古代哲学通诠》。我觉得，弥补三点遗憾的关键，在于把握住以下三个要点。

第一，捕捉中国哲学特有的话题。本书"总论篇"主要谈的就是这个问题。中国哲学史的主词，毫无疑问应当是"中国"二字。可是，长期以来中国哲学史界似乎忽略了这一点。非但中国哲学史界，似乎整个中国社会科学界都忽略了中国社会科学所应体现的"中国性"（或称民族性）。我在《关注民族性》一文中，批评了这种情形，呼吁大家关注中国学术自身的话题，不要只做西方学术话语的追随者。单数的哲学观也是妨碍人们捕捉中国哲学特有话题的思想障碍，我在《提倡多元化》中，驳斥"哲学只有一个"的谬见，强调中国哲学有自身特有的话题，回应某些人对于“中国哲学合法性”的质疑。《寻求新视角》则谈我关于中国哲学世界化和现代化的看法。《哲学三义与三性》阐述了我的哲学观和哲学史观。在《中国哲学精神》中，我把中国哲学精神概括为自强不息、实事求是、辩证思维、以人为本、内在超越、有容乃大等六条。《中国哲学基本问题》则把中国哲学的基本问题归结为天人关系问题。《中国哲学主要问题》把天人关系、两一关系、知行关系、义利关系四个问题视为中国哲学主要问题。《中国哲学世界观维度》《中国哲学本体论思路》《中国哲学关注人生的特色》《中国哲学主流价值取向》《中国哲学主流义利观》等，则从不同侧面阐述中国哲学特有的话题以及阐述这些话题的特有方式。

第二，抓住中国哲学自身发展的逻辑进程。目前见到的中国哲学史教材，基本上是按朝代更迭表述的。我觉得这样处理不太合适。朝代更迭对哲学思想发展固然有影响，但没有必然的联系，哲学不会因朝代更迭而马上改变。书写中国哲学史，不一定非得按照朝代更迭的顺序，应当抓住中国哲学自身发展的逻辑进程。在“分期篇”中，我阐述了自己关于中国哲学分期的看法。我认为，中国古代哲学是一段完整的断代哲学史，以春秋末年即公元前5世纪为起点，以1840年鸦片战争为终点。古代中国哲学历史跨度比较大，大约2400年，可以细分为三个阶段。第一个阶段是奠基期，即先秦时期，以“百家争鸣”为基本特征。《奠基期：中国哲学的发端》论述了这一阶段的语境、文本和话题。第二个阶段是展开期，从西汉到唐末，以“三教并立”为基本特征。《展开期：三教并立与话题更新》论述了这一阶段的语境、文本和话题。第三个阶段是高峰期，从北宋到清末，以“理学行世”为基本特征。《高峰期：宋明理学的新话题》论述了这一阶段的语境、文本和话题。

第三，提炼每个哲学家提出的特有话题。仅概括出中国哲学一般性的话题还不够，必须把“话题更新”落实到有代表性的哲学家身上。“总论篇”选择宏观的视角，“分期篇”选择中观的视角，而后三篇则选择微观的视角。“奠基期个案篇”以先秦时期的老子、庄子、孔子、孟子、荀子、墨子、韩非为代表，论述每位哲学家所谈论的特有话题。“展开期个案篇”以汉唐时期的董仲舒、王充、王弼、郭象为代表，论述每位哲学家所谈论的特有话题。由于佛教涉猎范围太广，没有以人物为个案，而以思潮为个案，题为《中国佛教：创造性诠释》。“高峰期个案篇”以宋代的周敦颐、二程兄弟、张载、朱熹、陆九渊，以及此后的王阳明、王夫之、戴震为代表，论述每位哲学家所谈论的特有话题。真正有代表性的哲学家，其实都是中国哲学史上里程碑式的人物。他们对于此前的哲学家，或接着讲，或对着讲，或改变话语方式，绝不仅仅照着讲。他们都是有原创力的思考者，都在为中国哲学大厦添砖加瓦。他们不断地更新哲学话题，丰富着中国哲学的内容。这种话题更新构成了他们之间内在的、本质的联系，哲学史研究者应当对此作出有说服力的解释。从这个意义上说，所谓哲学史就是哲学家不断更新哲学话题的历史。只有把握住这一点，才能体现出哲学史的历史性，才不会把哲学史写成“封神榜”或“点鬼簿”。那些只会照着讲而没有更新哲学话题的学者，可以写进学术史，但不必写进哲学史。

宋志明

2022年序于中国人民大学宜园二楼思灵善斋

目 录

丁　展开期个案篇

戊　高峰期个案篇

甲　总论篇

《总论篇》共十二章。《关注民族性》注意到社会科学方法的特殊性，主张研究中国哲学史抓住民族性不放，反映出中国古代哲学的特色。《提倡多元化》倡导复数哲学观，破除单数哲学观。《寻求新视角》厘清哲学共相与中国哲学殊相之间关系，反驳对中国哲学“合法性”的质疑；说明中国哲学和中国哲学传统的关系，论述中国哲学如何应对现代化和世界化，对中国哲学的发展前景持乐观态度。《哲学三义与三性》论述关于哲学的三种观点，强调哲学的民族性、人类性和时代性。《中国哲学精神》将中国哲学精神概括为自强不息、实事求是、辩证逻辑、以人为本、内在超越、有容乃大等六点。《中国哲学基本问题》反驳“两军对战”模式，强调天人之辨才是中国古代哲学的基本问题。《中国哲学主要问题》论及天人关系问题、两一关系问题、知行关系问题、义利关系问题。《中国哲学世界观维度》阐述中国哲学中关于世界的过程性、整体性、确定性的看法。《中国哲学本体论思路》绍述中国哲学中关于本体论问题的来龙去脉。《中国哲学关注人生的特色》跳出误区，独辟蹊径，强调中国哲学以人生论为中心。《中国哲学主流价值取向》认为中国哲学求道是为了求真；强调求善与求美、成圣与合群的一致性。《中国哲学主流义利观》绍述中国哲学关于义利关系问题的探讨，倡导内圣外王模式，在现代仍有积极意义。

一、关注民族性

关于社会科学研究方法，可以说是一个常讲常新的老话题，放在不同的语境可以有不同的意涵。在20世纪80年代，也就是改革开放初期，社会科学界曾经讨论过这个问题。那时大家讨论这个问题，是为了解放思想，冲破“左”的思想框框的束缚，开创中国社会科学研究事业的新局面。我们在21世纪初讨论这个问题，是为了解决学术研究如何创新、如何打造更多的学术精品的问题。本章就如何看待社会科学方法、如何看待社会科学前沿和学术精品等问题，发表一些笔者的看法。

（一）社会科学方法的特殊性

在科学主义的话语中，社会科学的研究方法和自然科学的研究方法往往被混为一谈，二者之间的区别则常常被忽视。科学主义者不懂得，不能简单地把自然科学的研究方法搬到社会科学研究领域中，也不能用自然科学的眼光批评社会科学的研究方法。实际上，社会科学的研究方法与自然科学的研究方法并不一样。不弄清楚这一点，就无法找到社会科学研究的正确方向和路径。

自然科学以物质现象为研究对象，研究者面对同一个客观的物质世界，有确定的外延，容易达成方法论上的共识，形成大家都可以接受的结论。自然科学的研究方法不具有区域性或民族性，可以建构全世界统一的学科。例如物理学，全世界只有一门，没有必要区分“中国物理学”和“外国物理学”。社会科学则不然。社会科学以精神现象、社会现象为研究对象，而精神现象和社会现象不像物质世界那样具有确定的外延。迄今为止，人类社会还没有统一，各个民族或各个地区处在不同的发展阶段，并不平衡，因而社会科学研究方法不能不表现出民族性或区域性的特点。现代汉语中的“社会”一词是从日文引入的，就是“群体”的意思。①外国社会科学以外国特定的社会群体为研究对象，中国社会科学则以中国社会群体为研究对象，由于各自处在不同的发展阶段，有不同的发展轨迹，研究方法自然是不一样的。虽然具有相通性，但毕竟是有区别的。对于不同的社会群体来说，各自的文化背景不同，

①严复曾把“社会学”译为“群学”，可惜没有推广开。

认知主体不同，认知模式不同，研究对象不同，研究的方法自然也就不同。社会科学所面对的精神世界是复数，而不是单数。在研究方法上，可以说有共法而无成法。所谓有共法，是指具有“家族的相似性”，可以相互学习、相互交流、相互借鉴；所谓无成法，是指没有一成不变的模式可以套用。在社会科学研究方法上，既不可以轻言“与国际接轨”，也不可以照搬照抄外国社会科学的研究方法。当然，沟通和借鉴是十分必要的，也是有益的，但绝不可以生搬硬套、食“洋”不化。我们作为中国社会科学的研究者，应当时刻关注中国社会科学的民族性、区域性特点，树立起方法论上的自信心，不能唯西方人马首是瞻，把自己摆在附庸的位置。吃别人嚼过的馍没有味道，跟在别人后面爬行，永远是个落伍者。中国社会科学的研究方法，只能是中国的社会科学研究者自己在研究过程中去探索。中国社会科学研究的问题，应当是中国社会发展过程中存在的实际问题，而不是从别人那里找来的话题。对于西方社会科学研究的问题和方法，我们可以“比着讲”，但不必“照着讲”。“取他人之火，烧自己之肉”方是明智的态度。

对于社会科学研究方法，既可以从理论层面考量，也可以从操作层面考量。从理论层面考量社会科学研究方法，那是少数学术史专家的事情。对于大多数社会科学研究者来说，有所了解当然是必要的，但不必都参与研讨。大多数社会科学研究者所关注的研究方法，恐怕主要还是在操作层面。在操作的层面上，研究方法同研究内容、研究过程是统一的，没有脱离研究内容和研究过程的、屡试不爽的、现成的研究方法。每个研究者都有自己的研究方法，甚至每个研究课题都有独特的研究方法。这种可操作的研究方法是研究者在研究过程中自己摸索出来的。当然，他可以学习和借鉴别人的方法，但是学习和借鉴不能代替自己独立探索。想从别人那里找到现成的方法是不可能的。抱有这种念头的人，恐怕已陷入方法论的误区，只能被“方法论的焦虑”折磨得焦头烂额，不会有什么收获。鲁迅先生说过，从事文学创作的作家，不一定先要把《写作方法》《创造大全》之类的书都读透了之后才动笔，而是在创造过程中体味自己适用的写作方法。搞社会科学研究恐怕也是如此。“鸳鸯绣了凭君看，莫把金针度与人”，这并不意味着刺绣师傅太保守、太小气，因为“金针”确实难对不知者道。徒弟要想掌握刺绣的方法，只能在刺绣的实践中去摸索，用心揣摩师父绣出的“鸳鸯”，不能指望师父告诉你绣出鸳鸯的现成方法。方法不完全是学来的，更重要的是靠自己去“悟”，所谓“如人饮水，冷暖自知”。如果指望从别人那里得到现成的方法，恐怕只会落得邯郸学步者的结局。邯郸学步者觉得邯郸人走路的方法好，就去学，结果没有学会，竟连自己原来走路的方法也忘记了，最后只得狼狈地爬出邯郸城。

胡适是中国现代学术史上比较早关注社会科学研究方法的著名学者，他从来都是把方法与问题联系在一起的。他在谈“方法”时，一定要先谈“问题丹”。在他看来，问题是方法的起点，离开问题无所谓方法。此外，他也看到了研究内容、研究过程与研究方法的一致性。

（二）抓住民族性不放

追踪中国社会科学的前沿、打造出有分量的学术精品，可以说是中国社会科学研究者共同奋斗的目标。平心而论，许多研究者离这一目标尚有一段距离。

新中国的社会科学研究事业所走过的道路并不是一帆风顺的，曾经长期在迷途上徘徊，真正的起步应当说还是在改革开放以后。在改革开放以前，“左”的话语占据主导地位，无法开展真正的学术研究。那时的所谓学术，大都是引证型的。谁引用的经典语录多，谁引用的领导人讲话多，谁引用的社论多，谁引证得恰当，谁引证得准确，谁诠释得充分，谁的“学术水平”就算高。在改革开放初期思想解放大潮的冲击下，“左”的话语逐渐失去了控制权。从这时起，社会科学研究才摆脱了种种束缚，逐渐走向繁荣。反省型的学术开始取代引证型的学术，蔚然成风。几乎所有的学科都有人写“某某年以来某某学研究的回顾”之类的文章。反省型的学术推翻了“左”的话语霸权，功不可没。通过认真反省，大家认识到：以往中国的社会科学研究框框太多，思想僵化，视野狭窄，自我封闭，缺少交流，不了解外面的情况，存在着诸多问题。要想纠正这些问题，就必须再一次像林则徐那样“睁眼看世界”，了解当今世界西方社会科学研究的新成果、新进展。于是，引进型的学术很快取代了反省型的学术。托夫勒、奈斯比特、凯恩斯、马克斯•韦伯、汤因比、胡塞尔、萨特、海德格尔、德里达、哈贝马斯……西方著名学者的学说纷纷被引进到中国来。

同引证型的学术相比，反省型的学术和引进型的学术无疑是巨大的进步。不过，还没有达到“前沿”的水平，甚至还称不上真正的研究。真正的研究绝不能仅仅停留在对别人观点作依附性解释上面，而要提出原创性的思想理论。我们需要引进，但更需要对话和突破。目前我国的社会科学研究现状不尽如人意，引进的学说太多，原创性的思想太少。许多文章只是介绍或梳理西方学者的学术观点，而听不到作者本人的声音。这些人似乎患上失语症，离开西方的学术话语体系，就不会说话。更有甚者只会故弄玄虚，摆弄一些新名词。他不管蛤蟆叫蛤蟆，非得称之为“某种两栖类动物”才甘心，弄得读者一头雾水，不知所云。这些人似乎丧失了独立思考能力，只会说别人说过的话，提不出自己的观点来。学术研究的生命力就在于创新，如果只是一味地重复别人的观点，还能算是研究吗？有些人对中国社会中存在的实际问题漠不关心，只对从西方找来的某些话题感兴趣，连篇累牍，自以为有学问，其实不过拾人牙慧而已。有些人从西方找来几个半通不通的概念，制造一些假问题，炒得沸沸扬扬。例如，近年来有人提出所谓“中国哲学的合法性问题”，冒充学术热点，搅得一团糟。“合法性”只是法学和政治学中的概念，怎么可以搬到哲学领域之中？迄今为止，尚无人能够给哲学立法，遑言中国哲学的合法性？他们怀疑中国哲学的合法性，却不怀疑西方哲学的合法性，暗地里以西方哲学的标准衡量中国哲学。这样的研究，对于中国社会科学的发展有何益处可言？

一般地说，社会科学研究关涉三个层面：第一个层面是信息，即捕捉研究课题，搜集相关的信息和资料；第二个层面是知识，运用已有的知识对相关的信息和资料加以处理，作出分析、判断和解释；第三个层面是思想，形成独创的观点和理论。举个浅显的例子说，看见并描述两条狗打架的场景，这是信息层面。解释狗为何打架，按照李教授的说法是为了争夺食物，按照张教授的说法是为了争夺配偶，这就已经进入了知识的层面。研究者经过认真的独立思考，既不认同李教授的食物说，也不认同张教授的配偶说，提出一种新的观点，认为两条狗就是在做游戏，打架不过是假象而已。他就提出了游戏说，进入了思想层面。信息层面仅限于“知”，无疑不是研究的前沿；知识层面上升到“学”，但也不是研究的前沿，因为尚限制在已有知识的范围内；唯有思想层面才是研究的前沿。在这一层面，研究者不再是知识的传播者，而成为知识的生产者。他提出原创性的思想，为人类的知识大厦添砖加瓦。毋庸讳言，独立思考能力不强，创新力度不够，知识生产能力差，显然是中国社会科学研究需要解决的问题。从这个角度看，许多中国社会科学研究者还未达到“前沿”，还需要花些力气去“追踪”。

除了创新力度不够之外，中国社会科学研究中存在的另一个问题则是功利化写作倾向。我们当下的学术生存环境并不理想。尽管我们不再受到“棍子”和“帽子”的威吓，比以前大有改观，但是形形色色的量化考核指标还是压得人透不过气来。在量化指标的驱动下，滋生了浮躁的风气。研究者只注重“量”，不注重“质”，于是造成产品激增、精品难觅的状况。有人写了一首《虞美人》对此加以嘲讽：“空话废话何时了，泡沫知多少！小楼昨夜又评审，论文不堪回首别较真。论点论据应犹在，只是姓名改。问君能有几多愁？恰似一瓶冰啤肚里流。”倘若这种功利化写作的倾向得不到扭转，中国社会科学研究要想达到前沿，显然是十分困难的。

能否打造出学术精品乃是衡量学术研究是否达到前沿的尺度。关于学术精品，不好给出一个固定的模式。有的精品是轰动型的：作者学思敏捷，妙语迭出，说出了大家想说而说不出来的话，切合当时社会的精神需要，扣人心弦，引起广泛的讨论和强烈的共鸣，造成振聋发聩的效果，以至于文章不胫而走，洛阳纸贵。有的精品是开拓型的：作者筚路蓝缕，发凡起例，抓住一个新的学术问题，笔耕不辍，填补空白，以后谁再研究这方面的问题，都无法绕开他。也许作者并未完全解决所论及的问题，但至少指出了方向，给后人以深刻的启迪。这样的精品之作，或许不能产生轰动效应，甚至读者很少，但具有开拓之功，学术含量很高，嘉惠后人，历久弥新。有的精品是深邃型的：作者视野开阔，体大思精，以理论分析见长。他在别人觉得不成问题的地方发现了问题，把别人觉得是简单的问题演绎成复杂的问题，洞幽烛微，条分缕析，发人深省。有的精品是扎实型的：作者功底深厚，经纬百家，以资料取胜，集古今之大成，洋洋洒洒，鸿篇巨制。我们也许不能一下子就拿出如上的精品来，但至少应当向这个目标努力。借用冯友兰先生的话说便是，“虽不能至，心向往之。非曰能之，愿学焉”①。

---

①冯友兰：《新原人》，《贞元六书》，华东师范大学出版社1996年版，第515页。

二、提倡多元化[①]

“多元”是相对于“一元”而言的，长期以来，我们的哲学话语是“一元”的，而不是“多元”的。我们提出“多元化”的诉求，就是要突破“一元化”的话语体系。在一元化的哲学话语中，哲学常常被讲成了政治的婢女，而中国哲学则沦为“婢女的婢女”。这种局面虽然已经有所改善，但还没有完全到位。所以，对这一问题展开研究，变得十分必要。

（一）回顾历史朝前看

中国哲学史学科建立于“五四”时期，以胡适的《中国哲学史大纲》完成为标志，至今已经有90年了。90年大体上可以划分为三个阶段，即三个30年。第一个30年，是从1919年到1949年，这是学科初建的时期，老一辈学者有开创之功，取得了可观的成果。那时的哲学话语是多元的，研究者可以按照自己的理解写哲学史。第二个30年，从1949年到1979年，由于“左”的思潮把持话语权，陷入“一元化”误区，中国哲学史研究无法正常开展，研究者无法按照自己的想法写书、写文章，必须注意“对口径”。第三个30年，从1979年中国哲学史学会成立到现在，中国哲学研究进入快速发展阶段，逐步清除了“左”的思潮的干扰。中国哲学史学会1979年在太原建立，当时提出一个口号叫作“为中国哲学史研究科学化而努力”，实际上就是针对“左”的思潮而言的，要求走出一元化话语，开启多元化话语。中国哲学史学会建立以后，学会除开展学术活动以外，还做了大量富有意义的工作。在学界同仁共同的努力下，学术队伍的建设有了较大发展，研究成果大量涌现，成绩可观。

（二）正视问题开新篇

我觉得，目前的中国哲学史研究还存在着三点遗憾。

第一，“不够中国”。由于受制于一元论话语，研究者没有从中国

①本节根据作者2009年在苏州参加的由中国哲学史学会和苏州大学哲学系联合主办的“多元价值审视下的中国哲学”学术研讨会上的发言整理而成。

哲学自身出发，无法树立起学术自信心。研究者往往采用外来的方法、外来的问题裁剪中国哲学史，不可能不失落中国哲学自身的独特性。长期以来，中国哲学史研究是靠两根拐棍支撑着艰难前行，一个是苏联教科书式的方法，一个是西方哲学史的方法。我们似乎还没有学会用汉语讲哲学，以前用俄语来讲，近年来有些人喜欢用英语或别的外语来讲，就是不用汉语讲。我们好不容易走出了“党八股”，又落入了“洋八股”的误区。前些年讨论中国哲学合法性，就是一个例子。我们从中仍旧可以看到一元论话语在作祟。否认中国哲学有合法性的人，其实已落入“一元论”的误区，以为哲学是单数，不懂得哲学原本就是复数。自然科学是单数，全世界有一部物理学就够了，不必加前缀。但讲哲学不行，一定要有前缀，如地区、国别。迄今为止，世界上还没有出现一种全人类都认同的哲学。哲学是爱智慧，示爱的主体是多元的，不是一元的。西方人可以用弹吉他的方式爱智慧，中国也可以用唱山歌的方式爱智慧。以“合法性”评判哲学，十分荒唐。哲学是“无法无天”的学问，根本不存在合法不合法的问题。合法性可以用于政治，用于法律，但不能用于哲学。犹如我们可以讨论鸟的飞翔性，但不能讨论狗的飞翔性。

第二，“不够哲学”。由于受到一元论话语的限制，研究者无法形成自己的哲学见解，更不可能用自己的哲学思考同前人沟通，建造属于自己的精神世界。研究哲学史不是简单地复述或报道前人的哲学思想，而应当以推动哲学发展为目的，必须采用史论结合的方法。从这个意义上说，只有具备哲学素养的人才能研究哲学史，像记者就写不出哲学史来。由于一些人哲学素养不够，自己不会用哲学的方法思考，没有自己的哲学见解，只能靠堆积史料。有些书部头很大，其实多为引文，或者把古文做一些简单的梳理，归纳为几条，或者把古文翻译成现代汉语，只讲知识，不讲思想。我们从中看不出作者本人有怎样的哲学见解。这样的著作，缺乏哲学性、思想性和理论性，起不到哲学理论思维训练的作用。受苏联人的影响，我们常常也采用“合作社”的形式写书。每个人分头写一部分，最后由主编统稿、定稿。用这种方式写出来的东西，不允许出现有个性的观点，只能采用一元论话语，而不可以采用多元论。事实证明，“农业合作社”生产不出粮食来，“学术合作社”也同样生产不出精品来。我们提倡多元化，就是提倡个性化，鼓励研究者通过研究哲学史，形成有原创性的哲学见解。我们研究哲学史，并不完全是“照着讲”，还要学会“接着讲”，讲出新的哲学见解来。“照着讲”只能讲成知识，“接着讲”才能讲出哲学。“接着讲”只能采用多元论话语，而不能采用一元论话语。

第三，“不够历史”。由于受到一元论话语的限制，研究者表述中国哲学史，通常采用一个模式，那就是按照历史上的朝代顺序书写。我觉得，这种模式很难体现出中国哲学发展的历史性。中国哲学史应当以“中国哲学”为主语，不能以朝代更迭为主语。朝代更迭对哲学思想发展固然有影响，但没有必然的联系，哲学不会因朝代更迭而马上改变。书写中国哲学史，不一定非得按照朝代更迭的顺序，应当抓住中国哲学自身发展的逻辑进程。我认为，中国哲学发展的逻辑进程，大体上可以划分为三个时段。第一段为古代，以春秋末年即公元前5世纪为起点，以1840年鸦片战争为终点。古代中国哲学历史跨度比较大，大约2400年，可以细分为三个阶段。第一个阶段是奠基期，即先秦时期，以“百家争鸣”为基本特征。第二个阶段是展开期，从西汉到唐末，以“三教并立”为基本特征。第三个阶段是高峰期，从北宋到清末，以“理学行世”为基本特征。在这一历史区间，中国哲学基本上保持着独立发展的态势，尚未受到西方哲学全面而根本的影响。16世纪利玛窦（Matteo Ricci）等西方传教士来到中国，曾介绍过西方哲学，但影响力十分有限，不能改变中国传统哲学独立发展的态势。东汉时期印度佛教传入中国，固然发生较大的影响，但并未从根本上改变中国固有哲学的理论形态。此后，佛教哲学渐渐融入中国固有哲学系统，实现了中国化，成为中国传统哲学的组成部分。按照这一思路，我写完了《中国古代哲学讲稿》，北京师范大学出版社已经出版。第二段为近代，以1840年为起点，以1919年五四新文化运动为终点。在古代，哲学尚未成为独立的学科，故而我们只能做广义的哲学史陈述。1840年以后，这种情况发生了变化，西学涌入中国思想界，中国哲学不能再保持独立发展的态势了，哲学家必须同时运用中西两种资源进行哲学思考。不过，在这一历史区间内，哲学仍旧没有成为一门独立的学科，尚处在从中国古代哲学向中国现代哲学的过渡阶段。对于这段历史，可以作思想史的陈述或专题性的陈述，但难以作狭义哲学史的陈述。第三段为现代，以1919年为起点，以1949年中华人民共和国成立为终点。在这一历史区间，哲学在中国终于成为一门独立的学科，我们完全可以做狭义的哲学史陈述。

我在这里指出目前中国哲学史研究中尚存在的遗憾，并非否定已有的成绩，而是为了往前看。如果找到问题的所在，自然会进一步找到解决问题的办法。我相信，在学界同仁的共同努力下，上述三个遗憾将会得到弥补。我们沿着“多元价值审视中国哲学”的新思路，将会开创中国哲学研究的新局面！

三、寻求新视角①

（一）哲学与中国哲学

对于学哲学的人来说，“什么是哲学？”是一个难以回答的问题，有各种各样的说法。我比较认同的说法有三种：一是通行的说法，哲学是关于世界观的学问。问题在于，人们往往把“世界”仅仅理解为客观世界，其实这里所说的“世界”，是指物质世界和精神世界的总和。这里所说的“观”，也不是对象性观察之观，因为世界作为总体不可能成为观察的对象。这里所说的“观”其实是“观念”之“观”，即以一种观念来把握世界的总和。哲学以哲学理念理解世界、把握世界，这种哲学理念就是本体论。哲学是关于世界观的学问，但不等于世界观。人人都有自己的世界观，但并不是人人都有自己的哲学。依据“哲学是关于世界观的学问”的说法，中国当然有自己的哲学。

二是古希腊的说法，哲学就是“爱智慧”。中国哲学所说的“弘道”“穷理”“通几”与“爱智慧”的意思相近，至少有“家族的相似性”。依据这种说法，也不能说中国没有哲学。哲学是人类的公产，不是西方人的专利。哲学可能产生于“人性的弱点”。人是有思维能力、爱智慧的动物，总想获得总体性的、终极性的认识，可是，每个人的生命又是有限的，这就造成了庄子所说的“吾生也有涯，而知也无涯”（《庄子·养生主》）的矛盾。这种矛盾只能在人类延续的过程中，不断得到一定程度的解决，而不可能完全解决。哲学是“爱智慧”，还不等于就是智慧。“爱智慧”是个动宾结构，是一个不断延续的探索过程。哲学有人类性，也有民族性，每个民族都有独特的爱智慧的方式。中国人爱智慧的方式就是中国哲学。哲学注定一直处在“爱智慧”的过程中，哲学家的结论只具有相对性，任何一种哲学理论都不具有终

①本节根据作者在西安参加由中国哲学史学会与陕西师范大学联合主办的中国哲学史学会2005年年会上的发言整理而成。

极性。

三是罗素的说法，哲学介于科学与宗教之间。科学以外在的物质世界为观察对象，追求客观的知识。宗教以精神世界为把握对象，建立终极信仰。哲学介于二者之间。宗教以超人间的形式建立群体信仰，稳定性较强。哲学属于个体探索过程，变化性比较大。哲学思考往往不是解决问题，而是转换问题的提法。在哲学史上，最初侧重于本体论追问，探讨世界的本原；近代西方哲学实现知识论转向，研究知识是从哪里来的问题；现代哲学实现了实践论、存在论、价值论转向，特别关注生活世界、意义世界和价值世界。中国固有的学术思想，不具有典型的科学形态，也不具有典型的宗教形态，称其为“哲学”似乎更为合适。

中国哲学事实上早已存在，只是没有“哲学”这种称谓而已。黑格尔在《哲学史讲演录》中，把中国哲学与印度哲学同视为东方哲学。中国哲学不仅“源远”，而且“流长”，几千年绵延不断，这在世界上是绝无仅有的。①“爱智”意义上的哲学，中国学人在16世纪就开始接触。1631年，来华传教的耶稣会士傅汎际译义的《名理探》，开宗明义首论“爱知学原始”，写道：“爱知学者，西云斐录琐费亚，乃穷理诸学之总名。译名，则知之嗜；译义，则言知也。”又说：“译义，则言探取凡物之所以然，开人洞明物理之识也。”②“哲学”这个词是日本学者西周翻译的，中国学者黄遵宪最早在《日本国志》（1895年初刻本）使用“哲学”一词。1901年蔡元培写《哲学总论》解释说：“哲学为综合之学”，“以宇宙全体为目的，举其间万有万物之真理原则而考究之以为学”。③“爱智”同中国“弘道”“穷理”言殊而旨同，中国学者正是从这个角度接受“哲学”一词的。中国哲学事实上早已存在，只是没有成为一门独立的学科。尽管中国学术史上存在着文史哲不分、经史子集不分的情形，但《庄子·天下》、《荀子·非十二子》、王充的《论衡》、黄宗羲的《明儒学案》和《宋元学案》等著作，都带有哲学史的性质。1912年，北京大学成立哲学门，大学设立专门的哲学系，

①参见宋志明：《中国传统哲学通论》，中国人民大学出版社2013年版。

②［葡］傅汎际译义，李之藻达辞：《名理探》，生活·读书·新知三联书店1959年版，第7、17页。

③蔡元培：《哲学总论》，《蔡元培全集》（第1卷），浙江教育出版社1997年版，第359页。

创办哲学刊物，出现专业的哲学家。至此，哲学成为一门独立的学科。

（二）关于中国哲学“合法性”问题

德里达访问上海，与王元化谈话时提出，中国只有“思想”，没有哲学，在学术界引发了关于中国哲学“合法性”的讨论。他的这种说法其实并没有贬低中国哲学的意思，而是一种解构主义的言说方式。在他的眼里，不仅中国哲学不具有合法性，西方哲学也不具有合法性。从2000年开始，中国学术界有更多人研讨中国哲学的“合法性”问题，并且形成了热门话题。我认为提出这一问题有积极意义，那就是对中国哲学研究的现状不满意，要求突破现有的中国哲学研究范式，把中国哲学研究引向更深的层面。关于中国哲学“合法性”问题，作为学术问题，当然不是不可以讨论的；不过，我认为这种提问题的方式有些偏激。而且“合法性”是政治和法律领域的用语，套用在哲学领域似乎不大合适。迄今为止，人类还没有能力为哲学“立法”，当然也就谈不上哲学的“合法性”问题。“合法性”的提法缺少弹性，似乎令人只能作出一种选择：要么合法，要么不合法；要么全盘肯定，要么全盘否定。二者必选其一，不可兼容，没有回旋的余地。与其说研讨中国哲学的“合法性”问题，不如说研讨现有的中国哲学研究方式是否具有合理性的问题，更为确切。“合法性”是刚性判断，而“合理性”是个柔性判断。“合理性”与“不合理性”是可以并用的，我们承认目前的中国哲学研究存在着不合理性，但并不否认也存在着合理性。

在关于中国哲学“合法性”的讨论中，有的学者提倡“中话中说”，主张拒斥西方哲学的霸权话语，采用中国固有的话语来表述中国哲学的意涵。他们也反对“中话胡说”，反对采用西方的哲学话语表述中国哲学的意涵。这种主张的积极意义在于强调中国哲学的特点，反对照搬照抄西方哲学的研究模式，但并不具有可操作性。现代汉语是在中西文化交流后形成的，来自西方的许多名词、术语以日语为中介变成了汉语语词。倘若把这些“胡话”一概弃置不用，我们将无法交流思想。据说，张之洞曾经下发一个文件，要求属下今后不要滥用“新名词”。有人向张之洞指出：你提到的“名词”二字，本身就是一个新名词。看来在张之洞时代就不可能做到“中话中说”，时至21世纪，当然就更加不可能了。问题不在于“中话”还是“胡话”，关键在于“人话人说”：用现代中国人能懂的语言表述中国哲学的精义。这里涉及的问题是：怎样看待和处理中国哲学与西方哲学的关系？哲学是西方的特产还是人类的公产？中国哲学研究如何创新？中国近代哲学史上一些思想家说过：哲学无定论。意思是说，哲学是不断探索的过程，结论是相对的，不可以拘泥于某种现成的说法。西方哲学只是一种哲学，并非哲学的范本。照搬照抄西方哲学的研究模式不可取，卖弄西方哲学的新名词更不可取，但不能拒斥西方哲学的理论思维成果。如果拒斥西方哲学的理论思维成果，把自己封闭起来，中国哲学便没有了进一步发展的可能性。中国哲学应当是一门发展的学问、创新的学问，不能故步自封，不能食洋不化。

（三）中国哲学和中国哲学传统

我所理解的“中国哲学”，是指中国哲学传统在现时代的新开展，是指能够指导现时代中国人精神生活的学问。它不是历史上某种哲学理论的复兴，而是现时代人的精神创造。这样的中国哲学显然应当以现时代的中国人为主体。我所理解的“传统”不是历史遗迹，而是能为现时代中国人所用的思想资源。“传统”中的“传”是个动词，是我们根据自己的精神需要对先哲理论思维成果作出的选择、诠释和发挥。从这个意义上说，传统不是既定的过去时，而是正在形成中的现在时和未来时。换句话说，传统不是死的，而是活的，时代性是它的题中应有之义。“传统”中的“统”是个名词，是指中华民族精神和核心价值观，并不是以往儒家所标榜的道统，也不是现代新儒家所标榜的“道德形上学”。中国哲学是中国哲学传统的继承和发展。所谓继承，是指延续、弘扬优良传统；所谓发展，是指突破原有的传统，增加新的内涵。现时代的中国哲学是民族性与时代性的统一，是一门发展中的学问，不是某种古代哲学的翻版。我们反对食洋不化，也反对食古不化。

（四）中国哲学的现代化

现时代的中国哲学是随着中国的现代化进程发展的，理所当然应成为现代化事业的思想动力和精神支撑。可是，由于受“左”的思想的影响，由于研究方法的落后，由于受到各种条条框框的束缚，我们的中国哲学研究似乎没有很好地发挥这种作用。

关于中国哲学传统与现代化的关系，学术界有两种对立的观点。一种观点认为，二者是不相容的，中国哲学传统对于现代化只有负面作用，只有清除固有的哲学传统的负面影响，才能推进现代化进程。马克斯·韦伯发现西方资本主义现代化与新教伦理有密切关系，认为新教伦理为资本主义的发展提供了精神动力。他把儒家伦理同新教伦理加以比较，得出的结论是儒家伦理无助于资本主义的形成和发展。由于受到西化思潮和“左”的思潮的影响，把中国哲学传统视为现代化阻力的观点长期在思想界占主导地位。许多人把中国没有走向现代化的原因归咎于中国哲学传统，发动了一次又一次的反传统运动。在“文化大革命”期间，反传统的呼声达到了顶点。可是，这样做的结果，非但没有推动中国现代化的进程，反而把国民经济推到了崩溃的边缘。就在我们大力反传统的同时，接受中国哲学传统影响的“亚洲四小龙”，不但没有反对中国哲学传统，反而成功地利用中国哲学传统中的思想资源，实现了现代化的目标。事实证明：那种把中国哲学传统与现代化对立起来的观点是站不住脚的。

另一种观点认为，中国哲学传统可以成为现代化的前提，这就是现代新儒家“由内圣开出新外王”的说法。这种看法的合理性在于肯定中国哲学传统与现代化兼容，推翻了把二者截然对立起来的偏见，但缺少历史事实方面的根据。如果正视历史事实的话，应当承认，从中国固有的哲学传统的确没有“开出”现代化。中国的现代化事业是从学习西方起步的，这是一个不争的事实。现代化是一种十分复杂的社会和文化变迁现象，它的出现有体制的原因，有生产力水平的原因，有历史机遇的原因，不能仅仅用某种哲学理论来解释。

尽管中国的现代化事业是从学习西方起步的，但不等于说一定要采用西方的发展模式。现代化不等于西化。中国必须探索符合中国国情的、有中国特色的社会主义现代化发展道路。中国的国情当然包括中国哲学在内。我们应当从中国哲学讲究自强不息、实事求是、以人为本、道德价值、和谐团结的思想资源中，寻找现代化事业所需要的精神支撑和理论指导。事实证明，中国哲学不是现代化的阻力，而是现代化的动力。体现时代精神的中国哲学不仅有助于社会主义市场经济的发展，也有助于民主法治建设，有助于科学技术的发展，有助于构建社会主义的和谐社会。

（五）中国哲学的世界化

现时代的中国哲学已经成为世界哲学论坛的组成部分，应当在世界哲学论坛上有自己的声音，回应全球性的哲学问题。随着信息时代的到来，国际社会的交往越来越频繁，联络越来越便捷，地球似乎变“小”了，被人们形象地称为“地球村”。在这种情况下，哲学思考不可能再限制在本民族、本国的范围内，世界化成为必然的大趋势。一些令人普遍感到困惑的全球性哲学问题，吸引了全人类的目光，成为各国哲学家研究的共同课题。例如，在高速发展的情况下，如何处理人与自然的关系？在国际交往越来越密切的情况下，如何建立世界伦理？在科技理性与价值理性失衡的情况下，如何重建价值世界或意义世界？在生活节奏越来越快的情况下，如何排解人们在精神上的焦虑？在市场经济条件下，如何处理个体与群体的关系及个体之间的关系？如何从后现代的视角看待当今社会发展中出现的问题？如何纠正科学主义的偏颇？

面对这些全球性的哲学问题，许多西方哲学家意识到，西方原有的哲学思想资源已经不够用了，开始把目光投向中国哲学，重视对中国哲学思想资源的开发和利用，希望在双方的对话中激发新的哲学智慧。海德格尔很看重老子的思想，在同日本哲学家的《在通向语言的途中》的讲话记录中，他对东方的“非概念性语言和思维”表示钦佩。他重新思考本源性问题，很可能是受到老子“无”的思想的启发。环保主义者在纠正西方人“征服自然”的错误观念时，常常引证中国哲学“天人合一”的理论。“世界宗教议会”第二届大会高度重视儒家哲学，把“己所不欲，勿施于人”写进了《走向全球伦理宣言》。哈贝马斯在访问上海期间，向他的同行表示，希望中国哲学在推动世界哲学发展上发挥作用。

由于全球性哲学问题的出现，中国哲学在世界范围内获得广阔的发展空间。中国哲学特别关注人生问题和价值问题，似乎更贴近现时代世界哲学的主题。中国哲学历来重视道德价值问题，可能对价值世界或意义世界的重构有帮助。我们应当抓住这一历史机遇，推动中国哲学的发展，对人类文明作出更大的贡献。

（六）中国哲学的发展前景

中国的现代化事业需要中国哲学提供精神支撑和理论指导，全球性的哲学问题需要中国哲学作出回应，这两种需求将有力地推动中国哲学的发展。

中国哲学在现时代的发展，离不开马克思主义哲学的指导。马克思主义哲学从20世纪初传入中国，至今快90年了，已经同中国的社会实践结合在一起，同中国固有的哲学思想资源结合在一起，成为现时代中国哲学的理论基础。马克思主义哲学的出现标志着哲学思维的重大变革。马克思在《关于费尔巴哈的提纲》中指出："哲学家们只是用不同的方式解释世界，而问题在于改变世界。"[①]马克思主义哲学的创立，宣告"解释世界"的哲学时代已经成为历史，实践哲学开始发挥主导作用。可是，我国的哲学教育由于受苏联哲学教科书的影响太深，对此似乎没有充分的重视，仍旧停留在"解释世界"的水平上。我们不能再沿用"以苏解马"的模式了，应当解放思想，敢于独立思考，直接领悟马克思主义哲学的精神实质，提高我们的哲学理论思维创新能力。

注重实践历来是中国哲学的优良传统，发扬这种传统可以消解我们对马克思主义哲学的陌生感。马克思主义哲学作为一种实践哲学，对于近代以来的西方哲学来说，是个突破；但对于中国哲学来说，却可以产生共鸣。中国现代哲学史表明：注重实践是马克思主义哲学与中国哲学的结合点，中国哲学的现代化进程与马克思主义哲学的中国化进程是同步进行的。中国哲学的进一步发展，仍旧会延续这一方向。以马克思主义哲学为指导、葆有中国特色、适应全球化大趋势的中国哲学，将有光明的发展前景。

四、哲学三义与三性[②]

中国到底有没有自己的哲学？这是一个有争议的问题。在有些人看来，中国没有哲学，"中国哲学"这个概念不能成立。例如，德国哲学家海德格尔认为，不必用"西方"两字来限定"哲学"，因为只有西方才有哲学，别的民族都没有哲学。近年来，在中国也有相当多的人质疑"中国哲学的合法性"。笔者不认同这种说法，而认为中国确实有自己的哲学。有些人不承认中国有自己的哲学，恐怕是单数哲学观遮蔽了他们的视野。倘若放弃单数哲学观，就会发现：中国哲学的存在，乃是不争的事实。

---

①中共中央马克思恩格斯列宁斯大林著作编译局编译：《马克思恩格斯选集》（第1卷），人民出版社1972年版，第19页。

②本节原名《论哲学三义与三性》，原刊于《江苏行政学院学报》2011年第2期。

（一）哲学三义

何谓哲学？这是一个很难说清楚的问题，是一个人见人殊、百人百义的问题。人们提出了各种各样关于哲学的说法，迄今为止并没有形成一个所有人都接受的定义。关于哲学的定义，有三种说法得到比较广泛的认同。从这些哲学定义看，“中国哲学”的提法是站得住脚的。

第一种说法是通常哲学教科书上的提法：哲学是关于世界观的学问。这种说法可以成立，不过，应当作一些更深入的解释。这里所说的“世界”，不能理解为与人无关的、纯粹的客观世界，而是指物质世界和精神世界的总和。这里所说的“观”，并不是对象性观察意义上的“观”，因为世界作为总体，不可能成为人观察的对象。“世界观”不能等同于“观世界”。人就生存在世界之中，不可能观察到世界总体，正如理发师不能给所有人理发一样。理发师也是人，他没有办法给自己理发。人也是世界的组成部分，没有办法站在世界之外看世界。这里所说的“观”，其实是“观念”之“观”，即以一种哲学观念来把握世界的总体。哲学实则是一门以哲学观念理解世界、把握世界的学问。这种哲学观念来自人，是作为人的哲学家提出的。从这个意义上说，世界观包含着人生观。准确地说，哲学应当是关于世界观和人生观的学问。哲学是关于世界观（含人生观）的学问，但不等于观世界。人人都有自己的世界观，但并不是人人都有自己的哲学。能够创立哲学理论，即提出关于世界观的系统学说的人，就是哲学家。普通人不一定创立关于世界观的学问，可以接受或拒斥某种哲学理论。每个人都可以有自己的哲学思考，但不必一定成为哲学家。“学问”两字也很微妙，有别于知识，比知识的含义广。知识是关于既定事实的认识，有确定的说法，如3+2=5；而学问是活的，处在不断探索的过程之中，没有确定的说法。借用海德格尔的话说，哲学永远在途中。

依据“哲学是关于世界观（含人生观）的学问”的说法，中华民族作为世界上最大的民族，当然有自己的世界观，有自己提出的一套关于世界观的学问，有自己的哲学。黑格尔曾把哲学叫作“精神现象学”，套用他的说法，可以把中国哲学看成是中华民族的精神现象学。“哲学是关于世界观的学问”，这种提法出现在哲学成为独立的学科之后。在古代，哲学尚未成为一门独立的学科，哲学被视为包罗万象的学问。在这一点上，中国古代哲学同古希腊哲学类似。尽管中国古代哲学家尚未形成自觉的哲学学科意识，但不能说他们没有哲学思考。在古代哲学家包罗万象的哲学观念中，“关于世界观的学问”当是题中应有之义。我们学习和研究古代哲学，应当注意把握古代哲学观的特点，不能把古人现代化，用现代的观念苛责古人。

第二种说法是哲学的原初义：菲拉索菲（Philosophy）。在希腊语中，哲学是“爱智慧”的意思。这是一种关于哲学的更加含混的说法。在这里，“爱”是动词，“智慧”是宾语。严格地说，“爱智慧”其实不是一个词，而是一个动宾结构的短语。哲学不断地追求真理、探索世界总体的奥秘，关注着常学、常讲、常新的话题，关注着一个永远也讲不完的话题。所以哲学要永远讲下去，并且不断地花样翻新。中国虽没有用“爱智慧”这个词，可是有类似的说法，如“弘道”“穷理”“通几”等等，都与“爱智慧”的意思相近。“道”“理”“几”都含有“智慧”的意思。换句话说，也不能得出“中国没有哲学”的结论。每个民族都有自己的哲学，哲学绝不是西方人的专利。哲学是一种精神现象，可能与“人性的弱点”有关。人作为有思维能力、爱智慧的动物，总想刨根问底，得出总体性、终极性的结论。由于人的生命有限性，不可避免地造成“吾生也有涯，而知也无涯”（《庄子·养生主》）的矛盾。这种矛盾会在人类延续过程中得到一定程度解决，完全解决是不可能的。哲学与人类性密切相关，也同民族性密切相关，每个民族“爱智慧”的方式各不相同。所谓中国哲学就是中国人爱智慧的方式。再者，任何哲学家给出的结论都具有相对性，并不具有终极性，在这个意义上看，海德格尔说“哲学永远在途中”这句话是对的。

哲学注定一直处于“爱智慧”的过程中，哲学家的结论只具有相对性，任何一种哲学理论都不具有终极的性质。正如蔡元培所说：“哲学是人类思想的产物，思想起于怀疑，因怀疑而求解答，所以有种种假定的学说。普通人都有怀疑的时候，但往往听到一种说明，就深信不疑，算是已经解决了。一经哲学家考察，觉得普通人所认为业经解决的，其中还大有疑点；于是提出种种问题来，再求解答。要是这些哲学家有了各种解答了，他们的信徒认为不成问题了；然而又有些哲学家看出其中又大有疑点，又提出种种问题来，又求解答。有从前以为不成问题而后来成为问题的；有从前以为是简单问题而后来成为复杂问题的。初以为解答愈多，问题愈少，那知道问题反随解答而增加。几千年来，这样的递推下来，所以有今日哲学界的状况。”①

每个民族都有独特的爱智慧的方式。西方人可以用弹吉他的方式表达爱意，中国人也可以用唱山歌的方式表达爱意。中国人爱智慧的方式就是中国哲学。中国哲学有着悠久的历史，早在两千多年以前，我们的先哲就创立了独特的哲学思维模式，创立了一个个独具特色的哲学理论体系，标志着中华民族很早就进入了高度抽象的哲学思维阶段。黑格尔在《哲学史讲演录》里，把中国哲学、印度哲学、古希腊哲学并列为早期世界哲学的三大系统。与古希腊哲学相比，中国哲学不但毫不逊色，并且保持着更旺盛的生命力。古希腊哲学虽然有过辉煌的时代，然而后世却走向了衰微，文艺复兴时期才得以复兴；中国哲学则不然，它不仅源远，而且流长，绵延数千年而从未中断过，这在世界历史上是绝无仅有的。中国哲学以其特有的精神风貌，挺立于世界哲学之林。

第三种是罗素的说法。他没有给哲学下定义，而是采取了划论域的方法，认为哲学的论域就是宗教和科学之间的无人之域。科学以外在的物质世界为观察对象，追求客观的知识。宗教的研究对象是精神世界，目的在于建立终极的信仰。如恩格斯所说，任何宗教都用“超人间的形式”来解决群体的信仰问题，有较强的稳定性。此外，哲学介乎科学与宗教之间，往往在个体的探索领域中操作，起伏性比较大。哲学思考带有个体特征，不在于解决问题，而在于转换问题的提法。问题的不断提出或转换，推动哲学的形成和发展。以西方哲学史为例，最初探讨世界的本原，侧重于本体论追问；近代实现知识论转向，“知识从哪里来”的问题成为关注点；现代则实现了实践论、存在论、价值论转向，生活世界、意义世界和价值世界成为关注点。把中国传统学术思想，归咎到科学范畴显然不合适，归结到宗教范畴也不合适，唯称其“哲学”才稍显合适。世界上大多数民族都以宗教的方式安顿精神生活，而大多数中国人则以哲学的方式安顿精神生活，从这个意义上说，中华民族是一个哲学的民族，而不是一个宗教的民族；中国的伦理是哲学的伦理，不是宗教的伦理。中国哲学是一门关于怎样做人的学问，为中国人的精神生活提供理论指导，也为中国人的社会生活提供理论指导，为中国人提供

①蔡元培：《简易哲学纲要》，高平叔编：《蔡元培哲学论著》，河北人民出版社1985年版，第305页。

价值上的“安身立命之地”。

中国虽然没有采用“哲学”这种称谓，但不能由此说明中国哲学在事实上不存在。1631年，来华传教的耶稣会士傅汎际译义的《名理探》一书，在谈及中国哲学与西方哲学的区别时就已经指出了二者的相似性。他们把西方哲学中的哲学称为“爱知学”或者“斐录琐费亚”，而视中国哲学中“穷理诸学”为哲学的同义语。“哲学”这个词固然是日本学者西周翻译西方哲学时创造的，但其根据则是中国文献中早就有的“哲”字，比如说：“哲人其萎乎！泰山其摧乎！”他把关于世界局部的学问叫作科学，把关于世界总体的学问称为哲学。中国学者对他的译法表示认同，遂接受了哲学这个词。1895年中国学者黄遵宪首先在其编撰的《日本国志》一书中使用了“哲学”一词，1901年蔡元培在写《哲学总论》时也讲“哲学为综合之学”“以宇宙全体为目的，举其间万有万物之真理原则而考究之以为学”。中国古汉语中“弘道”“穷理”“求是”等等与“爱智慧”是一个意思，只能说中国学者对哲学的认识同古希腊的哲学意思一样，都是把哲学视为一种包罗万象的学问，还没有意识到哲学是一门独立的学科，是一门关于世界观的学问。我们不能用现代人的哲学观念去衡量古代人的哲学思考，贸然否定中国哲学的“合法性”。

（二）哲学三性

从上述三种关于哲学的含义中可以看出，哲学具有三点特性。

第一点是民族性。哲学同科学相比较，有一个明显的区别，那就是跟民族性有密切关系。科学同民族性的关系不大，甚至可以忽略不计。例如，数学、化学以及物理学等等，全世界只有一个，没有必要区分什么中国数学、美国化学、英国物理学……哲学则不然，它同民族性息息相关，法国哲学不同于英国哲学，英国哲学不同于俄国哲学，东方哲学不同于西方哲学。哲学关涉人们的精神世界，而人们的精神世界并不一样，同民族性密切相关。从这个角度说，哲学是有民族性的学问。各个民族有各个民族的哲学思考和哲学思考模式，也有各个民族的结论。

中国哲学跟其他民族的哲学都不一样，有其特有的民族性。它浓缩地反映出中华民族特有的民族性格、社会心理、风俗习惯、价值观念、思维方式、认知结构等等，简而言之，浓缩地反映出中华民族的特有传统。中国哲学的民族性也就是中国哲学区别于其他民族哲学的特质，这种特质构成中国哲学独特的精神风貌。我们在学习和研究中国哲学的时候，首先应当着眼于它的独到之处，把握它的精神实质。

第二点是人类性。我们承认哲学有民族性，但不能因此而否认哲学是人类的公产。尽管人们的精神世界是复数，但所处的物质世界却是单数。地球是人类共同的家园。我们反对把哲学视为西方人的专利，也反对把不同的哲学理论形态截然对立起来。人类只有一个地球，生活在同一个世界中，对世界总体的认识肯定具有共同性，具有可交流性，因而哲学必然带有人类性。哲学是一门关于世界总体的学问，而对于世界的总体，谁也不敢说完全搞透了。哲学是一门讲不完、讲不透的学问，我们应当在各种哲学形态对话、交流、启发的过程中，使之得到不断的发展。按照通行的说法，语言是哲学的家。既然语言具有可交流性，各种哲学当然也具有可交流性。可交流的前提，就是必须承认哲学具有人类性。

第三点是时代性。所谓时代性，是指人们只能在特定的时代、特定的语境中进行哲学思考。哲学是民族精神的精华，也是时代精神的精华。哲学的时代性和民族性是紧密地结合在一起的，准确地说，哲学是时代精神和民族精神的统一。哲学是一门活的学问，不可能形成一成不变的终极结论。哲学史上的各种哲学，都是当时哲学家在特定的时代取得的理论思维成果，只为我们提供推动哲学发展的思想资源，并不是不可改变的结论。哲学家不能凭空进行哲学思考，必须以前人的哲学思想为资源。由于哲学具有时代性，哲学家不能照着前人的讲法讲，只能接着前人的讲法讲，讲出他所处时代需要的内容。如果他只会“照着讲”，他就不配称为哲学家，充其量不过是某种哲学宣传家，我们不必把这些人写进哲学史。有些哲学家喜欢标榜所谓“道统”，其实是标榜他自己。在哲学史上，并不存在什么亘古不变的道统。倘若真有道统的话，哲学就不可能有历史了。正是因为哲学有时代性，哲学史才成为一门学科。哲学史研究的对象就是哲学理论随着时代发展变迁的历史过程。后来的哲学家总得提出一些前人未讲的东西，否则他便没有资格被写入哲学史。我们学习和研究哲学史，应当注意把握不同时代语境的变化、文本的变化、话题的变化，把握每个哲学家的独到理论贡献。

哲学史记录了以往的哲学，但并没有穷尽哲学，并不是哲学的全部内容。哲学作为一门发展着的、活的学问，固然离不开哲学史，但并不受哲学史的限制，后来的哲学家总是要超过前人的。我们学习哲学史，不是拜倒在先哲的脚下，不是要做某位哲学家的信徒，而是训练我们的理论思维能力。我们学习哲学史，是要站在巨人的肩膀上，以便看得更远一些。我们不能仅仅满足于记住他们的警言隽语，而是用心开发他们留下的、弥足珍贵的哲学思想资源，提高我们的哲学理论思维能力，打造出属于我们自己的精神世界，建构体现时代精神与民族精神完美统一的哲学理论新形态。我们可利用的思想资源比先哲多，除了中国哲学以外，还有马克思主义哲学和西方哲学。我们学习马克思主义哲学，研究西方哲学史，掌握现当代国际哲学思潮的发展动向，归根到底是为了提高本民族的哲学理论思维水平。

（三）回应质疑

从上述哲学的三义和三性来看，显然哲学是复数，而不是单数。人们在使用“哲学”这个词语的时候，一定要前面加上一个修饰语，或称西方哲学，或称印度哲学，或称中国哲学等等。我们只能讲“某种哲学”，不可能讲“只是哲学的哲学”。在这一点上，哲学与自然科学有所不同。自然科学是单数，全世界有一部物理学就足够了，牛顿三大定律全世界都可以接受，爱因斯坦相对论全世界都可以接受。哲学是复数，不可能找到一种全世界都接受的哲学。人们只能写出以“某种哲学”为主语的哲学史，不可能写出一本以“哲学”为主语的哲学史。从复数哲学观的视角看，质疑中国哲学的“合法性”，实在是无稽之谈。“合法性”同哲学毫不相干，犹如“飞翔性”同狗毫不相干。我们可以探讨鸟的飞翔性或昆虫的飞翔性，但绝不能探讨狗的飞翔性。追问“中国哲学的合法性”，同追问“狗的飞翔性”一样，都很荒唐可笑。只有迷信单数哲学观的人，才会质疑“中国哲学合法性”；从复数哲学观的视角看，这是一个十足的假问题。

21世纪初，后现代主义者德里达访问上海。王元化在与德里达对话时，请他谈谈对中国哲学的看法，德里达回答说：“中国只有‘思想’，没有哲学。”他可能万万没有想到，竟由这种说法在中国学术界引发了一场关于“中国哲学合法性”的讨论。德里达的说法，其实并没有贬低中国哲学，只是不愿意用“哲学”这个词而已。他口中的“中国思想”就是指“中国哲学”。他采取解构主义的言说方式，否认任何哲学称谓的必要性。他不赞成中国哲学的提法，更不赞成西方哲学的提法。在中国，许多人热衷于探讨“中国哲学的合法性”问题，并非完全没有积极的意义。有些学者之所以参与这场讨论，其实是借题发挥，由于中国哲学的研究现状令人不满意，中国哲学史从业者普遍有改变中国哲学研究现状的诉求，希望中国哲学的研究摆脱教条主义的干扰。如果中国哲学“合法性”问题，只是一个学术问题，大家讨论一下，未尝不可。不过，这种提问题的方式有些不合适。“合法性”原本是政治、法律用语，硬套用在哲学上，是否会有方枘圆凿之嫌呢？迄今为止，人类能为哲学“立法”吗？既然不能立法，又怎么谈中国哲学的“合法性”呢？“合法性”这个字眼没有弹性，只有刚性：要么合法，要么不合法，二者必居其一，没有回旋的余地。所谓“中国哲学的合法性”的偏见，要害在于否定中国哲学史学科的存在。如果中国哲学不具备“合法性”的话，等于说中国哲学史学科本来就不能存在，这样一来，多年来中国哲学史从业者所进行的哲学研究无异于空中画鬼，这是我们无论如何也不能容忍的。换句话说，“合法性”同中国哲学无关。中国哲学史研究中的确存在不合理的地方，但不能否定其也有合理的地方。所谓“合法性”讨论，不啻于把洗澡水连同孩子一同倒掉。应当承认，目前编写的中国哲学史教科书，确实存在着不合理性。比如，有的人简单地套用西方哲学的研究模式，随意剪裁中国哲学史；有人简单地套用苏联哲学教科书的研究模式，毫无道理地给中国哲学家戴上唯物论者或唯心论者的帽子。读了这样的中国哲学史教科书，使人无从了解中国哲学自身的丰富内容，无从了解自身的理论特色，如入云里雾中。这种不合理性，当然应当纠正，但也不能完全否认现代学者关于中国哲学的研究存在着某种合理性。他们毕竟采用现代研究方法，对中国哲学的资料和思想脉络作了一些梳理，取得了许多成果，为进一步研究打下了基础。

基于中国哲学“合法性”的误判，有的学者主张“中话中说”，主张一概弃置西方哲学的学术话语，只用中国固有的话语表述中国哲学的意思。这种主张有其合理成分，即强调中国哲学有自身的特点，但其对西方哲学一概弃置不管的研究模式，则走过头了。拒斥“中话胡说”，回到“中话中说”，事实上谁也做不到。现代汉语是在中西文化交流后形成的，早已融入大量的西方名词、术语，已变成为现代汉语体系不可分割的组成部分。倘若对这些“胡话”一概弃置不用，我们怎么交流思想？舍此将无话可说。据说，张之洞发现自己的属下常滥用“新名词”，他对此十分不满，下发了一个文件要求清除这种现象。后来，有人听闻此事，私下向张之洞进言说，“名词”二字本身就是一个新名词。由此看来，在张之洞时代便已做不到“中话中说”了，时至今天，还提什么“中话中说”，能避免张之洞的尴尬吗？问题不在于说“中话”，还是说“胡话”，关键在于说“人话”，即用现代中国人能听得懂的语言说话，不要卖弄晦涩的词语，混淆视听，哗众取宠。中国哲学与西方哲学的话语体系虽然不同，但哲学毕竟是人类的公产，完全可以相互交流，相得益彰。中国近代哲学史上一些思想家曾谈过哲学无定论，意思是说哲学要探索新学问，要有开放意识，任何哲学结论都具有相对性，不可以拘泥于某种现成的说法。有人说哲学是“单数”，不是“复数”，其实就是不懂得哲学历来是复数的道理。在“中国哲学”合法性的质疑者心中，只有西方哲学才具有“合法性”，别的哲学都不算数。这是一种偏颇之见，我们反对照搬照抄西方哲学的研究模式，反对卖弄西方哲学新名词，但不能将此作为拒斥西方哲学理论思维成果的理由。试想：一味拒斥西方哲学的理论思维成果、闭塞视听的人，能推动中国哲学向前发展吗？中国哲学作为一门发展的学问、创新的学问，故步自封对自己于事无补，食洋不化也是如此。

中国哲学与古希腊哲学相比，其不同之处在于：后者已成为历史，而前者并没有成为历史。中国哲学在现时代仍然续写着自己的传统。这里所说的传统，并不是指历史遗迹，而是指能为现时代的中国人所开发和利用的思想资源。“传统”的“传”字，是个动词。这个“传”之所以可能，必须找到参照物才行。而这个参照物正是我们自己，不是古代先哲。站在我们的立场上理解“传”，无疑根据自己的精神需要，对先哲理论思维成果加以选择、诠释和发挥。从这个意义上说，传统不是既定的东西，而是正在形成中的现在的东西。任何死去的东西，都不叫传统；有生命力的东西，才叫传统。传统与时代密不可分。“传统”的“统”字，是个名词。笔者认为，“统”是指中华民族的精神和核心价值观，与以往儒家所标榜的道统无涉，也与现代新儒家所标榜的“道德形上学”无涉。当下的中国哲学是中国传统哲学的继承和发展，将随着时代精神生成更加有生命力的新学问。它只能依据传统哲学提供的思想材料，进行符合现代人要求的精神创造，不是历史上某种哲学理论的复兴。新的中国哲学无疑以现代的中国人为主体。所谓继承传统，是指延续、弘扬优良传统，从中发掘有时代价值的因素，而评判优良与否的尺度是我们自己；所谓发展传统，是指突破原有的传统，增加新的内涵。套用冯友兰的话说，现时代的中国哲学是接着中国传统哲学讲的，而不是照着中国传统哲学讲的。“接着讲”就要讲出符合时代精神的新意来。

五、中国哲学精神

“中学”“旧学”“国学”这三个词意思相近，并且都是在近代中国出现的。“中学”一词是王韬、冯桂芬等中国近代早期改革派使用的，是对中国学术的总称，相对于“西学”而言。他们在中性的意义上使用这个词，常常与“西学”并用，宣称“中学为体，西学为用”。在戊戌变法时期，维新派思想家发明了“旧学”一词，用来取代“中学”，或者把这两个词混用。这两个词的外延是一致的，不过“旧学”带有明显的贬义。譬如严复说，旧学“一言以蔽之曰，无实”[①]。他们常常把“旧学”说成是“新学”的对立面，褒贬之意自不待言。“国学”一词是20世纪初国粹派经常使用的词语。在他们看来，从学术渊源来说，“国粹”与“国学”同义，都是指中国传统文化的精华；而从精神实质来说，“国粹”与“国魂”同义，都是指中华民族精神。很明显，在他们那里，“国学”是个褒义词。

我比较认同国粹派关于“国学”的说法。我认为，所谓国学，本质上就是中华民族精神的载体，就是中华民族的精神现象学，就是我们的精神家园、我们的精神故乡、我们的安身立命之地。

“精神”是一个关乎活人的话语，只有对活着的人才谈得上“精神”，对古人则谈不上“精神”，因为他们已经作古了，不再思考也不再说话了，已经没有“精神”了。但是，古人给我们留下了珍贵的精神财富、精神遗产。我们只能用古人留下的精神遗产来打造属于我们活人的精神世界。

“精神”作为关乎活人的话语，难为不知者道，难以用语言充分地表达出来。用王安石的诗句说：“丹青难写是精神。”[②]意思是说，“精神”只可意会，不可言传。老子讲“道可道，非常道”，禅宗讲“第一义不可说”，都是这个意思。精神世界是内在的世界，属于每个

---

①严复：《救亡决论》，王栻主编：《严复集》，中华书局1986年版，第44页。

②〔宋〕王安石：《读史》，〔宋〕吕祖谦编：《宋文鉴》卷二十四，齐治平点校，中华书局1992年版，第366页。

人。你的精神世界属于你，不可能同我的精神世界完全一样。精神世界是动态的，处于变化的过程中。尽管每个人的精神世界不同，但可以相互交流、相互影响。

“国学的哲理精神”这个题目实际上可大可小。所谓大，就是要对国学的哲理精神是什么作一个确切的解答，是一个很不容易的事情。所谓小，就是说它也是一个很浅的题目，就比如我们在接触一个学科的时候，了解了它的基本内容和特色是什么，然后才能进入这个学科。同时，它又是一个人人都可以发表意见、有自己看法的题目。所谓“国学的哲理精神”是什么？可以说，每个人都可以给出自己的答案，给出自己的概括。今天我讲的，实际上是几十年来我个人的体会、心得。对于这个既可以深又可以浅的问题，我的说法并不是标准答案。我觉得国学的哲理精神，或者说它的独到之处，大体上可以概括为以下几点。

（一）自强不息

国学的第一点哲理精神，我把它概括为“自强不息”，表明我们先哲在宇宙观方面的基本态度。它出于《周易》中的一句话：“天行健，君子以自强不息。”（《周易·乾·象传》）先说“天行健”，古代中国人“天”的观念，并不是指我们头上的那苍茫茫的天，不是指大气层，“天”作为一个哲学术语，就相当于我们现在的宇宙或世界。宇宙怎么样？宇宙的本质就是“健”，是健动，“健”就是“动”的意思。“天”的最本质的规定性就是健动，这就是我们先哲对于“宇宙怎么样”所作出的一个基本回答。宇宙怎么样？宇宙是“动”，或者换一个字说，宇宙就是“生”：“天地之大德曰生。”（《周易·系辞下》）与“生”意思相近的词还有“变”“化”。“健”“动”“生”“变”“化”，都是一个意思，表明宇宙就是一个生生不息的运转过程。孔子站在大江边上，看到滔滔的江水，发表感叹说：“逝者如斯夫！”（《论语·子罕》）就是说，世界万事万物，都处在一个变化的宇宙中，就像河水一样，奔腾不息，这就是国学关于宇宙的一个基本看法：宇宙是变动的，宇宙是生。

在宇宙观方面，国学提出的问题是：“宇宙怎么样？”而古希腊哲学家是：“宇宙是什么？”他们对宇宙的认识也是一个字，这个字就是“有”。当你说“有”的时候，给出的是一个定格的画面。就好像我们拿一台照相机拍照，照下来，也就“有”了，这个“有”就定格了。古希腊哲学家先判定宇宙是“有”，接下来开始对“有”作哲学分析。亚里士多德的分析是：有质料因、动力因、目的因和形式因等等。质料因分析到原子，就不能再分析了。因为这个原子，用西方哲学的行话说，它有“不可入性”。这个原子不是自然科学的原子，它是哲学家说的原子。这是西方哲学最高的研究成果。中国哲学在出发点上就跟西方哲学不一样。我们的先哲认为，宇宙的最本真状态是“生”。先哲在回答“什么是生”的时候，就不能单独给出一个质料因。按照我们先哲的看法，“生”是质料因和动力因相统一的结果；“生”靠“气”来支持。所以“元气”这一词是中国哲学特有的概念，西方哲学没有类似的说法。当你想到“气”这一概念的时候，肯定会得到动态的感觉。气是不固定的，有“形”但无“状”。就像云彩，它也没有固定的形态，总是动感的。西方哲学的“有”，给人的是静感，所以“有”是可以分析的。中国在哲学上走出分析的路，选择了综合的路，采取质料因和动力因结合在一起的方式。

中国哲学在起点上，与西方哲学相比，有着不同的理论取向。中国哲学研究宇宙跟西方哲学研究宇宙，理论动机有一个明显的不同。西方哲学家研究宇宙的目的，是满足好奇心。古希腊有一位哲学家叫赫拉克利特，他是一个贵族。他有一句名言：如果让我知道一颗恒星的道理，我宁愿用王位来换。在古希腊，哲学起源于“好奇”，哲学家就想弄个明白，没有任何其他的目的。我们中国哲学呢？恐怕不是这样。我们的先哲研究宇宙，用“天行健”对“宇宙怎么样”作了回答以后，紧接着跟上一句“君子以自强不息”。“君子以自强不息”就不是宇宙论了，而是人生论了，对“做什么样的人”作了回答。人生就应该效法宇宙的运动法则，效法“生生不息”，那就是“自强不息”，这样的人才称得上君子。君子就是最像人的那一个人，也就是理想的人格。与“君子”相对的是“小人”。在“人”的前面加上个“小”字，意味着他不配称为“人”，小人其实是半人半兽的，只有君子才可以称为真正的人。我们的先哲把宇宙论和人生论结合在一起讲，沿着“天人合一”这样一条思路，寻找宇宙和人生共同遵循的第一原理。这个第一原理就是“天行健”，就是“自强不息”。

“自强不息”的精神，对于中华民族来说很重要，它形成了我们民族那种特有的乐观主义精神。“天行健，君子以自强不息”，无论你在任何倒霉的情况下，它总会给你点起希望之灯，相信“明天会更好”。

比如，我们同学考研究生，可能第一次没有考上。但是我们先哲说，明年你就有可能考上，所以你不要泄气，你再努力一把。这就是一种乐观向上的精神。国学教导我们：人生的道路、国家的道路、社会的道路，尽管曲折有困难，但困难毕竟是暂时的，也许你再坚持一下，就会有“否极泰来”的那一天。古人留下来的《周易》有六十四卦，最后一卦叫作“未济”，意思就是说世界发展还是一篇没有写完的文章，那么，下面就由你来完成了。所以，国学总会给你燃起希望之灯，使你对民族和个人的前途，充满一种乐观向上的精神，使你遇到困难的时候不至于被压得透不过气来。这样一种民族精神，对于中华民族来说，是一笔宝贵的财富。

在这漫长的历史中，我们民族也经历了许多磨难。但是，无论怎样的艰难，怎样的困苦，我们民族的先进分子，从来就没有丧失让中华民族腾飞的伟大信念。比如说孙中山，他提出的“愈挫愈奋”，越是遇到挫折，就越应有克服挫折的勇气。毛泽东提出关于我们民族的看法，也有很多名言，他豪迈地宣布：“世界是我们的，也是你们的。”江泽民同志提出了“与时俱进”的思想，其实是“自强不息”的另一种表达，告诉人们心中要永远保持积极向上的心态。国人对前景总是抱着一种美好的向往，我们对小康的追求，其实是建立在国学的哲理精神的基础之上的。

（二）实事求是

国学的第二点哲理精神，我把它概括为“实事求是”，表明我们先哲在知识论方面的基本态度。“实事求是”这个词也是我们大家耳熟能详的常用词。但是，我想这不是一句我们常挂在嘴边的空话，它应是国学的哲理精神之一。“实事求是”是“自强不息”的延伸，是由“自强不息”自然而然得出的结论。与“自强不息”的进取精神相一致，决定了我国的先哲特别关注现实问题，形成国学注重人生实践这样的特有品格。“实事求是”的关键在于“实事”这两个字。“实”就是实践，所以，实事求是就是注重实践。

“实事求是”原本是一个形容词，它的出处在《汉书·河间献王德传》，是称赞河间献王很有出息的话，表扬他“修学好古，实事求是”。“修学好古”这个词，我们现在听起来很别扭，不太好说。“修学好古”不就是学习吗？“实事求是”这个命题，我想从它的哲学意义上来谈谈。从“实事求是”的原意来讲，就是要告诉我们为什么要求知，反过来讲，我求知、“求是”就是为了更好地做“实事”。那么，既然为了做实事，我就要从实事也就是从实践出发求知。这句话，我们中国人现在理解起来，不会觉得有什么费解的地方，如果挪到西方，西方人一定会很惊讶。按照西方哲学的说法，你“求知识”就够了，没有必要牵扯“实事”。比如说我们现在学知识，那你为什么要“求知识”呢？西方人的回答就是“哲学起源于好奇”，我就是为求知而求知，为知识而知识，没有其他的实际目的。所以在西方有“为学术而学术”“为艺术而艺术”“为知识而知识”这样的传统。相比较而言，这样的传统对于我们这个民族，恐怕不是那么明显。

我们的先哲强调“实事求是”，并不主张追求纯粹的理论知识，也不抱着“为知识而知识”的学习动机。“求是”和“实事”是紧密联系在一起的。我们的先哲主张为实事而求知识，求那种可以解决实际问题的知识。“实事”是指哪些事呢？当然不是鸡毛蒜皮的小事，而是关系到国事民瘼的大事。关于这些大事，古人有明确的说法，大体上有两种。一种就是《左传》上的说法，把实事概括为三条，叫作“正德、利用、厚生”。“正德”就是要修身，要提高每个人的道德修养水准。古人把道德看得很重，你做学问不仅仅是做学问，做学问是为了做人。中国传统的学者是把做人和做事、为人和为学联系在一起的。你这个人不但要学问好，而且人品好，不但说得漂亮，而且做得也要漂亮，所以对中国知识分子的要求应该是很苛刻的，不但要求你有知识，有知识未必能得到尊重，而且要有好的人品。这跟西方不太一样，西方光有一个就行了，只要我学问好就行了，不管人品如何，培根就是一个典型。他关于“知识就是力量”的论断很有见地，人品据说并不怎么样，西方人并不计较这些。在中国，学问再好，如果人品不佳，那是不受欢迎的，早就被打倒了，被赶出学术殿堂了。培根在英国没有这个问题，他讲学问就是讲学问，人品那是另外一回事。在我们中国就不行，对学生的要求也很高，不但学习好，而且要做到品学兼优，做一个“三好学生”。所以，“正德”是“实事”的一大方面。第二大方面，那就是“利用”。用我们现代的话讲，就是发展生产，改进工具，疏通商品流通的渠道，增加社会财富。最后一个就是“厚生”。就是要使大家都过上富裕的生活，改善生活条件，讲究环境卫生，提高生活品质。日本政府有个“厚生劳动省”的部门，“厚生”这个词，就是从我们中国借过去的。

关于“实事”的另一种，就是《大学》的说法。《大学》讲的八条目中，“格物”“致知”“诚意”“正心”，这是求知的四部分；下面的四条目要做的就是“修身”“齐家”“治国”“平天下”四件大事。这比《左传》的多了一个，但是基本精神是一样的。不过，它更强调社会治理这件大事。“正德”“利用”“厚生”的说法，现在看起来更好一点，因为其中讲到生产。《大学》的“修、齐、治、平”，缺一条“生产”。“生产”这一条《大学》没有单独地讲，不过，文章中也有这个意思，只是突出的程度不够。与“实事求是”的哲理精神相联系，我们的先哲比较关注国家、社会大事，因此很重视“修身”“齐家”“治国”“平天下”。

国学中的“知”与西方哲学中的“知”，意思不大一样。在西方哲学中，“知”是“为知识而知识”的“知”；而国学中，“知”跟“行”总是联系在一起的。所谓“行”，它包含“行动”“探索”“活动”等等方面，用现在的话说就是“实践”。翻开中国哲人所写的著作，它们跟西方所采用的叙述方式都不一样。西方哲学是为理论而理论，所以写出来的都是理论专著，是靠“大逻辑、小逻辑”写出来的。我们的国学著作则是重视“行”，重视“知行合一”，不大重视理论表述。我们的先哲在讲哲理的时候，没有写成一个系统的教科书，常常采用“应景对话”的方式。在他们那个时代念书，也没有上课这种方式，只是研读经典。老师跟学生一起生活，有问题就随时向老师请教。老师根据不同的对象来回答问题。《论语》现在看起来是一本书，实际上没有多少字，差不多有一万六千字，《人民日报》用两个版面就可以发表了。孔子在不同的场合下，回答学生的提问，同样一个问题可以有不同的答案。他因材施教，没有使用现在这样的逻辑推导方法。他没有给概念下一个定义，因为古人不太讲究这个。我们中国哲学有事实上的系统，但缺失理论上的系统表述，所以学习中国哲学完全靠读书，解决不了问题。古代哲学家读书的时候，孟子有句名言“尽信书，则不如无书”（《孟子·尽心下》），就是说你不能完全拘泥于文字，你要通过文字体会哲学家的本意是什么。“言不尽意”，不通过“言”，你当然无法了解“意”，所以，你要通过文字的表述来领会“意”。但不可以“言”害“意”。

国学中实事求是的精神，对于我们来说也是一笔丰厚的文化遗产。毛泽东很巧妙地把马克思主义认识论同中国哲学这种“实事求是”的精神结合在一起，对“实事求是”完全作了一种新的解释。毛泽东是从现代哲学的角度看待“实事”，他不再受古代“正德，利用，厚生”的限制。他认为，“实事”就是客观存在的一切事物，“是”就是一种规律性，“求”就是我们去研究，然后得出合乎规律性的认识，把握事物的内部联系，用这样的认识作为我们行动的指导。经过毛泽东这样的解释，就把我们中国哲学优秀传统和马克思主义“从实际出发”的认识原理紧密地结合在一起，形成我们党以“实事求是”为理论标志的认识路线。这个路线可以说既是马克思主义的，又是中国哲学的，比较好地处理了民族性和时代性的关系。这也是我们党几代领导人始终坚持的传统。现在说得较多的语句是“解放思想，实事求是，与时俱进”，其中“实事求是”是毛泽东说的，“解放思想”是邓小平说的，“与时俱进”是江泽民说的。由此看来，一个民族的思维、思想，具有延续性。虽然“实事求是”不是毛泽东最早说的，但它是我们民族的传统。我们先哲认为宇宙是“生”，认为“生”既是宇宙的根本原理，又是人生的基本准则。但现在我们了解“生”的时候，就不能完全采取理论分析的路线。对于“生”，虽然不能量化，但可以定位；需要分析，更需要体会。要把“生”跟“行”联系在一起，“行”中求“知”，“知”是为了指导“行”。所以我们的知识，尽管有的是自然科学的，有的是社会科学的，但总是要跟它的行，跟它的实用目的联系在一起，故而实事求是便成为国学的第二点哲理精神。

（三）辩证逻辑

国学的第三点哲理精神，我把它概括为“辩证逻辑”，表明我们先哲在思想方法方面的基本态度。逻辑分为两大类，一类叫形式逻辑，另一类叫辩证逻辑。形式逻辑就是借助概念、判断、推理逐步展开的思维方式，重视对思维形式的研究。我们中国人接受形式逻辑这门学科是有困难的，直到近现代，西方形式逻辑才在中国广泛传播，新出现的大学里开始有了逻辑学教员。据冯友兰先生讲，他在念大学的时候，教逻辑学的教师并不懂逻辑学，那么，逻辑课怎么上呢？就是上英文课，告诉你这个词怎么发音，实际上跟英文课没什么区别。形式逻辑，应该说是中国哲学的一个弱项，甚至还不如印度的哲学。印度的哲学里有正理派，佛教里有因明学，相当于形式逻辑。我们哲学的强项不是形式逻辑，而是辩证逻辑。我们的先哲用辩证的方式看待宇宙的发生、演变和发展，采取一种发展的眼光。“天地之大德曰生”，“生”是没法界定的，不能用一种静态的形式逻辑看待它。静态的逻辑作为思维工具，对于我们的先哲显然不够用，必须借助动态的逻辑，也就是辩证逻辑。持这样的一种观点的人，恐怕也不只我一个，好多伟人、哲学家、科学家，也都有类似的说法。英国有一个李约瑟（Joseph Needham）博士，他研究了一辈子中国科技史，他对中国哲学的思维特点，有这样一种表述：“当希腊人和印度人很早就仔细地考虑形式逻辑的时候，中国人则一直倾向于发展辩证逻辑。与此相应，当希腊人和印度人发展机械原子论的时候，中国人则发展了有机宇宙的哲学。”[①]他是一个大学者，他写的《中国科学技术史》有几大本，对于中国科技思想，他研究了一辈子。同李约瑟有类似看法的，还有爱因斯坦（Albert Einstein）、普里高津（Ilya Prigogine）。

我们的中国哲学，在宇宙观上跟西方有区别，在认识论上跟西方人有区别，在思维方式上也有区别。确切地说，我们中国哲学并没有西方哲学的那种认识论，有的只是知行观，就是对知与行关系问题进行探讨。在思维方式上，中国哲学与西方哲学有明显的区别，那就是中国哲学注重辩证思维，辩证法思想很丰富。中国哲学用生生不息、动态的思维描述动态的宇宙，应说是人类辩证思维的第一个源头。黑格尔（G. W. F. Hegel）实际上也承认这一点，认为哲学的太阳是从东方升起的。但他的下一句话就不中听了，是说哲学在你们那里已经过时了，现在太阳在我们欧洲。黑格尔是一个典型的欧洲中心论者，他认为思辨哲学在孔子那里一点也没有。辩证思维是人类共同的文化财富，应当说我们的先哲作出了很大的贡献。可以说，在黑格尔之前，辩证思维最发达的是我们中国。德国人的辩证法思想后来在理论形态上超过了我们中国，但是若从源头上看，我们中国还是最早的。

中国哲学辩证思维发端于八卦中的阴阳两个符号。“阴”是什么？山北水南是“阴”，相对地说，山南水北就是“阳”。这种说法认为，阴阳是紧密相连的，没有阴，就没有阳。你不可能把山变成两半，世上有阴，就必然有阳。中国人考察世界，认识世界，认为不能采用一点

①［英］李约瑟：《中国科学技术史·数学》（第3卷），《中国科学技术史》翻译小组译，科学出版社1978年版，第337页。

论，不能采用形式逻辑的“A就是A”。你必须有两个点，一个是阴，一个是阳。用毛泽东的话说，就叫作“两点论”，而不是“一点论”。这两点可以解释宇宙、人生的许多现象。在中国人看来，阴阳是一个最普遍的原理，宇宙有阴阳，有天必有地，天是阳，地是阴；人生也是这样，男女就是阴阳。按照中国哲学的说法，世界有两种基本因素，相辅相成，相互作用，从而演化出生生不息的世界。

中国古代辩证法有这么三种类型。第一种是老子的“贵柔”的辩证法，以“阴”为重心。老子作为一个思想家、军事家，他主张让自己处于后发的优势。老子反对先出头的，他认为“企者不立，跨者不行”（《老子》第二十四章），因此，他很崇信“阴”，不大崇信“阳”。有的学者就说老子代表了中国的女性主义。总之，老子是把强和弱放在发展中来考察，认为暂时柔弱的东西，可能是有前途的；表面上看是强的，但缺点和优点同时暴露了，没有什么前途，这是老子贵柔辩证法的基本精神。与老子不同的另一种风格的辩证法类型，就是孙子的尚刚的辩证法。他们都是春秋时期的人，孙子的辩证法侧重于“阳”，侧重于刚强，主张虚实并用，就是要掌握主动权。他写的《孙子兵法》，基本思想是主动权思想。他指出，作为一个指挥员，就要牢牢掌握主动权，处于主动地位。再有一种类型，就是儒家的执中的辩证法。儒家主张刚柔并济，讲究中庸之道。中庸的观念孔子在《论语》中就提出来了，后来的儒者把中庸之道发展成为一种系统的辩证法学说，则是在《易传》中完成的。在中国哲学中，没有静止、孤立的形而上学的思维方式，总体来说，我们中国哲学强调的是两点论，强调两点相互作用。中国哲学的辩证法思维传统是有发展前途的，正如马克思所说，辩证法思维是人类思维所固有的。不要以为只有马克思主义哲学才有辩证法，其实我们中国哲学对辩证法早就有了很好的阐述。没有中国哲学的辩证法思维传统，马克思主义哲学也无从发展。我们传统的辩证法思想跟马克思主义也不是对立的关系，而是从低级到高级、内在相通的关系。例如，中国传统哲学中“一分为二”的命题，毛泽东就把它跟马克思辩证法连在一起，形成毛泽东思想。这说明马克思主义哲学可以与中国古代的辩证思维资源相结合；结合了中国古代的辩证思维，也有利于马克思主义的中国化。研究中国传统哲学中的辩证思维，对于接受和理解马克思主义哲学，消除陌生感、隔离感，有很大的帮助。辩证思维本来就是国学的应有之物，有了这样的认识，当我们接受马克思主义哲学的时候，就可以增加几分亲切感。

（四）以人为本

国学的第四点哲理精神，我认为是“以人为本”，表明我们先哲对人生哲学的高度重视。中国哲学是围绕“人”这一主题形成与展开的。我们可以采用比较的方法来证明这一观点。我们看一看西方哲学，西方哲学的主题不是以人为本。古希腊哲学就把眼光投向自然，投向茫茫的星空，所以哲学家就暂时不把人看作人，而看作宇宙的观察者。希腊哲学主题就是自然，而不是人。印度佛教哲学关注人死后的情景。人死后上哪儿？超越了此岸，到达了彼岸。中国哲学研究的是“生”，印度佛教哲学研究的是“死”。这样一比较，就看出来了：中国的哲学是以人为主题、以人为本的。什么是中国哲学的基本问题？司马迁有一句很好的话，就是“究天人之际”。天人之际就是说研究天与人的关系，也就是研究自然，归根到底是为了研究人，并不仅仅是研究自然。研究天人之际，把天与人联系起来。司马迁还有一句话说：“通古今之变。”这就是社会和历史问题，是要打通古代与现代的变迁历程。司马迁最后说：“成一家之言。”三句话连贯起来就是：“究天人之际，通古今之变，成一家之言。”（《汉书·司马迁传》）它的主题是围绕人展开的，就是研究人的问题，怎样做人？人的准则是什么？“安身立命”之处在哪里？中国哲学就是要回答这些问题，解决这些问题。中国哲学并不仅仅叩问茫茫的宇宙，也不是闭着眼睛思考，人死后去哪儿？人的未来是怎么样？中国人是很务实的，那就是总是琢磨怎样活着过好这一辈子的问题，至于死后上天堂，还是下地狱，眼下就不必过多地考虑。有一次，学生问孔子：“死是怎么回事？”孔子回答说：“未知生，焉知死？”也就是说，你还没有考虑一下怎样活得更好，干吗去考虑死这个问题？学生问孔子，鬼是怎么回事？孔子的回答是：“未能事人，焉能事鬼？”（《论语·先进》）就是说，你还是好好做人吧，别考虑人死后为鬼的问题了。中国人缺乏超验意识，不大关心人生的彼岸，不大关心人死后的情形，而特别关心如何做人的问题。

怎么做人呢？儒家主张做一个“仁义志士”。孔子非常关心人，认为“仁者，人也”（《中庸》），认为人就应该有仁爱之心，有道德修养。他也非常关心人的价值，人的意义。人生是有价值，人生是有意义的，所以他倡导“舍生取义”，推崇利他主义。这种精神对于我们民族精神的形成有很大的作用，文天祥就是在这种精神的指导下，为国而死的。国学以人为本的哲理精神，在孟子哲学中得到充分体现。孟子说："民为贵，社稷次之，君为轻。"（《孟子·尽心下》）这就是对人事关系逻辑结构的概括。在这个结构中，民是根本的，这个"贵"就是"根本"的意思。也就是先有民，后有国家、君主，"君为轻"就是这个意思。这个君主只有尽到了保护人民、保卫国家的责任，才是一个称职的君主。所以，君主在处理社会问题时，必须"以民为本"。关于民本思想的重要性，荀子有一个形象的比喻。他说："水则载舟，水则覆舟。"（《荀子·王制》）民就像水，君就像舟，水可以把船浮起来，也可以让其倾覆，所以君主必须注重民在政治生活中的作用。李世民很欣赏这句话，他治理国家，就遵循这句话。

儒家的经典之一《大学》，提出了儒家处理社会问题的三纲领、八条目。三纲领是什么？就是"大学之道，在明明德，在亲民，在止于至善"。"明明德"就是要你树立道德理念，要做一个有道德之人。那么，怎样实现目标？要"亲民"。这是对皇帝说的，要皇帝遵守，要关心群众。最后就是"止于至善"，达到了最高的境界。"八条目"是实现"三纲领"的步骤。"格物、致知、正心、诚意"主要是指学习做人的道理，接下来的"修身、齐家、治国、平天下"是指获得的效果。在古代"天下"就是"全国"的概念。中国地理环境比较特殊，一面是大漠，一面是大山，另两面是大海。这些对古代的人来说，是不可逾越的障碍。因而中国的古代哲学没有全球观，那时也不知有其他国家。

传统哲学的另一片天地是墨家的哲学。墨子也主张以人为本，强调"爱人者，人必从而爱之；利人者，人必从而利之"，反过来说，"恶人者，人必从而恶之；害人者，人必从而害之"。（《墨子·兼爱中》）只有利他，才能利己。所以他主张处理社会问题时，应当采取"兼相爱""交相利"的这样一种基本准则。

道家也是我们传统哲学的一个学派。道家就复杂多了，老子说："道可道，非常道，名可名，非常名。"（《老子》第一章）似乎强调的是自然，但这只是表面化的东西。如果把表面化的东西解剖开来，就含有"以人为本"的思想了。老子讲"道法自然"（《老子》第二十五章），落脚点还是人：人去实现"无为而无不为"（《老子》第三十七章）的自然原则。老子主要还是在教导如何做人，如说："圣人无常心，以百姓心为心。"（《老子》第四十九章）这跟儒家的民本思想很接近。老子是通过自然来说人的，这和儒家直截了当说人，只是表达方式不一样罢了，但结论是相同的。所以老子不是忽视现实问题，相反，他还是非常关心现实问题的，讲究治国之道，他劝君主“无为而无不为”，“治大国，若烹小鲜”（《老子》第六十章）。治理一个国家，聪明人就像煎小鱼一样小心，煎小鱼如果只煎一面，就会煳了，不能吃了；可是，老是折腾，翻来翻去，也会把鱼弄碎，也吃不成了。关键在于把握一个度，不能什么事都不干，作为一个统治者，什么都不干，就像煎小鱼只煎一面，只会失败；如果什么都干，乱折腾，今天一个令，明天又一个令，也当不好统治者。这里包含着很深的治国之道，外国人是很佩服的。美国前总统里根在他的《国情咨文》报告里引用了这句话，给他的形象赢得了加分。总的来看，国学特别强调“以人为本”的哲理精神，特别注重研究人性、人际关系和处世之道。

怎么来看国学的这样一种人本主义精神呢？这在学术界曾经是一个有争论的话题。有一些学者，像贺麟，他们很欣赏儒家的“人本主义”精神，认为“人本主义”不是西方的专利，如果谈专利，中国比西方早。西方16世纪才谈人本主义，我们中国古代的老子和孔子在公元前几百年就讲到了。另一些学者认为，国学没有讲个人权利，所以，这个人本主义，就是假的人本主义。真的人本主义要求尊重人、尊重人权。这两派就吵来吵去。前派以贺麟为代表，后派则以中国社会科学院前院长胡绳为代表。我想，他们的争论，站在21世纪的角度，可以给他们调解一下。应当说国学重视人本主义，重视以人为本，这传统是不能否认的事实。相比较而言，如果西方是以自然为本，印度是以超越的彼岸为本，那么我们中国哲学当然是以人为本。它确实是以“人”为主题，研究怎样做人，研究怎样处理人际关系。但是国学中“以人为本”的哲理精神，毕竟是在农业社会、在自然经济的条件下形成的，所以不可能有西方近代的那种权利意识。“人权”的观念，在国学中确实是比较薄弱的，这点我们必须老老实实承认。但是，我们承认我们“人权”意识薄弱，并不能因此否认国学中有“以人为本”的传统。不能抓住一点，不计其余。不过，应当承认中国传统的“以人为本”思想，有一个很大的缺陷，那就是还没有上升到个人的主体意识层面，没有突显个人的权利意识。“权利”的观念是我们从西方学习来的。但是权利的观念与人际的协调观念，二者并不构成非此即彼的关系，二者是可以协调的。所以，我们一方面可以继承我们古代的精神遗产，强调“以人为本”；另一方面，也应当接纳西方的民主、权利、平等这样一些现代观念，把我们的“以人为本”的精神传统提升到一个新的高度。国学中“以人为本”的精神，尽管存在着权利意识淡薄的缺陷，但总的来说，还是值得继承和发扬的健康思想。现在，“以人为本”已成为我们一些搞管理的专家的常用语，即“人本管理”，强调“以人为本”的人力资源管理开发。在“以人为本”的思想中包含着利人、利群、尊重他人，尊重民意，与人为善，忧国忧民，严于律己、宽以待人，向往一种高尚的人格和人格的自律这样一些内容。这对于我们增强民族凝聚力，调动每个人的积极性，协调人际关系大有好处，是值得继承和发展的。“以人为本”已经进入我们现在的政治文明话语系统，成为一种活的时代精神和民族精神。这是我讲的国学的第四点哲理精神，就是“以人为本”的精神。

（五）内在超越

国学的第五点哲理精神是“内在超越”，表明了我们先哲在价值观方面所选择的向度。我觉得，国学区别于西方哲学和印度哲学的另一个突出特点，就是崇尚内在超越的精神，这与“以人为本”的精神是一致的。

中国哲学家把人生论和宇宙论结合在一起，讲哲学的目的，一方面为了指导当下的人生，另一方面就是为了确定一个价值目标，寻找一个安身立命之地。中国哲学家尽管不太想人死后的事，但他们并没有放弃超越性的问题。所谓超越性，对于我们的现实人生来说，就是一种否定性，意味着我们的现实人生还不够完满，我们需要向一个完满的境界、超越的目标努力。那个完满的境界对于现实的我们来说，就是一种超越。中国哲学处理超越性的问题，是从内在性入手的。从内在性入手，就是从你的人生现实出发。如果你只是一味地满足于现实，那是没出息的；要有出息，就必须超越现实。向哪一个方向超越？中国哲学的回答是“超凡入圣”。把你从一个凡人的状态，提升到一个圣人的状态。从现实出发，追求一种超越的理想目标，这就是中国哲学在价值观和价值追求方面的一种基本特色。中国哲学从肯定人生价值入手，来追求人生价值的提高，这是我们民族精神的一个特色，与西方和印度有所不同。西方认为人是什么呢？他们认为人是上帝的子民，原本在天堂。夏娃和亚当受到了蛇的引诱，一不小心吃了智慧果，被上帝赶出了伊甸园，于是成了人，从此，便开始了受难。“人是一场灾难”，这是他们基本的人生观。换句话说，人生是无价值的。所以，西方说人是有罪的，从亚当、夏娃开始就有罪。这样，人生就是一种赎罪、一种受难的过程。人死后，要进入“宗教审判”程序：好的就进入天国，坏的就进入地狱。人如何提升？就要靠上帝的力量。这种人生观否定人生的价值，认为神是有价值的，人是没有价值的，追求的目标是超人入神，进入天国，这是西方的外在超越价值取向。印度哲学以佛教为代表，讲人生是苦，认为人生就是一种悲哀。人一生下来，就面临着生、老、病、死，这就是苦。苦已集，道已灭。只有接受佛道，达到涅槃寂静，才能超越六道轮回。这也是一种否定人生价值的理论取向。但我们中国哲学不同。我们中国哲学肯定人生价值，尽管人生不一定是完满的，但人生就是包含着自我完善的要素在里面，这就是孟子所说的“人性善”。孟子提出“人性善”，就是说人可以自我完善，自我提升。按照国学的这种哲理，我们不需要上帝帮忙，也不需要佛的指点。中国哲学是教导人怎样更好地成为人的哲学，要使你活得更人性，并不是教导你非人化。孔子讲“我欲仁，斯仁至矣”（《论语·述而》），首先必须自己主动要求成为仁人志士，否则别人无论怎样做，都无济于事。每个人都有善的本质，关键在于如何打磨。董仲舒的“性禾善米”之喻说，没有磨去稻壳的禾，你必须把它磨过后，变成米才能吃。做人也是一样，每个人都有成为圣人的可能性，但必须经过自己努力才能成为圣人。在中国哲学中，超越性不是对内在性的否定，而是对内在性的丰富、提升、发展和完善。中国哲学所讲的圣人，说来说去还是人，尽管理学家把圣人讲到“存天理，灭人欲”的地步，但他们仍然是人，而不是神。

在内在超越精神的指导下，中华民族的宗教观念比较淡薄。在西方和印度以及世界上大多数国家，一般都是靠一种宗教来凝聚民族群体。伏尔泰（François-Marie Arouet）虽然是无神论者，但他从社会需要的角度说：一个民族如果没有神，他应该造出一个神来，让大家去恭敬对待，这样才能形成一个民族。但是我们中国也许是伏尔泰想象不到的一个特例。我们中国这样一个大民族群体，不是靠神的观念凝聚起来的。我们是靠对圣人的追求、对理想人格的追求凝聚起来的。这是一种哲学的力量，不是宗教的力量。这种哲学的力量使中国人凝聚成世界上最大的民族群体。中国人的精神生活，不是靠宗教来满足、来解决的，而是靠哲学来满足、来解决的。当然，中国也有信教的，但比较晚。在我看来，在中国有些信佛教的人比那些不信佛教的更没有虔诚的精神，有些人常常对神抱着非常浅薄的功利目的。譬如说，有的人上庙里拜观音，还不是为了求生个儿子？上文昌阁上香，不就是为了考上大学吗？这是非常浅薄的功利目标，所以中国有“无事不登三宝殿”的说法。这句话换一种说法，就是有事才登三宝殿，这种人怎么会有虔诚的信仰呢？

国学倡导内在超越的精神，肯定在人心中存在着自我完善的内在根据。作为一个人，你追求的价值目标，不是否定你自己，而是提升你，使你达到圣人的境界。所谓圣人就是具有理想人格，完全实现了仁爱品格的人。西方的基督教16世纪传到中国来，其中的传教士如利玛窦，他就感到中国人和西方人不一样，认为我们没有神管着。认为他们是信神的，而我们不信神。他是从一个外国学者的角度，看到了中国哲学内在超越的价值取向，一种有别于西方或印度那种外在超越的价值取向。中国哲学不是否定人生，而是肯定人生，但是肯定中也带有否定，否定不是在根本上把你否定掉了，而是说在人生的百年之内，你应当成为好人，也能成为好人。如果你没有这样的追求，谁也没有办法。成不成为好人，成不成为圣人，关键不在于外在的人和物给你的帮助，而在于自我的提升、自我的完善。这便是“我欲仁，斯仁至矣”。中华民族与其他国家民族相比，可以说是一个非宗教的民族。在古代中国，你骂孔子是不可以的，被视为“非法无圣”；骂菩萨，骂基督教的天主，这个不算什么罪过。中国的无神论思想特别发达，魏晋南北朝有个叫范缜的大臣，他跟梁武帝辩论有没有神的问题。他认为，神是没有的，并且跟皇帝辩论。皇帝没有辩过他，但也没有杀他。在西方，肯定不允许有人这样辩论，想要辩论的人，早就被送到鲜花广场，一把火烧了。在西方存在着宗教审判，在中国从未发生过这样的悲剧，这跟“内在超越”的哲理精神恐怕有直接的关系。

（六）有容乃大

最后一点，也就是国学的第六点哲理精神，我把它概括为四个字，叫“有容乃大”。就是说，国学有很大的包容性。“有容乃大”是半句话，上句是“海纳百川”。国学尽管发源于中国，但它的受众并不仅限于中国。国学虽然发源于中原地区，孔子、老子、庄子这些大师都是汉族人，但国学并不等于就是汉族的学问。我们的文字，是汉族人创造出来的，而国学的受众却不仅仅局限于汉族。中国是一个多民族的国家，我们有56个民族，国学是我们整个中华民族共同的精神财富。在中国漫长的历史中，发生过多次少数民族入主中原的事件。但值得注意的是，少数民族入主中原之后，很快就融入国学的文化氛围之中了。有这样的说法：少数民族在精神上是一个胜利者，但在文化上是一个加入者。尽管他们做了皇帝，但他们并没有改变国学的精神传统。少数民族接受国学的例子很多，例如，元朝的名字，就源于《易传》里的“大哉乾元，万物资始”（《周易·乾·彖传》）。蒙古族尽管征服了很多地方，但只有在中国才真正落了根，并最终还是融入国学的精神系统之中。清朝也是如此，满族人入关之前就一定程度上汉化了，入关后，就在更高的程度上融入国学的精神传统当中了。这些都表明了国学的“海纳百川，有容乃大”的包容性。从另一方面来说，也说明国学善于吸纳其他民族优秀的文化，用一句古话来说，便是“他山之石，可以攻玉”。

中国哲学不像宗教文化那样具有排他性，没有在信仰上同其他民族文化发生冲突。外来文化进入中国的阻力相对来说比较小，尽管有时也存在一些困难。我们对外来的优秀文化，也是积极接纳的。在中国文化史上，发生了几次与其他文化大融合的情形。第一次是东汉时期佛教的传入，传入了多年以后，发展成了我们中国的佛教。第二次是基督教和西方近代科学传入，它促使中国哲学出现了一种新的思维，比如王夫之的哲学。第三次是西方进化论的传入，它并未遭受很大的阻力，便与中国的“天行健，君子以自强不息”的传统哲学相结合，促进了中国近代哲学的转型，丰富了中国哲学的内涵。第四次是马克思主义的传入，也使我们的思想资源进一步丰富了，使中国哲学获得新的理论形态，形成了马克思主义中国化的丰硕成果。

总的来说，我们中国哲学作为世界哲学的一个重要组成部分，经过了几千年的发展，代代相传，从未间断。这是世界哲学历史上的一个奇迹。印度哲学、古希腊哲学等，都由于各种的原因，未能直接延续下来。对于我们这样一个哲学传统、一份哲学瑰宝、一种民族精神，应该抱着一种同情的理解，改变过去那种将其看得简单低下的心态。总之，国学中的“自强不息”“实事求是”“以人为本”“辩证思维”“内在超越”“有容乃大”等哲理精神，对于打造当代人的精神世界仍有其积极的意义，都应该进一步发扬光大。

六、中国哲学基本问题

关于哲学的“基本问题”的提法来自恩格斯，其实是一个隐喻。所谓“基”，乃是对房屋基础的简称。楼房无论多高，总得有个基础，否则便盖不起来。所谓“本”，乃是对树干的简称。树高千尺，总离不开树干，否则便不成其为树了。所谓基本问题，乃是一个全局性问题，非常重要。对于某个学科来说，抓住基本问题，等于抓住了钥匙。如果抓不住基本问题，将不可避免地被拒之门外。笔者不质疑恩格斯的论断，只质疑对恩格斯论断的教条主义曲解。如果不破除教条主义的干扰，便不会发现：天人之辨才真正是中国古代哲学的基本问题。

（一）从恩格斯论断说起

恩格斯在《路德维希·费尔巴哈和德国古典哲学的终结》一书中，对德国古典哲学的基本问题作了这样的论述：

> 全部哲学，特别是近代哲学的重大的基本问题，是思维和存在的关系问题。在远古时代，人们还完全不知道自己身体的构造，并且受梦中景象的影响，于是就产生一种观念：他们的思维和感觉不是他们身体的活动，而是一种独特的、寓于这个身体之中而在人死亡时就离开身体的灵魂的活动。从这个时候起，人们不得不思考这种灵魂对外部世界的关系。如果灵魂在人死时离开肉体而继续活着，那就没有理由去设想它本身还会死亡；这样就产生了灵魂不死的观念，这种观念在那个发展阶段出现决不是一种安慰，而是一种不可抗拒的命运，并且往往是一种真正的不幸，例如在希腊人那里就是这样。关于个人不死的无聊臆想之所以普遍产生，不是因为宗教上的安慰的需要，而是因为人们在普遍愚昧的情况下不知道对已经被认为存在的灵魂在肉体死后该怎么办。由于十分相似的原因，通过自然力的人格化，产生了最初的神。随着各种宗教的进一步发展，这些神越来越具有了超世界的形象，直到最后，由于智力发展中自然发生的抽象化过程——几乎可以说是蒸馏过程，在人们的头脑中，从或多或少有限的和互相限制的许多神中产生了一神教的唯一的神的观念。
>
> 因此，思维对存在、精神对自然界的关系问题，全部哲学的最高问题，像一切宗教一样，其根源在于蒙昧时代的愚昧无知的观

> 念。但是，这个问题，只是在欧洲人从基督教中世纪的长期冬眠中觉醒以后，才被十分清楚地提了出来，才获得了它的完全的意义。思维对存在的地位问题，这个在中世纪的经院哲学中也起过巨大作用的问题：什么是本原的，是精神，还是自然界？——这个问题以尖锐的形式针对着教会提了出来：世界是神创造的呢，还是从来就有的？
>
> 哲学家依照他们如何回答这个问题而分成了两大阵营。凡是断定精神对自然界说来是本原的，从而归根到底承认某种创世说的人（而创世说在哲学家那里，例如在黑格尔那里，往往比在基督教那里还要繁杂和荒唐得多），组成唯心主义阵营。凡是认为自然界是本原的，则属于唯物主义的各种学派。①

恩格斯概述了德国古典哲学的状况：一派是唯心主义阵营，以黑格尔为代表；一派是唯物主义阵营，以费尔巴哈为代表。两大阵营的分野在于：对思维对存在、对精神对自然界的关系问题的回答方式不同。恩格斯把这个问题叫作“全部哲学的最高问题”。恩格斯没有抽象化地使用“哲学基本问题”字样，那只是后来人的提法。问题在于，究竟应当怎样理解恩格斯所说的“全部哲学”呢？“全部哲学”是全称，还是特称呢？很显然，恩格斯所说的“全部哲学”只是一种特称，并不是全称。把它望文生义地说成全称，恐怕是翻译过程中造成的误导。请注意，恩格斯的论断出现在《路德维希·费尔巴哈和德国古典哲学的终结》一书中，只是对德国古典哲学加以言说，有特定的语境、特定的对象，并不是超时代、超地域，并非论及世界上的一切哲学形态。他在文中举的例子，是希腊人、欧洲人，是创世说语境中的人，没有超出西方哲学的范围。因此，“全部哲学”其实是指德国古典哲学，顶多不会超出西方哲学的范围。恩格斯没有研究过中国哲学，没有研究过印度哲学，没有研究过阿拉伯哲学，怎么会作出适用世界上一切哲学形态的全称判断呢？哲学与科学不同，具有多样性。世界上可以有单一性的科学，但不存在不受时代限制、地域限制的哲学。任何人都不可能对一切哲学形态作全称判断。由此可见，并不存在适用于一切哲学形态的、抽

①中共中央马克思恩格斯列宁斯大林著作编译局编译：《马克思恩格斯选集》（第4卷），人民出版社1995年版，第223—224页。

象的“哲学基本问题”，只存在适用于具体哲学形态的、具体的基本问题。

（二）教条化曲解

抽象化的“哲学基本问题”，不是恩格斯提出来的，而是苏联哲学教科书编纂者杜撰出来的。在这些编纂者看来，世界上似乎只存在一种哲学，这门哲学的基本问题就是思维和存在何者为第一性的问题，或者物质与精神何者为第一性的问题。其实，这样的哲学并不存在。编纂者引用上述大段恩格斯的论述，并不能支持他们的结论。恩格斯所说的哲学，是具体的，指的乃是德国古典哲学；而他们所说的哲学，是抽象的，泛指任何哲学形态。世界上根本不存在这种抽象的哲学，只存在带有前缀的哲学，如德国哲学、法国哲学、印度哲学、中国哲学等等。所谓“哲学基本问题”，其实就是教条主义的产物。教科书编纂者把恩格斯所说的德国古典哲学从具体语境中剥离出来，变成只是哲学的哲学，并且生造出一个公式化的“哲学基本问题”，到处乱套，这难道不正是典型的教条主义思维方式吗?

所谓的“哲学基本问题”，是建立在单数哲学观基础上的偏见。破除了单数哲学观，“哲学基本问题”说便不攻自破了。哲学与科学之间的区别，就在于它同民族性有关。科学同民族性的关系不大，不影响它的普遍性。全世界可以有大家都认同的科学。只有一门数学、一门化学、一门天文学等等，也就够用了，没有必要区分什么美国数学，什么中国化学，什么英国物理学等等。哲学则不然，它同民族性密不可分，决不能把法国哲学等同于英国哲学，决不能把东方哲学等同于西方哲学。世界上没有一门大家一致认同的、抽象化的哲学。哲学关涉人们的精神世界，而各个民族的精神世界是有区别的，不可能等量齐观。任何人都写不出一本适用于世界上一切人的《世界哲学》。这就意味着，科学可以是单数，而哲学必须是复数。牛顿三大定律全世界都认可，爱因斯坦的相对论全世界都认可，但绝不能找到全世界都认可的哲学。在“哲学”的前面，一定需要用“中国”“印度”“西方”“马克思主义”一类的修饰语加以限制。世界上有只是科学的科学，但并没有只是哲学的哲学。既然没有只是哲学的哲学，那么，所谓的“哲学基本问题”，也就成了一句空话。

中国有些哲学家早就意识到哲学的多样性。金岳霖先生认为，哲学是一种“说出道理的成见”，每一种成见不可能不带有“解释学的偏差”。他在英国讲学时，索性把哲学称作“概念的游戏”。在他看来，每一种游戏都有不同的游戏规则。“马走日，象走田”，只是中国象棋的规则，国际象棋完全没必要遵循这种规则。晚年的冯友兰先生也认同金岳霖的复数哲学观，认为他真正说出哲学的特性。张岱年先生在《中国哲学大纲》一书中，把“哲学”叫作“类称”。他认为，哲学不是一门学问，而是一类学问。不同哲学形态之间，可以有“相似点”，但绝不能相互等同，不能互相替代。

关于哲学，如果有一百位哲学家，可能给出一百种定义。迄今为止，人们还无法给哲学下一个大家公认的定义。我们认同希腊人关于哲学的说法，承认哲学是一门“爱智慧”的学问。在希腊语中，菲拉索菲（Philosophy）的意思是“爱智慧”。这是一种关于哲学的含混说法。在这里，哲学并不是一个词，而是动宾结构的短语。“爱”是动词，是追求的意思；“智慧”是宾词，泛指所有的知识。“智慧”是一个开放性的话题。与此相应，哲学作为“爱智慧”，也是一个开放性话题。哲学家不可以太傲慢，你不过是智慧的追求者而已，并不是智慧的占用者。哲学的任务是追求真理、关注宇宙的奥秘。这个话题常讲、常新，永远也讲不完，并且不断地花样翻新。在中国古代，虽然没有出现“爱智慧”一语，但有类似的提法，如“弘道”“穷理”“通几”“求是”等等。这些提法，同“爱智慧”的意思相近，至少有“家族相似性”。哲学作为“爱智慧”，处在不断延续的过程中。借用海德格尔的话说，“哲学永远在途中”。我们从“爱智慧”的视角看，不难得出结论，哲学不会只是一种，只能是多种。因为爱的主体是多，爱的方式也是多。任何民族的人都有“爱智慧”的权利，都可以采取不同的方式。西方人可以用弹吉他的方式表达爱意，东方人也可以用唱山歌的方式表达爱意，大可不必厚此薄彼、出主入奴。

我们认同一般哲学教科书的说法，承认哲学是一门关于世界观的学问。不过，需要作出一些解释。我们不能把“世界观”误解为“观世界”。“世界观”中的那个“观”字，恐怕不能误解为“观察”意义上的“观”，因为“世界”作为总体，不能成为人们观察的对象。任何人都无法与世界相外在。人们可以观察到世界的局部，但不能观察到世界总体，因为人包含在世界总体之中。如果把世界总体当成观察的对象，就像“理发师给全村人理发”一样，无法说得通，都是逻辑学上所说的悖论。人只能在世界中做演员，不能做观众。对于世界观中的“观”字，只能理解为“观念”意义上的“观”。能提出这种观念的人，无疑就是哲学家。中国不乏提出天、道、大全、宇宙、天理等关于世界总体观念的人，他们是当之无愧的哲学家。世界观中所说的“世界”一词，也是广义的，其中不但包含物质世界，也包含人们的精神世界。人们所面对的物质世界是一样，而人们的精神世界不必相同。人们对世界的理解是多种多样的。与此相应，哲学也必然是多种多样的，绝不可能是单一的。由于观者不统一，哲学必定是个复数。因为不是一个人在观，而是大家都在观。由于观法不统一，你有你的观法，我有我的观法，因此哲学必定五花八门、丰富多彩、形形色色。

无论从“爱智慧”的角度看，还是从“关于世界观的学问”的角度看，哲学形态都是多种，而不是一种。由此可见，单数哲学观可以休矣，抽象的“哲学基本问题”可以休矣。

（三）推行模式化

苏联的哲学界依据抽象的“哲学基本问题”，还杜撰出“两军对战”哲学史书写模式，强令哲学史工作者必须无条件地遵守。苏联哲学史家亚历山大洛夫在《西欧哲学史》一书中，给哲学史下的定义是：“哲学史是人类对客观世界认识发展的历史。”这个信息被苏共中央知道后，竟引起轩然大波。1947年6月，身为政治局委员的日丹诺夫，代表苏共中央在讨论亚历山大洛夫《西欧哲学史》的会议上发言。他狠狠地批评亚历山大洛夫，认为这是一种修正主义观点。他强调，哲学史不是认识史，而是斗争史。“科学的哲学史，是科学的唯物主义世界观及其规律底胚胎，发生与发展的历史。唯物主义既然是从与唯心主义派别斗争中生长和发展起来的，那么，哲学史也就是唯物主义与唯心主义斗争的历史。”①于是，便形成“两军对战”的哲学史书写模式。按照这种模式，任何一部哲学史都必须写出唯物主义与唯心主义交战的历史，否则，就违背了“党性原则”。为唯物主义树碑立传，乃是哲学史工作者唯一的任务。

---

①［苏联］日丹诺夫：《论哲学史诸问题及目前哲学战线的任务》，李立三译，华北新华书店1948年版，第8页。

日丹诺夫的发言内容很快传入中国。1947年11月，曾经是中国共产党主要负责人的李立三把发言稿译成中文，书名是《论哲学史诸问题及目前哲学战线的任务》。1948年1月由华北新华书店出版，在解放区公开发行。此书再版11次，总印数有8万册之多，理论工作者几乎人手一册。中国新哲学研究会在北京多次组织理论工作者学习讨论，强行在哲学界推广“两军对战”模式。

由于强行推广“两军对战”模式，致使中国哲学史事业陷入低谷，造成了三个缺位。一是中国缺位。对于中国人来说，物质和精神何者为第一性的问题是外来的问题；“两军对战”是外来的方法，根本不符合中国国情。按照恩格斯的说法，物质和精神何者为第一性的问题，只有在具有创世说语境的地方才能发生。而中国并不具有这样的语境，从来不以创世说为主导。也许有人会问，中国不是有“盘古开天地”“女娲补天”一类的说法吗？请注意，那只是小说家言，没有哪个哲学家赞成这种观点。在中国贯彻“两军对战”模式，势必造成中国缺位的情形发生。迫于政治压力，中国哲学史教科书编纂者按照“两军对战”的口径，硬是杜撰出中国哲学史上两个莫须有的阵营。大部分有影响的古代哲学家被划入唯心主义阵营，他们只有挨批的份。那么，怎样才能继承古人留下的精神遗产呢？人们惶惑不解。大部分没有影响的古代哲学家被划入唯物主义阵营。例如，王夫之的著作写于清代初年，大部分都没有出版，谈不上有什么影响。几百年以后，也就是到清朝末年，曾国藩为了给湖南人提气，才将湖南人王夫之的著作付梓。王夫之生前没什么影响，不意死后竟登上“最大的古代唯物主义者”的宝座。

二是哲学缺位。哲学家的优势不在于解决问题，而在于提出新的问题或改变提问题的方式。可是，“两军对战”模式只允许存在一个问题，即物质和精神何者为第一性的问题，其他问题一概不许讲。如果哲学史只围绕一个问题讲，那还有什么哲学道理好讲？读这样的哲学史，不可能起到训练理论思维的作用，哲学焉能不缺位？为了撑篇幅，有些编纂者依靠大段引文，弄得中国哲学史教科书诘屈聱牙，不堪卒读。他们还美其名曰“以引证代论证”。其实，引证任何时候都代替不了论证，顶多是旁证。“以引证代论证”的说法，不过是掩盖哲学上的无能而已。由于中国并没有出现两大阵营的分野，区分唯物主义者和唯心主义者很困难。一个哲学家所说的话，有些看起来像唯物论，有些话看起来像唯心论。例如《老子》，说过“有物混成”，像是唯物论者；也是过“道可道，非常道”，像是唯心论者。于是，两派争论不休，一派认为《老子》是唯心论者，另一派认为《老子》是唯物论者。任继愈先生主编四卷本的《中国哲学史》，竟把两派观点都收入。读者读起来，不能不一头雾水、莫衷一是。

三是历史缺位。按照“两军对战”模式编纂中国古代哲学史，既没有哲学，也没有历史。因为这里只有一个问题，即物质和精神何者为第一性的问题。如果只有一个问题的话，那就没有历史可写。编纂者只好用罗列朝代、罗列人名的办法支撑篇幅。其实，哲学史同朝代更迭没有必然联系，哲学形态不会因朝代更迭而发生变化。笔者在《中国古代哲学通史》一书中，试图打破朝代界限，把古代中国哲学史划分为奠基期、展开期、高峰期三个阶段。奠基期以“百家争鸣”为特征，展开期以“三教并立”为特征，高峰期以“理学行世”为特征。罗列人名更是失败，因为只有点，没有线，不可能造就历史感。靠罗列朝代和人名写出的中国古代哲学史，同词典没什么两样。褒义地说，可以叫作“封神榜”；贬义地说，那就是“点鬼簿”。

实践证明，按照“两军对战”模式在中国写古代哲学史，乃是一条走不通的死路。我们必须放弃这种模式，重新探索中国古代哲学史自身的基本问题，力求写出名副其实的中国古代哲学史。

（四）前贤灼见

关于中国古代哲学自身的基本问题，中国古代哲学家早有论述。司马迁说：“亦欲以究天人之际，通古今之变，成一家之言。”（《汉书·司马迁传》）他所说的“际”，就是“关系”的意思。在他看来，搞懂天人之间的关系，通晓古今的变化，那就能够成就一家之言；能够成就一家之言，无疑就是哲学家了。他强调，天与人的关系乃是每个哲学家须面对的基本问题。

而最早提出天人关系范畴的人是子产。据史书记载，郑国发生了一场火灾，有人请求子产采纳占星术者裨灶的建议祭神避火灾，子产表示反对，他的理由是：“天道远，人道迩，非所及也，何以知之？灶焉知天道。”（《左传·昭公十八年》）照子产看来，天道是遥远的事情，而人道是切近的事情，两者未必是一回事，裨灶怎么会知道天道一定会干预人事呢？他把天道与人道区分开来，并且把二者当作认识的对象，可以说是选择了一种哲学的、理性的考察方式，摆脱了宗教的、感性的考察方式。中国哲学的正式起步要从子产算起，不过，还无法断定他就是中国的第一个哲学家，因为我们无法读到他的哲学著作。

在先秦时期，留下哲学著作的第一代中国哲学家，有道家的创始人老子和儒家的创始人孔子。在中国哲学的起步阶段，他们都各自作出独到的理论贡献，同为中国哲学的奠基人。

老子就是从正面出发，推倒“天”的权威，大力倡导“道”的哲学理念。《道德经》的开篇写道：“道可道，非常道。”（《老子》第一章）老子认为，世界的终极原因不在“天”，而在于“道”。以前人们总以为一切都是“天”说了算，老子推翻了这个传统观念，强调在天之上还有一个“道”。他用一种理性的权威取代了神性的权威，踏上了讲哲学之路。他指出，对于道来说，“吾不知谁之子，象帝之先”（《老子》第四章）。“象”就是仿佛的意思。在老子看来，天帝即便真的存在的话，在道的面前也不过是晚生后辈而已，因为再没有什么比道更为原始的了。道就是宇宙万物的老根、老母。老子强调，道并不是具体的存在物，而是抽象的普遍原理。从本原的意义上说，道是万物的始基；但这只意味着万物自然而然地从道产生出来，并不是有意志的人格神创造出来的。道同造物主不同。道造就万物，“功成事遂”（《老子》第十七章），“万物归焉而弗为主”（《老子》第三十四章），不以主宰者自居。老子的天道观在中国古代哲学史上具有划时代意义，它是原始宗教天道观的对立物，标志着哲学对神学的胜利，标志着理论思维繁荣的时代真正到来了。

老子以“天”为契入点，开辟了讲哲学的一条进路；孔子以“人”为契入点，开辟了讲哲学的另一条进路。他重新认识人，重新解释人，把人从天神的重压之下解放出来。孔子也很看重“道”，甚至把道看得比生命还重要，曾表示“朝闻道，夕死可矣”（《论语·里仁》）。老子所说的道，包含着天道和人道两方面意思，但侧重点放在天道方面；孔子所说的道也包含着天道和人道两方面意思，却把侧重点放在人道方面，强调道是人们必须遵守的行为准则。孔子把道同人相联系，提出“人能弘道，非道弘人”（《论语·卫灵公》）的论断。孔子指出，人道的基本内容就是“仁”。他教导自己的弟子说：“君子无终食之间违仁。”（《论语·里仁》）意思是说，正人君子时时刻刻都不能违背仁道。仁道原则集中表现在恰当地处理人我关系问题上：一方面，要严格地要求自己，“苟志于仁矣，无恶也”（《论语·里仁》）；另一方面要宽容地对待他人，做到“己欲立而立人，己欲达而达人”（《论语·雍也》）、“己所不欲，勿施于人”（《论语·颜渊》）。这就是孔子“一以贯之”的忠恕之道。我们姑且不去评论孔子仁学思想的正确与否，仅从他考察人道的思维方式看，他没有从天神那里寻求人道，而是从人自身寻求人道，这显然也是一种理性的考察方式，而不是神学的考察方式。由此可见，孔子通过彰显人道的途径，也达到了哲学意识自觉的水准，可以说与老子殊途而同归。

历代哲学家对天人关系问题都很重视。《周易·乾·象传》写道：“天行健，君子以自强不息。”作者认为，天的特性是躬行变化，人应当效法于天，永远保持自强不息、积极向上的心态。庄子说：“知天之所为，知人之所为者，至矣。”（《庄子·大宗师》）他认为，了解天道界限和人道的界限，都是一门大学问。荀子清楚地提出“明于天人之分”（《荀子·天论》），主张把天道的客观性同人的主观能动性统一起来。《中庸》写道：“思知人，不可以不知天。”作者认为，要想了解人道，必须了解天道。邵雍说：“学不际天人，不足谓之学。”[①]学问不达到通晓天人之际的程度，不算有真学问。戴震说：“天人之道，经之大训萃焉。”[②]也把天人之道看作学问的最高境界。由此可见，天人之辨才是中国古代哲学史的基本问题。只有抓住这个问题，才能写出名副其实的中国古代哲学史。

（五）自身的基本问题

天人之辨作为中国古代哲学的基本问题，并不是一成不变的。随着历史的发展，天人之辨不断发生变化。在中国古代，天人之辨所发生的变化，大致说来有三次。

第一次变化发生在汉代，理论重心由人转移到天。在先秦时期，老子和孔子都不喜欢诸侯纷争的乱世，希望建立和平、稳定的社会。他们虽论及天，却更喜欢谈论人，尤其是圣人。老子构想的圣人人格是消极

---

①〔宋〕邵雍：《观物外篇》下之中，《邵雍集》，郭彧整理，中华书局2010年版，第156页。

②〔清〕戴震：《原善》卷上，《孟子字义疏证》，何文光整理，中华书局1982年版，第61页。

的，“小国寡民”，“为腹不为目”（《老子》第十二章）。圣人的需求有限，绝不会危及他人。庄子把圣人比作遨游在湖海中的鱼，相互忘却，互不打扰。他嘲笑“相濡以沫”的枯辙之鱼。孔子构想的圣人人格是积极的，“博施济众”，“天下为公”。他们都希望圣人出世，改变天下纷争的局面。到汉代，情况发生了变化。“大一统”的中央集权政府已建立，诸侯纷争的局面已成为过去。这时，摆在哲学家面前的问题是：“大一统”如何长治久安？经学家认为，必须接受秦“二世而亡”的教训，解决皇帝无法监督的问题。在秦朝，皇帝是无法无天、为所欲为的暴君；而在汉朝，皇帝是被制约的。这股力量就是天。于是，汉代的思想家不能不把理论重点转向天。汉儒把皇帝叫作天子，也就是天的儿子。不过，他是天嫡出的长子，与天“共持变化”，统治万民。皇帝做了好事，天会降下福瑞，予以表彰；皇帝无道，天会降下谴告，予以警示。

第二次变化发生在魏晋时期，玄学家由天人之辨演绎出体用之辨。在魏晋时期，汉室衰微，各国争斗，又形成割据的局面。这时，“天”已经塌下来了，自然不会再成为玄学家的核心话题。他们由天人之辨演绎出体用之辨，由政治哲学转向人生哲学。天人之辨讲的是过程论；玄学家的体用之辨，则上升到本体论。“用”来自儒家，主要指纲常伦理；“体”来自道家，同“道”“自然”同义，都指天人统一体所依托的本体。玄学家认为，经学家虽然重视“用”、重视纲常伦理，但讲法不对。经学家只讲到“用”的层面，就事论事，没有讲到“体”的层面。显然，“体”是从“天”演绎出来的，“用”是从“人”演绎出来的。在“用”中，隐含一个“用者”，那就是人。但凡有人参与的活动，才谈得上“用”；没人参与的活动，无所谓用不用。在西方哲学史中，本体与现象对应，都属于存在论范畴。在中国古代哲学史，“体”与“用”相对，而“用”则属于价值范畴。关于“体”，玄学家的看法并不一致。王弼持“贵无论”，视“无”为本体；裴頠持“崇有论”，视“有”为本体；郭象持“独化论”，视“化”为本体。“体”既是万物的终极托付，也是人生的终极托付。在玄学家那里，无论何种本体，都是抽象的本体。玄学家立足“一个世界”的世界观，肯定世界的真实性，因而解决不了本体在哪里的问题。这样，本体论自然满足不了人们精神寄托的需要。玄学家只是把道家的“体”同儒家的“用”嫁接在一起，没有把二者统一起来。如何从道家式的“体”，引申出儒家式的

“用”？玄学没有解决。如果说经学家“有用无体”的话，玄学家则“有体无用”。另外，玄学家也回答不了“本体在哪里”的问题。讲到这里，玄学讲不下去了，不得不让位给佛教。玄学家只能讲出抽象的本体论，讲不出超越的本体论；后者只能由佛教来讲。佛教立足于“两个世界”的世界观，强调此岸和彼岸有别。在佛教眼里，现实的此岸世界是虚假的，理想的彼岸世界才是真实的。本体在彼岸，不在此岸。继玄学之后，中国古代哲学进入宗教哲学时代。唐代佛教有长足的发展，形成儒释道三教并立的格局。玄学家开启体用之辨，不意竟成了佛道二教的引路人。

第三次变化发生在宋代以后，宋明理学家在体用之辨的基础上，进一步从天人之辨中演绎出理事之辨。针对佛道二教“两个世界”的世界观，理学家重返“一个世界”的世界观。与玄学家的体用之辨不同，他们不再从道家寻找“体”的资源，而直接从儒家寻找“体”的资源，真正完成了对儒家伦理的本体论证明。他们把体用之辨转化为理事之辨。“事”同“用”相比，更加贴近生活世界。凡是人参与的活动，都在“事”的范围，包括恪守儒家伦理。“理”也不再是抽象的本体，而是具体的本体，比“体”更有广泛的解释力。“理”有“应该”的意思。掌握了“理”，就可以心安理得地过儒家式的生活了。至于理事关系，大多数理学家认为“理事中”“理一分殊”，不认为理是单独的存在物。尽管朱熹有“理在事先”的提法，那只是强调理逻辑上在先，并不否认理事合一。宋明理学终于解决了“本体在哪里”的问题，强调本体就在现实世界之中；终于推翻佛道二教“两个世界”的世界观，重新肯定现实世界的真实性。

综上所述，天人之辨乃是中国古代哲学的基本问题。这一问题经历了“政治哲学—半人生哲学—宗教哲学—人生哲学”的发展过程。在先秦和汉代，立足于“一个世界”的世界观和人性善理论，以治国平天下的政治哲学为中心。在魏晋时期，由政治哲学转向人生哲学，但没有取得成功。在唐代，立足于“两个世界”世界观的佛教传入中国，在佛教中国化的过程中，逐步向“一个世界”的世界观靠拢。在宋代以后，立足于“一个世界”的理学家再次回归主导地位，吸收佛道二教的理论思维成果，兼治国、治身、治心于一身。早期儒学是为帝王说法，宋明理学则为大众说法，盛称“满街都是圣人”。宋明理学把中国古代哲学发展到高峰，终于证成“一个世界”的世界观。这是中国古代哲学的最大收获。我们没有任何理由不继承和发扬这笔丰厚的精神遗产。

七、中国哲学主要问题

我在《中国传统哲学通论》一书中，把中国哲学的精神概括为自强不息、实事求是、辩证思维、以人为本、内在超越、有容乃大等六点。我认为，在中国传统哲学中，这六点精神通过对天人关系、两一关系、知行关系、义利关系等四个主要问题的探讨，充分展现出来。

（一）天人关系问题

恩格斯曾把哲学基本问题概括为思维与存在的关系问题。值得注意的是，他特别强调这是西方近代哲学所关注的问题。由此看来，恩格斯绝没有把哲学基本问题公式化的意思，他并不否认哲学基本问题在各个时代、各个民族有其特殊的表现形式。但长期以来，由于受苏联哲学教科书的影响，我们对哲学基本问题的理解过于简单化了，没能够从普遍性与特殊性之间的辩证关系上把握哲学基本问题。一些研究中国哲学的人，仅仅把恩格斯说的哲学基本问题当作划分唯心主义者和唯物主义者的尺度，采取“划成分”的方法，硬给中国古代哲学家或者戴上唯心主义的帽子，或者戴上唯物主义的帽子，并不愿意深入地研究中国哲学中的丰富内容。这种做法既不符合恩格斯关于哲学基本问题的论述，也不符合中国哲学的实际。我们不否认思维与存在的关系问题是一种关于哲学基本问题的概括，但不主张仅仅用普遍性的概括代替具体的理论研究。我们认为，必须深入地探讨哲学基本问题在中国哲学中的具体表现形态，捕捉中国哲学自身的基本问题。

中国哲学家提出哲学问题的方式有别于古希腊哲学家。古希腊哲学家提出的哲学问题为：“世界是什么？”为了回答这个问题，他们追问世界的本原、本质、本体、第一原理。在进行追问的时候，有的哲学家选择存在的进路，有的哲学家选择思维的进路，于是思维与存在的关系问题逐渐形成为西方哲学特别是近代哲学中的基本问题。中国哲学家没有把世界看成判断的客观对象，而是看成人生存的环境，看成描述的场景，没有像古希腊哲学家那样把世界对象化。中国哲学家提出的哲学问题，不是“世界是什么？”而是“世界怎么样？”和“人与世界的关系怎样？”中国哲学家对世界的哲学追问，虽然也涉及“本原”问题，但主要是“本然”问题，即真实的世界究竟怎么样？人应当如何应对这个世界？由于提出哲学问题的方式不同于古希腊，中国哲学家自然不选择思维与存在的关系问题作为哲学研究的基本问题，而是选择天人关系问题作为哲学基本问题。

纵观中国哲学史，几千年来哲学家们最关心的问题就是天人关系问题。这一问题涉及宇宙论、本体论、知行观、思想方法论、人生价值论等方面，可以说就是中国哲学研究中一个最主要的问题。在中国哲学中，“天”的含义大致有三：一是指主宰之天，也就是通常所说的天神；二是指自然之天，通常也称为天然；三是指义理之天，也就是天理。由于对“天”的含义理解不同，有的哲学家表现出唯物主义倾向，有的哲学家表现出唯心主义倾向。需要指出的是，无论是唯物主义倾向，还是唯心主义倾向，都不过是现代研究者所作出的论断而已，并不是中国哲学家本人的自觉意识。我们作为研究者，当然可以分析某位中国哲学家有唯心主义倾向或唯物主义倾向，但不要轻易给先哲扣上“唯物论者”或“唯心论者”的帽子。

在中国哲学中，“人”的含义大致有二：一是指圣人，即已经进入天人合一境界的理想人格；二是指凡人，即应该进入天人合一境界而尚未进入这种境界的普通人。在做什么样的人的问题上，大多数哲学家都主张做圣人。有的哲学家偏重圣人理想人格的设计，理想主义色彩较重；有的哲学家偏重对现实人格的改造，探索超凡入圣的途径，现实主义色彩比较浓重，看法不尽一致。在天人关系问题上，有的哲学家过分夸大天人合一，表现出抽象化的趋势；有的哲学家看到合中之分，提出近乎辩证统一的观点。至于那种把天人关系截然对立起来的观点，在中国哲学中几乎看不到。

（二）两一关系问题

在思想方法论方面，中国哲学注重辩证思维的精神很突出。中国哲学家以阴阳两个基本点把握动态世界的发展变化的总体进程，形成了讲究辩证思维的哲学传统。中国古代的辩证法以阴阳为核心范畴，遂把两一关系问题视为思想方法论方面的主要问题。

由于受苏联哲学教科书中“两个对子”的研究模式影响，有些中国哲学的研究者看不到中国哲学在世界观方面的独到之处，硬给中国古代哲学家戴上“唯物论者”或“唯心论者”的帽子，把中国哲学关于世界观的图像弄模糊了，使人领略不到中国哲学的精神特质。他们也看不到中国哲学在思想方法论方面的独到之处，硬给中国古代哲学家戴上“辩证法”或“形而上学”的帽子。由于把世界视为判断的对象，在西方哲学史上，确实存在着“孤立、静止、片面看问题”的形而上学理论。而在中国哲学这里，由于把世界视为动态的过程，并不存在“孤立、静止、片面看问题”的形而上学理论。在中国哲学中，有些说法即便有形而上学倾向，也没有形成系统的哲学理论。有人说董仲舒的“天不变，道亦不变”（《汉书·董仲舒传》）的说法是形而上学的观点，这种说法是站不住脚的。在董仲舒那里，实际上只是讲了“道”与“天”在变化上的相关性，并没有把世界看成孤立、静止的存在。在董仲舒的哲学中，“天”并不是静态的存在，而是动态的过程。阴阳关系也是董仲舒乐于谈论的话题。他的论著中，也有大量的辩证法思想。

我们在研究中国哲学在思想方法论方面的独到之处时，不能套用“辩证法与形而上学的对立”模式，应当寻找中国哲学自身关注的问题。这个问题就是两一关系问题。阴阳是相反的，构成对立关系，用中国哲学的术语来说，叫作“两”。阴阳又是相成的，因此构成统一关系，用中国哲学的术语来说，叫作“一”。那么，“两”和“一”是什么关系呢？这成为哲学家必须研究的主要问题。这个问题触及辩证法的核心与实质，即如何正确地理解和把握对立统一律。关于两一关系问题，中国古代哲学家的看法不尽一致。有的哲学家强调“两”，提出“一分为二”“阳尊阴卑”“以阴合阳”等观点；有的哲学家强调“一”，提出“合二而一”“中庸和合”“天人一理”等观点。无论是强调“一分为二”，还是强调“合二而一”，都是在辩证法的范围中讨论问题。过分夸大阴阳对立，固然表现出形而上学的倾向，但也不能归结为“孤立、静止、片面地看问题”的形而上学的思想方法；过分夸大阴阳统一，固然有调和论的倾向，但也不能归结为折中主义观点。从总的发展趋势看，中国哲学越来越接近全面地把握矛盾双方对立统一关系的辩证法思想。

（三）知行关系问题

在知识论方面，中国哲学的精神特质是实事求是。与此相关，在中国哲学中形成注重实践的传统，中国哲学家关于知识论的研究也有独到之处，那就是把知行关系当作理论研究的主要问题。

基于“为知识而知识”的传统，西方哲学家十分重视知识论研究，特别是近代以后，实现了“知识论转向”，知识论成为哲学研究最主要的问题，以至于出现“哲学就是知识论”的说法。西方哲学家关于知识论的研究，主要问题有三个。第一个是主观与客观的关系问题，第二个是感性认识与理性认识的关系问题，第三个是认识与实践的关系问题。基于注重实践的传统，中国哲学家对于知识论的重视程度不如西方哲学家。他们关于知识论的研究，虽然涉及主观与客观的关系、感性认识与理性认识的关系等问题，但没有比较系统的理论体系。

中国哲学家特别重视的认识论问题中认识与实践的关系问题，用中国哲学的术语说，就是知行关系问题。在中国哲学中，“知”的意义很广，不仅指关于事实的知识，还指关于价值的知识，因而有别于西方哲学史上的认识论或知识论。在西方哲学史中，知识论着重讨论关于事实的知识（即科学知识）是从哪里来的问题，因此首先必须设定认识主体和认识对象，然后探讨主体与客体的关系。在中国哲学中，没有这种类型的知识论。中国哲学的知行观除了讨论关于事实的知识的来源问题之外，着重讨论关于价值的知识的来源问题。用中国哲学的术语来说，关于事实的知识叫作“闻见之知”，关于价值的知识叫作“德性之知”。中国哲学家特别重视“德性之知”，不大重视“闻见之知”。“德性之知”同实践理性密切相关，不可能通过主客二分的途径得到。所以，中国哲学家不像西方哲学家那样重视主客关系，但特别重视知行关系。在中国哲学中，“行”的含义有两种：一种是广义的行，泛指个人和社会团体、社会阶层的一切实践活动；一种是狭义的行，专指个人的道德实践。由于“知”有两种含义，“行”也有两种含义，遂使知行关系问题变得复杂起来。

中国哲学家在研讨知行关系问题时，有的人特别注重德性之知，不大关心闻见之知；与此相关，他们对“行”的理解也是狭义的，仅指个人的道德践履。在这些人身上，往往表现出先验主义的倾向。有的人对“知”的理解，广义的既包括德性之知，也包括见闻之知；对“行”的理解也是广义的，既指个人的道德践履，也指其他实践活动。在他们身上，往往表现出经验主义的倾向。中国哲学家对知行关系的看法不尽一致，有的人主张知先行后，有的人主张知行合一，有的主张行可兼知，但总的倾向是重视行，接近于全面地把握知行的辩证统一关系。金岳霖在《中国哲学》一文中指出，在中国哲学中知识论不发达。这种看法有一定的道理，但需要补充的是，确切地说，中国哲学关于“闻见之知”的知识论的确不够发达，而关于“德性之知”的知识论则比较发达。

（四）义利关系问题

中国哲学作为一种以人生哲学为主调的哲学理论形态，不像西方哲学那样关注“世界是什么”“知识从哪里来”等问题，也不像宗教哲学那样关注彼岸世界与此岸世界的关系问题，而特别关注如何做人的问题。人有精神方面、道义方面的理想追求，这在中国哲学中叫作“义”。“义”是道义、义理的简称，指的是做人应该具备的道德意识和价值准则。人有物质方面、利益方面的现实需求，这在中国哲学中叫作“利”。“利”是利益、功利的简称，指的是人用来满足欲望的物质需求。如何正确看待和处理义利关系？成为中国哲学在价值观方面所探讨的主要问题。

义利关系问题实际上就是理想与现实的关系问题。基于“以人为本”和“内在超越”的哲学精神，中国哲学家没有把理想与现实对立起来，没有在彼岸世界设置理想的、超验的价值目标。在中国哲学中，圣人就是理想的人格，就是道义的体现者，就是做人应该追求的终极价值目标。圣人对于凡人来说，无疑是一种超越，但这是哲学意义上的内在超越，而不是宗教意义上的外在超越。就圣人高于凡人这一点来看，“义”被摆在了首要的位置，“利”被摆在了从属的位置。然而，圣人与凡人又属于同类，不能脱离现实，因此还必须正视现实的人的正当物质利益需求。这样一来，如何在人生实践中处理好义利关系的问题，便成为中国哲学不能不深入研究的主要问题了。

义利关系问题也包含着群体与个体之间的关系问题。“义”是一个关于群体性原则的哲学理念，“利”是一个关于个体性原则的哲学理念。在中国哲学中，群体性原则高于个体性原则，与此相关，“义”被摆在了首要的位置，“利”被摆在了从属的位置。中国哲学家认为，正确处理义利关系或理欲关系，乃是人生中的头等大事之一，所以他们花费很大的气力探讨这个问题。有的人主张“义，利也”（《墨子·经上》），有的人主张“正其谊，不谋其利”（《汉书·董仲舒传》），有的人主张“存天理灭人欲”，有的人主张“理寓于欲中”[1]。有的人强调义高于利，理想主义色彩和非功利主义比较重；有的人强调义利统一，现实主义和功利主义的色彩比较重。总的看来，中国哲学家比较看重义，而不太看重利，从而表现出强调群体价值、忽视个体价值的倾向，同时表现出强调道德价值、忽视功利价值的倾向。

我认为以上四个问题就是中国哲学探讨的主要问题。这些问题都是艰深的哲学问题，很不容易回答。在天人关系上，蔽于天而不知人，容易落入神秘主义的误区；蔽于人而不知天，容易落入主观主义和盲动主义的误区。那么，怎样才能全面把握天人关系呢？今后仍旧是一个需要深入研究的问题。在“两一关系”上，夸大“两”而失落“一”，容易落入对立思维、斗争哲学的误区；夸大“一”而失落“两”，容易落入折衷主义的误区。那么，怎样才能在对立中把握统一、在统一中把握对立，准确地抓住辩证法的核心与实质呢？显然还需要进一步深入研究。在知行关系上，片面地强调“知”而忽视“行”，容易落入坐而论道、空谈无补的误区；片面地强调“行”而忽视“知”，容易落入冥行妄作、胡来蛮干的误区。那么，如何在社会实践中把知行有机地统一起来呢？仍需深入思考。在义利关系上，只讲“义”而不讲“利”，容易养成口唱高调的伪善人格；只讲“利”而不讲“义”，容易养成唯利是图的庸俗人格。那么，如何把义利统一起来，造就健全的理想人格呢？这在今后仍旧是一个需要探索的问题。我们的先哲提出以上四个哲学问题，对人类文明的发展作出了很大的贡献。尽管他们没有完全解决这些问题，但给我们留下了宝贵的经验，留下了丰富的思想资源。这对我们来说是弥足珍贵的精神财富。

上述四个主要问题侧重的论域有所不同，但不是平列的关系。其中天人关系问题，既是主要问题，又是基本问题。天人关系问题贯穿于其他三个问题之中。中国哲学所探讨的四个主要问题，可以说都是人类最感到困惑的难题，至今仍然不能说已找到完满的答案。然而，正是由于对于这些问题永不止息的探问，才促使哲学不断地向前发展。

---

①王夫之云：“私欲之中，天理所寓。”［〔清〕王夫之：《四书训义》卷二十六，《船山全书》（第8册），岳麓书社2011年版，第91页］

八、中国哲学世界观维度

按照通常的说法，哲学是关于世界观的学问。笔者基本认同这种说法，不过需要做一些解释和说明。“世界观”中的“世界”是广义的，并非仅指与人无关的外部世界，而是指人与外部世界的总和，是指人所理解的世界。从这个意义上说，世界观涵摄人生观。严格地说，哲学是关于世界观和人生观的学问。哲学研究的对象，不能仅限于物质现象，也应包括精神现象。“世界观”中的“观”，不是观察意义上的“观”。道理很简单，世界是无限的，不可能成为人观察的对象。人本身就是世界的组成部分，无法站到世界之外来观察世界，有如理发师不能给所有的人理发。这个“观”字，其实是“观念”的意思。人们提出一种观念，用以理解世界、把握世界。由此来说，哲学是一种想法，而不是一种看法。既然是想法，就不可能只有一种想法，自然会有各种各样的想法，难免有所谓“解释学的偏差”。关于“世界”，西方哲学家有自己的想法，中国哲学家也有自己的想法。笔者认为，中国古代哲学家提出的“关于世界观的学问”，经历了一个发展的历程。哲学家不断调整世界观维度，形成中国哲学家关于世界的独到理解。

（一）道：世界的过程性

在哲学的童年时期，早期哲学家还没有意识到人同世界之间的整体关系。在他们的眼里，世界仿佛处在人之外，形成单独存在的状态；人作为世界的解释者，仿佛在世界之外。哲学家以“无人的世界”为思考的对象，力求找到一种对于这个世界的合理解释。古希腊哲学家用这种眼光看世界，中国哲学家也以这种眼光看世界。区别在于，他们的思路不同，得出的结论也不同。中国哲学家没有像古希腊哲学家那样把“无人的世界”当作判断的对象，而是当作描述的对象。中国哲学家没有把外部世界定格化，没有思考“世界是什么”的哲学问题，而是思考“世界怎么样”的哲学问题。在中国哲学家的眼里，世界是无限的发展变化过程；从“过程”的意义上说，世界可称之为“道”。

在中国哲学史上，最早从“道”的维度看世界的哲学家，当属老子。他创立的学派，之所以被称为“道家”，就缘于以“道”为核心的理念。老子哲学的第一论题就是以道观万物。他所说的“万物”，指的是相对于人而言的外部世界。在他看来，外部世界可以分为两种状态。一种状态是不可见的、无形的、潜在的，另一种状态是可见的、有形的、显在的。他把前者称为“无名”“无”“朴”“精”“玄牝”“天下母”“众妙之门”“似万物之宗”，把后者称为“有名”“有”“器”“万物”。

在老子的哲学中，世界从来就有，不存在“世界从哪里来”的问题，但认为世界有一个从潜在到显在的发生过程。老子不想把道与万物混为一谈，故而称之为“无”。把“道”称为“无”，并不意味着“道”就是一无所有的虚无。对于万物来说，“道”不是一个零，不能用西方人那种上帝凭空创造万物的眼光，来曲解“无”。老子所说的“无”，内含着“有”。“无”其实就是“无形”的意思，其实是指潜在的“有”。现存万物从哪里来？就出现于由潜在到显在、由无形到有形的发生过程之中。“道”本身就有“过程”的意思。“道”对于物来说，有逻辑的在先性，但它不是一个实体。有的人把老子所说的“道”解释为精神实体，等同于黑格尔所说的“绝对精神”，那是一种误解。黑格尔的绝对精神观念，是在基督教文化背景下形成的，其实就是上帝的别称。黑格尔说的绝对精神是一种精神实体，老子说的道并不是精神实体，只是宇宙万物的发生过程，因而不能把“道”简单地比附为“绝对精神”。

正是从发生过程的意义上，老子才说：“天下万物生于有，有生于无。”（《老子》第四十章）意思是说，天下万物都是有形的“有”；然而有形的“有”，却来自无形的“道”。老子所说的“无”，有两层意思：一是说“无形”，具体事物都是有形的，而“道”则是无形的；二是说“无名”，具体事物都可以用经验性的概念称谓。而“道”有别于任何具体事物，不能用经验性的概念称谓。

老子还把无形之道称为“朴”。“朴”有含混、混沌、单纯、率真、朴实、朴素等意思。“道之为物，惟恍惟惚。惚兮恍兮，其中有象；恍兮惚兮，其中有物。窈兮冥兮，其中有精，其精甚真，其中有信。”（《老子》第二十一章）惚兮、恍兮、窈兮、冥兮，都是对“道之朴”的修饰，说明道自身处在混沌未分的状态。在这种状态中，有物而物尚未成形，物的各种要素以浓缩的形式保存着，故称之为“精”。“精”有“种子”的意思。树种长出来，最后就成为大树，但树种毕竟有别于大树，既没有枝，也没有叶，对于大树来说，树种就是“朴”，就是“精”。不能把树种直接看成大树，尽管大树是从树种长成的。

推而论之，也不能把“道”直接看成具体事物，尽管具体事物皆来自“道”。老子强调，“道”作为“无名之朴”，有别于任何具体存在的东西。

在老子看来，道既在万物之先，又在万物之中。道不是神，不是世界的创造者，因而并不在世界之外，就在世界之中。从发生学的意义上说，道处在万物之先；从本体论意义上说，道又体现在万物之中。老子讲的哲学，可以说是一种“形而先学”，也可以是一种“形而中学”，但并不是那种把世界二重化的“形而上学”。在老子的哲学视野中，世界只有一个。道生发出万物之后，依然体现在万物之中，老子把这种看法，概括为一个经典的命题，叫作“道法自然”。

与老子不同，作为老子后继者的庄子，不再从发生论意义上论道。他清楚地意识到，从发生论的角度论“道”，是无法讲清楚的。“有始也者，有未始有始也者，有未始有夫未始有始也者。有有也者，有无也者，有未始有无也者，有未始有夫未始有无也者。俄而有无矣，而未知有无之果孰有孰无也。今我则已有谓矣，而未知吾所谓之其果有谓乎？其果无谓乎。”（《庄子·齐物论》）从“有”可以追溯到“无”，从“无”又可以追溯到“有”，用哲学术语说，这是一种“恶的无限性”，怎么可能说得清楚呢？既然说不清楚，不如放弃这种追问。

在庄子看来，道就是宇宙万有的本根，特别强调与万物同在，与世界同在。他说：“夫道，有情有信，无为无形，可传而不可受，可得而不可见，自本自根，未有天地，自古以固存。神鬼神帝，生天生地；在太极之先而不为高，在六极之下而不为深，先天地生而不为久，长于上古而不为老。”（《庄子·大宗师》）如果把宇宙比作大树的话，万物有如枝叶，道有如根干。对于大树来说，根干和枝叶是结成一体的。倘若大树的根干脱离枝叶，便不成其为根干了；枝叶脱离了根干，也不成其为枝叶了。同样道理，道与万物是结成一体的，也不能离开万物单独存在。道就在万物之中，并且构成万物之间有机的、内在的普遍联系。庄子特别强调道的普遍性，强调抽象的道与具体的物之间的统一关系。

老子提出“万物负阴抱阳”说，其中隐含着“气”的哲学观念，但老子毕竟没有把“气”突出出来。庄子比老子前进了一步，明确地提出“气”的观念，强调“通天下一气耳”（《庄子·知北游》）。气有如野马奔腾，为宇宙万物的变化提供质料因和动力因。庄子比老子更加突出道的过程性，把现实事物一概视为道运行过程中的一个小阶段。“物之生也，若骤若驰，无动而不变，无时而不移”（《庄子·秋水》），万物“方生方死，方死方生”（《庄子·齐物论》）。其实，在庄子哲学中，根本就没有“死”这么一说。所谓“死”，不过是“化”的一种形式而已。庄子眼中的物，都不是一成不变的死物，而是会转化的活物。任何事物都存在于大化流行的过程之中，现存的形态都是暂时的。两个人碰面走过之后，你不再是那一瞬间的你了，我也不再是那一瞬间的我了，这就叫作“失之交臂”。庄子勾勒的世界图景是变化的，因而他的世界观更加突出动态的、有机的特色。

在世界观方面，孔子基本上是接着老子讲的。他明确表示认同动态、有机、过程的自然主义世界观。他把世界比喻为永不止息的河流，曾在河边发出“逝者如斯夫”的感叹。在他看来，宇宙万物自然而然地存在着、运行着，不受任何主宰者操控。“天何言哉？四时行焉，百物生焉，天何言哉？”（《论语·阳货》）他把天描绘为四时交迭、万物衍生的自然过程，并没有给它涂上神秘色彩。天不说话，意味着天没有神性可言，只是自然存在而已。孔子同老子一样，用理性的眼光看待宇宙万物，不承认有主宰世界的神学意义上的天。不过，在孔子看来，径直承认世界万物作为既成事实存在，就够了，没有必要深究它的本源意义。孔子比老子更为紧密地把人与道联系在一起，在“道”的观念中注入人文的意涵。孔子把人道摆在最重要的位置，看得比自然生命还重要，他说：“朝闻道，夕死可矣。”（《论语·里仁》）他把人道设置为人生的终极价值目标。

荀子也认同自然主义世界观，但不将其直接同人联系在一起，特别强调外部世界的客观性和规律性。他在《天论》中写道：“天行有常，不为尧存，不为桀亡。”自然界有其自身的运行规律，不以人类政治生活中的治乱为转移。对于人来说，自然界是自在之物，有其自身的职能，荀子称之为“天职”。例如，“列星随旋，日月递炤，四时代御，阴阳大化，风雨博施，万物各得其和以生，各得其养以成”（《荀子·天论》），荀子用阴阳二气的相互作用解释万物的发生和发展，“天地合而万物生，阴阳接而变化起”（《荀子·礼论》），他用“气”解释宇宙的多样性和统一性。“水火有气而无生，草木有生而无知，禽兽有知而无义。人有气有生有知亦且有义，故最为天下贵也。”（《荀子·王制》）荀子勾勒出一幅有层次的世界图景：最下层是没有生命的无机物，高一层的是有生命的植物，再高一层的是有知觉的动物，最高层的是有礼义文化的人类。这四个层级，都以气为根基，因而世界是一个具有内在普遍联系的自然演化过程。

《易传》把先秦儒家的世界观与人生观结合在一起，概括为“天行健，君子以自强不息”（《周易·乾·象传》）。这里所说的“天”，并不是今天所说的大气层，而是指世界的总体，其中包括地，也包括人在内，跟现代的哲学范畴“世界”或“宇宙”是一个意思。按照《易传》的看法，世界上任何事物都处在发生、发展的过程中：旧的东西消灭了，新的事物又产生出来，宇宙永远保持着生生不息的活力。西方的《圣经·传道书》里说：“太阳底下无新事。”中国古代哲学家却认为，太阳底下总会出现新东西，他们叫作“变化日新”。《周易·系辞下》说：“天地之大德曰生。”一个“生”字最能体现中国哲学的特有风格。古希腊哲学家从“有”（存在）开始他们的哲学思考，中国哲学家从“生”（形成）开始自己的哲学思考。在《易传》中，健、动、变、化、生都是同一个意思，都用来描述世界的过程性。《易传》的作者认为，世界作为发展过程，永远不会停止。《易传》在解释六十四卦的卦序时指出，《易传》之所以把“未济”卦放在最后，就是表明发展、生化的无限性。“天行健”讲的是世界观，“君子以自强不息”讲的是人生观。《易传》从动态的、有机的、过程的世界观中，引申出乐观的、奋发有为的、积极向上的儒家人生观。

由上述可见，先秦时期两大主要的学派儒道两家都认同道的观念，都认同自然主义世界观。他们之间的分歧，主要不在世界观方面，而是在人生观方面。道家把人看成自然界中的普通项，认为人只是道的体现者，主张顺应自然、消极无为；儒家把人看成自然界中的特殊项，强调天地之间人为贵，认为人是道的弘扬者，主张自强不息、积极有为。

（二）体：世界的整体性

在汉代，为了维护“大一统”的政治需要，经学家把先秦时期流行的自然主义世界观改造为权威主义世界观。人外之天被置于人之上，成为人的主宰者，尤其是伦理规范的制定者。为了化解统治者与被统治者之间的紧张和对立，董仲舒提出天、君王、臣民三维组成的政治架构。在这个三维架构中，天处于主宰者的位置，天赋予君王统治臣民的权利。董仲舒认为，“君人者，国之本也”（《春秋繁露·立元神》），“以人随君，以君随天”（《春秋繁露·玉杯》）乃是“春秋之法”的根本宗旨。在天、君王、臣民这三个环节中，君王处于核心的位置。君王受命于天，“立于生杀之位，与天共持变化之势”（《春秋繁露·王道通三》）。儒家所倡导的名教，被董仲舒概括为三纲五常，并且诉诸天的权威。

魏晋时期，随着“大一统”政局的解体，权威主义世界观亦受到质疑。玄学家不再迷信天的至上性，承接先秦自然主义世界观，树立整体主义世界观。玄学家十分看重“自然”这个哲学术语，对其作了新的界定。在玄学家眼中，“自然”不仅仅表征外部世界，同时也表征人的内心世界。基于此，他们切断了名教与天意之间的神秘联系，把名教同自然联系在一起，探讨名教与自然的关系问题。在人的精神生活中，“自然”有率直、真诚等意思，是伪善的反面。换句话说，倡导自然乃是对治伪善的不二法门。玄学家意识到，经学家以权威主义世界观为基础建立起来的名教系统，借助天的权威性，只能讲成他律的规范伦理学，讲不成自律的德性伦理学。这样一来，名教对于人来说，只能起到外在强制的规范作用，并不能进入人的内心世界。由于名教缺乏“体”作为担保，很容易流于伪善化，并且失去对人心的约束力，王弼批评说：“崇仁义，愈致斯伪。”[①]一些无耻之徒，利用名教欺世盗名，冒充贤良，严重败坏了社会风气，严重败坏了名教的声誉。据实而论，经学家对名教的阐述，只是告诉人们什么是善的行为，并没告诉人们“何以为善”的道理。他们只讲到伦理学层面，并没有讲到哲学的高度；只讲到“用”的层面，并没有讲到“体”的层面。而要使名教真正发挥作用，就不能就事论事，不能停留在“用”的层面上，必须上升到“体”的高度，从根本上入手，加固信仰的根基，把名教变成人们的一种自觉的价值选择。这样，玄学家通过对名教失范现象的反思，找到了新的世界观维度——“体”。

从“体”的维度看，哲学的任务不再是解释外部世界，而是提出一种本体论理念，理解由外部世界和内心世界共同组成的世界总体。玄学家以世界总体为反思的对象，已经有了自觉的本体论意识。他们把全部精神现象和物质现象统称为“用”，试图寻找到促成“用”的那个

①〔三国魏〕王弼：《老子指略》，《王弼集校释》，楼宇烈校释，中华书局1980年版，第199页。

“体”，提出几种不同的本体论学说。

王弼以“无”或“自然”为核心范畴，提出贵无论学说。王弼眼中的世界，不再是无人的外部世界，而是把天与人内在地统一起来的整体。对于这个整体，只能用一种本体论观念来把握。这个本体论观念，既是天地万物存在的终极依据，也是指导人的精神生活的最高原则。基于这样的哲学识度，王弼认为，本体必须具有最高程度的抽象性和普遍性。

究竟什么是世界万物的本体呢？在王弼看来，本体不可能是任何具体的存在物或具体的制度安排，就其抽象性来说，只能称之为“无”或“自然”。他说：“自然者，无称之言，穷极之辞也。”①在王弼的哲学中，“自然”和“无”是同等程度的本体论范畴，都用来表示宇宙万物的抽象的终极依据。他的哲学理论被人们称为贵无论。贵无论的核心论点是：“天下之物，皆以有为生；有之所始，以无为本；将欲全有，必反于无也。”②世界万物作为具体存在的东西，并不是自己规定自己，而是被“无”这个本体所规定，因此要了解世界万物全体之有，就必须把握它的根本——“无”。在天地万物之中，任何具体物之有，都是有限的，此物不是彼物，事物之间有明确的界限。然而，各种事物之间，又是相互联系着的，此物有可能转化为彼物，万事万物构成一个有机的整体，显示出发展的无限性。此物转化为彼物的原因，不能在此物自身中得到解释，必须追溯到终极的本体。这个本体不是任何具体的存在物，必须是抽象的、无限的。从这种推论中，王弼得出“以无为本”的结论。他所说的“无”，有“无限”的意思。在他看来，有限的事物只能通过无限的本体得到哲学解释。“无”作为本体，把此物与彼物沟通了，为事物相互转化提供了哲学依据，为宇宙万物的多样性提供了哲学依据，为宇宙发展的无限性提供了哲学依据。

王弼认为，“自然”或“无”不仅是世界万物的终极依据，同时也是生活世界的终极依据，尤其是名教的终极依据。“道不违自然，乃得其性。”③依据贵无论，王弼对设置名教的必要性，作出本体论证明。

---

①〔三国魏〕王弼：《老子道德经注》，《王弼集校释》，楼宇烈校释，第65页。
②〔三国魏〕王弼：《老子道德经注》，《王弼集校释》，楼宇烈校释，第110页。
③〔三国魏〕王弼：《老子道德经注》，《王弼集校释》，楼宇烈校释，第65页。

他认为，名教的伦理规范作为“应然”，其正当性来自“自然”本体。“顺自然而行，不造不始……因物自然，不设不施。”[①]圣人正是根据自然本体“立名分以定尊卑”[②]，制定出规范人们行为的伦理纲常。名教出于自然，本于自然，执政者运用纲常名教来治理人民，必须遵循自然原则，把名教与自然统一起来。只有这样，名教的作用，才能真正显示出来、发挥出来。对于名教的接受者来说，只有从本体论的意义上认同名教的正当性，才不会把名教视为异己的约束力，才会真诚地、自觉地接受仁义礼法的规范，才会变他律为自律，才会使名教避免流于伪善。

贵无论者以道家学说为主导，倡导一种不负责任的人生态度，一味追求经虚涉旷，不关心实际事物，有些人甚至放浪形骸，标榜特立独行。这种社会风气无疑会产生负面的社会效应，因而不能不使上层士人感到忧虑。于是，从贵无思想向度引导出第二个向度，即崇有论。

崇有论反对一味沉溺于精神世界，要求返回生活世界、实际世界。与此相应，崇有论者更为倾向于儒家，重视开发儒家有为的思想，力图扭转玄虚之风。崇有论的理论诉求，同贵无论形成鲜明的对照。这一向度的代表人物是裴頠。他的世界观以“有”为核心范畴。

王弼的本体论思考，以抽象的“有”为出发点，形成更为抽象的“无”的本体论观念，强调“将欲全有，必反于无”。裴頠则以具体事物之“有”为出发点。他认为，任何具体存在物都不是单独的存在，只能与他物相联系而存在，“有之所须，所谓资也；资有攸合，所谓宜也”[③]。此物的存在离不开他物，事物之间构成“以有济有”的普遍联系，因此，只能从这种普遍联系中寻求终极本体。任何具体的存在物都是自生的，不是从无派生出来的；“自生而必体有”[④]，所以万物之间的普遍联系不可能是“无”，而只能是“有”。既然天地万物都是“有”，推而论之，终极本体也应该是“有”。这样，他就把“有”放

①〔三国魏〕王弼：《老子道德经注》，《王弼集校释》，楼宇烈校释，第71页。
②〔三国魏〕王弼：《老子道德经注》，《王弼集校释》，楼宇烈校释，第82页。
③〔晋〕裴頠：《崇有论》，〔清〕严可均校辑：《全晋文》卷三十三，《全上古三代秦汉三国六朝文》，中华书局1958年版，第1647页。
④〔晋〕裴頠：《崇有论》，〔清〕严可均校辑：《全晋文》卷三十三，《全上古三代秦汉三国六朝文》，第1648页。

到了本体论位置。他在《崇有论》的开篇写道："夫总混群本，宗极之道也。方以族异，庶类之品也。形象著分，有生之体也。化感错综，理迹之原也。"[①]在他看来，每个具体的存在物都是"总有"的分有，都是本体的具体表现。各种事物是相互联系的，构成最普遍联系的哲学基础就是"总有"本体；每个具体的存在物都有所禀赋，"所禀者偏，偏无自足，故凭乎外资"[②]，这个禀赋就来自"总有"本体。"总有"本体为具体事物之有，提供了终极的哲学依据。

贵无论以道家学说为主导，并且有以道家否定儒家的倾向；崇有论作为贵无论的反弹，以儒家学说为主导，然而对道家缺少同情的理解。二者都没有把儒道两家融会贯通，存在着畸轻畸重的情形。于是，引导出玄学的第三个向度，即独化论。郭象以"化"为核心范畴。他不认同王弼的贵无论，也不认同裴頠的崇有论，认为这两种本体论学说在理论上都存在着困难。裴頠已指出，贵无论遇到的问题是不能回答"无"何以可能产生出"有"。对于裴頠的分析，郭象表示认同。他说："无既无矣，则不能生有；有之未生，又不能为生。"[③]不过，在他看来，崇有论同样遇到不可解决的难题："有"何以能化为"无"呢？"非唯无不得化而为有也，有亦不得化而为无矣。是以有之为物，虽千变万化，而不得一为无也。不得一为无，故自古无未有之时而常存也。"[④]通过对贵无论和崇有论加以检讨，郭象得到的启发是：无论是贵无论，还是崇有论，都是从静态的视角寻求本体；这种静态的本体观念不能对千变万化的宇宙作出合理的解释。因此，必须放弃静态的视角，另辟蹊径，从动态的视角寻找本体，以动态的本体论观念把握动态的宇宙总体。从动态的视角看，宇宙的本体，既不是一个"无"字，也不是一个"有"字，而应当是一个"化"字。他指出，每种事物都处在独立的变化过程之中，"凡得之者，外不资于道，内不由于己，掘然自得而独

①〔晋〕裴頠：《崇有论》，〔清〕严可均校辑：《全晋文》卷三十三，《全上古三代秦汉三国六朝文》，第1647页。

②〔晋〕裴頠：《崇有论》，〔清〕严可均校辑：《全晋文》卷三十三，《全上古三代秦汉三国六朝文》，第1647页。

③〔晋〕郭象注，〔唐〕成玄英疏：《南华真经注疏》卷一，曹础基、黄兰发点校，中华书局1998年版，第25页。

④〔晋〕郭象注，〔唐〕成玄英疏：《南华真经注疏》卷七，曹础基、黄兰发点校，第435页。

化也”[①]。至于“独化”的究极原因，被他归结于“玄冥之境”。所谓“玄冥之境”，其实就是对世界总体的称谓。举个例子说：“人之生也，形虽七尺而五常必具，故虽区区之身，乃举天地以奉之。故天地万物，凡所有者，不可一日而相无也。”[②]具体事物是个体，而本体则是总体。个体不能脱离总体，只能以总体为前提，存在于同他物的普遍联系之中。他建构了一种重视过程而消解实体的本体论学说。

上述三种本体论学说，存在着差异，也存在着共识。第一，三人都认同整体主义世界观，都认同“一个世界”的世界观。在他们看来，世界只有一个，并且以唯一的本体为终极依据。他们提出的本体虽然不同，其实都是对世界总体所作的哲学抽象。他们提出的本体论学说，都是抽象的本体论学说，并不是超越的本体论学说；他们的本体论思路，都是综合的思路，而不是分析的思路；他们讲的都是形而中学，而不是形而上学。第二，三人都认同儒家倡导的名教，并试图对其作出本体论证明，但都没有实现这一理论意向。他们建构的本体论学说，过于抽象，不具有规定性，从中不可能导引出伦理规则来。无论“名教出于自然”的说法，还是“名教即自然”的说法，在理论上都是站不住脚的。玄学家没有找到从自然到名教的桥梁。第三，由于他们的本体论过于抽象，不能为建构价值世界提供理论基础。无论是无，还是有，抑或是独化，都是对当下世界的肯定，都不能为人提供安身立命之地，都不能发挥价值导向作用。正是由于这个原因，玄学迅速被佛教挤到了后排。玄学讲的是抽象本体论，未超出“形而中学”的范围；佛教讲的是超越本体论，讲的才是“形而上学”。

佛教所树立的是一种有价值意味的宗教世界观。与玄学不同，佛教所追求的终极价值目标是“真”。按照佛教的说法，“真”不存在于当下世界当中，乃是对当下世界的否定。从佛教的视角看，当下世界不是真实的而是虚假的。佛教不否认当下世界处在变化的过程中，然而正是从这种变化性出发，佛教得出“当下世界是虚假的”结论。佛教

---

①〔晋〕郭象注，〔唐〕成玄英疏：《南华真经注疏》卷三，曹础基、黄兰发点校，第147页。

②〔晋〕郭象注，〔唐〕成玄英疏：《南华真经注疏》卷三，曹础基、黄兰发点校，第135页。

的说法是："诸行无常，诸法无我，涅槃寂静。"佛教所建树的宗教世界观，同中国固有的哲学世界观不同。中国固有哲学只承认一个世界，并且肯定这个世界的真实性、自在性；佛教否定当下世界的真实性，只承认可能世界的真实性。同任何宗教一样，佛教世界观不是"一个世界"的世界观，而是"两个世界"的世界观：一个是此岸世界，也就是当下世界；一个是彼岸世界，也就是可能的世界。前者是俗谛意义上的世界，是经验中的世界，只实不真；后者是圣谛意义上的世界，是担保终极价值的世界，只真不实。从否定当下世界的真实性这一点来看，佛教世界观是一种虚无主义世界观。佛教提出的本体论理念是"真如"或"空"。

（三）理：世界的确定性

佛教进入中国文化殿堂之后，给中国哲学家提出了一个尖锐的问题：如何摆脱"两个世界"的世界观，重返"一个世界"的世界观？如何摆脱宗教世界观，重返哲学世界观？为了解决这些问题，宋明理学家经过艰辛的探索，终于找到了调整世界观的新维度——理。他们逐渐认识到，必须确认理的确定性，才能充分证明世界的真实性，才能回应佛教在世界观上的挑战。

针对佛教"两个世界"的世界观，周敦颐强调世界只有一个，确认世界的唯一性。在他看来，这个唯一的世界，以"无极—太极"为本体。在《太极图说》中，他把由无极—太极、阴阳、五行、男女、万物等范畴构成的逻辑结构，看成万物生成变化的图式。他认为，万物是由一个抽象的本体发生出来的，这个本体就是"无极—太极"。"无极"一词出自《老子》，"太极"一词出自《易传》，"无极"和"太极"在周敦颐哲学中是同等程度的范畴，他并用二者，反映出他出道入儒的思想轨迹。但他并不是二重本体论者，因为二者都是对同一最高本体的称谓。就本体的抽象性来说，叫作"无极"；就本体的实体性来说，叫作"太极"。周敦颐以"无极—太极"为本体，强调当下世界的真实性，消解了虚幻的彼岸世界，确立了中国哲学走出宗教哲学、转向人生哲学的发展方向。在"无极—太极"本体论中，理论重心是太极，而不是无极，表明他所选择的哲学立场，是儒家而不是道家。他还从太极推演出人极，试图对儒家伦理规范作出本体论证明："圣人定之以中正仁义而主静，立人极焉。”[①]“人极”的意思是众人学习的楷模。他把圣人说成是“人极”，为众人规定了“中正仁义而主静”的做人准则。

张载也重申“世界只有一个”的原则，并且在理论上有所推进。在他看来，世界赖以存在的本体论依据就是气，试图以“气”的实在性、无限性、永恒性和过程性，论证世界的真实性，直接推翻佛教的虚无主义世界观。张载在《正蒙·太和》中写道：“太虚即气，则无‘无’。”[②]这是张载气本体论首要的、基本的观点。“太虚”原本是道家常用的概念，指超越于世界之上的本然状态，表达了一种虚无主义的世界观，即以“虚”为“无”。道教全真派主要创始人丘处机在山东栖霞建了一座很有名的道观，就叫作“太虚宫”。张载把道教的“太虚”范畴引入儒学，对它加以改造，赋予其新的理论含义。他把“太虚”与“气”联系在一起，提出“太虚即气”的儒家本体论学说。所谓“太虚即气”，主要有两层含义：一是指广大无垠的宇宙虚空都不离气，如说：“气块然太虚。”[③]二是说太虚是气的本然状态，如说：“太虚无形，气之本体。”[④]这两者是一致的，都是指气散而未聚的本然状态。张载有时又从“太虚”之气无形、无象、“至静无感”、“清通而不可象”的意义上，把“太虚”称为“太和”。“太虚即气”，就是说“太虚”的实质是气，气的本然状态是“太虚”，二者不可分离：“太虚不能无气，气不能不聚而为万物，万物不能不散而为太虚。”[⑤]在张载看来，太虚之气就是宇宙万物的本体，用它足以解释世界，足以推翻佛道二教提出的各种虚无主义本体论观念，足以证明宇宙万物的真实性，足以消解那个根本就不存在的彼岸世界。张载指出，太虚与万物的关系，就是气之聚散的关系：气聚而为万物，气散而为太虚。他说：“太虚无形，气之本体，其聚其散，变化之客形尔。”[⑥]具体存在物都是由太虚之气转化而来，有生有灭，都保持暂时的存在状态；而太虚之

①〔宋〕周敦颐：《太极图说》，《周敦颐集》卷一，陈克明点校，中华书局1990年版，第6页。

②〔宋〕张载：《太和》，《正蒙》，《张载集》，章锡琛点校，中华书局1978年版，第8页。

③〔宋〕张载：《太和》，《正蒙》，《张载集》，章锡琛点校，第8页。

④〔宋〕张载：《太和》，《正蒙》，《张载集》，章锡琛点校，第7页。

⑤〔宋〕张载：《太和》，《正蒙》，《张载集》，章锡琛点校，第7页。

⑥〔宋〕张载：《太和》，《正蒙》，《张载集》，章锡琛点校，第7页。

气作为本体，则无生无灭，处在永恒的存在状态。这样，他就通过强调气的实在性、无限性、永恒性和过程性，达到了消解佛道二教宗教世界观的目的，树立起“世界只有一个”的哲学世界观。

周敦颐提出“无极—太极”的本体论，解释了世界的唯一性，张载则提出“太虚即气”的本体论，解释了世界的实在性、无限性、永恒性、过程性，但都未能解释世界的确定性，未能对佛教“诸行无常”的说法，作出直接的回应。这个任务，落在了二程兄弟的肩上。

周敦颐和张载使用的本体论理念，都是从以往的哲学思想资源中发掘出来的，并不是自己的原创。不过，无极、太极、太虚、气等理念，都不能用来解释世界的确定性。鉴于此，二程必须另辟蹊径。经过一番思索，他们别出心裁，终于找到一个更有解释力的、原创性的本体论理念——天理。在他们看来，只有“天理”二字才是最恰当、最贴切的儒家本体论范畴。他们不无自豪地宣称：“吾学虽有所受，天理二字却是自家体贴出来。”[①]他们以理的确定性为哲学依据，论证世界的真实性，对“诸行无常”的佛教基本观点作出直接回应。他们指出，并非“诸行无常”，而是有“常”。这个“常”，就是理。天理是二程思想体系的最高范畴，也是正统理学的基本理念。

在二程思想体系中，“理”具有广泛的含义。首先，它是指“天理”。也就是指万物存在的本原、主宰万物的精神实体。“天理云者，这一个道理，更有甚穷已？不为尧存，不为桀亡。人得之者，故大行不加，穷居不损。这上头来，更怎生说得存亡加减？是佗元无少欠，百理具备。”[②]天理不生不灭，至高无上，不受人事变化的影响。它是主宰一切的绝对本体。儒学原来没有“永恒”“绝对”之类的形而上观念，故而无法同佛道二教抗衡。现在二程找到了“天理”，把这种缺陷弥补上了。其次，它是指“物理”。也就是指具体事物所依据的原理、原则。“天下物皆可以理照。有物必有则，一物须有一理”[③]，每一种

①〔宋〕程颢、〔宋〕程颐：《河南程氏外书》卷十二，《二程集》，王孝鱼点校，中华书局2004年版，第424页。
②〔宋〕程颢、〔宋〕程颐：《河南程氏遗书》卷二上，《二程集》，王孝鱼点校，第31页。
③〔宋〕程颢、〔宋〕程颐：《河南程氏遗书》卷十八，《二程集》，王孝鱼点校，第193页。

事物都依理而存在和变化。在这个意义上，理带有“规律”的意思。再次，它是指“伦理”。也就是指封建社会的道德规范。他们声称：“父子君臣，天下之定理，无所逃于天地之间。”①二程认为，物理、伦理都是天理的具体体现，分而为三，合而为一。这样，他们便将忠君、孝父等纲常观念提到普遍原理的高度，使之永恒化、绝对化，真正奠立了正统理学价值本体论的根基。依据天理本体论，二程把儒家伦理规范直接讲成一种本体论信念，提升到了本体的高度。在二程以前，大多数学者并不把儒家伦理规范看成“体”，而是看成“用”，试图另外寻找一种本体，作为儒家伦理规范的终极依据。例如，玄学家通常以自然为体，以名教为用。周敦颐以“无极—太极”为体，以“人极”为用。二程突破了这种思维定式，重新看待天理与伦理的关系，把二者内在地统一起来。他们的说法是：“视听言动，非理不为，即是礼，礼即是理也。”②按照这种说法，恪守儒家伦理，并不是被动地服从，而是主动地体验价值本体——天理。

朱熹集理学家之大成，融会贯通，综合创新，全面解释世界的唯一性、实在性、过程性、确定性，使哲学世界观理论臻于完善。

二程把人和宇宙万有看成一个整体，从中抽象出“天理”这一本体论观念，可是，他们并未从逻辑上论及天理对于宇宙万有的在先性。倘若不肯定“天理”的逻辑在先性，便不能表明“天理”的本体论地位。朱熹完成了这一步。他提出“理在事先”说，充分肯定“天理”的在先性，巩固了正统理学的根基。同二程一样，朱熹也把“天理”视为天人合一的本体论依据，但是他强调“天理”在逻辑上先于宇宙万物。他说：“未有天地之先，毕竟也只是理。有此理便有此天地，若无此理，便亦无天地，无人无物。”③在这里，他明确规定了“天理”的至上性、超越性、终极性，以天理作为解释宇宙万物的本体论依据。他认为，理是天地万物生成的先决条件和当然基础，“天下之物，皆实理之

---

①〔宋〕程颢、〔宋〕程颐：《河南程氏遗书》卷五，《二程集》，王孝鱼点校，第77页。

②〔宋〕程颢、〔宋〕程颐：《河南程氏遗书》卷十五，《二程集》，王孝鱼点校，第144页。

③〔宋〕黎靖德编：《朱子语类》卷一，王星贤点校，中华书局1986年版，第1页。

所为，故必得是理，然后有是物”[1]。朱熹勾画的世界图景，有两个层面：一层是形而上的、抽象的理本体，另一层是形而下的、由事物组成的实际世界。理本体是实际世界的逻辑前提，实际世界是理本体的具体体现。

二程的天理本体论侧重于价值本体论，还没有从存在的角度对当下世界的实在性作出解释。张载的元气本体论侧重于存在本体论，虽对当下世界实在性作出比较充分的解释，可是无法从价值中立的元气中导引出儒家的价值理念。把价值本体论与存在本体论统一起来，这也是朱熹所要完成的任务。

朱熹指出，“理”作为宇宙万物的本体，虽然具有逻辑的先在性，然而却没有能动性。“若理则只是个净洁空阔底世界，无形迹，他却不会造作”“理却无情意，无计度，无造作”。[2]仅靠没有能动性的理，显然无法对当下世界作出有说服力的解释，必须引入具有能动性的“气”范畴。“盖气则能凝结造作。……且如天地间人物草木禽兽，其生也莫不有种，定不会无种子，白地生出一个物事，这个都是气。”[3]“气”有如“理”的挂搭处，“若气不结聚时，理亦无所附着”[4]，“无那气质，则此理无安顿处”[5]。理必须以“气”为挂搭处，才能体现到天地万物之中。“理”与“气”的关系是：“理”在先，“气”在后；“理”为形而上，“气”为形而下。“天地之间，有理有气。理也者，形而上之道也，生物之本也；气也者，形而下之器也，生物之具也”[6]，从逻辑的意义上说，理在气先；但从事实上说，理气是相依不离，犹如骑手骑在马背上。“天下未有无理之气，亦未有无气之理。”[7]就具体事物而言，理与气紧密结合在一起，并无先后之分。朱熹虽然引入“气”的范畴，但依旧强调理为终极本体。他说：“自下推而上去，五行只是二气，二气又只是一理；自上推而下来，只是此一

---

①〔宋〕朱熹：《中庸章句》，《四书章句集注》，中华书局1983年版，第34页。
②〔宋〕黎靖德编：《朱子语类》卷一，王星贤点校，第3页。
③〔宋〕黎靖德编：《朱子语类》卷一，王星贤点校，第3页。
④〔宋〕黎靖德编：《朱子语类》卷一，王星贤点校，第3页。
⑤〔宋〕黎靖德编：《朱子语类》卷七十四，王星贤点校，第1876页。
⑥〔宋〕朱熹：《答黄道夫》，《晦庵先生朱文公文集》卷五十八，朱杰人、严佐之、刘永翔主编：《朱子全书》（第23册），上海古籍出版社2002年版，第2755页。
⑦〔宋〕黎靖德编：《朱子语类》卷一，王星贤点校，第2页。

个理，万物分之以为体。万物之中，又各具一理，所谓‘乾道变化，各正性命’，然总又只是一个理。”[①]这意味着，理才是唯一的本体，规定着每一事物的本质；而气从属于理本体，只是每一事物存在的条件之一。

二程提出“理一分殊”之说，可是，天理何以会“分殊”？这个问题在二程那里并没有得到解决，而在朱熹处却得到了解释。按照朱熹的理气关系学说，天理必须借助“气”才能体现出来，而同“气”结合在一起的“理”，有别于逻辑在先的天理，故而称其为“分殊之理”。换句话说，“气异”才是“理一分殊”的原因之所在。由于“气异”，使宇宙万物的多样性有了哲学依据；由于“理同”，使宇宙万物的同一性有了哲学依据。就宇宙万物来说，多样性与同一性是统一的，万物皆有所同，亦皆有所异，故而才可以说“理一分殊”。他举例说：“万物皆有此理，理皆同出一原，但所居之位不同，则其理之用不一，如为君须仁，为臣须敬，为子须孝，为父须慈。物物各具此理，而物物各异其用，然莫非一理之流行也。”[②]又说：“如一所屋，只是一个道理，有厅有堂；如草木，只是一个道理，有桃有李；如这众人，只是一个道理，有张三，有李四，李四不可为张三，张三不可为李四。”[③]“理一”是从“体”的角度说的，“分殊”是从“用”的角度说的。体用是统一的，体离不开用，用也离不开体，故说“理一分殊”。

张载提出“气一元论”，说明了本体对于存在的本根性，却没有说明本体对于人生价值的本根性；二程提出“理本体论”，说明了本体对人生价值的本根性，却没有说明本体对于存在的本根性。朱熹把这两种理论综合起来，提出“理气相关”的本体论学说，既说明了本体对于存在的本根性，也说明了本体对于人生价值的本根性，既伸张了儒家现实主义原则，又伸张了儒家理想主义原则，把理想和现实两个方面紧密结合起来了。

综上所述，中国古代哲学家从“道”的关注，到“体”的关注，再到“理”的关注，不断调整维度，使中国古代哲学中的世界观理论不断

---

①〔宋〕黎靖德编：《朱子语类》卷九十四，王星贤点校，第2374页。
②〔宋〕黎靖德编：《朱子语类》卷十八，王星贤点校，第398页。
③〔宋〕黎靖德编：《朱子语类》卷六，王星贤点校，第102页。

深化。在人类社会进入近代以前，总的来说宗教世界观在精神生活领域中占据主导地位。中国的情形，也许是个例外，宗教世界观并不占主导地位。哲学世界观之所以会成为主流话语，乃是历代哲学家不懈努力的结果，可谓“其功不在禹下”。

九、中国哲学本体论思路

在中国哲学问世的最初阶段，哲学家还没有把宇宙论同本体论严格地区别开来。在他们对宇宙论的探讨中，包含着对本体论的探讨。在这一阶段，哲学同科学也没有严格地区别开来。宇宙论问题既是一个哲学问题，也是一个科学问题。换句话说，宇宙论问题不是完全意义上的哲学问题，至多算是半个哲学问题。当然，它也不是完全意义上的科学问题，但可以由宇宙论发展出宇宙学。宇宙学以人类观察到的宇宙为研究对象，是完全意义上的科学领域中的一个学科。随着中国哲学的发展，本体论作为完全意义上的哲学问题逐步显现出来，成为哲学研究最主要的问题。于是，哲学家的理论兴趣便由对宇宙论的关注，转到了对本体论的关注。在中国传统哲学中，哲学家以天人合一的总体为研究对象，探索天人共有的终极依据。哲学家按照天人合一的哲学思维模式提出本体论问题，进而探讨本体的超越性、本根性和内在性，形成具有中国特色的本体论思路。

中国传统哲学也十分关注本体论问题，不过中国古代哲学家探讨本体论问题的哲学思维模式与西方哲学不同。由于中国传统哲学以天人关系为基本问题，没有把主体与客体对立起来，因而很少有人单独从存在的角度寻求本体。中国传统哲学主张天人合一，把宇宙人生看作有内在联系的整体。与此相关，在中国传统哲学中，本体不仅仅是宇宙存在的哲学依据，更重要的是人生意义与价值的哲学依据。同西方古代哲学相比，中国哲学比较注重本体的主体意义，比较注重本体的价值意义。在中国哲学中，表述本体的哲学理念有天、道、理、气、无、朴、本真、大全、天理、大有、大心、本心、本然、本体、太极等等。中国传统哲学关于本体论的探讨，大体经历了初探、深入、展开三个阶段，核心话题经历的过程则是由本体的超越性到本体的本根性的转移，由本体的本根性再到本体的内在性的转移。

（一）中国哲学本体论初探

在中国哲学史上，第一个接触到本体论问题的哲学家是老子。老子用道表示哲学本体，把道看成人和天共同拥有的终极依据。在老子哲学中，道既是一个宇宙论范畴，也是一个本体论范畴。从宇宙发生论的意义上说，道是世界万物的本原，万物发端于道。“有物混成，先天地生，寂兮寥兮，独立而不改，周行而不殆，可以为天下母”（《老子》第二十五章），“道冲，而用之或不盈；渊兮，似万物之宗”（《老子》第四章）。相对于具体事物来说，道是抽象的，没有任何具体的规定性，因此道又可以称为“无”。“天下万物生于有，有生于无”（《老子》第四十章），道既是世界万物的逻辑起点，又是世界万物的终极依据。从终极依据的意义上说，道便成为本体论范畴。道与世界万物同在。从本体的意义上说，道“生而不有，为而不恃，长而不宰，是谓玄德”（《老子》第十章）。道体现在世界万物之中，是万物必须遵循的原理、原则。按照天人合一的哲学思维模式，老子既把道看成宇宙的本体，也看成人生的本体。道既是万物必须遵循的原理、原则，也是人生必须遵循的原理、原则。“人法地，地法天，天法道，道法自然”（《老子》第二十五章），人自觉地把握道的原理、原则，得到道的指导，叫作“德”。老子把“道”与“德”紧密地结合在一起，故而他的著作被称为《道德经》。

老子把宇宙发生论与本体论合在一起讲，庄子则把重心移向本体论。庄子也承认道对于物具有逻辑在先性，提出“物物者非物”之说。他指出，能使物成其为物的终极依据，不可能再是某种具体的事物，必定是具有普遍意义的“道”。“道”不是任何具体存在物，故称其为“非物”。庄子不赞成从发生学的意义上解释宇宙的源头，因为在他看来这是一个无法说清楚的问题。诚然，对于宇宙的源头，可以无限地往前追问，有如黑格尔所说的“恶的无限性”，追问的结果只能陷于康德说的“二律背反”，不能得到任何结论。庄子是否清楚地意识到这个道理，我们不得而知，但他拒绝从宇宙发生论的意义上言说道，显然是明智的。庄子只从本体论的意义上言说道，其把道看作世界万物的“本根”。他说：“夫道，有情有信，无为无形，可传而不可受，可得而不可见，自本自根，未有天地，自古以固存。神鬼神帝，生天生地；在太极之先而不为高，在六极之下而不为深，先天地生而不为久，长于上古而不为老。”（《庄子·大宗师》）又说：“物已死生方圆，莫知其根也。扁然而万物，自古以固存。六合为巨，未离其内；秋豪为小，待之成体。天下莫不沉浮，终身不故；阴阳四时运行，各得其序。惛然若亡而存，油然不形而神，万物畜而不知，此之谓本根。可以观于天矣。”（《庄子·知北游》）“本”是关于树干的隐喻，“根”是关于树根的隐喻。世界总体是大树，而万物有如枝叶，道就像树干和树根一样贯彻始终。枝叶脱离根是不可想象的，万物脱离道也是不可想象的。道就在万物之中，与万物同在。道具有普遍性，任何事物都是道的体现。如果离开了道，物将不成其物。东郭子问庄子：“所谓道，恶乎在？”庄子的回答是：“无所不在。”东郭子继续追问道究竟在哪？庄子的回答：“在蝼蚁”“在稊稗”“在瓦甓”，最后竟说“在屎溺”。归结为一句话，道就是“周、遍、咸三者，异名同实，其指一也”（《庄子·知北游》）。“周、遍、显”是一个意思，都是对道的称谓。用“周”“遍”“咸”修饰道，意味着与老子用“夷”“希”“微”阐述道有所不同。他们都是道的倡导者，但角度不一样，老子侧重于发生论，庄子侧重于本体论。庄子与老子毕竟所处的时代不同，身处战国时期的庄子要比身处春秋时代的老子看问题要更为深刻一些。在庄子这里，讲的就是本体论，故而强调世界的整体性，强调道就是“大全”，“道”与世界总体同在。

按照天人合一的思路，庄子同老子一样，也是把宇宙与人生合在一起讲的。他认为，道既然是宇宙万有的本体，当然也是人的行为的合理性准则。只有遵循道的行为才具有合理性，反之，任何违背道的行为都是“人为”。故而庄子主张“无以人灭天，无以故灭命”（《庄子·秋水》）。他大力倡导天道自然原则，反对儒家和墨家倡导的人道原则，尤其是儒家的仁义之教。在庄子眼里，能够自觉做到“与道为一”的人就是圣人、至人、神人。“若夫乘天地之正，而御六气之辩，以游无穷者，彼且恶乎待哉？故曰：至人无己，神人无功，圣人无名。”（《庄子·逍遥游》）至人、神人、圣人都是庄子仰慕的理想人格，这是获得了“道”的自由的人格，一种对“道”有真切体验的真实的人格。用庄子的话来说，圣人、至人、神人乃是一种逍遥的人格。

儒家创始人孔子虽然没有像老子那样看重宇宙生成论问题，但也触及了这个问题。在他看来，世界万物自然而然地存在着、运行着，“天何言哉？四时行焉，百物生焉，天何言哉”（《论语·阳货》），世界万物的存在作为既成事实，径直承认它就够了，没有必要深究它的本原。孔子比老子更为紧密地把人与天联系在一起，追寻能够使天和人融为一个整体的本体。孔子认为，这个本体就是“道”。孔子把道摆在最重要的位置，看得比自然生命还重要，他说：“朝闻道，夕死可矣。”（《论语·里仁》）道作为天人合一的本体，当然是世界万物存在的终极依据，不过孔子在这方面没有做更多的论述，他特别重视“道”对于人的意义，并且从“道”的角度提升人的责任感和使命感。他说：“人能弘道，非道弘人。”（《论语·卫灵公》）由此可见，在孔子的哲学思考中，比较侧重本体的主体意义，强调人对于道的主体性。他认为道本体是人生价值的终极依据，是道德价值的源头。道本体在人生中的贯彻就是“德”，因此，“德”也是一个重要的本体论范畴。“德”作为价值意义的本体，根源于天道，故而孔子说：“天生德于予。”（《论语·述而》）“德”的本体意涵就是“仁”，在孔子哲学体系中，“仁”也是一个重要的本体论范畴。孔子说：“仁远乎哉？我欲仁，斯仁至矣。”（《论语·述而》）“仁”通过“礼”得以落实，故说：“一日克己复礼，天下归仁焉。为仁由己，而由人乎哉？”（《论语·颜渊》）这样，孔子就通过本体论思考，形成了“道—德—仁—礼”的思想框架。道家从宇宙存在入手，提出“道”的本体论，以“道”贯通天人，从“道”的客体意义讲到主体意义，但侧重于客体的意义和存在的意义，侧重点放在了天道方面；孔子从人生实践入手，提出“道”的本体论，以“道”贯通天人，侧重于主体的意义和价值的意义，侧重点放在了人道方面。

孟子继孔子“德”本体的思路之后，不再关注本体的客体意义，比孔子更加关注道德问题，着重从价值的意义上讲本体。孟子从孔子的仁学出发，追问人性论依据，提出性善论学说。他认为，人生来就具有仁、义、礼、智等道德本性，“仁、义、礼、智，非由外铄我也，我固有之”（《孟子·告子上》）。人有天生的道德判断能力，孟子称之为“良能”；人有不必经过思索的道德意识，孟子称之为“良知”。人如果不受私欲的干扰，凭借良能、良知，自然而然就会表现出善的本性。那么，人性善的终极依据又是什么呢？孟子的回答是：人性善源自天性善。他指出，人所具有的仁义等善性，是天赋予的，因此可称之为“天爵”：“仁义忠信，乐善不倦，此天爵也”（《孟子·告子上》），“仁，天之尊爵也”（《孟子·公孙丑上》）。孟子把人天共有的善性称为“诚”。他说：“诚者，天之道也；思诚者，人之道也。”（《孟子·离娄上》）天道之“诚”是性善的本体论依据，具有终极价值；对于人来说，天道之“诚”就是价值目标，体味和追求天道之“诚”，则是人的本分。不过，这种追求并不是外求，而是内求：“尽其心者，知其性也；知其性，则知天矣。”（《孟子·尽心上》）通过内求的路线，人把握了道德价值本体，达到“万物皆备于我”，“上下与天地同流”的人生最高境界。这种境界是至真、至善，同时也是至乐，“反身而诚，乐莫大焉”（《孟子·尽心上》）。由此可见，孟子阐发的本体论，基本上不是客体存在意义上的本体论，而是主体价值意义上的本体论。用牟宗三的话说，孟子的本体论可叫作“道德形上学”。

荀子继孔子“道”本体的思路，着重从存在的角度看待本体论。他没有像孟子那样把天和人紧密地结合在一起，主张把人、天区分开来，把本体的价值意义和存在意义区别开来，把本体论研究限制在存在领域。荀子认为“气”是世界万物存在的终极依据，“天地合而万物生，阴阳接而变化起”（《荀子·礼论》）。“气”作为本体，永远保持着运动变化的状态，因而世界万物也存在于运动变化的过程之中，“变化代兴，谓之天德”（《荀子·不苟》）。“气”既是世界万物统一性的哲学依据，也是世界万物差别性的哲学依据。他说：“水火有气而无生，草木有生而无知，禽兽有知而无义；人有气有生有知且有义，故最为天下贵也。”（《荀子·王制》）荀子把世界万物解释为由水火（无生物）、植物、动物、人组成的有内在联系的大系统，而“气”则是这个大系统的本体。在这个大系统中，每种存在物处于不同的级次：水火（无生物）处在最底层，人处在最高层。人有气、有生、有知、有义，所以在世界中最为尊贵。荀子作为儒家大师，充分肯定人的价值，不过他并没有从本体论的角度加以发挥。在荀子哲学中，“气”在价值意义上是中性的。

《易传》对先秦儒家本体论学说作了总结，把存在的意义和价值的意义结合起来，提出易道本体论。《易传》把世界看成由天、地、人三才构成的有机整体，这个整体以易道为终极依据。“乾坤其《易》之缊耶？乾坤成列而《易》立乎其中矣。乾坤毁则无以见《易》，《易》不可见则乾坤或几乎息矣。是故形而上者谓之道，形而下者谓之器，化而裁之谓之变，推而行之谓之通，举而错之天下之民谓之事业”（《周易·系辞上》）。在这里，《易传》明确地把世界区分为本体与现象：

本体为形而上之“道”，现象为形而下之“器”；“器”以“道”为终极依据，“道”借助“器”得以表现。易道作为世界万物存在的依据，把人与自然结构成为一个有机的整体。“有天地然后有万物，有万物然后有男女，有男女然后有夫妇，有夫妇然后有父子，有父子然后有君臣，有君臣然后有上下，有上下然后有所错。”（《周易·序卦》）对于人来说，易道不但是存在的终极依据，同时也是价值的终极依据，是人应当追求的终极价值目标。“一阴一阳之谓道，继之者善也，成之者性也。仁者见之谓之仁，知者见之谓之知，百姓日用而不知，故君子之道鲜矣。显诸仁，藏诸用”（《周易·系辞上》），既然易道本体贯通天人，那么，人实现本体价值的路线就不是外求的，而是内求的。人通过内求，“穷理尽性以至于命”（《周易·说卦》），达到“先天而天弗违，后天而奉天时”（《周易·乾·文言》）的天人合一境界。

在先秦时期，儒道两家从不同的角度接触到本体论问题，并且都把“道”当作本体论观念。相比较而言，道家侧重于本体的客体意义，强调本体是存在的终极依据，但并不排除本体的主体意义，也试图以本体作为理想人格、理想社会的终极依据，认同天道与人道的同一性。儒家侧重于本体的主体意义，强调本体是价值的终极依据，同样也不排除本体的客体意义，也试图以道作为宇宙万物生存发展的终极依据，认同人道与天道的同一性。由此可见，天人合一是儒道两家共同的哲学思维模式。由于采用共同的思维模式，儒道两家的观点虽然有差别，但也有相近之处。第一，两家都承认“道”的至上性。道家认为“道”“先天地生”，“为天下母”；儒家认为“形而上者谓之道，形而下者谓之器”。第二，两家都没有把本体论同宇宙论明确地区别开来，常常是合在一起讲的，道既是一个本体论观念，又是一个宇宙论观念。老子的说法是“道生一，一生二，二生三，三生万物”（《老子》第四十二章）；《易传》的说法是“《易》有太极，是生两仪，两仪生四象，四象生八卦”（《周易·系辞上》）。第三，两家都把事物看作本体的功用，主张“道”体“器”用。老子的说法是：“三十辐共一毂，当其无，有车之用。埏埴以为器，当其无，有器之用。凿户牖以为室，当其无，有室之用。故有之以为利，无之以为用。”（《老子》第十一章）《易传》的说法是观象制器：包牺氏“作结绳而为网罟，以佃以渔，盖取诸《离》”；神农氏作耒耜，“盖取诸《益》”；黄帝、尧、舜作舟楫，“盖取诸噬嗑”。（《周易·系辞下》）第四，两家都强调本体与世界同在，没有把“形而上之道”与“形而下之器”截然割裂开来。庄子的说法是道“无所不在”，《易传》的说法是“乾坤成列而《易》立乎其中”。在先秦哲学家的本体论思考中，没有出现柏拉图（Plato）提出的那种“理念世界”的理论，没有出现类似创世说的说法，也没有出现把本体和现象看成“两层存有”的观点。相对而言，道家比儒家更注重本体的形上性，有“离物求道”的倾向，但也没有把“道”视为超越于世界万物之上的单独存在。这表明，在先秦时期，中国哲学家虽已接触到本体论问题，但还没有专门研究这个问题。换句话说，他们还没有自觉的本体论意识。

（二）本体的超越性：玄学与般若学

在汉代，由于经学家的努力和朝廷的大力扶植，儒学被立于官学，成为中国古代社会意识形态的主流。儒家提出的纲常伦理在人们的思想观念中占据主导地位。汉代经学家在论证纲常伦理的权威性和普适性的时候，基本上没有采用理性的哲学的思维方式，而是采用感性的神学的思维方式，强调“道之大原出于天，天不变，道亦不变”（《汉书·董仲舒传》），“王道之三纲，可求于天”（《春秋繁露·基义》），借用天的名义和权威，汉儒建构了一套以纲常为核心的规范伦理学，用以维系社会秩序。这种规范伦理对于社会的稳定、人际关系的调节无疑是有效的，但是，毕竟建立在天意强制的基础上，缺少德性的自我约束，过分强调他律而对自律重视不够。汉儒出于“大一统”的观念，着意论证现行制度的合理性，缺少对理想人格和理想社会的追求，理论的感召力颇为有限。除了神学的方式之外，他们还采用引经据典的方式，借用圣贤的话来表达他们的见解。这也是一种权威主义的言说方式，其特点就是以引证代替论证，常常抓住圣贤的一句话，任意发挥，甚至讲出数万言，但讲不出什么令人信服的道理来。由于经学家采用感性的神学的思维方式，或引经据典的方式，而没有采取理性的哲学的思维方式，当然也不可能有自觉的本体论意识。到东汉末年，随着刘氏王朝的衰微，儒家的纲常伦理已不能有效地维系社会稳定，经学已经不能满足社会的理论需求和人们的精神需求了。

到魏晋时期，玄学家改变了经学家的思路。他们不再用感性的神学的思维方式论证纲常伦理的合理性，试图通过理性的哲学的途径，重新奠定纲常伦理的理论基础，重新塑造理想人格，重新定位价值目标，打造超现实的精神世界。玄学家认为，纲常伦理的终极依据并不是来自神秘的天意，而是来自真实的自然本体。自然为本，名教为末，“名教出于自然”，自然为名教提供理论担保。理想的人格不再是称誉乡里的贤良文学，而是超凡脱俗的风流名士。价值目标也不再是令人称羡的功名利禄，而是洒脱玄远的精神境界。玄学家不再像经学家那样着意论证现实社会制度的合理性，而是努力寻求超越现实社会种种束缚的精神自由。他们企慕玄远，讲究心灵净化，选择理想主义、浪漫主义作为价值追求的目标。他们需要用本体支撑起理想的精神世界，因而比以往哲学家更加关注本体论问题。他们试图用本体观念解释宇宙人生，确立“安身立命”之地。玄学的兴起标志着中国哲学进入新的发展阶段，表明哲学家已形成自觉的本体论意识。

王弼是中国哲学史上明确提出本体论问题的玄学家。他认为万事万物只是作为现象而存在，故而都可以视为“末”。“末”不能单独存在，必须依附于“本”，有如树枝、树叶离不开树干和树根。经学家们只是就事论事，仅在“末”的范围内讨生活，这种舍本求末的做法，由于没有抓住问题的要害，不可避免落个事与愿违的结局。例如，经学家只讲仁义、刑法之类的名教，其社会效应则是“崇仁义，愈致斯伪”，“巧愈思精，伪愈多变，攻之弥甚，避之弥勤”。[①]名教讲得越烦琐、越形式化，就会引导人们追求形式，沽名钓誉，弄虚作假，甚至欺世盗名，千方百计逃脱名教的限制与制裁，造成人性的扭曲，造就伪善的人格。王弼把着眼点从“末”移向“本”，主张深入研究本末关系，从总体上把握世界、理解人生，把握真实的人性。用现在的哲学术语来说，就是研究本体与现象之间的关系问题。他没有把目光停留在可见的现象世界（末），要求进一步探讨抽象的本体（本），这是典型的哲学本体论的思考方式。

究竟什么是世界万物的本体呢？在王弼看来，本体不可能是任何具体的存在物或具体的制度安排，就其抽象性来说，只能称之为“无”或“自然”。他说：“自然者，无称之言，穷极之辞也。”[②]在王弼哲

---

①〔三国魏〕王弼：《老子指略》，《王弼集校释》，楼宇烈校释，第199、198页。

②〔三国魏〕王弼：《老子道德经注》，《王弼集校释》，楼宇烈校释，第65页。

学中，“自然”和“无”是同等程度的本体论范畴，都是用来表示世界万物的抽象的终极依据。所以，他的哲学被人们称为贵无论。贵无论的核心论点是：“天下之物，皆以有为生；有之所始，以无为本；将欲全有，必反于无也。”[①]世界万物作为具体存在的东西，并不是自己规定自己，而是被“无”这个本体所规定，因此要了解世界万物全体之有，就必须把握它的根本——“无”。如果说世界万物是“用”的话，那么，“无”则是“体”；如果说世界万物是“多”或“众”的话，那么，“无”则是“一”或“寡”；如果说世界万物是“动”或“变”的话，那么，“无”则是“静”或“常”。王弼通过一系列论证，强调本体与现象之间的区别，强调本体对于现象的超越。

王弼认为，“自然”或“无”不仅是世界万物的终极依据，同时也是意义价值的终极依据，是名教的终极依据。“道不违自然，乃得其性。”[②]依据贵无论，王弼提出名教出于自然的新论点。名教的伦理规范作为“应然”，其合理性来自“自然”本体。“顺自然而行，不造不始……因物自然，不设不施。”[③]圣人正是根据自然本体“立名分以定尊卑”[④]，制定出规范人们行为的伦理纲常。名教出于自然，本于自然，执政者运用纲常名教来治理人民，必须遵循自然原则，使名教和自然相统一。只有这样，才能把名教的作用真正显示、发挥出来。对于名教的接受者来说，只有从本体论的意义上认同名教的合理性，才不会把名教视为异己的约束力，才会真诚地、自觉地接受仁义礼法的规范，才会变他律为自律，才会纠正名教流于伪善的偏向。

裴頠不赞成王弼的贵无论，提出崇有论。他认为贵无论的弊病在于不能说明世界万物的现实性，陷入“无中生有”的误区。他分析说：“夫至无者，无以能生，故始生者，自生也。”[⑤]事物最初的产生是自生的，而不是由“无”派生的，因为“无中生有”在逻辑上是说不通的。所以，表述本体的正确观念不应当是“无”，而应当是“有”：

---

①〔三国魏〕王弼：《老子道德经注》，《王弼集校释》，楼宇烈校释，第110页。
②〔三国魏〕王弼：《老子道德经注》，《王弼集校释》，楼宇烈校释，第65页。
③〔三国魏〕王弼：《老子道德经注》，《王弼集校释》，楼宇烈校释，第71页。
④〔三国魏〕王弼：《老子道德经注》，《王弼集校释》，楼宇烈校释，第82页。
⑤〔晋〕裴頠：《崇有论》，〔清〕严可均校辑：《全晋文》卷三十三，《全上古三代秦汉三国六朝文》，第1648页。

“自生而必体有。”[①]关于本体意义上的“有”，裴頠作了这样的阐述：“夫总混群本，宗极之道也。方以族异，庶类之品也。形象著分，有生之体也。化感错综，理迹之原也。”[②]世界是个别存在物的总和，“有”是这个总和的本体。“有”作为事物之间有机的、内在的、有规律的普遍联系，就是“终极之道”，就是“理迹之原”。裴頠结合事物的现实性论述“有”的本体意义，在一定程度上纠正本体过度抽象化的倾向，这是他比王弼深刻的地方。但他所说的“有”仍然是比较抽象的，并没有把“有”归结为“气”之一类的物质实体。从这一点来看，他的本体论思考模式同王弼有相似之处，都在努力凸显本体的超越性。

无论是贵无论，还是崇有论，都有把本体实体化的倾向，郭象对此不以为然。他认为本体不是实体，既不能称为有，也不能称为无。如果把本体实体化为“无”，将遇到“无中生有”的难题；如果把本体实体化为“有”，也将遇到“有不得化为无”的难题。他说：“夫有不得变而为无。故一受成形，则化尽无期也。”[③]又说：“非唯无不得化而为有也，有亦不得化而为无矣。是以夫有之为物，虽千变万化，而不得一为无也。不得一为无，故自古无未有之时而常存也。”[④]“无”不能被归结为“有”，“有”也不能被归结为“无”，“化”才是世界的本然。每种事物都处在独立的变化过程之中，“凡得之者，外不资于道，内不由于己，掘然自得而独化也”[⑤]。对于每种具体事物来说，“独化”是一种超越的形上境界，他称之为“独化于玄冥之境”[⑥]。郭象把事物区分为两个方面：“迹”和“所以迹”，前者为事物的表象，后者才是本体。“所以迹者，真性也。夫任物之真性者，其迹则六经

① 〔晋〕裴頠：《崇有论》，〔清〕严可均校辑：《全晋文》卷三十三，《全上古三代秦汉三国六朝文》，第1648页。
② 〔晋〕裴頠：《崇有论》，〔清〕严可均校辑：《全晋文》卷三十三，《全上古三代秦汉三国六朝文》，第1647页。
③ 〔晋〕郭象注，〔唐〕成玄英疏：《南华真经注疏》卷七，曹础基、黄兰发点校，第406页。
④ 〔晋〕郭象注，〔唐〕成玄英疏：《南华真经注疏》卷七，曹础基、黄兰发点校，第435页。
⑤ 〔晋〕郭象注，〔唐〕成玄英疏：《南华真经注疏》卷三，曹础基、黄兰发点校，第147页。
⑥ 〔晋〕郭象注，〔唐〕成玄英疏：《南华真经注疏》卷八，曹础基、黄兰发点校，第486页。

也。”[①]先王留下来的经典文本不过是“迹”而已，并非“所以迹”。经学家只在文本中讨生活，跳不出“迹”的范围，无法进入本真的形上境界。郭象主张站在本体境界的高度认同名教的合理性，强调名教即自然。他同王弼一样，既把本体视为存在的依据，又视为意义价值的依据，十分看重本体的超越性。不过，他们对本体的理解有所不同：王弼把本体之“无”视为形上的实体，郭象把本体之“化”视为形上的境界。

王弼、裴頠、郭象等玄学家都不同程度地看到了本体的超越性，都把本体视为现象的依据和价值的依据，但都没有否认现象世界的真实性，都没有把本体看成现象之外的单独存在。严格地说，他们各自标榜的本体，不过是抽象的本体，还不是现实世界之外的超越本体。他们的本体论思考仍然限制在中国固有哲学的框架之内，因而他们无法对本体超越性作出充分的说明，无法在现实世界之外打造一个纯粹的精神世界，无法满足人们对超越本体的精神追求。这时，来自印度的佛学吸引了人们的目光。佛教般若学以思辨的方式论证本体的超越性，其理论深度超过了玄学。佛教与中国固有哲学的思路有明显的区别。在中国固有哲学中，无论哪一派，都首先肯定世界万物的现实性和真实性，肯定人生的价值，然后再对这种现实性和真实性作出哲学解释，提出自己的宇宙论和本体论。佛教与此不同，它首先否定世界万物的真实性，否定人生的价值，径直指向“空”这一超越的本体。大乘佛教中观学派（空宗）提出本体性空说，认为宇宙万物都是“假有”，“空”的本体才是真实的。龙树在《中论》里说：“众因缘生法，我说即是空（无）。”[②]宇宙万物既然都是缘起的，那就是没有自性、没有自体，必须以“空”为体。空表示现存事物无自性、无自体。表示自性、自体的非存在，就是对宇宙万物真实本体界的定性描述。“性空”不是生起万物的实体，而是万物依据的因缘。“空”与万物构成不即不离的关系：“空”只是本体，不是某物，此之谓“不即”；“空”为万物的

①〔晋〕郭象注，〔唐〕成玄英疏：《南华真经注疏》卷五，曹础基、黄兰发点校，第304页。
②〔印度〕龙树著，〔晋〕鸠摩罗什译：《中论》卷四，《大正新修大藏经》（第30卷），（台湾）佛陀教育基金会出版部1990年版，第33页。

终极因缘，此之谓“不离”。尽管龙树没有割断空与万物之间的联系，但他的结论则是万物假有、“性空”真实，从而彻底凸显出本体的超越性。道安把中观学派的性空学说同贵无论结合起来，提出“本无”说。他在《本无论》中写道：“明本无者，称如来兴世，以本无弘教，故方等深经，皆云五阴本无。本无之论，由来尚矣。”①本无论与贵无论基本观点相似，但论证方式不同。本无论的出发点，不像贵无论那样对现实作出肯定判断，而是作出否定判断，一下子就把“空”或“无”放在了超越的位置。本无论对本体超越性的凸显，显然比贵无论深刻得多。道安讲“般若学”，立“本无”义，以空或真如为真实本体，以世界万物为虚像，否认物质世界的真实性和世俗生活的意义价值。在他看来，只有确认自然和社会的一切都是虚幻的，对它们没有任何执着贪爱，归依虚无本体，才是最高的智慧。这种智慧就叫“般若”。道安借鉴佛教的本体论思维方式论证本体的超越性，讲得比较到位，满足了魏晋时代人们对超越的精神世界的追求，在本体论讲坛上迅速取代了玄学的本体论学说。佛教般若学兴起之后，玄学的声音逐渐被淹没了，魏晋玄学时代不得不让位于隋唐佛学时代。

（三）本体的本根性：华严宗与理学

由于借鉴佛教般若学的思维方式，在中国哲学中出现了超越的本体论思想。但是，中国哲学的本体论研究并没有沿着超越的方向发展，而是转向研究本体的本根性，寻找一条把超越本体与现实世界统一起来的路径。在佛教学者和世俗学者的共同推动下，中国哲学关于超越本体的哲学思考，没有引向彼岸世界，而是回归到了此岸世界。

在魏晋时期，僧肇就表示不赞成道安提出的本无论。他认为道安过分凸显“无”的超越性，对本无论提出批评和质疑。他说：“本无者，情尚于无多，多触言以宾无。故非有，有即无；非无，无亦无。寻夫立文之本旨者，直以非有非真有，非无非真无耳，何必非有无此有，非无无彼无？此直好无之谈，岂谓顺通事实，即物之情哉？”②他主张把被

---

①转引自〔南朝陈〕慧达：《肇论疏》卷上，〔晋〕僧肇：《僧肇全集》，于德隆点校，九州出版社2017年版，第290页。

②〔晋〕僧肇：《肇论》，《大正新修大藏经》（第45卷），第152页。

道安超越化了的本体“空”或“无”还原到世界万物之中，把有与无统一起来。按照僧肇的看法，万物的真相是：“非有非真有，非无非真无。”万物“非真有”，因缘和合而成，没有自性和真实性；就万物不真实而言，本体为空。然而，万物又是“非真无”，乃是假有；假有毕竟不等于空无所有。他认为，不落无与有、空与假有的任何一边，才符合佛教般若中观的原则。由此反映出，僧肇的理论兴趣已不在于本体的超越性，而在于本体的本根性。

在唐代，华严宗的实际创立者法藏沿着寻求本根性的方向，把中国固有哲学的天人合一的思维模式同印度讲究超越的哲学思维模式结合在一起，提出“法界缘起”论，在本体论方面实现了佛教的中国化。法界缘起论的出发点是佛教缘起论。法藏认为，每种事物只存在于全部事物所构成的整体之中，不可能单独存在，因而才是没有“自性”的。处在整体普遍联系中的任何事物，皆由因缘构成，因而才是虚幻的“事相”，没有自身的本质属性可言。世界万物处在整体的普遍联系之中，世界万物作为客体又同主体相联系。“尘是心缘，心为尘因。因缘和合，幻相方生。”[①]通过否定世界万物的真实性来凸显本体，在这一点上法藏同佛教是一致的，但他并没有停留在这一点上。他并不着意凸显本体的超越性，而着重强调本体的本根性，提出“理事无碍”“事事无碍”的独到见解，对“法界”作新的诠释。他认为，法界有四相，即事法界、理法界、理事无碍法界和事事无碍法界。事法界相当于形式繁复、多种多样的现象世界；理法界则是规定现象世界的本体界；理事无碍法界表示本体界与现象界之间的圆融关系；事事无碍法界表示现象与现象之间的圆融关系。法界虽有四相，其实还是一体的，如宗密所说：“统唯一真法界，谓总该万有，即是一心。然心融万有，便成四种法界。”[②]作为本体的法界把心与物整合在一起，这叫作“一即一切，一切即一”[③]。法界缘起说强调本体与现象同在，强调现象只有与本体相联系才成其为现象。法藏以金狮子为例说，“一一毛中，皆有无边狮

①〔唐〕法藏：《华严经义海百门》，《大正新修大藏经》（第45卷），第627页。
②〔唐〕宗密：《注华严法界观门》，《大正新修大藏经》（第45卷），第684页。
③〔唐〕法藏：《华严经义海百门》，《大正新修大藏经》（第45卷），第630页。

子”①，金狮子好比是本体，每根金狮子的毛都是金狮子的体现。法界缘起说的特色在于论证本体与现象的同一性，强调“理彻于事”“事彻于理”。二者相彻相存，理就是事，事就是理，融为一体。在这里，法藏已经成功地把佛教的超越本体论改造为本根本体论。基于本根本体论，法藏进而说明：诸佛与众生交彻，净土与秽土熔融，彼岸世界与此岸世界相即相入，生死即涅槃，烦恼即菩提，从而把出世的佛教改造为入世的佛教，使之具有中国特色。

佛教否认宇宙万物的真实性，否认世俗人生价值的真实性，这种虚无主义的本体论思想对于主张入世的儒家构成极大的挑战。儒家必须对佛教的虚无主义本体论作出回应，从理论上论证宇宙万物真实性，论证世俗人生价值的真实性，这就推动了儒家本体论思想的发展。在与佛教本体论的对话中，宋明理学家一方面吸收佛教和道家的理论思维成果，一方面批判二教的虚无主义取向，提出儒家本根本体论思想。宋明理学家努力寻求本根性的本体论观念，试图对宇宙万物的真实性和人生价值的真实性作出理论上的说明。同以往的儒家学者相比，宋明理学家有明确的本体论意识，要求从形上学的高度重新奠立儒学的根基。

理学的奠基人周敦颐依据《易传》和《中庸》的基本思想，参照道士陈抟传授的《无极图》，画出《太极图》并撰写《太极图说》，首先提出“太极—无极”本体论。他在《太极图说》中写道：

> 无极而太极。
>
> 太极动而生阳，动极而静，静而生阴。静极复动。一动一静，互为其根；分阴分阳，两仪立焉。
>
> 阳变阴合，而生水火木金土，五气顺布，四时行焉。
>
> 五行，一阴阳也；阴阳，一太极也；太极，本无极也。五行之生也，各一其性。
>
> 无极之真，二五之精，妙合而凝。“乾道成男，坤道成女”，二气变感，化生万物，万物生生，而变化无穷焉。②

他认为宇宙万物都是依据一个抽象的实体而生成的，这个实体可称

---

①〔唐〕法藏：《华严金狮子章校释》，方立天校释，中华书局1983年版，第64页。
②〔宋〕周敦颐：《太极图说》，《周敦颐集》卷一，陈克明点校，第3—5页。

为“太极”或“无极”。周敦颐从“太极—无极”本体论出发，阐释儒家的人学价值观，把“诚”的道德观念也提到本体论的高度加以确认。他说：“诚者，圣人之本。”[①]他指出，诚来自乾元，秉承“无极之真，二五之精”，乃是至善的人生境界，乃是每个儒者所应当追求的价值目标。在至诚境界中的人就是圣人。“圣人定之以中正仁义而主静，立人极焉。”[②]这就是说，对于人来说，“无极—太极”意味着“人极”——人之所以为人的楷模。“人极”的具体体现者就是圣人，众人只有向圣人看齐，才能实现自我完善，成为真正有价值的人。总之，“太极—无极”本体既是宇宙万物的终极依据，又是人生价值的终极依据。

张载扬弃佛教“空”的观念和道家“无”的观念，提出气一元论的本体论学说。他认为“气”是宇宙万物赖以存在的本体，“凡可状，皆有也；凡有，皆象也；凡象，皆气也”[③]。“气”处在本然状态，叫作“太虚”：“太虚无形，气之本体”[④]，“太虚即气”。张载认为，万物的本根只能追溯到“气”或“太虚”，不能也没有必要再追溯了，因为万物既产生于“气”，又复归于“气”。“太虚不能无气，气不能不聚而为万物，万物不能不散而为太虚。”[⑤]他打比方说，“气”在太虚中聚与散，就像冰在水中凝结与消融一样，“气”处于聚合状态，便形成各种具体事物；“气”处于消散状态，便复归于太虚本然。他否认存在着脱离气的绝对的虚无状态，“知太虚即气，则无‘无’”[⑥]。张载以“气”为核心，把天、道、性、心等儒学范畴连缀成一个体系，提出“由太虚有天之名，由气化有道之名，合虚与气有性之名，合性与知觉有心之名”[⑦]的论断。张载的气一元论真正在哲学意义上扬弃了佛道的本体论，以气实有的观念否定了“空”或“无”的本体论意义，从而为儒家的入世取向奠定了坚实的理论基础。他的本体论学说扭转了佛道两

---

①〔宋〕周敦颐：《通书》，《周敦颐集》卷二，陈克明点校，第13页。
②〔宋〕周敦颐：《太极图说》，《周敦颐集》卷一，陈克明点校，第6页。
③〔宋〕张载：《正蒙》，《张载集》，章锡琛点校，第63页。
④〔宋〕张载：《正蒙》，《张载集》，章锡琛点校，第7页。
⑤〔宋〕张载：《正蒙》，《张载集》，章锡琛点校，第7页。
⑥〔宋〕张载：《正蒙》，《张载集》，章锡琛点校，第8页。
⑦〔宋〕张载：《正蒙》，《张载集》，章锡琛点校，第9页。

家的虚无主义倾向，重申了儒家的现实主义原则。

张载的气一元论主要贡献在于阐明了“气”对于真实存在的本根性，但尚未从价值的意义上说明本体的本根性。如果把天和人看成一个总体的话，“气”显然不是全面表述本体的最合适的范畴。道理很简单，“气”本身没有任何规定性，处于自由状态，无法用“气”解释世界运行的规律、社会的秩序和行为的规范。以“气”解释万物存在的真实性，理由比较充分，可是它不能为世界、社会、人生的规则提供哲学依据。“气”在价值上是中性的，也无法成为人生的价值导向。按照中国哲学天人合一的思维模式，本体不但应当解释存在，还应当解释变化、解释人生。按照这一理路的要求，二程不能不到“气”之外另寻表述本体的哲学范畴。他们认为，表述本体的范畴不是“气”，而是“理”，声称“吾学虽有所受，天理二字却是自家体贴出来”①。在二程哲学中，“理”具有广泛的意义。首先，它是指“天理”，即宇宙万物的本根。“天理云者，这一个道理，更有甚穷已？不为尧存，不为桀亡。人得之者，故大行不加，穷居不损。这上头来，更怎生说得存亡加减？是佗元无少欠，百理具备。”②天理不生不灭，不增不减。它作为宇宙万物的终极依据来说，具有至上性和绝对性。其次，它是指“物理”，即每种具体事物所依据的原理、原则。“天下物皆可以理照。有物必有则，一物须有一理”③，每种事物都依据某种理而存在、而发展、而变化。在这个意义上，“理”具有规律的意思。再次，它是指“伦理”，即封建社会的道德规范。他们声称“父子君臣，天下之定理，无所逃于天地之间”④，二程认为物理、伦理都是天理的具体体现，分而为三，合而为一。但是，他们并没有从物理的意义上展开天理，主要是从伦理意义上展开天理，赋予儒家纲常伦理以本体论依据，使之永恒化、绝对化，奠立了理学“道德形上学”的根基。如果说张载

---

①〔宋〕程颢、〔宋〕程颐：《河南程氏外书》卷十二，《二程集》，王孝鱼点校，第424页。

②〔宋〕程颢、〔宋〕程颐：《河南程氏遗书》卷二上，《二程集》，王孝鱼点校，第31页。

③〔宋〕程颢、〔宋〕程颐：《河南程氏遗书》卷十八，《二程集》，王孝鱼点校，第193页。

④〔宋〕程颢、〔宋〕程颐：《河南程氏遗书》卷五，《二程集》，王孝鱼点校，第77页。

重申了儒学的现实主义原则的话，那么，可以说二程重申了儒家的理想主义原则。

朱熹在二程理本体论的基础上，吸收张载的气一元论的某些因素，建立了完备的理学体系。他认为“理”是宇宙万物的本体，具有逻辑的先在性。“未有天地之先，毕竟也只是理。有此理，便有此天地，若无此理，便亦无天地。”[①]然而“理”本身没有能动性，“理”寂然不动，“无造作，无意度”，必须以“气”为挂搭处，才能体现到天地万物之中。“理”与“气”的关系是：“理”在先，“气”在后；“理”为形而上，“气”为形而下。“天地之间，有理有气。理也者，形而上之道也，生物之本也；气也者，形而下之器也，生物之具也。”[②]从逻辑的意义上说，理在气先；但事实上理气是相依不离，有如骑手骑在马背上。“天下未有无理之气，亦未有无气之理”[③]，就具体事物而言，理与气紧密结合在一起，并无先后之分。“气异”是宇宙万物多样性的依据，“理同”则是宇宙万物同一性的依据。朱熹又把理叫作太极，认为太极与万物构成“理一分殊”的关系：“人人有一太极，物物有一太极。”[④]每种事物并非分有太极的某个部分，而是体现太极整体，“如月映万川相似”[⑤]。对于人来说，“太极只是个极好至善底道理”[⑥]，也就是人生价值的终极依据。因此，为人之道就是效法太极，通过即物穷理、心性修养的途径，向太极复归，进入与太极合而为一的人生最高境界。在这种境界中，人心听命于道心，革尽人欲，复尽天理，自觉地遵循三纲五常等行为准则。张载提出气一元论，说明了本体对于存在的本根性，但没有说明本体对于世界变化和人生实践的本根性。二程提出理本体论，说明了本体对于世界变化和人生实践的本根性，但没有说明本体对于存在的本根性。朱熹把这两种学说综合起来，提出理气相关的本体论学说，既说明了本体对于真实存在的本根性，也说明了本体对于运

---

①〔宋〕黎靖德编：《朱子语类》卷一，王星贤点校，第1页。
②〔宋〕朱熹：《答黄道夫》，《晦庵先生朱文公文集》卷五十八，朱杰人、严佐之、刘永翔主编：《朱子全书》（第23册），第2755页。
③〔宋〕黎靖德编：《朱子语类》卷一，王星贤点校，第2页。
④〔宋〕黎靖德编：《朱子语类》卷九十四，王星贤点校，第2371页。
⑤〔宋〕黎靖德编：《朱子语类》卷九十四，王星贤点校，第2409页。
⑥〔宋〕黎靖德编：《朱子语类》卷九十四，王星贤点校，第2371页。

行规则和价值导向的本根性，既伸张了儒家现实主义原则，又伸张了儒家理想主义原则，成为程朱理学的集大成者。

二程理学尽管努力论证理本体的本根性，但为了突出纲常伦理的绝对性和权威性，不得不为天理涂上超验的色彩。朱熹提出理气相关学说，以“气”说明万物存在的真实性，增强了一些现实主义色彩，一定程度上淡化了天理的超验色彩，但并没有从根本上解决问题。在朱熹的本体论学说中，“理”对于“气”、对于事依然处于逻辑在先的地位，“理”被描述为现实世界之外的性上存在。正如清代哲学家戴震批评的那样，朱熹“别理气为二本”①，“以与气分本末，视之如一物然，岂理也哉”②，针对程朱理学超验的天理本体论，王夫之继承张载的气一元论，提出“天下惟器”的本体论学说。王夫之不同意朱熹理在气先的观点，认为“气”本身就是本体，并不是“理”的附庸。“理，即是气之理；气当得如此，便是理；理不先，而气不后”，“若论气，本然之体，则未有几时，固有诚也。……唯本有此一实之体，自然成理”③。他取消了理的本体性质，把气看作唯一的本体，强调“气外更无虚托孤立之理”④。王夫之不像张载那样看重气的本然状态，但特别看重气的现存状态。气的现存状态就是“器”，就是现存的各种具体事物。于是，他从理气关系入手，进而讨论道器关系。既然理对于气不具有逻辑上的在先性，那么，道对于器也不具有逻辑的在先性。他说：“道者，物所众著而共由者也。物之所著，惟其有可见之实也。物之所由，惟其有可循之恒也。既盈两间而无不可见，盈两间而无不可循，故盈两间皆道也。”⑤道体现在器中，体现在物中，并不是单独的存在物。基于此，王夫之得出“天下惟器”的结论：“天下惟器而已矣。道者器之道，器者不可谓之道之器也。无其器则无其道。”⑥他举例说，没有弓箭，也就没有射箭之道；没有马车，就没有驾车之道；没有礼器和乐器，就没有礼乐之道；没有儿子，就没有父道；没有弟弟，就没有兄

①〔清〕戴震：《孟子字义疏证》卷中，何文光整理，第24页。
②〔清〕戴震：《绪言》卷上，《孟子字义疏证》，何文光整理，第83页。
③〔清〕王夫之：《读四书大全说》卷十，中华书局1975年版，第660、663页。
④〔清〕王夫之：《读四书大全说》卷十，第660页。
⑤〔清〕王夫之：《周易外传》卷五，中华书局1977年版，第178页。
⑥〔清〕王夫之：《周易外传》卷五，第203页。

道。总之，“据器而道存，离器而道毁”[①]。从“天下惟器”的本体论出发，王夫之反对朱熹对道器所作的形而上与形而下的划分。他在解释《易传》的“形而上者谓之道，形而下者谓之器”时说：“上下无殊畛，道器无易体。”[②]意思是形上与形下的界限是相对的，二者之间没有不可逾越的鸿沟。到王夫之这里，才真正把本根本体论讲到了实处。根据这种本体论，他把程朱倡导的穷理尽性的儒学，改造为经世致用的儒学。

（四）本体的内在性：禅宗与心学

本根性是中国哲学本体论研究的一个发展方向，上文已述。中国哲学本体论研究的另一个发展方向是本体的内在性研究。中国哲学家从天人合一的视角思考本体论问题，在他们眼里，从“天”的角度看，本体是宇宙万物存在的终极依据；从“人”的角度看，本体是人生意义价值的终极依据。因此，本体对于人来说，不是外在的关系，而是内在的关系。于是，如何看待本体的内在性，便成为中国哲学本体论研究中的一个重要理论问题。本根性问题既关涉存在意义的本体论，又关涉价值意义的本体论；而内在性问题只关涉价值意义的本体论。中国哲学研究本体论与西方哲学的区别在于，不侧重于存在意义的本体论，而侧重于价值意义的本体论，因而内在性问题自然成为中国传统哲学本体论研究的归宿。

在先秦时期，孟子就已涉及本体内在性问题。在他的“尽心、知性、知天”的学说中，本体被看成是内在于人性之中的终极依据，故而得出人性善的结论。庄子也涉及本体内在性问题，他把道本体看作是人的理想精神境界的内在依据，故而确立了“逍遥游”的价值取向。但是，由于先秦时期的哲学家尚无自觉的本体论意识，因而还没有对本体的内在性作出充分的理论探讨。

佛教本体论传入中国以后，如何把超越的本体转化为内在的本体，成为佛教中国化的关键问题。为解决这个问题，禅宗明确提出本体内在性的学说，把来自印度的佛教改造成为中国化的佛教。吕澄先生指

---

①〔清〕王夫之：《周易外传》卷二，第37页。
②〔清〕王夫之：《周易外传》卷五，第203页。

出，印度佛教与中国佛教有一个明显的区别，那就是前者主张“佛性本净”，后者主张“佛性本觉”。由“佛性本净”的观念反映出，印度佛教本体论指向超越性；由“佛性本觉”的观念反映出，中国佛教本体论指向内在性。按照印度佛教本体论，只有佛才能真正领悟佛性，众生如果不放弃“我执”和“法执”，不改变世俗观念，不否定“自性”，便不可能成佛。对于众生来说，佛是外在的、超越的修行目标。禅宗的实际创立者慧能对印度佛教的修行指向提出质疑：“东方人造罪，念佛求生西方，西方人造罪，念佛求生何国？”①在慧能看来，佛性作为本体，作为成佛的依据，不能在众生的本性之外。倘若设想佛性在众生的本性之外，那么，就意味着众生不必以佛性为本体，意味着众生没有成佛的可能性。如果是这样的话，岂不意味着佛教对于众生毫无意义了吗？因此，不能设想佛性在众生的本性之外，必须承认佛性就在众生的本性之中。慧能的结论是：“我心自有佛，自佛是真佛；自若无佛心，何处求真佛？”②他指出，由于佛性内在于众生的本性之中，因此佛和众生的关系是统一的，而不是对立的。“自性若悟，众生是佛；自性若迷，佛是众生。”③“前念迷即凡夫，后念悟即佛。”④关于佛性本体的内在性，禅宗提出以下几个基本观点：第一，佛性即真如本性，而真如本性内在于每个人的心中。人人本有真如佛性，只要对佛性有所觉悟，人人都可以成佛；佛性就是人人皆可以成佛的内在原因和共同依据。第二，佛性恒常清净，是至善的，不是染污的，就是人内在的、不变的、真实的本质。第三，佛性无所不在，包容宇宙万物，甚至草木瓦石也具有佛性。第四，自性就是佛性，觉悟自性就能成佛，因而顿悟是最为方便、最为简易快捷的成佛法门。禅宗把佛性从“西方极乐世界”移植到人的内心之中，把真如消解到自然界和人们的日常生活之中，凸显了佛性本体的内在性，却贬损了佛性本体的超越性和神圣性，从而使佛教人性化、人间化。庄严的佛教信仰被还俗为“担水砍柴”的生活琐事，遂使出世与入世的界限变得模糊起来。然而，这正是中国佛教的特色之所

---

①〔唐〕慧能：《疑问品》，《坛经》，尚荣译注，中华书局2013年版，第70—71页。

②〔唐〕慧能：《付嘱品》，《坛经》，尚荣译注，第204页。

③〔唐〕慧能：《付嘱品》，《坛经》，尚荣译注，第204页。

④〔唐〕慧能：《般若品》，《坛经》，尚荣译注，第46页。

在。华严宗把佛教的超越本体还原为本根本体，禅宗进而又还原为心性本体，更加显示出本体对于人的意义与价值。同华严宗相比，禅宗的中国化特色更为突出。

后期中国哲学的本体论研究是在与佛教超越本体论对话的过程中展开的。如果说程朱学派主要的理论动机在于化解佛教本体论的超越性，强调本体的本根性，那么，陆王学派主要的理论动机则在于化解佛教本体论的超越性，强调本体的内在性。

朱熹关注本体的本根性，他认为，本体既是存在的依据，也是意义价值的依据。陆九渊不像朱熹那样关注本体的本根性，而特别关注本体的内在性，特别重视本体的价值意义。从价值的视角看待本体，他不再以“理”为本体论核心范畴，而以“心”为本体论核心范畴。他说：“四方上下曰宇，往古来今曰宙，宇宙便是吾心，吾心即是宇宙。千万世之前，有圣人出焉，同此心同此理也；千万世之后，有圣人出焉，同此心同此理也；东南西北海有圣人出焉，同此心同此理也。”[①]“宇宙即吾心”明确地表示本体的内在性。不过，应当注意到，陆九渊在这里所说的“吾心”，不是认识论意义上的经验主体，是价值论意义上的主体；不是个体之心，而是“圣人之心”，因此他又称之为“本心”。本心表示一般，而不是个别，从这个意义上说，“心即理”。陆九渊对朱熹的本体论学说提出两点批评：一是“支离”，细节问题关照得多，而忽略了“大本大源”；二是“务外”，对理的内在性强调不够。他虽然批评朱熹的本体论观点，但并没有否认理的至上性，只是主张把理的至上性统一到内在性之中。在陆九渊看来，理是不能脱离心单独存在的。“道未有外乎其心者。自‘可欲之善’，至于‘大而化之之圣，圣而不可知之神’，皆吾心也。”[②]因此，为学之道并不是穷究外在的天理，而应当“发明本心”“先立乎其大”，把握内在的本体。这样，他就开辟了宋代理学的另一个方向——心学。心学与程朱理学在扶持纲常名教这一根本点上并无分歧，但学术风格大相径庭。

王阳明沿着陆九渊“心即理”的思路，提出系统的内在本体论学

---

①〔宋〕陆九渊：《杂说》，《陆九渊集》卷二十二，钟哲点校，中华书局1980年版，第273页。

②〔宋〕陆九渊：《敬斋记》，《陆九渊集》卷十九，钟哲点校，第228页。

说。他认为，心是唯一的本体，心外无物，“盖天地万物与人原是一体，其发窍之最精处，是人心一点灵明”[①]。事物存在的本体论依据就在于它被纳入心“灵明”的范围之内，成为人的意义世界的组成部分。有人问他：“天下无心外之物，如此花树在深山中自开自落，于我心亦何相关？”他的回答是：“你未看此花时，此花与汝心同归于寂。你来看此花时，则此花颜色一时明白起来，便知此花不在你的心外。”[②]按照王阳明的说法，当人没有看到花的时候，花在人的意义世界之外，处于“寂”的状态，而不是“无”的状态。他并没有否认花的存在，只是说此花对于人没有意义。有些论者常常把王阳明的花树之喻等同于贝克莱的“存在就是被感知”，实则拟于不伦。贝克莱按照西方近代主客二分的思维模式，强调主体的先在性，用主体规定客体，讲的是认识论意义上的唯心主义经验论；王阳明按照中国天人合一的思维模式，强调主体的内在性，讲的是价值意义上的本体论。他所说的物，不是客观之物，也不是作为认识对象之物，而是指意义世界的组成部分。他说：“凡意之所发必有其事，意所在之事谓之物。”[③]又说：“身之主宰便是心，心之所发便是意，意之本体便是知，意之所在便是物。”[④]王阳明认为，在意义的世界中，心是唯一的本体，物从属于心，理也从属于心。不仅“无心外之物”，而且“无心外之理”。“夫物理不外于吾心，外吾心而求物理，无物理矣。遗物理而求吾心，吾心又何物邪。”[⑤]总之，在他看来，心、物、理分而为三，合而为一，实则是一回事。这样，他便立足于本体的内在性，建立了“道德形上学”体系。

基于内在本体论，王阳明提出“致良知”之教和“知行合一”说。他认为，道德价值判断的依据就是心中固有的良知：“知是心之本体。心自然会知：见父自然知孝，见兄自然知弟（悌），见孺子入井自然知恻隐，此便是良知。”[⑥]他所说的“良知”，乃是指道德意识。在他看

---

①〔明〕王守仁：《传习录下》，《王阳明全集》卷三，吴光等编校，上海古籍出版社2011年版，第122页。
②〔明〕王守仁：《传习录下》，《王阳明全集》卷三，吴光等编校，第122页。
③〔明〕王守仁：《大学问》，《王阳明全集》卷二十六，吴光等编校，第1071页。
④〔明〕王守仁：《传习录上》，《王阳明全集》卷一，吴光等编校，第6页。
⑤〔明〕王守仁：《传习录中》，《王阳明全集》卷二，吴光等编校，第48页。
⑥〔明〕王守仁：《传习录上》，《王阳明全集》卷一，吴光等编校，第7页。

来，道德意识本身就具有形上学的意义；后天的学习培养，只是发现良知、培育良知的手段而已。因此，做人的关键还在于自我发现，领悟内在的本体之心。他把向内用功、领悟本体的功夫叫作“致良知”。致良知和穷天理是一个过程的两个方面：“吾心之良知，即所谓天理也。致吾心良知之天理于事事物物，则事事物物皆得其理矣。”[①]致良知既是知，也是行，所以他主张知行合一：“知是行的主意，行是知的功夫；知是行之始，行是知之成。若会得时，只说一个知，已自有行在；只说一个行，已自有知在。”[②]他强调知行合一，重视道德实践，主张在事上磨炼，有某些合理因素，但也混淆了知行界限。他把良知看成真理的标准，认定“尔那一点良知，是尔自家底准则”，“良知还是你的明师”。[③]这种“不以孔子之是非为是非”的态度，比较充分地伸张了儒家的理性主义精神，甚至流露出对权威主义的轻慢，委婉地表达了摆脱程朱理学教条束缚的合理要求。在这种说法中，包含着思想解放的因素。但是，在天理人欲关系上，王阳明仍同程朱保持一致，声称“减得一分人欲，便是复得一分天理”[④]。由此可见，陆王心学同程朱理学虽然在本体论方面有分歧，但在价值观方面却是殊途同归，它毕竟是宋明新儒学的一大分支。

综上所述，中国传统哲学关于本体论的研究大体上可以分为三个阶段。第一个阶段是先秦时期。哲学家们已接触到本体论问题，但把本体论同宇宙论或人生论合在一起讲，还没有自觉的本体论意识。第二个阶段是魏晋时期。哲学家力图透过现象，自觉地思考本体论问题，提出贵无论、崇有论、独化论等本体论学说。佛教传入中国后，以“空”或“真如”为核心范畴的超越本体论在哲学界形成较大的影响。第三个阶段是唐宋元明清时期。中国哲学家在与佛教超越本体论对话的过程中，一方面吸收其理论思维成果，克服其虚无主义倾向，提出以“天理”为核心范畴的本根本体论和以“元气”为核心范畴的本根本体论；另一方面化超越为内在，转出世为入世，提出以“本心”为核心范畴的内在本

①〔明〕王守仁：《传习录中》，《王阳明全集》卷二，吴光等编校，第51页。
②〔明〕王守仁：《传习录上》，《王阳明全集》卷一，吴光等编校，第5页。
③〔明〕王守仁：《传习录下》，《王阳明全集》卷三，吴光等编校，第105、120页。
④〔明〕王守仁：《传习录上》，《王阳明全集》卷一，吴光等编校，第32页。

体论。总的来看，中国哲学家是运用“天人合一”的哲学思维模式研究本体论问题的，同西方哲学家运用“主客二分”的哲学思维模式和印度佛教“真俗二谛”的哲学思维模式研究本体论问题有明显的不同。中国哲学家不像西方哲学家那样重视本体的存在意义，而特别重视本体的价值意义，试图用本体论为价值观奠立哲学基础。在中国哲学的本体论学说中，包含着认识自己与认识世界相统一的合理内核，包含着肯定价值理性的合理内核，对于现代哲学的发展仍有积极意义。

十、中国哲学关注人生的特色

研究中国哲学可以有两种路径。一种是“纵”的路径，按照历史发展的顺序叙述中国哲学发展的历史进程，胡适著《中国哲学史大纲》，采取的是这种路径，写出中国先秦哲学的断代史。冯友兰著《中国哲学史》和《中国哲学史新编》，任继愈主编《中国哲学史》和《中国哲学发展史》，也都是采取这一路径，写出了比较完整的中国哲学通史。这种写法的好处是历史感比较强，缺点是不容易揭示中国哲学的特色。另一种是“横”的路径，就是张岱年先生的《中国哲学大纲》的写法。《中国哲学大纲》同胡适著《中国哲学史大纲》和冯友兰著《中国哲学史》相比，特别注重揭示中国哲学的特色。张先生没有照搬西方哲学的研究模式，创造性地把中国哲学概括为宇宙论、人生论、致知论三个组成部分。他把中国传统哲学作为一个整体的研究对象，概述中国哲学的基本问题、基本内容和理论特质。这种写法的好处是理论性强，缺点是历史感相对弱一些。这两种路径可以互相补充，相得益彰。

张岱年先生创立的“横”的研究路径，对于我们深入中国哲学史具有重要的指导意义。受张岱年先生的启发，我在写作《中国传统哲学通论》的小书时，对中国哲学关注人生的特色有些体会，现写出来就教于方家。

（一）跳出误区

研究中国哲学必须注意抓住中国哲学的特色，而不能套用西方哲学的研究模式。我认为这是张岱年先生留给我们的宝贵经验。2005年，学术界曾经热烈地讨论所谓中国哲学的“合法性”问题，这场讨论的实质其实就是探讨中国哲学的特色之所在。我不赞成关于中国哲学“合法性”的提法，我认为这是一个伪命题。我在《关于中国哲学研究的几点看法》[①]中提出：关于中国哲学“合法性”问题，作为学术问题，当然不是不可以讨论的；不过，我认为这种提问题的方式有些偏激。“合法性”原本是政治、法律领域的概念，不知什么人竟套用在哲学上。哲学本是“无法无天”的学问，历来诸说纷纭，莫衷一是。你问一百个哲学家，可能得到一百种答案，谁敢说能为哲学“立法”？既然不能为哲学立法，又何谈哲学的“合法性”问题？“合法性”的提法是刚性的，二者必居其一：要么合法，要么不合法；要么全盘肯定，要么全盘否定，没有回旋的余地。发动关于中国哲学的“合法性”问题讨论，无非是放出烟幕，不认可中国哲学史从业者的工作成绩。笔者不赞成中国哲学“合法性”的提法，若换成“合理性”这个柔性判断，还比较合适。“合理性”与“不合理性”是可以并用的，我们承认目前的中国哲学史研究存在着不合理的地方，但也存在着其合理的地方。因此，不能借“合法性”名义将中国哲学史事业一棍子打死。尽管关于中国哲学的“合法性”是个伪命题，但是这场讨论并非没有意义。其意义在于引导人们关注中国哲学的特色，跳出套用西方哲学的模式研究中国哲学的误区。

在中国哲学研究的起步阶段，研究者不大看重中国哲学的特色，比较注重哲学的共性。胡适认为，哲学的对象就是研究宇宙人生的根本道理。冯友兰认为，哲学根本是说出一种道理的道理。金岳霖更趋于极端，认为哲学是“说出一个道理的成见”。在冯友兰看来，无论西方哲学，还是中国哲学，大体上都可以归结为损道、益道、中道三种类型。益道哲学主张人力胜天行，中国的墨家、西方的黑格尔哲学属于此类；损道哲学主张返回自然，中国道家哲学、西方的叔本华哲学属于此类；中道哲学主张以人力辅助天行，中国儒家哲学、西方的亚里士多德哲学属于此类。贺麟指出，哲学是人类的公共精神的产业。在中国哲学中有唯物主义，也有唯心主义：“西洋哲学家亦有儒者气象（如亚里士多德，康德，黑格尔，格林，鲍桑凯等），有道家风味（如伊壁鸠鲁，斯宾诺莎，布拉德烈，桑提耶纳），有墨家精神者（如孔德，马克思，边

①宋志明：《关于中国哲学研究的几点看法》，《中国哲学史》2005年第4期。

沁，穆勒等）。”[①]在中国哲学研究的起步阶段，研究者从哲学的共性出发，常常借用西方哲学的研究模式来研究中国哲学。例如，冯友兰认为，研究中国哲学就是在中国的思想中找出有哲学意义的资料，用现代的哲学术语表述出来。而金岳霖读了胡适的《中国哲学史大纲》，竟觉得好像是美国人写的一本中国哲学史。

在中国哲学研究的起步阶段，注重中西哲学的共性是不可避免的，也是必要的。运用这种方法，可以帮助研究者弄清中国哲学的基本内容，大致理出中国哲学的头绪来。问题在于，不能总是停留在这个阶段，而应当把研究视角逐步从对哲学共性的关注，移向对中国哲学特色的关注。令人遗憾的是，这种转移迟迟没有实现。1949年以后，中国哲学研究由于受到苏联学术界哲学史观的影响，中国哲学的特色完全被忽视了。中国哲学被简单地归结为唯心主义和唯物主义的“两军对战”或者形而上学与辩证法的“两军对战”；中国哲学的内容被生硬地分割为本体论、认识论、方法论、历史观等四大块。“文革”结束后，中国哲学界召开的几次学术研讨会，中心话题都是呼唤中国哲学史研究科学化，要求走出僵化的哲学史观的阴影，摆脱“二线四块”模式的困扰，开始思考“何谓中国哲学的特色”的问题。

（二）捕捉特性

据我所知，梁启超大概算是关注中国哲学特色的第一人。他在1927年出版的《儒家哲学》中写道：“中国学问不然，与其说是知识的学问，毋宁说是行为的学问。中国先哲虽不看轻知识，但不以求知识为出发点，亦不以求知识为归宿点。直译的Philosophy，其含义实不适于中国，若勉强借用，只能在上头加个形容词，称为人生哲学。中国哲学以研究人类为出发点，最主要的是人之所以为人之道：怎样才算一个人？人与人相互有什么关系？”[②]除了梁启超以外，冯友兰也注意到中国哲学的特色关注的是人生问题。他出版的第一本中文哲学著作就是《人生

①贺麟：《中国哲学与西洋哲学》，《哲学与哲学史论文集》，商务印书馆1990年版，第130页。

②葛懋春、蒋俊编选：《梁启超哲学思想论文选》，北京大学出版社1984年版，第488页。

哲学》。他在《新原人》和《新原道》中，把中国哲学的特色概括为“极高明而道中庸”（《中庸》），实际上也是从人生哲学的角度立论的。不过，他在中国哲学史方面的著作，并没有突出中国哲学关注人生的特色。

我认为，关注人生的确是中国哲学的特色之所在。倘若我们把中国哲学与西方哲学比较一下，就可以看得更清楚一些。关于哲学的来历，西方哲人有一句话说：哲学起于好奇。哲学来自人们对世界的好奇感，总想弄清楚世界的本原是什么，或者第一原理是什么。由此反映出，在哲学思维的起步阶段，西方哲人就把世界当成认识的对象，用认识论的眼光看待世界，把寻求解释世界的理由或原理看成哲学的任务。基于这种思路，西方哲人把“存在”当成哲学思考的起点。他们对世界作出的第一个判断就是“世界存在”，然后追问：什么存在？是心还是物？二者哪个为第一性？从存在出发，西方哲人形成解释世界的传统，形成主客二分的哲学思维模式。在他们眼里，世界在价值上中立，只求真假就可以了，不必追问善恶。这种传统促进了自然哲学的发展，也促进了科学哲学的发展。从存在出发，寻求世界存在的终极原因，也可能追寻到超自然的彼岸，追寻到上帝那里。这或许是西方以基督教为代表的宗教哲学比较发达的原因之一。

（三）独辟蹊径

当西方哲人把目光投向世界并追寻到超自然的上帝的时候，中国哲人则把目光投向人自身。他们没有单纯解释世界的兴趣，而特别关注如何做人的问题。他们把世界看成人生存的场所，看成做人的价值依据或价值担保。他们提出的哲学问题，不是世界为何存在，而是世界怎样存在以及人怎样在世界中实现自我完善。中国哲学家十分重视做人的问题，不太关心纯粹的自然哲学问题，没有像古希腊哲学家那样，写出许多《论自然》之类的哲学论著。当然，他们也不是不涉及自然哲学问题，他们同古希腊哲学家的区别在于，他们在探讨世界或自然的时候，总是同人事联系在一起，用司马迁的话说，就是“亦欲以究天人之际，通古今之变，成一家之言”（《汉书·司马迁传》）。在中国哲人的眼里，世界并不只是认知的对象，而是人生实践不可缺少的要素。他们树立的哲学世界观，不是认识论意义上的世界观，而是人生论或实践论意义上的世界观。由于他们的理论动机并不是解释世界，而是解释人生，因而并不热衷于追问“世界是什么”的问题，也不热衷于探寻世界的终极成因。

中国哲学家心目中的世界，在价值上并不是中立的，而是人生价值的终极依据。大多数中国哲学家认为，世界在本质上是至善的，人性善来自天性善。在他们的哲学思考中，宇宙论与人生论是紧紧地联系在一起的，甚至可以说宇宙论就是人生论。因为谈论宇宙本身并不是目的，只是为了弄清楚人生的真谛。在中国哲学的著作里，常常是第一句话谈天，第二句话紧接着就是论人。例如，《周易·乾·象传》上说：“天行健，君子以自强不息。”“健动”是关于天的论断，而从中引申出来的则是做人的准则——自强不息。这样，就形成了中国哲学特有的“天人合一”的哲学思维模式。如果说西方哲学指向存在的事实世界，那么，可以说中国哲学指向意义的价值世界。对于中国哲学中大量存在的表示“天人合一”的哲学命题，如“天人合德”“尽心、知性、知天”“上下与天地同流”“以道观物”“诚者天之道，诚之者人之道”“吾心即是宇宙”“仁者与万物同体”等命题，恐怕只能从价值论的意义上领会，不能从存在论的意义上领会。在以往的中国哲学研究中，许多人忽视了中国哲学的特色，习惯于从存在论的角度对中国哲学家作出唯心论者或唯物论者的判断，实则拟于不伦，并不符合中国哲学的实际。在中国哲学中，“天人合一”不是存在论的论题，而是人生论的论题。这一论题的落脚点不是“天”，而是“人”，是如何成就理想人格。西方哲学思考的起点是“存在”，而中国哲学思考的起点则是“人生”，彼此的思路是不同的。由于彼此思路不同，理论的侧重点也不一样。西方哲学从存在出发，自然哲学、科学哲学、宗教哲学比较发达；中国哲学从人生出发，人生哲学以及与人生哲学相关的价值哲学、道德哲学、政治哲学、社会哲学比较发达，而对自然哲学、科学哲学、宗教哲学的重视程度，显然不如西方哲学。

（四）中国自有哲学

西方哲学从存在出发，形成了“为知识而知识”的重知传统；中国哲学从人生出发，形成“知行统一”的重行传统。基于重知的传统，西方哲学家特别重视建立理论体系，重视概念的界定、逻辑推理和体系的建构；基于重行的传统，中国哲学家不怎么看重理论体系的建构，而特别看重理论的实践效果，看重做学问和做人的一致性。翻开中国哲学史，人们不难发现，中国古代哲学家没有像西方哲学家那样写出许许多多大部头的哲学专著，他们习惯于用短文、札记、书信、语录、注疏等形式表达自己的睿智哲思。他们当然有自己的哲学，不过他们的哲学往往不仅仅是表现在语言文字上，更重要的是体现在他们的人生实践当中。例如，孔子本人并没有写出什么大部头的鸿篇巨制，只有弟子记载他的言行形成的一部不到两万字的《论语》，然而他的言论却是后世儒家心目中的经典，他的行为举止却是后世儒家效法的楷模。孔子也正是因此而获得“世界文化名人”的盛誉。

有些研究者常常用看西方哲学的眼光看中国哲学，指责中国哲学家的思想不够系统、不成体系。其实，该指责的正是他们自己，因为他们仅仅从语言文字等表现形式上着眼，用看待西方哲学家的眼光看待中国哲学家，没有从内容上把握住中国古代哲学家注重人生实践的特色，没有看到中国哲学乃是中华民族的“精神现象学”。如果我们不是停留在表现形式上，而是深入到思想实际中，就应当承认，注重人生实践恰恰是中国传统哲学的特色，恰恰是中国哲学值得发扬的优良传统。我们不能因为中国哲学不重视建立形式上的体系，而否认其实质上的体系。正如冯友兰所说：“中国古代哲学家们比较少作正式的哲学论著。从古代流传下来的哲学史资料，大多是为别的目的而写的东西，或者是别人所记录的他们的言语，可以说是东鳞西爪。因此就使人有一种印象，认为中国古代哲学家的思想没有系统。如果是就形式上的系统而言，这种情况是有的，也是相当普遍的。但是形式上的系统不等于实质上的系统。”①如果不承认古代哲学家有实质上的系统，等于不承认他们是哲学家，等于不承认中国有哲学，这显然是说不过去的。正因为中国哲学的这种特殊性，给我们学习和研究中国哲学史提出了更高的要求。“中国哲学史工作者的一个任务，就是从过去的哲学家们的没有形式上的系统的资料中，找出其实质的系统，找出他的思想体系，用所能看见的一鳞半爪，恢复一条龙出来。在写的哲学史中恢复的这条龙，必须尽可能

①冯友兰：《〈中国哲学史新编〉绪论》，《三松堂全集》（第8卷），河南人民出版社2000年版，第41页。

地接近于本来的哲学史中的那条龙的本来面目，不可多也不可少”①。

（五）无用之大用

西方哲学从存在入手，以解释世界为主题；中国哲学从人生入手，以解释价值为主题。由于各自的侧重点不同，因而在人们精神生活中所处的位置也不一样。

一般地说，西方哲学在西方人的精神生活中并不扮演指导人生、安顿价值的角色，主要是为人们提供原理原则、认识路径或思想方法，帮助人们提高理论思维能力。对于西方人来说，指导人生、价值安顿是神学的事，而不是哲学的事。在西方普通人的精神生活中，神学比哲学重要得多。在漫长的中世纪里，哲学曾被人们视为“神学的婢女”。近代以后，哲学的地位有所提升，不再扮演婢女的角色，但也没有真正进入普通人的精神世界。对于大多数的普通人来说，哲学是文化精英把玩的奢侈品，并非寻常百姓离不开的日用品。在他们看来，形形色色的哲学不过是不同的说法而已，并非切实可行的做法，既无法指导人生，也无法安顿价值。

同西方人相比，哲学在中国人精神生活中的位置，显然大不一样。中国哲学的主要功能就是指导人生、安顿价值，从来就没有成为“神学的婢女”。中国哲学已经融入大多数中国人的精神生活之中，它不仅仅是说法，而且也是做法，具有很强的实践性。由于中国哲学具有这样的特点，遂成为大多数中国人的生活指导准则，成为百姓不可缺少的日用之道。“君子之道，费而隐。夫妇之愚，可以与知焉；及其至也，虽圣人亦有所不知焉。夫妇之不肖，可以能行焉；及其至也，虽圣人亦有所不能焉。”《中庸》上的这段话，充分肯定了中国哲学在人们精神生活中的指导地位。在中国人的精神生活中，占主导地位的是哲学，而不是宗教。尽管宗教在中国也独立存在，在意识形态领域中也有相当大的影响，但在大多数中国人的精神生活中并不是主角，只不过是配角而已。哲学才是大多数中国人的精神导师，才是他们的安身立命之地。

现在，许多学者都在探索中国哲学研究范式的转型和中国哲学研究

---

①冯友兰：《全书绪论》，《中国哲学史新编》（第1册），人民出版社1982年版，第37、38页。

创新的途径，许多大学都在组织编写新的中国哲学教材。我觉得，抓住中国哲学关注人生的特色，可能是一个关键的环节。

十一、中国哲学主流价值取向

在中国传统哲学中，儒道两家在价值观方面的实际影响最大。儒道两家有许多分歧，但也有一些共识。在价值观方面，儒道相互补充，共同引导着中国人的总体价值取向。相对而言，儒家的实际影响比道家更大一些。

（一）求道即求真

“道”是儒道两家共同的本体论观念，两家都把道视为意义世界的终极依据。从这样的本体论出发，两家都把道看作价值的本源，把求道当作最高的价值目标。道是真实的本体，求道也就是求真。

道家所说的道，一般是指天道，表示一种理想的、超验的精神境界，比较强调道“自在”的意义。道家创始人老子首先把“道”与“真”联系在一起，他说：“道之为物，惟恍惟惚。惚兮恍兮，其中有象；恍兮惚兮，其中有物。窈兮冥兮，其中有精，其精甚真，其中有信。”（《老子》第二十一章）真是道的本质规定，是对道的摹状，是对道所作的价值判断，表明道是判断真实性的准则和尺度。把握了道，也就是把握了真实的意义世界，对道的追求，就是对真的追求，对意义价值的追求。

老子所说的道之真，既指事实意义上的真，也指价值意义上的真。庄子所说的道之真则主要是指价值意义上的真。他说：“如求得其情与不得，无益损乎其真。”（《庄子·齐物论》）道之真并不以人是否求得为转移，然而，对于求道者来说，道之真是无可怀疑的。庄子把得道之知叫作“真知”，把得道之人叫作“真人”。“夫知有所待而后当，其所待者特未定也，庸讵知吾所谓天之非人乎？所谓人之非天乎？且有真人而后有真知”（《庄子·大宗师》）。所谓真人就是进入天人合一、与道为一境界的人。真人与俗人的区别在于，唯有真人的人生才是“精诚之至”的人生，没有半点虚伪。“真者精诚之至也，不精不诚，不能动人。故强哭者，虽悲不哀；强怒者，虽严不威；强亲者，虽笑不和。真悲，无声而哀，真怒，未发而威；真亲，未笑而和。真在内者，神动于外，是所以贵真也”（《庄子·渔父》）。贵真就是崇尚道之真，追求道之真，归依道之真。真人去掉一切人生的假面具，没有半点矫揉造作，他敢哭，敢怒，敢笑，敢爱，敢悲，真正是性情中人。

魏晋玄学针对“举孝廉，不知礼”的社会伪善风气，重申道家“贵真”的价值观念。王弼在注释《老子》的时候，特别强调道作为价值源头的真实性，强调“朴，真也”。他主张“守其真也”，“无知守真，顺自然也”。[①]汉代经学家宣扬纲常名教，强调纲常名教来自天意，没有把纲常名教建立在道之真的基础之上。王弼认为这种论证方式偏离了价值本体，无助于人们养成自觉的道德意识。如果仅借助天意的权威进行强制性的道德说教，非但不会收到应有的效果，反而会助长伪善的风气。他指出，名教只是规范人们行为的手段，不具有终极价值。如果就事论事地只讲名教，而不讲支撑名教的价值依据，名教很难起到规范人们行为的作用，甚至适得其反。他分析说“崇仁义，愈致斯伪”，“巧愈思精，伪愈多变，攻之弥甚，避之弥勤”。[②]只就名教讲名教，没有价值本体作担保，人们就会图谋虚名，弄虚作假，争名夺利，甚至设法逃避名教的约束与制裁。这样讲名教，结果必然是引起人们的反感和厌恶，从而导致名教的失范。他认为，要想挽救名教的危机，必须追溯名教赖以存在的价值本体，那就是道之真，他把道之真称作“自然”，提出名教出于自然的新理论。他说，“道不违自然，乃得其性”[③]，“顺自然而行，不造不始……因物自然，不设不施”[④]。名教只有建立在人们自然的“真性情”之上，才会发挥作用。总之，自然（道之真）是本，而名教是末。名教本于自然，出于自然。只有符合道之真，名教的作用才能真正显示出来。王弼依据道家“贵真”的价值观，成功地把汉儒的规范伦理学转化为价值伦理学，把儒道两家熔为一炉。

道家特别重视人类内在品格精神，特别关切终极价值。他们的价值观带有强烈的理想主义色彩。在他们的心目中，道是真实的，也是美

---

①〔三国魏〕王弼：《老子道德经注》，《王弼集校释》，楼宇烈校释，第8、168页。

②〔三国魏〕王弼：《老子指略》，《王弼集校释》，楼宇烈校释，第199、198页。

③〔三国魏〕王弼：《老子道德经注》，《王弼集校释》，楼宇烈校释，第65页。

④〔三国魏〕王弼：《老子道德经注》，《王弼集校释》，楼宇烈校释，第71页。

好的、理想的境界。从道之真的观点反观当时的社会现实，他们发现现实社会中存在着大量不公平、不合理甚至丑恶的现象，比如，一方面是“财货有余”，另一方面则是“田甚芜”，形成极大的反差。在他们的价值观中，包含着现实批判主义的因素。他们对道之真的向往，也是对公平、正义的向往。他们把道作为衡量社会合理性的最高标准。由于对现实社会抱着批判主义的态度，一般来说，道家对政治没有热情，对功名不感兴趣，甚至远离朝廷，鄙视权贵，宁愿选择闲云野鹤般的生活方式。

在道家贵真的价值取向中，理想与现实是对立的。因此，他们求道之真的途径不是现实的、经验的，而是理想的、超验的。在道家的学说中，道不是通常意义上的认识对象，而是领悟的对象，因此求道的途径与求知识的途径不能一样。老子明确地把“为学”与“为道”区别开来：“为学日益，为道日损，损之又损，以至于无为。无为而无不为。”（《老子》第四十八章）为学是求关于事实的知识，当然要采取经验积累的办法；而为道是求关于价值本体的知识，不能采取经验积累的办法，而应当采取排除的方法，即排除有违于价值原则的错误观念，树立道家所认可的价值观，这是其一；其二是通过精神境界提升的途径，达到“无为而无不为”的境地。所谓“无为”，就是排除种种不符合“道”的私心杂念；所谓“无不为”，就是与道为一，获得对于道的精神自由，运用道的原则为人处世。老子看到价值的认识与事实的认识之间的区别，这是正确的，也是深刻的；但他把二者对立起来，很容易导致虚无主义和神秘主义的倾向。道家后来之所以演变出道教，这是重要原因之一。

儒家所说的道，一般是指人道，表示一种理想的、入世的人格，比较强调道“自为”的意义。儒家创始人孔子最早把道定位为人生的终极价值目标，强调生命的意义就在于求道，“朝闻道，夕死可矣”（《论语·里仁》）。他认为，人追求道不应当是被动的，而应当是主动的，“人能弘道，非道弘人”（《论语·卫灵公》）。道对于人来说，不是静观的对象，而是人生实践的指导原则。道在人生实践中的具体体现就是“仁”，因此在儒家那里，求道与求仁是一致的。至于求道的途径，儒家的看法与道家有很大的区别。孔子没有像老子那样，把道视为超验的价值本体，而是强调道的内在性、经验性、现实性，强调人与道同在。因此，在孔子看来，求道并不是张望超验的本体界，而是在人生经验中、在生活实践中体会价值本体的真实性。“为仁由己，而由人乎哉？”（《论语·颜渊》）人追求道不是被动的，而是主动的；不是无为的，而是有为的，不是超验的，而是经验的；不是玄想的，而是现实的。从这里可以看出，尽管儒道两家都以道为价值目标，但他们的学术旨趣并不一样。

孔子的后学思孟学派，一方面继承孔子在人生实践中求道的价值取向，另一方面则从“道德形上学”的角度论证价值本体的至上性、终极性。他们把“道”与“诚”联系在一起，把孔子的人道观念提升到天道的高度。在儒家思想体系中，“诚”和“真”是同义语，求“诚”也就是求“真”。《中庸》说：“诚者，天之道也；诚之者，人之道也。诚者，不勉而中，不思而得，从容中道，圣人也；诚之者，择善而固执之者也。博学之，审问之，慎思之，明辨之，笃行之。”孟子也有类似的说法。他们把终极价值的实现分为两个层面：理想层面和现实层面。在理想层面的圣人，进入与道合而为一的最高境界，取得了精神上的绝对自由。对于圣人来说，道已不再构成价值目标，因为他自己已经成为道的化身。在现实层面的凡人，虽未达到与道为一的最高境界，但应当确立求道的价值取向，并且自觉地朝着这个方向努力。凡人采取博学、审问、慎思、明辨、笃行等手段，在人生实践中逐步达到与道为一的境地。他们把道家讲究境界提升的主张同孔子注重人生实践的主张结合在一起，提出“尊德性而道问学，致广大而尽精微，极高明而道中庸”（《中庸》）的修道途径。

宋明理学家最终完成儒家本体论的建构，他们依据本体论对思孟学派的修道途径作了进一步的阐发和论证。程朱理学把天理看成“诚”的本体论基础，程颐说：“诚者，实理也。”[①]朱熹说：“诚者，真实无妄之谓。”[②]那么，怎样才能实现“诚”这一价值目标呢？程朱学派主张从提升境界和实践修行两方面着手。所谓提升境界，就是体认天理的实有，以天理为根基建立人的意义世界。能够确立天理的价值取向，并且自觉地朝这个方向努力，就是达到了“贤人”的境界；而完全与天

---

①〔宋〕程颢、〔宋〕程颐：《河南程氏粹言》卷一，《二程集》，王孝鱼点校，第1169页。

②〔宋〕朱熹：《中庸章句》，《四书章句集注》，第25页。

理合而为一，取得了对于天理的自由，“革尽人欲，复尽天理”，就是达到了“圣人”的境界。这是“极高明”的精神境界。由于程朱强调本体的本根性，因而他们把“道问学”“格物穷理”当作提升境界的主要方法。朱熹说：“格物穷理，有一物便有一理，穷得到后，遇事触物，皆撞着这道理：事君便遇忠，事亲便遇孝，居处便恭，执事便敬，与人便忠……无往而不见这个道理。”[①]坚持不断地采用这种积累的方法，最终“脱然有悟处”，“一旦豁然贯通”，达到“极高明”的境界。所谓实践修行，就是把天理贯彻到人生实践之中，转化为高尚品格。在现实生活中，贤人和圣人并不做与凡人不同的事，并不像出家人那样索隐行怪，用儒家的术语说，就是“道中庸”。贤人与凡人的区别在于，贤人自觉地遵循天理，有明确的价值目标，努力体现天理的价值；圣人与凡人的区别在于，圣人自由地把握天理，与天理合而为一，充分体现天理的价值。陆王心学修道求诚的途径与程朱理学大致相同，但他们提升境界的方法与程朱不一样。由于陆王强调本体的内在性，强调“心即理”，因而他们不赞成“道问学”“格物致知”的方法，而主张“尊德性”“发明本心”的方法。陆王派批评程朱派“支离”，程朱派反过来批评陆王派“空疏”，这种儒家内部的分歧并不影响他们共同的价值取向。

（二）求善与求美

求真是对终极价值的关切，然而真善美是相互联系在一起的，求真必然涉及求善和求美。在中国传统哲学中，善是对道德价值的关切，美是对艺术价值的关切。所谓“善”，是指主体需求同社会存在的必然性相符合并且得到满足；所谓“美”，是指主体需求同自然存在的必然性相符合并且得到满足。社会存在是人化了的存在，“善”表示人类社会自身的和谐，同人们之间的利害关系密切相关；自然存在是客观的存在，“美”表示人与自然客体之间的和谐，同人们之间的利害关系没有关系。儒家基于“求诚”的价值取向，求善、求美，但以求善为重点，注重理想与现实的结合；道家基于“求真”的价值取向，求善、求美，注重理想对现实的超越。

---

①〔宋〕黎靖德编：《朱子语类》卷十五，王星贤点校，第289页。

孔子明确地把善和美定位为价值追求的目标，提出“尽善尽美”的命题。据《论语·八佾》记载，孔子在评论乐曲时，对《韶》的评价是“尽美矣，又尽善也”；对《武》的评价是“尽美矣，未尽善也”。在他看来，美与善既有区别，又有联系。他很重视乐曲的美感效果，陶醉于《韶》乐，竟达到“三月不知肉味”的程度，并且发出“不图为乐之至于斯也”（《论语·述而》）的感慨。然而，他更重视美与善的统一，并且强调善高于美。在对艺术作品作审美评价时，他主张先善而后美，以美比德，以美陶冶道德情操。例如，他对《诗》的评价是：“《诗》三百，一言以蔽之，曰‘思无邪’。”（《论语·为政》）他非常看重《诗》的道德教化功能，强调《诗》可以发挥兴、观、群、怨的作用。“兴”是指陶冶人的情志，“观”是帮助人了解风俗民情和政治得失，“群”是沟通人们之间的情感，促进社会的和谐，“怨”是表达民间的疾苦以及对时政的批评。他认为，人们之所以欣赏自然美，乃是因为自然物的形象表现出与人的美德类似的特征。例如，“知者乐水，仁者乐山”（《论语·雍也》），“岁寒，然后知松柏之后凋也”（《论语·子罕》）。孔子有时也区分形式美和内容美，把前者叫作“文”，把后者叫作“质”，主张把二者完美地统一起来，形成中和之美，既不能偏于“文”，也不能偏于“质”。他说：“质胜文则野，文胜质则史。文质彬彬，然后君子。”（《论语·雍也》）孔子有时也把美当作善的同义语，认为美就是美德，就是完美的人格，即君子。君子“里仁为美”，具体地说，就是具有五种美德：“君子惠而不费，劳而不怨，欲而不贪，泰而不骄，威而不猛。”（《论语·尧曰》）总之，在孔子的价值观中，美从属于善，善主导着美。他提出尽善尽美、文质彬彬、中和之美、里仁为美等观点，构成儒家价值理想的基本特色，对于中国人的民族性格、民族心理形成极大的影响。

孟子沿着孔子尽善尽美、善主导美的思路，进一步把美纳入善的范围之中，不再像孔子那样区分善与美。关于善，孟子的界定是：“可欲之谓善。”关于美，他的界定是：“充实之谓美。”（《孟子·尽心下》）这里的“可欲”，是“值得追求”的意思，并非满足物质欲望。“充实”是“价值实现”的意思，因此，在孟子看来，美善一体，善就是美，美就是善，离开善，无所谓美。善是美的内容，美是善的表现形式；善是美的本质，美是善的扩充和升华。孟子不再离开求善单独谈论求美，将求美寓于求善之中。他所求之美，不是形式美，而是与善融合在一起的人性美、道德美、心灵美、行为美。他设定这样的价值目标，其本体论依据就是人性善，就是天道之“诚”。因此达到这一价值目标的途径不是外求，而是内求：“反身而诚，乐莫大焉。”（《孟子·尽心上》）心性修养达到“诚”的境地，成就“富贵不能淫，贫贱不能移，威武不能屈”（《孟子·滕文公下》）的高尚人格，既完成了善的价值追求，也完成了美的价值追求。在这里，孟子大力倡导的是人格之善、人格之美。

儒家从“道之诚”出发求善、求美，道家则从“道之真”出发求善、求美。老子从“道不可说”的本体论出发，不承认形式美的有用性。他指出，同“道之真”的理想境界相比，世俗世界中的形式美是不真实的。“信言不美，美言不信”（《老子》第八十一章），如果过分地追求形式美，将背离“道之真”，扰乱人们的心智。例如，“五色令人目盲，五音令人耳聋，五味令人口爽，驰骋畋猎令人心发狂，难得之货令人行妨”（《老子》第十二章），色彩斑斓的艺术形象，美味的食物，动听悦耳的音乐，畋猎一类的娱乐活动，金银玉帛之类的装饰之物，都是俗不可耐、徒具形式的东西，无助于人们培养真正的美感。老子从“道不可说”的本体论出发，也不承认道德规范的有效性。离开“道之真”的理想标准，单纯倡导世俗的道德规范，很容易导致伪善，所以说“大道废，有仁义。慧智出，有大伪。六亲不和，有孝慈。国家昏乱，有忠臣”（《老子》第十八章），“礼者，忠信之薄而乱之首”（《老子》第三十八章）。仁义、孝慈、忠臣、礼等一类儒家津津乐道的道德规范，乃是针对世间种种不道德现象而发的，仅靠道德规范的说教，并不能帮助人们树立正确的价值理念。老子认为，世俗世界中的所谓美、所谓善，只具有相对的意义，总是同不美、不善相对而言的。“天下皆知美之为美，斯恶已；皆知善之为善，斯不善已”（《老子》第二章），他要求超越相对，进入绝对，领略真正的美和真正的善。真正的美是与道为一的纯朴之美、内秀之美，真正的善是与道为一的纯朴之善、内秀之善。以道为基础，真善美统一起来，这就叫作“复归于朴”“返朴归真”。“道常无为而无不为。侯王若能守之，万物将自化，化而欲作，吾将镇之以无名之朴”（《老子》第三十七章），老子所倡导的纯朴之善、内秀之善，主张为人朴实无华、真情相待、无为洒脱，成为传统伦理思想中抨击伪善之风的利器，为玄学家们大力发扬。魏晋玄学推崇《道德经》《庄子》《周易》，“三玄”之中，《道德经》为首。老子所倡导的纯朴之美、内秀之美，崇尚自然，反对雕琢，讲究意境，不重形象，对古典美学有极大的影响。道家的价值追求属于理想主义型的，对世俗社会抱着批判的态度，很难对大众文化产生广泛的影响，但却是精英文化的理论基础。精英们不能把道家的价值理想落实到现实社会层面，却可以体现在他们的作品中。道家价值观在美学领域中的影响力要比在伦理学领域大得多。

（三）成圣与合群

追求真善美，归根到底还是做什么样的人、建立什么样的社会的问题。儒道两家根据各自的价值观，设计了各自向往的理想人格和理想社会。理想人格是个体价值目标的实现，在中国传统哲学中叫作圣人；理想社会是群体价值目标的实现，儒家设计的是小康社会和大同社会，道家设计的是“小国寡民”和“至德之世”。

孔子把圣人看作最高的人格，看作值得众人效仿的楷模。在他的心目中，称得上圣人的只有古代的几位名人，即尧、舜、禹、周文王、周武王、周公旦等，在现实社会中很难寻见。他感慨说：“圣人，吾不得而见之矣；得见君子者，斯可矣。”（《论语·述而》）他自己并不以圣人自居，谦虚地说：“若圣与仁，则吾岂敢？抑为之不厌，诲人不倦，则可谓云尔已矣。”（《论语·述而》）他表示自己还是圣人的学习者，“好古敏以求之”（《论语·述而》），尚未成为圣人。孟子开始把孔子当作“出类拔萃”的圣人，他对孔子大加赞誉：“圣人之于民，亦类也。出于其类，拔乎其萃，自生民以来，未有盛于孔子也。”（《孟子·公孙丑上》）荀子也非常崇拜孔子，在《解蔽》篇中称赞孔子“仁且不蔽”。儒家从以下几个方面塑造圣人的形象。

首先，圣人是仁德的化身。孔子就已把“圣”与“仁”并称，程颐则明言：“圣人，仁之至也。”[①]周敦颐把“圣”与“诚”相联系，强调“诚者，圣人之本”，“圣，诚而已矣”。[②]在圣人身上，充分体现真善美的价值，堪称完人。他尽善、尽美、尽诚、亲亲、仁民、爱物，

---

①〔宋〕程颢、〔宋〕程颐：《河南程氏遗书》卷四，《二程集》，王孝鱼点校，第74页。

②〔宋〕周敦颐：《通书》，《周敦颐集》卷二，陈克明点校，第13、15页。

集中了人类所有的优秀品格。

其次，圣人是凡人的楷模。尽管圣人是理想的完美人格，但圣人仍旧是人，而不是神。圣人与众人同类，是众人学习的榜样。圣人作为仁德的楷模，对众人发挥着教化的作用，是众人的精神导师。孟子说："圣人百世之师也，伯夷、柳下惠是也。故闻伯夷之风者，顽者廉，懦夫有立志；闻柳下惠之风者，薄夫敦，鄙夫宽。奋乎百世之上，百世之下，闻者莫不兴起也。非圣人而能若是乎，而况于亲炙之者乎？"（《孟子·尽心下》）圣人不做与众不同的事，他只是随心所欲地履行中庸之道、君子之道。圣人与众人遵循着共同的道。《中庸》说："君子之道，费而隐。夫妇之愚，可以与知焉，及其至也，虽圣人亦有所不知焉。夫妇之不肖，可以能行焉，及其至也，虽圣人亦有所不能焉。……君子之道，造端乎夫妇；及其至也，察乎天地。"这表明，圣人与众人具有共同的本质，相互之间不存在不可逾越的界限。对于众人来说，圣人并非高不可攀，是可以学而至之的。孟子说法是"人皆可以为尧舜"（《孟子·告子下》），荀子说法是"涂（途）之人可以为禹"（《荀子·性恶》）。普通人经过努力学习儒家经典，不断地慎独修身，恪守道德规范，提升精神境界，都可以成为圣人，这就叫作"超凡入圣"。

再次，在处理"出"和"处"的关系时，圣人奉行"邦有道则现，邦无道则隐"的原则。在中国古代社会，到朝廷中担任官职，叫作"出仕"，简称为"出"；不到朝廷担任官职，在家耕读，叫作"处"。儒家是主张出仕的，希望得到施展政治抱负的机会，对社会有所贡献，对民众有所贡献。子贡请教孔子："有美玉于斯，韫椟而藏诸？求善贾而沽诸？"孔子的答复是："沽之哉！沽之哉！我待贾者也。"（《论语·子罕》）儒家不反对出仕，但不以此为目的。可也不是无条件的，是否出仕，要看能否实行君子之道。如果朝廷奉行君子之道，当然可以出仕；反之，就应该拒绝出仕。但圣人无论是出仕，还是处家，都不放弃行道的责任，不推卸对社会的责任。用孟子的话说，叫作"穷则独善其身，达则兼善天下"，"虽大行不加焉，虽穷居不损焉，分定故也"（《孟子·尽心上》）。

最后，在处理德才关系时，圣人把德摆在首位。圣人之所以为圣人，主要体现在"德"上，而不是体现在"才"上。孔子主张实行德治，他说："为政以德，譬如北辰，居其所而众星共之。"（《论语·为政》）他特别关注执政者的德行，至于执政者是否具有行政才干，却没有论及。王子垫问孟子："士何事？"孟子回答："尚志。"又问："何谓尚志？"孟子的解释是："仁义而已矣。杀一无罪，非仁也；非其有而取之，非义也。居恶在？仁是也；路恶在？义是也。居仁由义，大人之事备矣。"（《孟子·尽心上》）孟子强调的也是道德素质，而不是能力素质。王阳明把人的德性比作金子的成色，把才能比作金子的分量。他认为金子的价值主要体现在成色上，而不是体现在分量上，同样道理，圣人的可贵之处主要体现在德性上，而不是体现在才能上。儒家的这种说法，并不是排斥才干，只是强调德比才更重要，更根本。

圣人也是老子敬慕的理想人格，他对圣人的描述是"是以圣人处无为之事，行不言之教，万物作焉而不为辞"（《老子》第二章），"圣人为腹不为目"（《老子》第十二章）。庄子把老子敬慕的圣人引申发挥，又提出至人、神人两个观念，其实不过是从不同角度对圣人的描述而已，进一步凸显了道家理想人格的特色。道家塑造的圣人形象与儒家有很大的不同，具有以下几个特点。

首先，圣人是"与道为一"的逍遥之人。圣人神游"无何有之乡"，心寄"无物之初"，乃是道的化身。方东美在比较儒道两家的圣人观时指出，儒家的圣人是"时际人"，给人以历史感、现实感；道家的圣人是"太空人"，给人以超越感，仿佛从高空远观地球。圣人与道合为一体，精神上无拘无束，自由自在，进入逍遥的境界。"若夫乘天地之正，而御六气之辩，以游无穷者，彼且恶乎待哉？故曰，至人无己，神人无功，圣人无名。"（《庄子·逍遥游》）圣人没有对小我的执着，没有对事功的追求，没有对名利的仰慕，甚至把生死都看得很开，所谓"不知悦生，不知恶死"（《庄子·大宗师》）。这是一种达观的人格、潇洒的人格、超脱的人格。

其次，圣人是超凡脱俗的散淡之人。儒家的圣人与众人同类，因而主张"超凡入圣"；道家的圣人是逍遥之人，与众不同，因而主张"超凡脱俗"，即摆脱世俗观念的束缚。如贺麟所说，道家不像儒家那样主张"到朝廷去做官"，而是主张"到山林去修行"。他们向往散淡的人生，不愿受繁文缛节的限制。据《史记》记载，楚威王听说庄子很有才干，便派使者到庄子家中，送去许多钱财厚礼，聘请庄子到楚国担任相。庄子对使者说：千金的确是重利，相的确是尊位。可是，好像是祭祀用的牛，平时养得很好，最终还是被杀掉作供品。到那时，它再想做一头自由自在的牛，也不可能了。你快走吧，不要玷污了我！我不想当官，宁愿像一条鱼，在污泥浊水中自得其乐。由此可见，道家不愿意参与政治，却常常站在“在野”的立场讥评政治，有意无意地扮演“帝王师”的角色。

再次，圣人是“由技进道”的高超之人。道家所说的道，既有抽象本体的含义，也有具体规律的含义。因此得道的圣人，同时也可能是掌握具体规律、在规律面前取得自由的高超之人。庄子用“庖丁解牛”的寓言，肯定了由“技”进“道”的可能性。与此相关，道家对“才”的态度与儒家也不相同。儒家不排斥才，也不正面谈论才。庄子则主张处于“才”与“不才”之间。

由上述可见，儒道两家的圣人观有很大的区别。实际上，正是由于这种区别，才构成儒道互补关系，共同影响着中国人的民族性格。如冯友兰所说：“儒家墨家教人能负责，道家使人能外物。能负责则人严肃，能外物则人超脱。超脱而严肃，使人虽有‘满不在乎’的态度，却并不是对于任何事都‘满不在乎’。严肃而超脱，使人于尽道德底责任时，对于有些事，可以‘满不在乎’。有儒家墨家的严肃，又有道家的超脱，才真正是从中国的国风养出来底人，才真正是‘中国人’。”①

从各自的圣人观出发，儒道两家设计了各自心目中的理想社会。儒家设计的理想社会是大同之世和小康之世。

关于大同之世，《礼记·礼运》写道：“大道之行也，天下为公。选贤与能，讲信修睦。故人不独亲其亲，不独子其子，使老有所终，壮有所用，幼有所长，矜寡孤独废疾者皆有所养。男有分，女有归。货恶弃于地也，不必藏于己；力恶其不出于身也，不必为己。是故谋闭而不兴，盗窃乱贼而不作，故外户而不闭。是谓大同。”有的论者认为这里是对中国古代原始共产主义社会的历史回忆，有的论者认为这里是在虚构空想社会主义的“乌托邦”，恐怕都是误解。其实，这里讲的是道德意义上或价值意义上的社会理想，并非某种社会制度。如果说是“乌托邦”的话，那么，讲的是道德意义上的乌托邦，并非制度意义上的乌托

①冯友兰：《新事论（中国到自由之路）》，《三松堂全集》（第4卷），河南人民出版社2001年版，第331页。

邦。大同说的主旨在于倡导合群的价值观念，并非在设计制度模式，因此，是围绕着价值理想展开论述的。第一句话讲的不是所有制问题，强调的是群体意识至上，而不是个体意识至上；第二句话讲的是社会群体的价值导向问题；第三句话和第四句话讲的是社会群体对所有社会成员应该抱有的态度；第五句话强调的是社会成员对于社会群体应有的奉献精神；第六句话是对理想社会图景的描述：人人都具有高尚人格，精神文明高度发达，关心他人、关心社会群体蔚然成风，人际关系高度和谐，完全消灭争斗、盗窃等丑恶的社会现象。至于物质文明发展到何种程度，并未论及。

儒家把大同定位为社会群体的终极价值目标，并且认为实现这一目标需要有个过程。要实现大同，必须经历“小康”阶段。关于“小康”，《礼记·礼运》写道：

> 今大道既隐，天下为家。各亲其亲，各子其子，货力为己。大人世及以为礼，城郭沟池以为固，礼义以为纪，以正君臣，以笃父子，以睦兄弟，以和夫妇，以设制度，以立田里，以贤勇知，以功为己。故谋用是作，而兵由此起。禹、汤、文、武、成王、周公，由此其选也。此六君子者，未有不谨于礼者也。以著其义，以考其信，著有过，刑仁讲让，示民有常。如有不由此者，在埶者去，众以为殃。是谓小康。

“小康”这个词初见于《诗经·大雅·民劳》：“民亦劳止，汔可小康。”《礼运》构想的小康之世，其特点是：第一，没有体现大道，家庭意识占主导地位；第二，由于家庭意识为主导，社会成员为己，要靠礼仪制度协调人们之间的利益关系，规范人们的行为，要靠君主治理国家、惩恶扬善，要靠军队保卫国家；第三，由于礼仪制度合理和君主勤政为民，可以形成以国家为单位的、以家庭为细胞的相对和谐的社会。在倡导合群这一点上，大同与小康是一致的，区别在于大同以“大道”维系群体，小康以礼仪制度维系群体。儒家构想的理想社会突出群体的价值，要求个体服从群体，对于中华民族的形成和发展具有极大的影响力。在一定程度上可以说，儒家的群体价值观为中华民族的凝聚力提供了理论支撑。

老子设计的理想社会是“小国寡民”：“小国寡民，使有什伯之器而不用，使民重死而不远徙；虽有舟舆，无所乘之；虽有甲兵，无所陈之。使人复结绳而用之。甘其食，美其服，安其居，乐其俗。邻国相望，鸡犬之声相闻，民至老死，不相往来。”（《老子》第八十章）庄子比老子更为极端，认为“小国寡民”还不够理想，他设计的理想社会是“至德之世”：“夫至德之世，同与禽兽居，族与万物并，恶乎知君子小人哉”，“夫赫胥氏之时，民居不知所为，行不知所之，含哺而熙，鼓腹而游，民能以此矣”（《庄子·马蹄》）。有的论者批评道家搞复古倒退，要把人类拉到远古的蒙昧状态，恐怕是一种误解。他们仅从字面上解释老庄，没有触及道家这样说的真意。道家之所以构想这样的理想社会，其实是对当时社会中大量存在的不平等现象的抗议，是对伴随着社会进步而来的退步的批判。在他们描述的社会里，人民的生存得到很好的保障，既有“甘其食，美其服，安其居，乐其俗”，也有“含哺而熙，鼓腹而游”；人与自然和睦相处，与动物和睦相处，与他人和睦相处；没有交往也没有冲突，没有君子小人之分，大家和平相处，从来没有战争的发生，无疑是道家式的小康社会。道家不像儒家那样积极倡导群体观念，但他们明确地表示反对危害社会群体。如果人人都不危害社会群体，社会群体自然而然就安宁了。庄子认为儒家到处进行仁义说教，努力维系社会群体，未必能收到良好效果。两条鱼在即将干涸的车辙里“相濡以沫”，不如彼此谁也不认识谁，“相忘于江湖”。从表面上看，道家似乎并不积极地维系社会群体，其实，他们运用“无为而无不为”的逻辑，以独特的方式表达了维系社会群体的美好意愿。在维系社会群体这一点上，儒道两家可以说殊途同归。

十二、中国哲学主流义利观

中国传统哲学树立的总体价值目标是求真（求道）、求善、求美、成圣、合群。要把理想层面的价值目标落实到现实层面，首先遇到的问题是如何摆正理想的价值追求与现实的利益需求之间的关系。在中国传统哲学中，这个问题叫作义利关系。对于现实的人来说，不仅需要理想价值的追求、道义的追求，同时也不可能离开生存的需求、利益的需求，这是哲学家们必须正视的人生哲学的基本问题。

（一）义利关系的理论探讨

关于义利关系问题的讨论可以说贯穿中国传统哲学的全过程。先秦时期就涉及这个问题，一直到清末哲学家们仍然余兴未尽。对于这一问题，哲学家们提出各种不同看法。

1.先秦儒家的看法

他们大都抱着重义轻利的态度。孔子曾对他的学生说："君子喻于义，小人喻于利。"（《论语·里仁》）他把重利抑或重义，作为小人和君子的分水岭，主张"见利思义"，反对见利忘义，教导自己的学生做一个重义的君子，而不做重利的小人。孟子也对"利"讳莫如深，他到魏国去，梁惠王问他能给魏国带来什么好处，他竟回答："王，何必曰利？亦有仁义而已矣。"（《孟子·梁惠王上》）荀子也主张"先义而后利"（《荀子·王霸》）。尽管荀子对利的态度比孔孟宽容得多，但仍然把义放在第一位。先秦儒家把义视为终极价值目标，但并非完全漠视利。孔子有"先富后教"之说，孟子主张"有恒产则有恒心"（《孟子·滕文公上》），荀子写出《富国》篇，提出发展生产、满足人们的物质需求的构想。他们不反对为义而求利，只是反对见利忘义，反对把"利"当作第一位的价值目标。

2.墨家的看法

墨子认为儒家的义利观有把二者对立起来的倾向，强调义利的统一关系。墨家认为，义离不开利，否则重义将流为空谈。墨子也重视行义，但他并不讳言利，主张"兴天下之利"（《墨子·尚同中》）。他认为，行义的实质就是爱人、利人、助人，把"兼相爱，交相利"（《墨子·兼爱下》）视为最高的道德准则，甚至连鬼神也都不能违反。后期墨家则更明确地提出："义，利；不义，害。志功为辩。"（《墨子·大取》）就是说，衡量"义"的标准不是动机，而是效果。例如孝敬双亲，就必须尽赡养双亲的义务，让双亲生活得舒适一些。墨家的义利观有明显的功利主义倾向，但他们并不是狭隘的功利主义者。他们倡导"天下之大利"，而不是个人的私利。当然，在"天下之大利"之中也包含着个人的利益，"爱人不外己，己在所爱之中"（《墨子·大取》）。墨家非常富有利群精神或利他精神，为了实现自己的道德理想，他们摩顶放踵，四处奔走，甚至牺牲生命也在所不辞。诚如贺麟所言，墨家的价值取向是"到民间去殉道"，有别于儒家"到朝廷去做官"，亦有别于道家"到山林去修行"。

3.道家的看法

道家不赞成儒家栖栖惶惶地倡导仁义之教，老子曾作出"礼者，忠信之薄而乱之首”（《老子》第三十八章）的论断，主张“绝仁弃义”。不过，老子并不是非道德论者，他只是反对把道德说教仅仅挂在口头上，只要求别人如何如何做，而自己却不实行。老子认为这种虚伪的道德说教搞乱了是非标准，是毫不足取的。他推崇“上德之士”，这种人不喜欢说教，但实行“不言之教”，以自己的行为作出表率，这就叫作“我无为而民自化，我好静而民自正，我无事而民自富，我无欲而民自朴”（《老子》五十七章）。道家也反对功利主义的价值观，庄子强调“至人无己，神人无功，圣人无名”（《庄子·逍遥游》），他认为做人应当摆脱“名缰利锁”的束缚，进入无拘无束、自在逍遥的精神境界。

4.法家的看法

法家不买儒家的账，同墨、道两家也不一样，他们是极端的功利主义者。韩非认为儒家“去求利之心，出相爱之道”（《韩非子·六反》）的主张，不过是一种迂腐之见；照他看来，人与人之间是赤裸裸的利益关系。卖棺材的人希望多死人，卖车子的人希望人人都有钱。这并不意味着卖棺材的人缺德、卖车子的人有德，而是利益原则驱使他们这样想。韩非指出，每个家庭生男孩都很高兴，生女孩则不然，父母对子女尚且以“计算之心”相待，何况其他人！君主用人之道，不过是“主卖官爵，臣卖智力”（《韩非子·外储说右下》）利益原则而已。基于此，他反对实行礼治，主张实行法治，采取强制的手段协调人们之间的利益关系，维护统治者的地位。

5.董仲舒的看法

到汉代，百家争鸣结束，儒家占据主导地位。今文经学家董仲舒继承先秦儒家的义利观，提出“正其谊（义）不谋其利，明其道不计其功”（《汉书·董仲舒传》）的观点，并从人性论的角度作出论证。他指出，人生来就有精神和物质两方面的需要，“利以养其体，义以养其心”（《春秋繁露·身之养重于义》）。从身这方面看，没有“利”的供养不得其安；从心这方面看，没有“义”的保养不得其乐。相比较而言，心的精神需求比身的物质需求更重要，所以，“义之养生人大于利”（《春秋繁露·身之养重于义》）。董仲舒所说的“义”是指三纲五常一类维护封建统治秩序的道德规范，因而他的义利观受到统治者的欢迎，在封建时代成为不容置疑的信条。值得注意的是，董仲舒虽然发展了贵义贱利的思想，但没有完全否认利的必要性。

6.宋明道学家的看法

宋明道学家进一步发展贵义贱利的思想，并且接受佛教禁欲主义的影响，把儒家的义利观极端化，提出“存天理，灭人欲”的口号。程朱理学和陆王心学在其他问题上多有分歧，而在义利观上并无大的分歧，只是论证方式不同而已。

朱熹从理本体论出发，论证“存天理，灭人欲”的必要性，对义和利作了这样的界定：“义者，天理之所宜；利者，人情之所欲。”①他认为义出于“天理之公”，利生于“物我之相形”②。基于这种分殊，他认为人有两个选择向度：一是“循天理”，二是“殉人欲”，二者必居其一。照他看来，后一条路是不足取的，“殉人欲，则求利未得而害已随之”③；只有前一条路才会达到“以义制利”的效果。他认为义是克治求利之心的刀斧，“心自是有制，制如快利刀斧，事来劈将去，可底从这一边去，不可底从那一边去”④，朱熹把天理和人欲对立起来，认为二者不容并立，“天理存则人欲亡，人欲胜则天理灭”⑤，故而主张“革尽人欲，复进天理”。

王阳明从心本体论出发论证“存天理灭人欲”的必要性。与朱熹不同的是，王阳明认为天理不在心外，所以，“存天理”也就是“存心之理”：“此心无私欲之蔽，即是天理，不须外面添一分。”⑥他也主张理欲不容并立，“去得人欲，便识天理”⑦。陆王学派与程朱学派的论证方式不同，但结论和目的都是一致的。正如清初思想史家黄百家所说，他们都以“扶持纲常名教”为职志。

7.事功派的看法

在南宋时期，陈亮和叶適曾对朱熹把义利对立起来的错误倾向提出批评，中国哲学史上称他们为事功派。陈亮认为朱熹“三代以上天理流行、三代以下人欲横流”的说法没有历史根据，主张“义利双行，王霸

---

①〔宋〕朱熹：《论语集注》卷二，《四书章句集注》，第73页。
②〔宋〕朱熹：《孟子集注》卷一，《四书章句集注》，第202页。
③〔宋〕朱熹：《孟子集注》卷一，《四书章句集注》，第202页。
④〔宋〕黎靖德编：《朱子语类》卷五十一，王星贤点校，第1220页。
⑤〔宋〕黎靖德编：《朱子语类》卷十三，王星贤点校，第224页。
⑥〔明〕王守仁：《传习录上》，《王阳明全集》卷一，吴光等编校，第3页。
⑦〔明〕王守仁：《传习录上》，《王阳明全集》卷一，吴光等编校，第26—27页。

并用”[①]。叶适也强调义利的统一性，批评义利对立观。他说：“‘仁人正谊不谋利，明道不计功’，此语初看极好，细看全疏阔。古人以利与人而不自居其功，故道义光明。……既无功利，则道义乃无用之虚语尔。”[②]照他看来，离开功利，道义不过是一句空话而已。

8.清初实学派的看法

明清之际，实学思潮兴起。实学派思想家痛定思痛，总结明亡的历史教训，开始纠正道学家义利观上的偏颇。针对道学家的理欲对立论，王夫之提出“私欲之中，天理所寓”的思想。他分析说，人欲无非是指饮食、男女之类，这是不可能禁绝的；离开人欲而另求天理，有违儒家的入世原则，势必蹈入佛教出世主义的歧途。“离欲而别为理，其唯释氏为然。盖厌弃物则，而废人之大伦矣。”[③]基于此，他主张“随处见人欲，即随处见天理”[④]。针对道学家的义利对立论，颜元提出“以义为利”的观点。他认为这才是“圣贤平正道理”之所在。例如，儒家典籍上讲的正德、利用、厚生等等，都贯穿着“以义为利”的原则。至于后儒津津乐道的“正其谊不谋其利，明其道而不计其功”，并不符合儒家的本义，致使儒学流为“空疏无用”之学。他主张把这句话的意思倒过来，改为“正其谊以谋其利，明其道而计其功”[⑤]。他明确地主张变“虚学”为“实学”，把儒家倡导的“正义”“明道”等原则都落实到经世致用上。

以上诸多关于义利关系的探讨，归结起来，大体有三种类型。一是重义轻利型，道家、儒家大都属于此种类型。其中有的思想家也表现出过分贬抑利益需求的倾向，如“存理灭欲”说。二是重利轻义型，法家韩非属于此类。三是义利协调型，如墨子“兼相爱，交相利”说和王夫之等人的“理寓于欲”说。在这三种类型中，第一种占主导地位，社会影响最大；第二种比较偏激，曾一度有影响；第三种比较稳妥，可惜不

①〔宋〕陈亮：《又甲辰秋书》，《陈亮集》卷二十八，邓广铭点校，中华书局1987年版，第340页。

②〔宋〕叶適：《习学记言》卷二十三，上海古籍出版社1992年版，第201页。

③〔清〕王夫之：《读四书大全说》卷八，第519页。

④〔清〕王夫之：《读四书大全说》卷八，第520页。

⑤〔清〕颜元：《四书正误》卷一，《颜元集》，王星贤等点校，中华书局1987年版，第163页。

是主流。

（二）内圣外王的操作模式

以上关于义利关系的理论探讨，虽然影响人们的观念，但并不能成为人生实践的操作模式。在中国传统哲学中，较为普遍认同的操作模式是“内圣外王”。儒道两家大都主张运用这种模式处理动机与效果或道义与事功的关系。

“内圣外王”这个命题是庄子在《天下》篇中提出来的。自从周王朝衰落后，百家争鸣，诸说不一。各家有各家的长处，各家也都有各家的短处，都不能算作周全之道。那么，什么是周全之道呢？他认为就是“内圣外王”。庄子感慨地说：“判天地之美，析万物之理，察古人之全，寡能备于天地之美，称神明之容。是故内圣外王之道，暗而不明，郁而不发，天下之人各为其所欲焉以自为方。悲夫，百家往而不反，必不合矣！”（《庄子·天下》）在这段话里，庄子提出人生实践中应该采用的操作模式是“内圣外王之道”。这种模式具有双重的要求：一方面认同道德原则，内具圣人之德；另一方面认同事功原则，外施王者之政。前者属于“德”，后者属于“才”，“内圣外王”包含着“德才兼备”的意思。庄子只是提出了这样的操作模式，可惜没能展开来充分地加以说明。

不仅道家把内圣外王视为操作模式，儒家也是如此。孔子讲“为仁由己”，已论及“内圣”；讲“约之以礼”，已论及“外王”，已经形成“内圣外王之道”的雏形。荀子把“内圣”与“外王”两个方面紧密联系在一起，认为治理国家应当做好教化和法治这两件大事。他主张礼法并用、王霸双行，实行“隆礼尊贤而王，重法爱民而霸”（《荀子·天论》）的原则。“隆礼”实质上讲的是内圣，“重法”实质上讲的是外王，荀子虽然没有使用“内圣外王”这个词，实则也主张采用这种操作模式处理道德建设与事功效果之间的关系。

儒家的主要经典之一《大学》对儒家做人以及做学问的宗旨和步骤作了简要的说明，提出“三纲领”“八条目”展开来论述内圣外王的操作模式。“三纲领”的第一条是“明明德”，主张做人或做学问首先应当彰明、发扬心中固有的道德意识，讲的是内圣；第二条“亲民”是说做君主或做官应当亲近民众、为百姓办事，讲的是外王；第三条“止于至善”是指内圣外王两个方面都达到最完美的境地。“八条目”讲的是实施“三纲领”的八个步骤。第一步是“格物”，指读书学习；第二步是“致知”，即获得知识。这两条意思相近，都是说学习是做人的起点。第三步是“诚意”，也就是树立善恶观念，去恶就善，不能装糊涂自己欺骗自己；第四步是“正心”，也就是养成道德意识；第五步是“修身”，即在道德践履中严格要求自己，化道德意识为道德行为。这五步的意思相近，讲的都是怎样实现内圣。第六步是“齐家”，即办好士大夫自家的事情；第七步是“治国”，即办好诸侯国内的事情；第八步是“平天下”，即办好全国的事情。这三步意思相近，讲的是怎样实现外王。儒家对内圣外王的阐释比道家详尽，也比道家更重视内圣，特别强调内圣对于外王的指导意义。

宋明道学家继承先儒的传统，也把内圣外王视为人生实践的操作模式。据《宋史·邵雍传》记载：“河南程颢初侍其父，识雍，论议终日，退而叹曰：‘尧夫（邵雍的字）内圣外王之学也。’”[①]不过，由于道学家受到“存理灭欲”思想的限制，在处理内圣外王关系时常常流露出重内圣、轻外王的倾向，他们看重道德价值，而不太看重事功价值；看重动机，而不太看重效果。朱熹在同陈亮辩论应该做什么样的人的时候，陈亮仰慕英雄，朱熹仰慕圣贤而贬抑英雄。朱熹的理由是圣贤遵“王道”，由内圣开出外王，故而值得效仿；英雄呈“霸道”，内圣不足观，故而不值得称道。程朱理学派重内圣轻外王，陆王心学也不例外。就王阳明本人的人生实践看，他倒是比较好地体现了内圣外王并重的原则；但他在学理上却是“内圣至上”论者。他认为做人如同炼金子：纯金讲究的是成色，而不是分量；做人讲究的是内圣，而不是外王。“所以为圣者，在纯乎天理，而不在才力也。”[②]他对内圣作了平民化的解释，甚至提出“满街人都是圣人”[③]的口号，有倡导“内圣面前人人平等”的意思，但他高扬圣人、贬抑才人的思想偏向也是显而易见的。

明朝灭亡以后，实学派思想家对道学家重内圣轻外王的思想倾向提

①〔元〕脱脱等：《邵雍传》，《宋史》卷四百二十七，中华书局1985年版，第12728页。
②〔明〕王守仁：《传习录上》，《王阳明全集》卷一，吴光等编校，第32页。
③〔明〕王守仁：《传习录下》，《王阳明全集》卷三，吴光等编校，第132页。

出严厉的批评，讽刺道学家“无事袖手谈心性，临危一死报君王”[①]，把人变成了无能无用之辈。这于己、于家、于国都极其不利。实学派思想家们重申内圣外王并重的原则，用以纠正道学家的思想偏差。王夫之说：“一故备，能备者为群言之统宗，故下归之于内圣外王之道。”[②]他所说的“一”或“备”也就是全面发展的意思，认为做人的原则应该是内圣外王并重、德才兼备，不能偏于一面。

（三）义利观的现代转换

中国传统哲学中关于真善美的论述，关于理想人格、理想社会的论述，关于义利关系的探讨以及“内圣外王”的主张，塑造了中华民族特有的民族精神和民族性格，是先哲留给我们的宝贵的精神财富。随着历史的发展，传统价值观中的某些内容已不符合现代社会的要求，但是，我们可以对之加以批判地继承，使之实现现代转换，重新发挥积极的价值导向作用。

1.重义轻利新解

重义轻利的提法确有片面性。凭实而论，义与利不是对立的，而是统一的。义作为道德准则来说，不能脱离利孤立地存在，它实质上代表着社会群体的利益，从社会群体的角度对人们之间的利益关系加以调解。换句话说，义就是“大利”之所在，每个社会成员都有为社会群体谋大利的道德义务。剥削阶级只要求被剥削阶级重义轻利当然是虚伪的，但是，站在祖国和人民的立场上倡导重义轻利又有什么不可以的呢？这无非是要求人们把祖国和人民的利益看得高于一切，甚至为了祖国和人民的利益就是献出生命也在所不辞。岳飞、文天祥都可以说是这种意义上重义轻利的楷模，他们的英名彪炳史册，千秋万代受到人们的仰慕。在今天，每一个共产党员都应当树立党和国家的利益高于一切、党的原则高于一切的观念，这种观念同重义轻利的原则并不矛盾。在今天，实行重义轻利原则当然不是要求人们完全放弃个人利益，而是要求人们在个人利益与整体利益发生冲突时，义无反顾地牺牲个人利益、维

---

①〔清〕颜元：《存学编》卷一，《颜元集》，王星贤等点校，第51页。

②〔清〕王夫之：《庄子解》卷三十三，《老子衍　庄子通　庄子解》，王孝鱼点校，中华书局2009年版，第352页。

护整体利益。我们认同重义轻利原则，就应当发扬见义勇为、舍己救人的精神，而鄙视那些见利忘义、心中只有自己没有别人的极端利己主义者。

2.存理灭欲新解

笼统地讲“存理灭欲”确有禁欲主义色彩，但也不是一点道理都没有。人作为动物性的存在，有七情六欲，这是无法禁绝的；但人同时又是社会存在，人不但有物质欲求，而且还有精神追求。如果善加理解，“存天理”包含着“精神追求”的意思，教导大家要像“人”那样活着，而不能像动物那样活着。在今天，我们当然不能倡导禁欲主义，那么，难道应当倡导纵欲主义吗？显然也不能。对于欲，不可以“禁”，也不可以“纵”，而应当加以节制。从“节欲”的意义上说，我们为什么不应当提倡一点“存理灭欲”的精神呢？尤其在商品经济的大潮中，它提醒我们要做一个堂堂正正的人，而不做一个利欲熏心的“经济动物”。那些腰里有几个钱的“大款”，整天沉溺于纸醉金迷、灯红酒绿的享乐之中，对他们讲一讲“存天理，灭人欲”的古训，难道不正是对症的良药吗？

3.内圣外王新解

从狭义上说，“内圣外王”讲的是为君之道或为官之道，从广义上说，它包含着人全面发展的意思。我们要对这一原则作现代诠释，当然只能从后一种意义上契入。“内圣”是指有很高的道德素质，具有为人正直、出以公心、工作认真、敬业爱岗、勤勤恳恳、遵纪守法、勇于负责、助人为乐等美德；“外王”是指有很高的能力素质，有技术专长，有办事能力，有开拓意识和创业精神，能出主意、想办法。由此可见，内圣外王与德才兼备的意思是相通的，这难道不应当成为我们的用人路线吗？“内圣外王”的操作模式既提出道德素质方面的要求，也提出能力素质方面的要求，对于我们的教育事业也有指导意义。它提醒我们的教育工作者把握全面发展的原则，既要引导学生努力学习科学知识，又要帮助他们学会怎样做人，把他们培养成为有理想、有道德、有文化、有纪律的“四有新人”，从而担负起建设具有中国特色的社会主义事业的大任。

乙　分期篇

《分期篇》共三章。打破以往按朝代更迭表述中国古代哲学史的惯例，创造出按阶段表述中国古代哲学史的新体例，突出历史发展的完整性和逻辑性，将古代哲学史划分为奠基期、展开期、高峰期。《奠基期：中国哲学的发端》以“百家争鸣”为主题词，解析先秦时期中国哲学产生的语境以及起步阶段的主要话题。《展开期：三教并立与话题更新》以“三教并立”为主题词，陈述汉唐时期道家、儒家、佛教竞长争高的情况。第一个在政治舞台上出场的是道家，汉初被称为“黄老之学”；接下来则是儒家，百家被罢黜，儒家演变成经学，独占鳌头；经学衰落后，玄学崛起，道家再次“走俏”；玄学失势后被佛教取代。经学依据儒家典籍，表达了维护“大一统”局面的政治哲学诉求。玄学依据《老子》《庄子》《周易》等文本，表现出由政治哲学到人生哲学的趋向，可惜最终没有成功。佛教依据《佛藏》文本，逐渐实现中国化。受佛教刺激而形成的道教依据《道藏》文本，靠近人们的生活世界。最终形成“以儒治国、以道治身、以佛治心”的格局。《高峰期：宋明理学的新话题》以“理学行世”为主题词，陈述宋明理学的来龙去脉，阐述理学的新语境、新文本、新话题、新讲法。宋明理学兼治国、治身、治心于一身，把儒家政治哲学发展为人生哲学。

一、奠基期：中国哲学的发端

在人类的精神生活史中，哲学不是第一形态，而是第二形态。在蒙昧时代，也就是在人类的童年时期，原始宗教支配着人的精神世界，那时哲学还没有出场，因为还不具备产生哲学的条件。哲学的历史没有宗教的历史长，它只能出现在人类的文明时代。中外各种哲学形态，都是在文明发展到一定程度以后才出现的；但由于各自文化传统不同，哲学起步的路径和情形不完全一样。因此，本节将围绕上述问题，对中国哲学产生的语境、起步的进路和主要话题作一些探讨。

（一）哲学产生的语境

只有当经济、政治、文化发展到一定程度的时候，形成哲学得以产生的语境，哲学才能出现。中国哲学产生的语境，形成于春秋末年。换句话说，中国哲学史可以从这一时期写起。

1.经济的发展，使得哲学产生成为可能

哲学的产生需要有两个条件。第一个条件是人的认识能力和自我意识有了提高，对自己有了自信心，开始把人看成主动的存在，看成认识世界的主体，不再把自己看成被动的存在，看成神的依附者。当人有了相当大的本事的时候，才会有这样的自信心；如果本事不大，对自己没有自信心，那就没有办法讲哲学。第二个条件是社会上出现了专门从事精神创造的知识阶层，他们不必从事生产劳动，衣食无忧，有充分的时间去思考哲学问题。借用西方人的说法，第一个条件叫作“哲学起于好奇”，把世界看作是思考的对象；第二个条件叫作“哲学起于闲暇”，有了可以研究哲学的人。而这两个产生哲学的条件，只有当生产力水平发展到一定程度的时候，才能满足。

在春秋末年，中国的生产力水平发展到了可以产生哲学的水平。那时，中国有两项重大发明。一是发明了牛耕，以畜力代替人力，解决了农业生产的动力问题，极大地提高了生产效率。二是发明了锄、铲、犁等铁制农具，改进了劳动工具。湖南长沙、河北邯郸、河南信阳等地的考古发现证明，在春秋末年铁制农具已得到广泛的使用。牛耕和铁犁结合起来，大大地推动农业经济的发展，使精耕细作成为可能，使大规模开荒成为可能。由于生产力水平有了极大的提高，社会财富多了，容许一些人不必从事物质生产劳动，专门从事精神生产劳动，这就为中国哲学的产生提供了经济方面的条件。

2.社会转型的需要，使得哲学产生成为可能

根据郭沫若的研究，春秋末年中国社会发展进入由奴隶制到封建制的转型期。在牛耕技术和铁制农具出现之前，奴隶集体劳作是农业生产的主要方式。《诗经》中“十千维耦”“千耦其耘”等诗句，描述的就是这种情形。由于有了牛耕技术和铁制农具，不必再用奴隶集体劳作的方式了，使一家一户的小农经济成为可能，于是中国社会开始转型。

在社会转型期，政治体制也发生了变化。春秋末年以前的中国，虽然有夏、商、周等朝代，且每个朝代都有最高的统治者即君王，但其实仍然是一个分散的社会。因为实行分封制，全国分为无数个小邦，国家只是一个形式上的国家，没有成为一个有内在联系、有严密组织的国家。那时中国处于一盘散沙状态，周朝有几百个诸侯国。各个诸侯国各行其是，各自为政，全国不是一个统一的社会，只是若干个小社会的松散的联合体。到春秋末年，周王朝名存实亡，社会陷入一片混乱之中，各个诸侯国之间经常发生战争，即所谓“春秋无义战”。在战争中，少数诸侯国变得强大起来，成为霸主，大部分诸侯国被消灭，诸侯国的数量变得越来越少，小社会逐步被整合为大社会，呈现出全国走向统一的大趋势，呈现出集权制取代分封制的大趋势。但怎样才能使中国的政局由乱转治？新的中央集权体制应该是什么样子？怎样在全中国的范围内建构一个大社会？天下归一的路该怎么走？这些问题需要思想家们进行深入的思考，在理论上给予回答。这就为中国哲学产生提供了政治方面的条件。

3.文化的积累，使得哲学产生成为可能

哲学思考需要使用思想材料，需要依据文本。只有文化积累达到一定的程度，哲学才有可能产生。到春秋末年，中国文化的积累已达到了这种程度，为哲学思考提供了必要的、充足的文本。第一种文本是甲骨文。甲骨文是中国迄今为止发现的最早文字，其内容大部分是殷人留下的占卜记录。已发现甲骨文文字大约有六千多个字，但现在可以认得出来的只有一千多个字。由于我们对甲骨文的研究还不够充分，尚不能具体说明它对哲学家的影响，但可以断定它是哲学家可以读到的一种文本。

第二种文本是金文。金文是商周时期刻在青铜器上的文字，很原始，也很珍贵。其中对当时的社会生活、思想状况都有所反映。金文对

哲学家的影响，已经得到史实的证明。例如，在四书之一《大学》中，就引用了《盘铭》中的“苟日新，日日新，又日新”，并且作了哲学上的发挥。

第三种文本是六经。六经是《诗》《书》《礼》《乐》《易》《春秋》的合称，是写在帛书或刻在竹简上的文献。《诗》是文学作品，是古代诗歌的汇编，分为风、雅、颂三个部分。《诗经》中包含着哲学思维的萌芽，经常被哲学家引用。例如，《论语》中就引用了《诗经》中“巧笑倩兮，美目盼兮，素以为绚兮”（《卫风·硕人》）的诗句，并从哲学的角度加以发挥；《书》是《尚书》的简称，是古代官方文诰的汇编，其中也有哲学思维的萌芽。中国哲学家经常使用的哲学术语“五行”，即水、木、金、火、土，就源自《洪范》篇；《礼》是古代礼仪条文的汇编，已经失传，现在看到的《周礼》《仪礼》《礼记》，都是汉代人编纂的；《乐》已经失传，无法知道其内容，但在先秦的文献中，经常提到《礼经》和《乐经》，可见其影响力颇大；《易》是周人留下的算卦记录，由卦辞和爻辞组成，尽管它是卜筮之书，但其中的哲学思想资源很丰富，哲学家根据《易经》提供的资源写出《易传》，成为经典的哲学论著，中国哲学中一些主要范畴都来自《易经》或《易传》，可见《易》对中国哲学的影响之大，超过了其他五经，乃至于朱伯崑先生能写出多卷本的《易学哲学史》；而《春秋》则是编年史，也为哲学思考提供了大量的素材。

这三种文本为中国哲学的产生，提供了文化方面的条件。

（二）中国哲学的起步

中国哲学的起步，是从突破传统的天命观开始的，传统的天命观是一种原始形态的宗教观念。按照这种观念，人是被动的存在，人的命运由天神掌控；天神是一种至高无上的支配力量。在人类的童年时期，把人看成天神的依附物，乃是一种普遍的观念。那时人的本事太小，总觉得自己被某种神所控制。不过，中国人的天命观念同别的民族所崇拜的至上神有所不同。例如，在西方人的眼里，至上神是上帝。上帝是世界和人的创造者，上帝的形象与人类似，有胳膊有腿，有头有脸。上帝权限很大，他不但创造了世界和人，而且还管人死后的事情，一切都在上帝的控制之下。中国古人心目中的“天”不是这样。“天”不是造物主，天与人同在。“天”有神性而无神形，没有宗教形象，也不管人死后的事情。因此，突破这样的天命观念相对来说要容易一些。

中国哲学的起步是从重新看待天人关系契入的。按照传统的天命观，天是什么都管，也管着人。必须改变这种观念，哲学才能起步。必须对天有一个新的、理性的认识，摒弃那种旧的、神性的认识。到春秋末年，人的本事大了，就开始思考这样的问题：人到底是一个被动的存在，还是一个主动的存在？所谓被动的存在，就是说人只能被天来规定；所谓主动的存在，就是说人自己规定自己。有了自我意识的思想家不再把人看成被动的存在，而是看成主动的存在，于是中国哲学开始起步。思想家们对“天”有了新的看法，不再把“天”视为神，要求用理性来取代神性。讲神性是原始宗教，讲理性就是哲学了。中国哲学一出场就紧紧抓住天人关系问题将之作为哲学探索的下手处，遂使这个问题成为中国哲学的基本问题。中国哲学的起步不可能是一下子就完成的，也经历了一个不断探索的过程。

商朝人的天命观念很强，他们在采取重大行动之前，都要向天神请示。请示的方法就是祈祷或占卜，故史书上有“殷人每事卜”的记载。现在挖掘出来的甲骨文，大都是占卜后留下来的记录。周朝人的天命观念也比较强。例如，周公旦曾这样教导康叔：“汝惟小子，乃服惟弘王，应保殷民。亦惟助王，宅天命，作新民。”（《尚书·康诰》）意思是说，你这个小伙子掌权之后，应当弘扬王道，接受天命，把商朝的遗民改造成为周朝的新成员。不过，在周朝人那里，天控制一切的观念有所松动，较为看重人的因素。周本来是商纣王治下的一个小邦，他们打败了商朝，得找出改朝换代的理由来，于是，对天命观念有所修正，提出“天命靡常，惟德是辅”这一新说法。周朝人强调，天只照顾那些有德之士，等于承认人在天的面前有一定的主动性。周朝人虽提出“敬天保民”“以德配天”等思想，为开展理性认识活动争得一定的地盘，但从总体上说并没有突破原始宗教意义上的天命观念的束缚。

春秋初年，思想界出现了一股无神论思潮，对原始的天命观形成强大的冲击。一些思想家开始对天神的权威表示怀疑，把目光从对天的关注，转向对人的关注。公元前706年，季梁说：“夫民，神之主也。是以圣王先成民而后致力于神。”（《左传·桓公六年》）他所说的“主”是凭借的意思，就是说，民众对国家的重要性要高于神，因为民众是神的依凭、寄托之所在。在他看来，就重要性而言，民众是第一位的，而神是第二位的。尽管他没有否定神的存在，但毕竟把神降到次要的位置了。公元前662年，史嚚发展了季梁这种观点，进一步指出："国将兴，听于民；将亡，听于神。"（《左传·庄公三十二年》）他把重视民众还是重视神看成关系到国家兴亡的大事，把"听于神"与亡国联系在一起。这对神的权威来说，显然是极大的贬抑。无神论思潮的兴起标志着原始天命观的统治地位已经动摇，从而为哲学的发展提供了必要条件。

到春秋末年，哲学逐渐起步的过程中，郑国的子产是一个标志性的人物。他提出"天道"和"人道"，成为中国哲学史上最早的一对哲学范畴。在史书上，有这样的记载。有一次，郑国发生了一场火灾，有人建议子产请擅长占星术的裨灶祭神作法，避免火灾再次发生。子产没有采纳，他说："天道远，人道迩，非所及也，何以知之？灶焉知天道？"（《左传·昭公十八年》）子产觉得天道是很遥远的事情，而人道则是切近的事情，二者不能混为一谈，没有必要请裨灶作法祈求上苍以避免火灾。在他看来，天道与人道有分别，人道方面的事情与天道无关，他把天道与人道区分开来，并把二者当作认识对象，可以说是一种哲学的、理性的考察方式，同宗教的、感性的考察方式划清了界限。中国哲学起步从子产算起，恐怕没有什么问题。遗憾的是，我们无法断定他就是中国的第一个哲学家。从目前的文献来看，他是否留下哲学著作，我们不得而知。

在春秋时期，留下哲学著作的第一代中国哲学家有三位，第一位是道家的创始人老子，第二位是儒家的创始人孔子，第三位是墨家的创始人墨子。在中国哲学的起步阶段，他们都抓住天人之辨，各自创立出自己独到的理论思想。

老子是正面出击者，直接推倒"天"的权威，创立叫作"道"的哲学理念。《老子》的开篇写道："道可道，非常道。"在老子眼里，世界终极的原因不能追溯到"天"，必须追溯到"道"。按照原始宗教说法，一切都是"天"说了算，老子推翻了这种传统观念，强调在天之上还有一个"道"。他所认定的权威是理性的，有别于原始宗教中的神性权威，开辟了探索哲学之路。在道面前，"吾不知谁之子，象帝之先"（《老子》第四章）。所谓"象"，就是"仿佛"的意思。尽管老子没有否认天帝的存在，但即便天帝存在，同道比起来也离得很远，再没有什么比道更为本源的了。按照老子的描述，道就是宇宙万物的老根、老母，有别于任何具体的存在物，只表示一种抽象的普遍原理。道作为万物的始基，自然而然地产生出万物来，并不看作有意志的人格神。

道造就万物，“功成事遂”（《老子》第十七章），“万物归焉而不为主”（《老子》第三十四章）。老子否认道是主宰者，同天神观念有原则区别。他的天道观是抽象思维的产物，而原始的天命观则是形象思维的产物，二者截然相反。老子创立天道观，在中国哲学史上具有划时代意义，标志着哲学对原始宗教的胜利，揭开理论思维繁荣发展时代的大幕。

老子以“天”为下手处，找到了一条讲哲学的道路；孔子以“人”为下手处，找到另一条讲哲学的道路。关于天道，老子说了该说的话，孔子似乎没有进一步发挥的余地，直接表示认同就可以了。他发现，老子一味礼赞婴儿，似乎没意识到婴儿会长大，迟早会进入社会。怎样重新认识人？怎样把人从天神的重压之下解放出来？这才是孔子的突破口。他的哲学思考以人道为主题，甚至把人道看得比生命还重要，“朝闻道，夕死可矣”（《论语·里仁》）。关于道的思考，老子以天道为侧重点；孔子则以人道为侧重点，强调道是人们必须遵守的行为准则。在人道面前，孔子特别强调人的主动性，坚信“人能弘道，非道弘人”（《论语·卫灵公》）。孔子指出，人道的基本内容就是“仁”和“礼”。这两个观念犹如纽带一样，把人和人联系成群体。他主张“君子无终食之间违仁”（《论语·里仁》），“苟志于仁矣，无恶也”（《论语·里仁》），“己欲立而立人，己欲达而达人”（《论语·雍也》），“己所不欲，勿施于人”（《论语·颜渊》）。这就是孔子“一以贯之”的忠恕之道。从孔子考察人道的思维方式看，显然不是从天神那里寻求人道的奥秘，而是从人自身寻求人道的奥秘，这显然也是一种理性的考察方式。由此可见，孔子采取彰显人道的途径，也达到了哲学意识的自觉水准。孔子和老子的下手处不一样，结果却是殊途而同归。

在中国哲学起步阶段，与儒家并称显学的墨家，也在寻找突破传统天命观、建构新的人道观念的路径。他们以阐释“圣王之道”为下手处，找到了第三条讲哲学的进路。按照他们的解释，“圣王之道”应当包括兼爱、尚贤、尚同、节用、节葬、非乐、非命、非攻、尊天、明鬼等十项内容。墨家倡导的“圣王之道”，在形式上有神秘主义色彩，而在内容上十分注重实际，有明显的功利主义倾向。例如，墨子紧紧地把“兼相爱”同“交相利”联系在一起，他说：“今若夫兼相爱、交相利，此其有利且易为也，不可胜计也，我以为则无有上说（悦）之者而已矣。……故兼者圣王之道也，王公大人之所以安也，万民衣食之所以足也。故君子莫若审兼而务行之，为人君必惠，为人臣必忠，为人父必慈，为人子必孝，为人兄必友，为人弟必悌。故君子莫若欲为惠君、忠臣、慈父、孝子、友兄、悌弟，当若兼之不可不行也，此圣王之道而万民之大利也。”（《墨子·兼爱下》）他从人与人的利益（“交相利”）关系出发，说明人与人之间建立道德关系（“兼相爱”）的必要性和可行性，没有像宗教家那样把神视为道德的根源。墨家对“人”有新的认识，认为人与动物之间的本质区别就在于人能劳动。动物靠着自己的皮毛就可以御寒，靠着自然界中现成的食物就可以活命；而人却不能这样。人与动物不同，人“赖其力者生，不赖其力者不生”（《墨子·非乐上》）。墨子这种人道观反映了古代劳动人民在生产实践中形成的自我意识，在当时是一个了不起的创见。墨子的这种人道观同蔑视人、压迫人的传统天命观是格格不入的，故而他旗帜鲜明地提出“非命”主张。他指出：“命者，暴王所作，穷人所术（述），非仁者之言也。”（《墨子·非命下》）照墨子看来，传统的天命观不符合“圣王之道”，理当予以清除。墨家把“天”和“命”拆开来看，对于“天”保留形式，但更新其内涵；对于“命”，则坚决否定。墨家的这种批判意识是建立在理性主义的基础之上的，表明他们也以自己的方式达到了哲学意识的自觉。

（三）起步阶段的主要话题

先秦哲学的第一个话题是天人关系问题。哲学家抓住这个问题作为突破口，推导神学的统治地位，对“天”作出理性的解说。儒、道、墨三家都把话题集中到天人关系上，都是要解构那个神学意义上的天，代之以哲学意义上的天；都要把人从神的控制中解放出来，变成一种独立的人格，变成一种理性的存在。天人关系问题既是先秦哲学的主要话题，也是中国哲学的基本问题。

第二个话题是治乱问题。这是一个属于政治哲学领域的话题。先秦哲学并没有选择自然哲学的路，一下子就把天人关系问题引到治乱问题上。先秦哲学家研究天人关系问题，主要还是着眼于人以及由人组成的社会。对于当时社会来说，就是一个如何转乱为治的问题。先秦哲学家普遍认为，他们所处的时代是一个乱世。如何摆脱乱世、走向治世？自然成为他们最为关切的一个非常现实的政治问题。黑格尔说过，哲学就像猫头鹰，只有在夜幕的时候才起飞。中国哲学这只猫头鹰也是在夜幕时候起飞的，即在中国社会的转型时期出现的。哲学家对历史上的政治经验作出理论总结，对未来的、大一统的国家提出构想，纷纷拿出摆脱乱局的方案。道家的方案是“无为而治”，墨家的方案是“尚同”，孔子的方案是“为政以德”，孟子的方案是王道仁政，荀子的方案是王霸并用、礼法双行，法家的方案是霸道法治……各家都申诉自己的理由，驳斥论敌的观点，形成百家争鸣的生动画面。

第三个话题是群己关系问题。这是一个属于人生哲学的话题，也是同前两个话题相关的话题。天人关系中的“人”，隐含着个体与群体关系的问题；治乱问题中的“治”涉及个体与群体的关系如何处理的问题。在先秦哲学中，道家比较重视个体性原则，最典型的说法就是杨朱所说的“不拔一毛以利天下”。道家的主张是：国家对于个人不加干预，人与人之间互不干预，有如鱼“相忘于江湖”。儒家比较重视群体性原则，倡导仁爱之教，主张积极有为，要求用仁德的理念把所有社会成员结成群体，建成统一的国家。当个人利益同群体利益发生冲突的时候，儒家主张个人利益服从群体利益，必须遵循重义轻利的原则。墨家也比较重视群体性原则，但强调个体与群体的兼容性。他们呼吁“兼相爱，交相利”，要求消除纷争，建立和谐社会。“爱”是儒、墨两家的共识，都把“爱”看成人与人之间在精神上的普遍联系，主张以此为纽带建构更大规模的社会。差别在于，儒家的“仁爱”是有差等的爱，墨家的“兼爱”是无差等的爱。法家把群体性原则推向极端，完全无视个体性原则。法家把君王等同群体，把君王同所有个体对立起来，主张实行严刑峻法。各家所见不同，相互辩难，群己关系问题以及由此引申出来的义利关系问题遂成为百家争鸣的焦点之一。

二、展开期：三教并立与话题更新

从公元前202年西汉王朝建立，到960年北宋王朝建立，这一段将近1200年的历史区间，是中国古代哲学的展开期。在这一时期，儒、释、道三大思潮悉数登场，中国哲学全面展开。三教宗旨不同，风格迥异，各自有各自的理论优势。三教相互辩难，相互借鉴，共同展开中国古代哲学的丰富内容。经过近1200年的发展，形成三教并立、各有侧重的格局，通常被概括为以儒治国、以道治身、以佛治心。这种格局也是整个中国古代哲学的格局。本节试图对三教并立局面的形成以及中国哲学的新开展作一些探讨。

（一）语境的变迁

哲学是时代的产物，哲学家只能在他所处时代提供的语境下讲哲学。语境就是人们进行哲学思考的时代环境。由于每一时代的语境不同，哲学的讲法自然也就不同。我们要想了解秦之后中国哲学发展的情形，首先应当从了解语境的变化着眼。在这近1200年的历史区间，语境的变化，可以分为三个时段来把握。前400年，中国大体处在统一状态；中间400年，处在分裂状态，但趋向于统一；从隋唐开始，重新回到大体统一的状态。唐以后，除了朝代更迭之间有短暂的分裂之外，基本上保持着统一状态。

1.汉初的选择

同先秦之前相比，汉初语境的变化，首先是时代的理论需求发生了变化，由“打天下”转到了“平天下”。先秦时期的百家争鸣，最后以法家胜出而宣告终结。法家学说被秦始皇定为治国思想，并且获得付诸实践的机会。秦始皇依据法家的治道理论，扫平六国，统一天下，用实践证明法家学说的合理性。但是，秦王朝二世而亡，同样以实践证明了法家学说存在的弊害所在。在打天下方面，法家学说是有效的，是成功的；可是，在平天下方面，法家学说是无效的，是失败的。汉代秦立，再次统一中国，因而必然吸取秦朝迅速灭亡的教训，到法家之外去寻找理论支持，巩固“大一统”的中央集权制。哲学家必须适应这种维护“大一统”的需要，帮助皇帝找一种足以“平天下”的哲学理论。这就是汉初哲学发展的主要语境。由于处在这种语境中，汉初的哲学家有较强的政治哲学情结。从这个意义上说，汉初哲学是接着法家讲的，不过他们是法家学说的颠覆者，希望克服法家的缺陷，另外建构政治哲学理论体系。

同先秦相比，汉初语境另一个大的变化是：哲学家的独立话语权被剥夺，只能在皇权至上的语境中讲哲学，不能公开发表对皇权不利的言论。形象地说，他们不得不在皇权的笼子里跳舞。在先秦时期，诸侯纷争，没有人可以干预学术探讨，哲学家们可以自由思考，自由争辩，自由地游走于各个诸侯国之间，有良好的发挥思想原创力的语境。到汉代，建立了“大一统”的全国政权，哲学家已经无处可走了。皇帝掌握政权，也掌握管制被统治者思想的权力，不仅实行政治专制主义，也实行文化专制主义。皇权限制哲学家的学术自由，影响了他们思想原创力的发挥。在这种语境中，哲学家不得不傍依天上的神权，傍依地上的皇权，傍依古代的圣贤。他们即便提出原创性的学说，也不敢自我标榜，只能借助“代天立言”或“代圣贤立言”的权威话语形式表达出来。这种语境当然对哲学发展很不利，不过，哲学家仍然可以找到一定的发展空间。由于先秦留下的学术资源比较丰富，学者可以采用不同的方式，表达不同的思想观点。尽管学术受到朝廷的干预，但官员毕竟不是学问家，没有能力完全搞清楚学术问题，没有能力完全消除学派之间的分歧。另外，朝廷对于政治哲学之外的领域，一般不加干预，哲学家可以在这些领域中做文章。佛教引入以后，在一定程度上打破了朝廷对于话语权的垄断，也为哲学发展争取到了一定的发展空间。

由于多年征战，汉朝刚刚建立的时候，国力较弱，不得不采用“与民休息”的政策。与此相应，道家学说便成为学术界所开发利用的主要资源，“黄老之学”一时成为主流话语。这种情况，已从长沙马王堆出土的帛书得到证实。出土的帛书，大都属于“黄老之学”的著作。对于稳定局面，“黄老之学”可以起到理论支撑的作用；可是对于维系“大一统”，则不够得力。“无为而治”的口号，常常成为地方诸侯向皇帝争权甚至造反的口实，形成“尾大不掉”的局面。对于汉朝初年诸侯屡屡作乱的问题，以“黄老之学”为指导，是解决不了的，必须另谋出路，于是，儒家思想越来越引起学术界的关注。到武帝时期，国家的实力有了很大提升，有了励精图治的资本，遂放弃了无为而治的政策，采取一系列措施加强中央集权的力度，削弱诸侯的力量。与此相应，道家思想逐渐失掉主流话语权，儒家思想影响力迅速上升。今文经学大师董仲舒利用“举贤良文学”的机会，向武帝提出建议：“诸不在六艺之科、孔子之术者，皆绝其道，勿使并进。邪辟之说灭息，然后统纪可一，而法度可明，民知所从矣。”（《汉书·董仲舒传》）这个建议迎合了朝廷维系“大一统”的需要，遂被武帝采纳，开始实行“罢黜百家，独尊儒术”文化政策。经学由于受到皇权的支持，逐渐成为一种主导话语。

经学得到皇权的保护，既是好事，也是坏事。由于经学拥有独尊的殊荣，能够借助政权的力量得以推广，至少在“量”的向度上，可以压倒其他各家；然而，经学因此也失去理论深化的可能，在“质”的向度上，并不可能真正战胜其他各家。经学家的霸权话语，只能让人口服，并不能让人心服。学术只有在不同的思想流派碰撞、讨论、交汇的过程中才能发展，一种学说一旦成为霸权话语，肯定要失去发展空间，趋于僵化。这是经学不可避免的宿命。东汉初，经学就遇到社会批判思潮的冲击；而到东汉末年，随着刘氏王朝的覆灭，经学再也“尊”不下去了，于是中国哲学在发展期进入第二阶段。

2.魏晋的转型

汉代经学家讲的儒学，主要是一种政治的哲学，而且是一种权威的话语，强调纲常伦理对于人的规范作用。经学家的权威性，主要不是来自理论的力量，而是来自皇权政治的力量。东汉王朝解体后，皇权失落，经学随之也失去了主导话语权，讲哲学的语境发生了变化。

220年东汉灭亡以后，中国历史发展进入三国、两晋、南北朝时期。在这大约400年的时间里，中国社会处于分裂状态，直到隋唐，中国再次进入统一状态。由于社会处于分裂状态，皇帝在全国范围内不再成为政治主体，人们的话语权不再受到控制，哲学获得了新的发展机会。黑格尔把哲学比喻为猫头鹰，他说，猫头鹰只有在夜幕时分才起飞。所谓“夜幕时分”，是指社会发展处在非正常状态，有了对于哲学的需求。东汉以后，中国社会正处在这样一种“夜幕时分”。在这种语境中，那种“半是哲学，半是神学”的经学遭到了冷遇；那种束缚人们的行为和思想的政治哲学话语，更是令人生厌。于是，当人们重新思考哲学问题的时候，把理论重心由政治哲学论域转到了人生哲学论域。在连年征战、动荡不已的年代，人的身家性命朝不保夕，人们关注人生哲学自然在情理之中。这种理论重心的转移，在魏晋玄学中得到集中的体现。经学家讲政治哲学，可以采用权威主义的讲法，以势压人；而玄学家涉入人生哲学论域，则必须采用自由主义的讲法，以理服人。那时中国处在分裂状态，为玄学家提供了合适的语境，允许他们自由地探索、思考和清谈。魏晋时期同春秋战国时期有些相似，士人有活动空间，可以游走于各国之间。

政治哲学的主题是社会群体的组织、协调和管理，可以在实际世界的范围内来讲；而人生哲学的主题则是个人身心的安顿，在实际世界的范围讲，就不够了。个人的“身”，可以在实际世界中得到安顿；而个人的“心”，却只能在精神世界中得到安顿。经学家讲政治哲学，可以不必论及人的精神世界；玄学家涉入人生哲学，则必须超出实际世界，论及人的精神世界。要想把精神世界搭建，必须找到理论基础，这个基础就是哲学本体论。只有以哲学本体为终极依据，精神世界才可以搭建起来。由于这个缘故，玄学家大都有强烈的本体论诉求。“玄学”之“玄”，就是表示超越实际世界，企慕本体世界、意义世界、精神世界。玄学家把哲学思考指向了本体，就已经有了自觉的本体论意识，并试图寻求到精神的安顿之处。他们眼中的世界，已经有了二重化倾向：一层是“体”，另一层是“用”。可是，由于受到中国固有哲学“一个世界”传统的限制，玄学家虽讲到本体，却无法讲到单独存在的本体界。换句话说，玄学家的话语还被限制在“形而中学”的范围内，尚未到达“形而上学”的高度。他们提出的种种本体论理念，都过于抽象，不能发挥积极的价值导向作用，无法为人提供“安身立命之地”。他们虽然涉入人生哲学论域，却没有把人生哲学讲到位，没有找到精神世界的搭建方式。玄学家的本体论追问，为佛教哲学进入中国学术殿堂铺平了道路。佛教哲学否定了实际世界，讲到超越的真如本体，解决了玄学解决不了的问题。佛教在实际世界之上，搭建了一个纯粹的精神世界，以此作为人生追求的终极价值目标，为人们提供了一种可以选择的终极关怀之所。佛教才把“形而上学”讲到位，比玄学更“玄”。由于佛教哲学拥有这种理论上的优势，故而迅速地把玄学挤到了后排。

3.唐代的定格

隋唐再次统一中国，但直到唐太宗李世民当皇帝，才建立起比较稳固的“大一统”帝国。为了维系“大一统”，唐朝确立了扶植经学的文化政策。贞观四年（630），李世民诏前中书侍郎颜师古考订《周易》《尚书》《毛诗》《礼记》和《左传》等文献，“颁于天下，命学者习焉”[①]。贞观十二年（638），李世民诏国子监祭酒孔颖达与诸儒撰定《五经正义》，于贞观十五年（641）编成。太宗诏令国子监以此为规范教材。此书经多次增损裁定后，于唐高宗永徽四年（653）颁行全国，作为官方的经学课本，高宗诏令“每年明经，依此考试”[②]。李世民在位时就已恢复了科举制度，其以经学取士。当他看到新进士们缀行而出的

①〔后晋〕刘昫等：《儒学上》，《旧唐书》卷一百八十九上，中华书局1975年版，第4941页。

②〔后晋〕刘昫等：《高宗上》，《旧唐书》卷四，第71页。

情形，十分得意，慨叹道："天下英雄入吾彀中矣！"[①]由于皇帝的大力扶植，经学再次取得主导话语权。不过，经学的主导权仅限于政治哲学领域。唐代没有采取"罢黜百家，独尊儒术"的做法，而是允许儒、释、道同时存在，实行三教并用的政策。在传说中，道家的创始人老子叫作李耳，跟李氏皇帝成了同宗，道家和道教自然会受到朝廷的保护。武则天当皇帝时，对讲究男尊女卑的儒学不可能感兴趣，道家和道教同李氏有关系，也不在她的考虑之列，只能选择佛教，实行保护佛教的政策。

在唐代，儒、释、道三教并立，各自皆有优势。在政治哲学领域，经学掌握主导话语权，取得"以儒治国"的荣耀。在宗教哲学领域，佛教掌握主导话语权，取得"以佛治心"的荣耀。道家和道教跨入人生哲学和宗教哲学两个领域，既重视"身"的安顿，也重视"心"的安顿，取得了"以道治身"的荣耀。

（二）文本的整理

哲学家讲哲学，从来都不是"照着讲"的，而是"接着讲"的。尽管有些哲学家自我标榜"回到某某人那里去"，其实不过是借用某某的思想材料讲他自己而已。有本事"接着讲""讲自己"的学者，才配称得上哲学家，才有资格写进哲学史。那些只讲别人不讲自己的学人，可以写进学术史，但不必写入哲学史。不过，哲学家不可能凭空讲哲学，必须依据一定的文本来讲。所以，哲学家进行哲学理论创新，必须从整理文本做起。

1.经学的文本

"经学"之"经"，原指订书的线，泛指一切书籍。"经学"一词见于《汉书·兒宽传》："见上，语经学。上说之。"在汉代，经学特指经汉儒整理而成的儒家典籍。"经"有了"大经大法"的新含义，成为人们必须遵循、不能违背的信条。《释名·释典艺》上说："经，径也，如径路无所不通，可常用也。"[②]相传孔子曾整理古典文献，编定六经，即《诗》《书》《礼》《乐》《易》《春秋》。到汉初，《乐》

①〔五代〕王定保：《唐摭言》卷一，上海古籍出版社1978年版，第3页。
②〔汉〕刘熙：《释名》卷六，中华书局2016年版，第91页。

失传，只剩下五经。汉以后的儒生在五经的基础上，逐渐扩展为七经、九经乃至十三经。

汉儒整理经学，目的在于满足政治的需要。出于他们之手的经书，有些有古典文献依据，有些则没有古典文献依据，是他们托古人之名编写的。在十三经中，《周易》被视为第一经典，放在第一部。第二部是《尚书》，含《今文尚书》和《古文尚书》两种版本。第三部是《诗经》。第四部是《周礼》，第五部是《仪礼》，第六部是《礼记》，合称“三礼”。“三礼”在先秦典籍中得不到印证，在出土文物中也找不到证据，有可能是汉儒编写的。第七部是《春秋左氏传》，第八部是《春秋公羊传》，第九部是《春秋穀梁传》，合称“三传”，都是传述《春秋经》的。第十部是《孝经》，托名孔子，实则为汉儒编写。第十一部是《尔雅》，托名周公，实则是汉儒在前人基础上编写的字典，非出于一时一人之手。第十二部是《论语》，第十三部是《孟子》。

经书大都被立于学官，置于皇权控制的话语系统之中。经学不是可以随便讲的，必须遵循家法传承或师法传承。老师怎么讲，学生也得怎么讲，没有自由思考、自由发挥的空间。讲经学是“代圣贤立言”，只可引证，不必论证。在这个意义上，经学是一种官方化、教条化、权威化的霸权话语，严重束缚人们理性思维的发展。

2.玄学的文本

东汉以后经学的权威被消解了，玄学取而代之。玄学家注重人生哲学，仅用儒家的资源是不够的，遂把目光转向道家。玄学家依据的文本，不再是十三经，改为“三玄”，即《周易》《老子》和《庄子》。“三玄”之中，道家有二，表明玄学家特别重视开发道家的思想资源。在整理道家文献方面，玄学家是有贡献的，通行本《老子》和《庄子》都是经他们整理而流传至今的。“三玄”之中，虽然不包括《论语》，但其实玄学家对该书是非常重视的。对此，何晏著有《论语集解》，王弼著有《论语释疑》。如何对孔学与老学加以比较，也是玄学家经常谈到的话题。实际上，《论语》也是玄学的一种主要文本。

3.佛教的文本

佛教依据的文本，自然是佛经。因为这是一种外来的文本，所以将其翻译成中国人可以读懂、可以接受的中文文本，乃是中国僧人的一项大工程。在中国僧人中，最有名的佛经翻译家有三位。一位是法显（约337—约422）。他西行穿越戈壁滩，到达北、西、中、东天竺；南渡泛海，经狮子国（今斯里兰卡），东渡印度洋，到耶婆提国（在今印度尼西亚的爪哇），游历三十多个国家，带回大量梵文佛经，将其中一部分译成中文。另一位是鸠摩罗什（344—413）。他是西域龟兹国（今新疆库车一带）人，被姚兴迎至长安后主持译经，参与译经者800余人，将大量佛经译成中文。再一位就是玄奘（约600—664）。他西行求法，扬名印度，带回大量佛经，译出大小乘经、论75部，共1335卷。中国僧人翻译佛经，也是一种再创造的过程，其中不可避免地存在着“误读”；而这种“误读”恰恰是一种另类的创新，表明中国僧人对佛教的独到理解。

中国僧人对于佛经也不是“照着讲”的，而是“接着讲”的，并且讲出了中国特色。中国化的佛教哲学已经成为中国哲学的一个组成部分。讲中国化的佛教哲学，仅仅依靠译本是不够的，必须有中国僧人编写的佛教文本。其中最具有代表性的就是由慧能口述，其弟子集录的《坛经》，大讲中国式的“佛性本觉”，而不讲印度式的“佛性本净”。

佛教学者把所有能搜集的经、律、论编成一部庞大的丛书，叫作“佛藏”，试图囊括佛教的全部文本。

4.道教的文本

当佛教哲学在中国学术殿堂占据一席之地以后，也刺激了中国本土宗教哲学的发展，出现了道教哲学。道士利用道家和佛教两种资源，综合创新，取得新的理论成果，这个成果就是道教哲学。道教有别于道家的地方是，建立了宗教组织，有了宗教仪式和神职人员，确立了人、仙两界的世界图式。不过，道教的文本还是来自道家。在道教的文本中，《老子》改称《道德真经》，《庄子》改称《南华真经》。为了同佛教抗衡，道教也编纂了“道藏”，称为“三洞四辅”。洞真、洞玄、洞神为“三洞”；太清、太平、太玄、正一为“四辅”。道教的文本大多都收录在“道藏”之中。

（三）话题的更新

在中国哲学的展开期，天人关系问题依然是基本问题。不过，哲学家提问题的方式和回答问题的方式，有了新的特点。由天与人关系问题，引申出体与用关系问题，再引申出此岸与彼岸的关系问题。

1.天人关系

在先秦时期，哲学家解构传统天命观中“天”主宰一切的观念，把人从天的控制中解放出来，变成了主动的、自主的人。在先秦哲学家的视野中，已经取消了人上之天。他们讲天人合一，并不是主张与主宰之天合一，而是与应然的“天道”合一，目的在于更合理地做人。显然，在他们天人合一的诉求中，“人”为重心。

到汉代，经学家们为了维系“大一统”，变更了先秦哲学家的理论诉求，把重心由“人”转向了“天”。经学家把天人关系问题变成了这样一个问题：人之上是否还有一个主宰之天作为“大一统”的担保者？人跟主宰之天的关系如何？出于政治哲学的考量，他们重新建构了主宰之天，强调天在人之上。例如，董仲舒认为，天是人的“曾祖父”，比人高几辈；天与人有相同的构造，可以相互感应。“天”不仅仅是伦理的担保者，也是皇权的担保者。皇帝作为“天子”，同天一起统治万民。经学家这样处理天人关系，再次把人视为被动的人，视为天的附庸。这种天人学说，是一种半哲学半神学的理论。

批判哲学家王充否定了经学家“天在人上”的观念，提出一种新的看法，强调“天在人外”，不认为天是人的主宰者。在他看来，天与人同为自然存在，不能构成相互感应的关系。批判哲学家与经学家的观点相对立，但他们的哲学思维方式却是一样的，都强调天人两界：前者把天置于人之外；后者置于人之上。他们不再从人事论的视角考察天人关系，改由宇宙论的视角考察天人关系。

2.体用关系

到魏晋时期，玄学思潮兴起。玄学家突破了汉代人天人两界的宇宙论观念，把两界合成一个有机的整体。在天人关系问题上，他们不再选择宇宙论的视角，而转向本体论视角。与此相关，他们也改变了关于哲学基本问题的提法，由天人关系问题引申出体用关系问题。“体”的观念的提出，是玄学家的一大重要发现，标志着他们已达到了本体论意识的自觉。

所谓“体”，是指天人之所以能够构成整体的终极依据，“体”把天与人联系在一起。在经学家的宇宙论视野中，天与人是两类不同的存在，尽管可以讲“天人合一”，但只能讲到外在的合一。在这种外在的合一过程中，主宰之天是目的，而人是手段；天人合一就是把人“合”到主宰之天那里去。在玄学家的本体论视野中，天与人同为一个整体的组成部分，二者合一，不建立在外在关系上，而建立在内在关系上。天不再是目的，人也不是手段。经学家所说的“主宰之天”，是一种半神学半哲学的讲法，而玄学家说的“体”才是哲学的讲法。“体”是玄学家最高的哲学理念，他们用这个理念解释宇宙，也试图用这个理念安顿人的精神生活。至于何为“体”，玄学家的看法并不一致，有人主张贵无论，有人主张崇有论，有人主张独化论，但他们的本体论思考方式则是一致的。

由于选择了本体论视角，玄学家把以往的天人合一的诉求，变为体用一致的诉求。所谓“用”，是一个含义复杂的中国哲学范畴，不能完全等同于西方哲学所说的“现象”。在西方哲学中，“现象”是哲学家解释世界时使用的哲学范畴，而在中国哲学中，“用”固然不排除解释世界的意思，但主要是用来解释人生的，是一个与人生有关的哲学范畴。“用”不完全是事实判断，同时也是价值判断，即对人有用。在“用”中，隐含着作为“用者”的人；只有对人才谈得上“用”，对于物来说，无所谓“用”。“体”对应着“天”，“用”对应着“人”。体用关系问题同天人关系问题是一致的，可以说是天人关系问题更为抽象的哲学表述。在玄学中，“用”是表示人生态度以及人生实践的哲学范畴，就是把“体”用到人生实践，帮助人养成一种应然的人生态度。“体”既要指导人的实际生活，也要指导人的精神生活，并且主要是后者。玄学家讲的本体论，既有存在的意涵，也有价值的意涵。在玄学家的价值取向上，人的精神生活比人的实际生活更重要。从这种倾向中，引导出此岸与彼岸的关系问题。

3.此岸彼岸关系

体用关系问题是一个人生哲学的话题，而此岸彼岸关系问题则是一个宗教哲学的话题。在宗教哲学中，“此岸”是指人的生活世界，与中国固有哲学中“人”的意思相近；“彼岸”是指超越于人的生活世界之上的精神世界，与中国固有哲学中“天”的意思相近。在人生哲学中，天与人构成合一的关系，而在宗教哲学中，两个世界形成鲜明的对立。人生哲学是“一个世界”的讲法，而宗教哲学是“两个世界”的讲法。

玄学家都不同程度地看到本体的超越性，但都没有否认实际世界的真实性，都没有把本体看成现象之外的单独存在的本体界。严格地说，他们各自标榜的本体，不过是抽象的本体，还不是超越的本体。他们的本体论思考，仍然限制在中国固有哲学的框架之内，因而他们无法对本体超越性作出充分的说明，无法在实际世界之上，搭建出一个纯粹的、彼岸的精神世界，因而无法满足人们对超越本体的精神追求，无法帮助人们选择终极的、永恒的价值目标。这时，来自印度的佛学吸引了学者的目光。佛教般若学以思辨的方式论证本体的超越性，其理论深度超过了玄学。佛教与中国固有哲学的思路有明显的区别。在中国固有哲学中，无论哪一派，都首先肯定世界万物的现实性和真实性，肯定人生的价值，然后再对这种现实性和真实性作出哲学解释，提出自己的宇宙论和本体论。佛教与此不同，它首先否定世界万物的真实性，否定人生的价值，径直指向超越的本体，指向彼岸世界。佛教所说的彼岸世界，其实就是指精神世界、意义世界或价值世界。

佛教哲学的超越本体论思想的引入，扩大了中国哲学的视野，有利于中国哲学的发展，但并不能改变中国哲学家认同“一个世界”的传统思路。于是，此岸彼岸的关系问题便成为佛教哲学家和世俗哲学家共同关注的主要问题之一。早期的佛教哲学家比较强调此岸与彼岸的对立，而后来的佛教哲学家则比较强调此岸与彼岸的统一，越来越靠近“一个世界”的固有哲学传统。世俗哲学家则经过深入的思考以及同宗教哲学家的对话，终于把两个世界合成一个世界，告别宗教哲学，重新返回人生哲学，促使中国哲学进入高峰期。

三、高峰期：宋明理学的新话题

从960年北宋赵氏王朝建立到1840年鸦片战争为止，这大约900年的历史区间为中国古代哲学发展的高峰期。在这一时期，儒、释、道三家尽管存在事实上的并立，但不再构成三足鼎立的态势。在学理方面，释、道两家基本陷入停滞状态，没有取得新的进展；唯有儒家保持着发展的活力。宋代以后，儒者充分利用三教的思想资源，实现综合创新，创立了儒学的新形态——宋明理学。宋明理学不是高峰期唯一的思潮，但掌控主流话语。宋明理学行世，可以说是这一时期的基本特征。《宋史》里有《道学列传》，因而宋明理学也可以称为宋明道学。不过，称其为宋明道学，容易同道家之学相混，且不能反映出这一时期价值本体论思考的特征，故笔者不采用这种称谓。“道”有“过程”的意思，从先秦以来就广泛使用，并不是理学特有的范畴。“理”突出了“本体”的意思，才是理学家们使用得最多的核心范畴，故“宋明理学”的称谓比“宋明道学”的称谓更为贴切。

（一）新的语境

以宋代建立为转折点，中国古代社会发展进入后期。这时，以汉族为主体的赵宋王朝，开国伊始就走下坡路。在宋代以前，每个大一统的王朝建立之后，通常会有一种开国气象，如汉代的文景之治、唐代的贞观之治，可是，赵宋王朝却没有这样的开国气象。960年，宋太祖赵匡胤发动“陈桥兵变”，从后周柴氏手中夺取政权，登上了皇帝宝座。开国之后，他吸取了唐代藩镇割据的教训，加强了中央集权制度，尤其是加强了对兵权的控制。961年，赵匡胤安排酒宴，召集禁军将领石守信、王审琦等人饮酒，夺取了他们的兵权；969年，又召集节度使王彦超等人饮酒，解除了他们的藩镇兵权，史称“杯酒释兵权”。后来的皇帝沿袭了宋太祖的做法，不信任武将，严格控制兵权，甚至故意弄得官兵互不相识。这种做法，固然收到了防止军人政变的效果，但也极大地削弱了军队的战斗力。当赵宋王朝走下坡路时，北方少数民族却相继崛起。

中国古代社会后期是中华民族逐渐走向定型的时期。在历史舞台上，汉族不再是唯一的主角，少数民族有时也扮演主角。中国古代社会后期出现的宋、元、明、清四个主要王朝中，元朝是蒙古族建立的，清朝是满族建立的。宋朝其实称不上全国性政权。北宋的版图大约占中国版图的三分之一，南宋的版图大约仅为五分之一。在北宋建立之前，契丹人耶律阿保机就建立了强大的契丹国，后改为辽朝；在北宋成立以后，女真人完颜阿骨打建立了金王朝，党项人元昊建立了西夏王朝。在宋、辽、金、西夏相互对抗的过程中，北宋在军事上不占优势，在1127年被金朝所灭。赵构逃到临安（今杭州），建立南宋王朝，偏安一隅，无力收复失地。后来蒙古人崛起，扫平西夏、金、大理、南宋，才建立起全国性的大帝国——元朝。1368年，朱元璋推翻元朝，建立明王朝。1644年清军入关，取代明朝。

对于多元一体的中华民族来说，需要有一种文化共识作为精神纽带，把所有成员凝聚起来。这样的文化共识，必须有广泛的可接受度。在儒、释、道三种文化资源中，佛教和道教属于宗教文化形态，只对宗教徒有可接受度，而对于非教徒则没有可接受度。大多数中国人并不是宗教徒，因而佛道二教不可能在中国扮演文化共识的角色。在三教之中，只有儒家具有广泛的可接受度，因为它是一种非宗教的文化形态。

文化共识是一种精神现象。可是，经学形态的儒学，主要是一种政治哲学，而不是人生哲学。这样的儒学在政治生活中占有明显的优势，而在精神生活领域却不占优势。它可以发挥“以儒治国”的功能，却难以收到“治心”和“治身”的功效，因而在精神生活领域中，经学无法同佛道二教抗衡。如果不改变这种情形，儒学便不能成为全民族的文化共识。如何在政治哲学的基础上，进一步从儒学中讲出人生哲学，使之兼有治国、治心、治身的功能，为全民族提供必不可少的文化共识？这是历史给理学家提出的重大课题。在社会形态、政治体制没有发生根本性变化的情况下，理学家在政治哲学领域不可能取得理论创新。那么，把儒学的发展空间拓展到人生哲学领域，才是他们可能的选择。

在宋明理学出现之前，中国佛教哲学的讲法，已经不完全是印度佛教那种真俗二谛对立的讲法，而是回到了中国天人合一的轨道。在华严宗和禅宗那里，此岸世界与彼岸世界之间的界限已经变得模糊了。他们的价值取向已不是印度式的外在超越，而是中国式的内在超越了。道教的内丹学尽管还保留宗教哲学的形式，在内容上则越来越靠近人生哲学了。佛道二教这种变化，为宋明理学的产生提供了合适的语境。在这种语境中，宋明理学家“出入于佛老”，吸取二教的哲学理论思维成果，援二教入儒，得心应手地把儒学从一种政治制度的论证方式，讲成精神生活的安顿方式。

宋明理学之所以发端于宋代，还有一个原因，就是宋代的学术环境比较宽松。身为武将的赵匡胤建立宋朝以后，对武将控制很严，剥夺了他们的兵权，对文人反倒比较客气。他立下不杀文官大臣的规矩，宋朝后来的皇帝基本沿袭了这种做法。在宋代，文人有一定的讲学自由和著书立说的自由，允许个人办书院授徒，没有人因为言论不当而被杀头。而在文人中间，政见不同也可能发生纷争，但只要把对手赶下台就罢手，并不置对手于死地。宋代的教育事业比较发达，办了许许多多的书院，为宋明理学的发展创造了良好的条件。宋明理学创立于宋代，但在元朝依旧得到了弘扬的机会，没有因朝代更迭而中断。元朝初建，涌现出两位有名的理学家，为推广程朱理学作出了很大贡献。一位名叫刘因，他没有到朝廷做官，但以自己的人格魅力，扩大了理学在民间的影响。另一位名叫许衡，他则做了元朝的官，建议忽必烈推行汉化政策，按照儒家的一套理念治理国家、建立共识。由于许衡在元朝为理学“承流宣化”，被明代儒者誉为“朱子之后一人”。他大力弘扬理学，使之在元朝不坠。他去世以后，儒生们对他歌颂备至，元廷封他为魏国公，谥文正，从祀孔庙。到明代，陆王心学有了长足的发展。清代以后，正统理学受到一些学者的批评，而非正统理学则得到长足的发展。总的来看，宋明理学作为一种儒学的新形态，涵盖中国古代社会后期的全过程。“宋明理学”并不限于宋明两代，其实是对宋、元、明、清四个朝代哲学主流话语的称谓。以理学行世为标志，中国古代哲学的发展进入高峰期。

（二）文本以及讲法的转换

宋明理学家讲儒学的话语，已由政治哲学转向人生哲学，他们不能完全沿用经学的文本，必须选编一套适合讲人生哲学的文本。这套文本就是从“十三经”中编选出来的“四书”，即《论语》《孟子》《大学》和《中庸》。《大学》和《中庸》皆为《礼记》中的一篇文章，被理学家突出出来，单独列为“书”，并加以权威化。《大学》被说成是曾参所作，称之为“初学入德之门”；《中庸》被说成是孔子的孙子子思所作，视之为讲儒家本体论的范本。“四书”与“五经”虽然都属于儒家经典，但由于编纂方式不同，体现出编纂者不同的意向。编纂“五经”，更多着眼于文献性；而编纂“四书”，则更多着眼于思想性。同“五经”相比，“四书”文本简洁，只有几万字，便于阅读，也便于作义理发挥。除了“四书”之外，《易经》和《易传》也是理学家所依据的主要经典文本，许多理学家都有易学方面的专著。

尽管理学家总是标榜“代圣贤立言”，但其实他们已经改变了关于儒家经典的讲法。汉代的经学家关于儒家经典的讲法，是一种权威主义的政治哲学讲法，往往自命为“代天立言”。他们的讲法是一种繁琐的讲法，常常把经书上的一句话，讲出数万言。他们的讲法是一种拘谨的讲法，后学必须恪守家法或师法，不许自己发挥。他们的讲法甚至是一种神秘主义的讲法，有些经学家似乎并不想让人听得明白，故意使用一些令人费解的语句。对于儒家经典文本，他们往往只作引证，并不作论证；只作章句上的训诂，并不作义理上的诠释。而到了宋代，理学家讲人生哲学，不能再沿用经学家的讲法，必须找到一种新的讲法。这种讲法就是义理诠释。对于儒家经典，理学家不再拘泥于章句，而是演绎其中的义理，重新建构儒学思想体系。例如，对于《易》，经学家特别重视象数；而理学家则只重视义理，并不像经学家那样看重象数。有的理学家则直接举起理性主义的旗帜，发出“不以孔子之是非为是非”的呼声。总的来看，理学家已经放弃了权威主义，转向了理性主义。尽管在有些理学家的身上，存在着“束书不观，游谈无根”的弊端，但不能否认，理学家注重义理在哲学发展史上是一种进步。

（三）新的话题

天人关系问题作为中国哲学的基本问题，在不同时期可以有不同的把握方式。在展开期，玄学家热衷于探讨体（天）用（人）关系问题，中国佛教哲学和道教哲学热衷于探讨彼岸（天）与此岸（人）的关系问题。进入高峰期后，理事关系问题成为核心话题。“理”对应着“天”，“事”对应着“人”。

理学家提出理事关系问题，乃是对玄学家所重视的体用关系问题的深化。在玄学中，“体”仅对应着“天”，是一个关于存在的本体论范畴，玄学家提出“无”“有”“独化”等本体论理念，都努力为存在寻找终极依据。可是这种存在意义上的本体，并不能为价值安顿提供终极依据，因为没有为人指出一个终极追求的目标。“用”对应着“人”，指属于人的现实世界，其中包括名教，包括儒家倡导的伦理规范。大多数玄学家对名教表示认同，可是，他们仅把名教置于“用”的层面，没有对名教作出本体论证明。他们不在儒学中寻找“体”，而是到儒学之外，到道家的自然学说中为名教找“体”。至于道家式的“体”，如何转化为儒家式的“用”，玄学家并没有解决这个问题。玄学家讲的本体论学说，并不能真正成为儒家伦理的理论支撑。他们的本体论学说过于抽象，也不能为人生提供价值担保，不能帮助人们搭建精神世界，不能指导人们安顿终极价值。在大多数人的精神生活中，玄学没能掌控主流话语权，不得不让位于佛教。

为了对儒家伦理作出本体论证明，理学家把体用关系问题转换为理事关系问题。同“用”相比，“事”更贴近人的生活世界。凡是人所参与的活动，都可称为“事”。恪守纲常伦理规范当然属于“事”的范围，不过兹事体大，因为它就是“理”的直接体现。这样，理学家便从“事”出发，导引出“理”这一本体论观念。同玄学家所说的“体”相比，“理”不再是抽象的本体，因为它同恪守儒家伦理的道德实践结合在一起，有具体的内容。“理”有“应该”的意思，既可以作为关于存在的本体论范畴，也可以作为关于价值的本体论范畴，比抽象的“体”

有更广泛的解释力。理学家也不拒斥“体”，特别强调体用的一致性，用他们的话说，叫作“体用一源，显微无间”，不过，他们更愿意使用“理”作为本体论范畴。“理”属于“微”的本体层面，“事”属于“显”的现实层面，但二者不是对立的关系，而是统一的关系。人们在恪守儒家伦理的道德实践中，就可以获得对于“理”的本体论体验，不必再像玄学家那样，另外到山林中寻求本体论体验。在理学家那里，“理”主要是一个价值本体论范畴。“理”有“理所当然”的意思，可以为人们搭建精神世界提供必要的逻辑支点，帮助人们找到“安身立命之地”。一旦树立了“理”的本体论理念，就可以“心安理得”，就可以得到终极价值的安顿。通过对理事关系的本体论考察，理学家把恪守纲常伦理的道德实践，提升到了精神生活的高度，为儒家思想体系找到了本体论依据。

理学家提出理事关系问题，也是对佛道二教重视的彼岸与此岸关系问题的转化。华严宗运用中国哲学的思维方式，已经把彼岸与此岸合为一个整体了，形成“一即一切”的观念。那么，何谓“一”呢？佛教可以有自己的答案，理学家也可以有自己的答案。佛教的答案是“空”，而理学家的答案则是“理”。从中国哲学的发展轨迹看，理学家“理”的本体论观念，是从华严宗“一”的观念中转出来的。他们吸收华严宗的理论思维成果，找到了讲儒家本体论的话语方式。

通过研讨理事关系问题，理学家在精神生活领域中，用哲学理念取代宗教信条，改变了宗教占主导地位的情形。理学家对佛教超越本体论作出有力回应，提出儒家的精神超越路径，也就是内在超越的路径。华严宗尽管没有否定“事法界”的存在，但否定了“事法界”的价值，否定了此岸世界的价值，由此形成出世主义的价值导向。理学家吸收华严宗的理论思维成果，再前进一步，用“理”的确定性，肯定此岸世界的真实性。华严宗的视野中，此岸世界是虚假的，“无常”可循；而在理学家的视野中，此岸世界是真实的，有“理”（“常”）可循。理学家已经由宗教哲学论域，转到了人生哲学论域；由出世主义转到了入世主义，由虚无主义转到了现实主义或理想主义。他们立足于儒家立场，对佛教的超越本体论作出有力的回应。理学家所建构的“理”本体论，足以同佛教的“空”本体论相抗衡。

佛教的“空”本体论是对现实世界的否定，强调此岸世界与彼岸世界的对立，所表达的是一种宗教世界观；而理学家的“理”本体论，肯定现实世界的真实性，取消了彼岸世界，重申了“一个世界”的原则，所表达的是一种哲学世界观。理学家既肯定理与事的真实性和一致性，又强调二者之间的差异性。“理”属于“形而上”的层面，具有理想性、超越性，人们可以此为根据，搭建价值的世界或意义的世界，设立终极的价值目标，追求完美的理想人格，化解不良情绪，净化心灵空间，找到一种精神生活方式。“理”是衡量人生价值的尺度，只有正价值，没有负价值。“事”属于“形而下”的层面，表现为人们的生活世界，具有现实性、内在性。“事”既有正价值，也有负价值。“事”符合“理”，有正价值，叫作“存天理”。“事”不符合“理”，只有负价值，被理学家称为“人欲”。“人欲”妨碍人们以“理”为价值追求的目标，是应当灭掉的消极因素。就这样，理学家以理想主义为价值导向，为人们提供了一种内在超越的精神安顿方式。这种方式有同佛教类似的安慰功能，有助于人们养成宁静、平和的心态，获得真诚、高尚的价值感。这种方式还有佛教所不具备的激励功能，鼓励人们自觉地接受“理”的约束，提升责任感和使命感，养成担当意识。“理”既可以“安身”，亦可以“立命”，却不陷入虚无主义的误区，十分切合中国人的精神生活需要。

从宋代开始，理事关系问题成为一个新的核心话题，但不是唯一的话题。这个话题展开来，引导出理气关系、理心关系、理欲关系、理物关系、心物关系、道器关系、义利关系、两一关系、知行关系等一系列哲学问题。哲学家们对这些问题的看法并不一致，他们发挥思想原创力，著书立说，相互辩难，相互启发，解构宗教哲学，建构人生哲学，把中国哲学发展推向高峰。

（四）发展历程与派系分殊

建构宋明理学这样一种新的儒学形态，乃是一项宏大的理论建设工程，绝不是一个人就能做到的，许多哲学家都曾为此付出心血。宋明理学走过的发展历程，贯穿宋、元、明、清四个朝代，大体可以概括为以下五个小阶段。

1.北宋五子初创理学

在宋明理学草创阶段，周敦颐、邵雍、张载、程颢、程颐都作出了理论贡献，在学术史上称他们为“北宋五子”。他们试图改变儒学中本体论缺位的情形，提出各种本体论理念。周敦颐从道士陈抟的《无极图》得到启发，提出的本体论理念是“无极—太极”。邵雍从陈抟的《先天图》得到启发，提出的本体论理念是“太极”。张载从道教“太虚”的观念中受到启发，提出“太虚即气”的本体论学说。二程兄弟从儒家的礼教中，体贴出“天理”，以此为最高范畴，提出价值本体论学说，为纲常伦理规范找到了形而上的理论依据。

在“北宋五子”中，周敦颐和二程的贡献更大。周敦颐首先开启儒家本体论思路，被视为“理学宗祖”；二程提出的“天理”观念，被大多数理学家所接受，成为理学的核心范畴，因而是正统理学当之无愧的奠基者。

2.朱熹集正统理学之大成

到南宋时期，理学在理论上更加成熟，出现了正统理学集大成者朱熹。他在二程以“天理”为核心范畴的基础上，吸收张载“元气”观念，综合周敦颐的“无极—太极”说和邵雍的“太极”说，建立了一个庞大的理学体系。在这个体系中，价值本体论和存在本体论合二为一。他用毕生精力编纂的《四书集注》，后来成为科举取士的依据。在中国古代社会后期，朱熹是社会影响力最大的理学家。

3.陆九渊转向心学

为了突出“理”的本体论地位，朱熹将其置于万有之上，描述为自在之物。可是，理作为自在之物，如何转化成为我之物？对于朱熹来说，显然是个难题。朱熹强调了“理”的超越性，却忽略了“理”的内在性。与朱熹同时代的陆九渊觉察到了这个问题，不再突显“理”的超越性，转而强调“理”的内在性，提出“心即理”学说，在宋明理学中开启了心学方向。陆学与朱学尽管有分歧，但属于正统理学内部的分歧。他们都认同“理”为本体，只是对“理”在天上还是在心中，看法有所不同。

4.王阳明宣告正统理学终结

朱熹注重本体的超越性，陆九渊注重工夫的内在性，明代的王阳明则把这两个方面统一起来，构筑了更为精致的“道德形上学”体系。他是最后一位正统理学大师，宣告了正统理学发展历程的终结。王阳明去世后，在古代社会中当然还有人讲正统理学，不过，基本都是“照着讲”，再也没有出现有能力“接着讲”的人物了。

5.清初非正统理学的余波

正统理学家有较强的哲学意识，但文化意识比较淡薄；他们注意发扬儒学的理性主义精神，却忽略儒学的历史主义精神；他们注重发挥儒家内圣学，却忽略儒家的外王学。正统理学的局限之处，正好构成清初朴学的生长点。对于正统理学来说，清初朴学无疑是一种反弹，大多数朴学家都对正统理学提出尖锐的批评；对于非正统理学来说，朴学思潮则是继承和发展。从这个意义上说，朴学思潮仍为宋明理学的余波。在朴学家当中，在哲学方面贡献最大的，当数王夫之。他是接着张载的气学讲的，并且比张载讲得更深刻，使气学理论臻于完备。

朴学家的哲学理论视野比正统理学家更开阔。他们认为，人不能只沉湎于理想的精神世界，更要正视现实的生活世界；哲学不能仅仅关注主观世界，更要关注客观世界；只讲“穷理尽性”是不够的，还得讲“经世致用”；只讲人生哲学是不够的，还得讲实践哲学。由于中国古代社会的性质没有变，朴学家的讲法，不可能成为主流话语。在某些方面，朴学的理论深度超过了正统理学，但并没有改变正统理学占主导地位的情形，正统理学仍旧是主流话语。清代涌现出张履祥、陆世仪、陆陇其、熊赐履、汤斌、李光地等一批理学名家或名臣，甚至皇帝亲自出面扶植理学，诏令编纂《朱子大全》，科举考试也依旧从《四书集注》中出题。

宋明理学是中国古代哲学发展高峰期的主流话语，但并不是一个严格的学派。许多研究者喜欢把宋明理学划分为若干个派别，不过，倘若只着眼于“分”，恐怕有无见于“合”之嫌。其实，各派之间的差异，不过是大同小异而已，并不构成截然对立的关系。造成各派差异的原因，固然有观点不同的原因，但主要还是侧重点不同使然。由于侧重点不同，各派的差异，恰恰构成互补关系。宏观地看，宋明理学大体上可以分为正统派和非正统派两大系列。正统理学一系以“理”为本体论范畴，涵盖程朱理学和陆王心学。非正统理学一系以“气”为本体论范畴。总括起来，宋明理学的主要派系，可以归纳为以下三种类型。

一是程朱理学，由北宋程颢、程颐兄弟发其端，南宋朱熹集大成。这一派的最大贡献在于提出“天理”观念，对释、道二教的本体论作出有力的回应，把超越的本体转化为本根本体，建立了儒家的本体论学说，为儒家的道德理想主义奠立了哲学基础。他们突破了经学家用政治哲学话语讲儒学的方式，采用人生哲学话语讲儒学。朱熹则沿袭儒家以人为本的传统，讲哲学仍以人为主要话题。他所讲的人，不仅仅是政治哲学意义上的规规矩矩的人，还是本体论意义上的明明白白的人。他把儒家的世界观讲到了高峰，也把儒家的超越性诉求讲透了。

二是陆王心学，由南宋陆九渊发其端，明代王阳明集大成。这一派的贡献在于：把释、道二教的超越本体转化为内在本体，提出“心”或“良知”的观念，把本体和主体统一起来了。他们强调道德实践的自觉性，有力地凸显出儒家哲学的内在性品格；成功地将禅宗的佛性修养理论，改造为儒家的心性修养理论。王阳明把儒家人生观讲到了高峰，把儒家的内在性诉求讲透了。在人学方面，他既主张明明白白地做人，更主张堂堂正正地做人。经过王阳明的阐发，儒学不仅能发挥“治国平天下”的政治哲学功能，而且能发挥“安身立命”的人生哲学功能，为普通民众提供了一种精神生活方式。在王学的推动下，儒学不再是文化精英的专利，逐渐演变为一种大众文化。儒学终于走出了庙堂，走向了民间。明代后期，心学盛行一时，对于纠正程朱理学的僵化倾向、促进思想解放，也发挥了一定的积极作用。

三是张王气学，由北宋张载发其端，明清之际王夫之集大成。他们继承中国传统哲学有关“气”的思想，以“气”为最高范畴建立存在本体论学说，把事物之间的普遍联系建立在物质基础上。他们比正统理学更为彻底地扬弃了佛教哲学，重新恢复了唯物主义的权威，并且力求把唯物主义同辩证法结合起来。气学一派没有把理论重心放在人生哲学方面，不太重视精神生活的安顿；而是放在实践哲学方面，比较重视对现实生活的应对。王夫之把儒家实践观讲到了高峰，把经世致用的诉求讲透了。在整个宋明理学思潮中，气学一派虽不占正统地位，但有独特的理论贡献，并且同朴学思潮相衔接。气学派和朴学家有共同的诉求，他们不反对明明白白地做人，也不反对堂堂正正地做人，但更看重的是轰轰烈烈地做事。

丙　奠基期个案篇

《奠基期个案篇》共七章。展开论述中国哲学奠基期主要思想家的概况，以展示先秦时期百家争鸣的景象。《老子：天道学进路》指出，老子的话题之一是如何以道释物？话题之二是如何以道看人？话题之三是如何以道治世？老子拉开天人之辨中“天”这道门，成为中国哲学的奠基人之一。《庄子：道的本根性》话题之一强调道与物同在，话题之二是把道与价值取向联系在一起。话题之三主张以道应世，不认同儒家的群体性理论，倡导个体性原则。《孔子：人道学进路》绍述孔子的哲学话题。话题之一是从道家的天道学转向儒家的人道学，拉开天人之辨中“人”这道门，与老子同为中国哲学奠基人。话题之二是摆脱道家的“无知之行”，转向儒家的“有知之行”，开启了关于认识论的新视角。话题之三是提出儒家人道学的基本框架、基本内涵。人道学的出发点是“礼”，归结点是“仁”，在人生中具有最高价值。话题之四是提出中庸之道，既视其为理想人格，又视其为辩证方法。话题之五是建构理想社会图景，憧憬“大同之世”。《孟子：从人性善到求放心》以战国中期儒家大师孟子为研究对象。他发展了孔子的仁学，提出人性善理论，对儒家人性学说作出深刻论证。依据人性善理论，进一步倡导仁政学说，提出儒家的政治哲学。他把“求放心”当作实现人性善的方法，把政治诉求同伦理诉求紧密结合在一起。《荀子：明于天人之分》以战国末另一位儒家大师荀子为研究对象。他发展了孔子的礼学，反对把伦理学同政治学混为一谈，主张“以礼治国”。施行教化只是治国的辅助手段，治国必须兼用礼法两手。抹去涂在“天”上的伦理色彩，还原“天”的自然本色。《墨子：人天学进路》以墨家为研究对象。墨子认识到人以劳动为本质，带有庶民色彩。认为人际关系应当以“兼爱”为基础，反对以“别”为基础，维护群体性原则。他视“天”为人格担保，大力倡导义理之天。他开启知识论话题，对逻辑学发展有独特贡献。《韩非：建构治道学》以法家集大成者韩非为研究对象。他的话题之一是以理解道；话题之二是强调人际关系的现实性；话题之三是建构治道学，主张法、术、势并重。

一、老子：天道学进路

老子的哲学思考，围绕着天人关系这一中国哲学的基本问题展开。天人关系问题包含两个基本点，一个是“天”，另一个是“人”。老子作为中国哲学史上占据重要地位的哲学家，首先论及的话题是“天”，其次才是“人”。开启天道学，可以说是老子哲学思想的一个特色，也可以说是老子对于中国哲学最主要的理论贡献。荀子在《解蔽》篇中，批评老子的后继者庄子“蔽于天而不知人”，其中固然有儒家的门户之见，但其指出老子哲学以天道学为中心，的确符合老子的思想实际。老子当然不是只谈天道而不谈人道，只是说在他那里，人道学从属于天道学。他把天道学视为第一哲学，而将人道学视为第二哲学。总体来看，老子哲学思想围绕以下三个话题展开。

话题一：以道释物

我们说老子是一位哲学家，而不是宗教家，最重要的理由是他把世界当成理性解释的对象，并且提出一套“关于世界观的学问”。任何一位哲学家要想对世界作出理性的解释，必须找到一个总体性的哲学理念，老子也不例外。老子找到的总体性哲学理念，就是“天道”（或称大道、常道），简称为“道”。在老子哲学中，核心范畴是道，整个哲学思考以道为出发点和落脚点。他依据道看待万物、看待人生、看待社会。道家之所以称其为道家，就是因为这个学派以老子提出的“道”为核心范畴。

老子哲学的第一话题，就是从“道”这一哲学理念出发，综论万物，阐述道与万物之间的关系。老子所说的“万物”，同后来哲学家常说的“宇宙”，是一个意思，都是对世界总体的称谓。所谓“宇宙”，是对世界在时间的无限性和空间的无限性上的总称，老子所说的“万物”，也是这个意思。这里的“万”，不是数词，而是指事物的多样性。这种多样性在时间上是无限的，在空间上也是无限的。老子的基本论点是万物发端于道，亦归结于道。展开来说，道与宇宙万物构成两重关系：从发生学的角度看，道是宇宙万物的源头、始基，道生万物；从本体论的角度看，道与宇宙万物同在，道就在万物之中，构成万物存在的终极依据。

老子“以道释物”，第一层意思是说：道生万物。在宇宙发生论的意义上，道是宇宙的本原，万物皆发端于道。“有物混成，先天地生。寂兮寥兮，独立而不改，周行而不殆。可以为天地母”（《老子》第二十五章），“道冲，而用之或不盈；渊兮，似万物之宗”（《老子》第四章）。老子认为，道是宇宙万物的逻辑起点，万物皆从道发生出来。值得注意的是，老子所说的“生”，并不是“创生”之生，而是“发生”之生，意思是说，万物皆由道自然而然地发生出来。老子讲的不是创世论，没有把道说成是世界的创造者。创世说是基督教的概念，说上帝创造了世界。许多人常常把老子“道生万物”中的“生”解释为“创生”或“派生”，其实是误解了老子的意思。老子说的“生”，既不是派生，也不是创生，而是发生。所谓“发生”，就是由潜在变成显在或者从无形到有形的意思。

老子之所以说道是在万物之先、在万物之上，目的在于把抽象意义上的道同具体意义上的万物区别开来，强调道不是万物中之一物。他不想把道与万物混为一谈，故而称之为“无”。称道为“无”，绝不是说，道等于一无所有的虚无。既然承认万物实在，道显然也不能是一个零。我们不能用西方人那种上帝凭空创造万物的眼光，来曲解老子口中的“无”。老子所说的“无”，其实内含着“有”。“无”是无形的意思，其实是指看不见的“有”。按照老子的描述，万物的出现由潜在到显在，由无形到有形，永远处在道的发生过程之中。道就是“过程”的意思。道对于物来说，是逻辑的在先，构成物之所以为物的必要前提，但不是一个实体。有人把道与精神实体等量齐观，同黑格尔所说的“绝对精神”等量齐观，那完全是误解。黑格尔的“绝对精神”观念是在基督教文化背景下形成的，正如恩格斯所说，不过是上帝的别称而已。黑格尔说的“绝对精神”是一种本体论判断，而老子说的“道”则是宇宙万物的发生过程论的判断，二者没有可比性，我们不能随便给老子戴上一顶“唯心主义”的帽子。

从发生过程论的意义出发，老子说：“天下万物生于有，有生于无。”（《老子》第四十章）天下万物生于“有”，而“有”免不了形象特征；“有”生于“无”，即源自无形无象的道。换句话说，世界上任何具体事物都不是其本身，他物才是不可或缺的因素。如果在这个世界上只是“有生于有”的话，那么，这个世界只能是一个有限的或单一的世界，不会呈现出多样性。世界之所以有多样性，不能不承认“有生于无”的确存在一定道理。老子所说的“无”，包含两层意思。一是对

“无形”的简称。凡是具体事物都是具象的，而道作为无则是抽象的。二是对“无名”的简称。经验性的概念可以用来称谓任何具体事物，而“道”不同于任何具体事物，不能用经验性的概念来称谓。万物的那个“万”，就是表示有差别性，表示“多”，而道则表示原初的统一性，表示“一”。差别性与统一性是一致的，“多”与“一”也是一致的，道就是把万物联结为一个整体的终极原因。

在老子的思想体系里，道也称为“朴”，相对而言万物就是“器”。“朴散之为器”，从源头讲，道的发散便形成宇宙万物。“朴”有含混、混沌、单纯、率真、朴实、朴素等意思，“散”是发散的意思，不是派生的意思。形式繁复的大千世界就是道的表现，与世界同在。对“道之朴”老子作了这样的描述：

> 道之为物，惟恍惟惚。惚兮恍兮，其中有象；恍兮惚兮，其中有物。窈兮冥兮，其中有精，其精甚真，其中有信。（《老子》第二十一章）

惚兮、恍兮、窈兮、冥兮，这些词都说明道处在混沌未分的状态，浓缩地保持着形成物的各种要素，故也可称之为“精”。“精”有“种子”的意思。很小的树种长大以后，就变成参天大树。但树种毕竟有别于大树，既没有枝，也没有叶；不过不能否认的是，树种就是“朴”，就是“精”。树种显然不能等同于大树，推而论之，也不能把道直接等同于任何具体事物，尽管具体事物皆来自道。道不是任何具体存在物，但它是任何具体事物之所以成为事物的终极原因。

关于道生成万物的过程，老子的构想是：“道生一，一生二，二生三，三生万物。万物负阴而抱阳，冲气以为和。”（《老子》第四十二章）“道生一”，意味着“道”不再处于混沌状态，而是选择一个方向，发散开来。例如，“天得一以清，地得一以宁，神得一以灵，谷得一以盈，万物得一以生，侯王得一以为天下贞”（《老子》第三十九章）。“一生二”，意思是说，“一”不能自己展开，必须借助于动力因；这个动力因来自“二”，也就是阴阳二气。阴阳二气相反相成，推动着宇宙万物不断发展变化。“二生三”，意思是说阴阳两种要素可以形成第三种状态，那就是“和气”。阴阳二气组合成的和气可能是多种多样的。例如，二分之一阴加二分之一阳，组成了一种和气；而四分之一阴加上四分之三阳，组成了另一种和气。阴气、阳气、和气统称为

“三”。三气交互作用，就可以形成更多组合，所以说“三生万物”。这里的“万”，乃是无数、无限的意思。老子由此得出结论：道就是万物的老根、老母，他称之为“众妙之门”，称之为“玄牝”。他把道想象成促成万物得以发生的巨大母体。

老子“以道释物”，第二层意思是说：道在物中。在老子看来，道既在万物之先，又在万物之中。道不是神，不是世界的创造者，因而并不在世界之外，就在世界之中。从发生学的意义上说，道处在万物之先；而从本体论意义上说，道又体现在万物之中。老子讲的哲学，可以说是一种“形而先学”，也可以说是一种“形而中学”，但并不能说是那种把世界二重化的“形而上学”。在老子的哲学视野中，世界只有一个，道无处可“上”。道生发出万物之后，依然体现在万物之中，老子把这种看法概括为一个经典的命题，叫作“道法自然”。他所说的“自然”有两层意思。第一层意思是说“自然而然”，表明“道”自身就是终极原因，“道”自己决定自己，不可能再进一步追溯了。换句话说，“道”就是源头，就是本根，就是本体，就是解释世界总体的最高哲学理念。“道”“独立而不改，周行而不殆”，“吾不知谁之子，象帝之先”。第二层意思是说道是人、天、地三者的总称。三者遵循着一个共同的大道，一切都在大道的掌控之下。这就叫作“人法地，地法天，天法道，道法自然”（《老子》第二十五章）。

老子一方面说道生物，另一方面又说道在物中，并没有把宇宙发生论与本体论区别开来，说明他还没有明确的本体论意识。老子阐述的世界观，是“一个世界”的世界观，认为本体和万物是一体的关系，道就在万物之中。

话题二：以道看人

老子的哲学思考，从“天”开始，但落脚点还是“人”。谈完如何以道释物的话题之后，他马上转向第二个话题，即如何以道看人。他从天道学讲到人道学，从世界观讲到人生观，讲出一种有道家特色的人生观。

老子指出，从天道的角度来看，人不过是万物中之一物而已，毫无尊贵可言。“二足而无毛”的人，在天道的面前，可以说是微不足道的。人也是一种自然存在，也得遵循“道法自然”的原则。老子对人的估价没有儒家高，他不会同意儒家“天地之间人为贵”的说法。当然，儒家也不会接受老子人只是自然存在物的说法，荀子批评老子的后继者庄子“蔽于天而不知人”就是例证。需要指出的是，老子并没有把人完全等同于一般的自然物，他也看到了人的特殊性。这种特殊性在于，人是一种有主动性的存在物。他已经突破了传统的天命观念，把人从天神的控制下解放出来。按照他的说法，人和神在天道的面前是平等的，都得遵循“道法自然”的原则，因而人不必听命于天神。人对于神来说，具有主动性，可是对于道来说，并不具有主动性，因为天道在人之上，乃是人必须遵循的准则。对于人来说，天道只具有自在性，不具有自为性。可是，并非所有的人都能认清这个道理。有些人过于狂妄，抱着主动的心态错误地对待天道，违背了自在无为的原则。老子从天道自在无为的视角看人，看出人的差别性：人可以成为道的疏离者，也可以是道的体现者。前者是有为的俗人或众人，后者是无为的圣人；前者践行“人之道”，后者践行“天之道”。

老子指出，被世俗观念束缚的人、自以为是的人、被欲望驱使的人，都是道的疏离者，都属于俗人或众人之列，属于“有为者”之列。这种人不明白天道，不接受天道的规范，总做一些违背天道的事情。这种人自以为聪明得很，其实糊涂得很。老子对此类人的人生观和价值观，持批评的态度；对于当时的社会现状，也持批评的态度。老子生活在乱世，对当时的社会状况，对当时的众生百相，都没有什么好感。由于有为者在现实社会中奉行“人之道”，已经走到了“天之道”的反面：“天之道，损有余而补不足，人之道则不然，损不足以奉有余。”（《老子》第七十七章）天道是公正无私的，然而现实中的人所实行的社会制度，却不是公正无私的，存在着贫富不均的两极分化。穷人越来越穷，以至于“贫无立锥之地”；富人越来越富，甚至于“田连阡陌”。老子认为这是不正常、不合理的。他是一位愤世嫉俗的现实批判主义者，对社会的不公平表示抗议，认为天道公平才应当是应然的社会状况。

老子指出，还有与俗人或众人不同的另一类人，那就是无为的圣人。圣人不再误用人的主动性，已化解了人与道的疏离，达到了与天道为一的精神境界。在《老子》一书中，多次出现“圣人”一词，体现出老子所向往的理想人格。

第一，圣人有“愚人之心”（《老子》第二十章），葆有与众不同的精神境界。他把圣人比喻为“含德之厚”的赤子，比喻为尚不会笑的婴儿，以示与俗人有区别。赤子或婴儿没有受到世俗观念的束缚，仍然保持着与道为一的状态；没有像成年人那样，陷入疏离大道的误区。婴儿元气充沛，精神饱满，无论怎么哭，嗓子都不会哑。婴儿以母乳为唯一的食物，绝不像成年人那样，讲究什么大鱼大肉、山珍海味。婴儿想哭就哭，想笑就笑，情感率真，绝不像成年人那样矫揉造作。在俗人的眼里，圣人被视为愚昧之人，殊不知圣人乃是“大智若愚”。俗人看上去好像挺明白，其实最糊涂；圣人看上去好像挺愚钝，其实最明白。老子用许多词描述俗人与圣人之间的区别：前者“昭昭”，后者“昏昏”；前者“察察”，后者“闷闷”。总之，圣人的精神境界与众人根本不同。

第二，“圣人为腹不为目”（《老子》第十二章），与俗人的价值取向根本不同。圣人依旧是人，不是不食人间烟火的神仙，当然有维持生命的、必不可少的物质需求，因而“为腹”不能不是圣人的一种价值选择。圣人吃饱肚子，只是为了生存的需要，没有其他目的，绝不把吃饭当成精神追求的目标，故说“不为目”。如果人仅仅为了维系生命，物质需求十分有限，自然界足以满足这种需求。人从自然界获取有限的食物，有如小小的鼹鼠在大河中喝掉一口水，对大河不会有什么影响。同样道理，圣人为肚子着想，对他人不会有什么妨碍，不会发生为夺取食物而发生争斗的情形。可是，俗人与圣人不一样，他们不懂得“为腹”的道理，一味地讲究“为目”，把有限的物质需求变为无限的精神追求，于是导致社会的混乱。比如，请客吃饭，讲究什么“食前方丈”，其实只吃了一点点，大部分都扔掉了，只不过为了面子上好看而已。俗人过分地“为目”着想，非但达不到“为腹”的目的，反而造成对身体的戕害。老子告诫那些“为目不为腹”的人说：“五色令人目盲，五音令人耳聋，五味令人口爽，驰骋畋猎令人心发狂，难得之货令人行妨。”（《老子》第十二章）色彩斑斓的艺术形象，动听悦耳的音乐演出，美味的食物，畋猎一类的娱乐活动，金银玉帛之类的装饰之物，都是俗不可耐、徒具形式的东西，无助于人们的身心健康。正是由于众人过于“为目”着想，把有限的物质需求变为无限的精神追求，才造成了人类社会的不安宁，造成人间尔虞我诈、争斗不已的乱象。

第三，圣人返璞归真，“见素抱朴”（《老子》第十九章），把外在的天道化为内在的体验和体现。“为腹”只是圣人的一种价值选择，并不是圣人的终极价值目标。圣人的终极价值目标是“为道”。所谓圣人，就是进入与天道为一的最高精神境界的人。怎样达到这样的精神境界？老子的办法是“塞其兑，闭其门，挫其锐，解其纷，和其光，同其尘，是谓玄同”（《老子》第五十六章）。他要求人们放弃一切违背天道的行为，堵塞耳目等感官渠道，和泯私智技巧的光芒，混同行途的痕迹，挫损个人的锋锐，解除人事的纷争，最终进入“彼我玄同”的境界。这是一种哲学智慧的领悟，不能采取知识积累的路径，故而老子主张把“为学”与“为道”区别开来：“为学日益，为道日损。损之又损，以至于无为。无为而无不为。取天下常以无事，及其有事，不足以取天下。”（《老子》四十八章）“为道日损”就是逐渐摆脱世俗价值观念的束缚，消除人对于道的疏离，达到对于道的自觉，最终成就圣人人格。圣人就是自觉地依天道而行的人。他是道的体验者，体验出道之本然。圣人并不把道当成认识对象，而是当成体验对象。圣人还是道的体现者，体现出天道对于人的指导意义，引导他人归依大道。圣与天道为一，他就是天道的化身。

话题三：以道治世

老子哲学的最后一个话题，就是从天道学讲到治道学，谈论天道与社会治理之间的关系问题。老子认为，天道既是造就理想人格的准则，也是造就理想社会的准则；既是脱俗成圣的良方，也是化乱为治的良方。身处乱世之中的老子，所面临的迫切问题，就是拿出一套方案，使社会摆脱乱局、走向治世。他拿出的方案，就是劝说执政者依据天道治理国家，践行“无为”原则，从而取得“无不为”的效果。

老子并非坐而论道，也讲究可操作性。他是当之无愧的政治哲学家。有些研究者常常批评道家，以为道家不重视实行，只喜欢玄谈冥想、坐而论道，其实是一种误解。道家在许多问题上同儒家有分歧，但在重行这一点上，同儒家并没有分歧。众所周知，道家非常重视“道”的观念；他们所讲究的“道”，就内含着“行道”的意思。他们历来反对仅仅把道只当作言说的对象而不去实行，故而老子才提出“绝学无忧”“绝圣弃智”“道不可名”“知者不言，言者不知”等警世之论。在《道德经》五千言中，我们透过那些貌似玄虚的话语，很容易发现老子对实际问题的关注、对治世之道的关注。老子提出的治道学，核心论点就是“无为而治”。所谓“无为而治”，包含以下三层意思。

一是低姿态。老子告诫执政者，千万不要高高在上，盛气凌人；

在下层人民面前，应当保持一种低姿态。他以海纳百川为例子说："江海所以能为百谷王者，以其善下之，故能为百谷王。"（《老子》第六十六章）执政者千万不能摆架子，千万不可刚愎自用；因为那么做，绝不会有好结果，"强梁者不得其死"。君王应该懂得"知其雄，守其雌。……知其白，守其黑"的道理，把自己当成"寡人"。老子本义，是想让君王以寡人自谦，保持一种低姿态，没想到"称孤道寡"后来倒成了君王的专称，成了实际上的高姿态。这是老子始料所不及的。

二是不扰民。老子主张"治大国，若烹小鲜"（《老子》第六十章），就是讲究切实可行的治国策略。他建议掌权者不要瞎折腾，应当像煎小鱼那样小心谨慎。煎小鱼时如果老是翻来翻去，非把小鱼弄得不成样子。治理国家也是如此，倘若执政者胡乱干预国事，非把国家搞糟不可。老子提出的"无为而不为"的原则，并不是要人们什么事都不做，而是要求人们在做事情的时候，不要仅凭主观的想象为所欲为，必须"道法自然"，遵循客观规律，才能收到事半功倍的效果。老子的这些思想，对于经邦治国的社会实践，无疑具有重要的指导意义，至今仍然受到政治家们的重视。据说，美国前总统里根在他的《国情咨文》中就引用了老子"治大国，若烹小鲜"这句名言。

三是无常心。老子主张"圣人无常心，以百姓心为心"（《老子》第四十九章）。这句话用眼下时髦的话来表述，可以说就是"以人为本"的意思。老子强调，执政者要为百姓着想，不要为自己着想，不要有常心、有私心。在重视民心、民意这一点上，儒道两家是一致的，但各自施政方针不同。儒家要求执政者施仁政于民，老子觉得没有必要，他的主张是："圣人不仁，以百姓为刍狗。"（《老子》第五章）君王不以救世主自居，顺应民心行道，国家自然得到治理。

老子提出治道学，最终目标是造就一个理想社会。他设计的理想社会模式，叫作"小国寡民"。《老子》第八十章写道："小国寡民，使有什伯之器而不用，使民重死而不远徙；虽有舟舆，无所乘之；虽有甲兵，无所陈之。使民复结绳而用之。甘其食，美其服，安其居，乐其俗。邻国相望，鸡犬之声相闻，民至老死，不相往来。"有的论者指责道家搞复古倒退，要把人类拉到远古的蒙昧状态，恐怕是一种误解。他们仅从字面上解释老子，没有了解老子这样说的真实意图。老子之所以构想这样的理想社会，其实是对当时社会中大量存在的不平等现象的抗议，是对伴随着社会进步而来的退步现象所作的深刻批判。在他所描述的社会里，人民的生存得到很好的保障，“甘其食，美其服，安其居，乐其俗”。人与自然和睦相处，与他人和睦相处；由于没有交往，因而也就没有冲突，没有君子小人之分；大家和平相处，从来也没有战争的发生。他所描述的理想社会，无疑是一种道家式的小康社会。道家不像儒家那样积极倡导群体观念，但他们明确地表示反对危害社会群体的利益。如果人人都不危害社会群体的利益，社会自然而然就和谐稳定了。从表面上看，道家似乎并不积极地维系社会群体，其实，他们运用“无为而无不为”的逻辑，以独特的方式表达了维系社会群体利益的美好意愿。在维系社会群体利益这一点上，儒道两家可以说殊途同归。但总的来看，道家比较强调尊重个体的自由，注重个体性原则；儒家比较强调群体至上，注重群体性原则。实际上，个体与群体是一种辩证统一的关系：没有脱离个体的抽象的群体，离开群体个体也不可能存在。从这个意义上说，儒道两家的社会理想，是可以构成互补效应的。

二、庄子：道的本根性

作为老子学说的推进者，庄子的哲学思考也围绕着“道”这个核心范畴展开，涉及的主要话题也是三个，涵盖宇宙、人生、社会三个论域。庄子哲学的第一个话题是以道观物，形成“齐物论”思想；第二个话题是以道观人，形成“逍遥游”思想；第三个话题讲身处乱世之中以道为指导的生存智慧，讲的是“应世之道”。

话题一：道与物同在

“以道观物”是道家共同的宇宙观，不过，老子和庄子关于道与物的关系的看法不完全相同。在老子看来，道既在万物之先，又在万物之中。从发生论的意义上说，道在万物之先，“有物混成，先天地生”，是万物所由来的“众妙之门”；从本体论的意义上说，道“独立而不改，周行而不殆”，又贯穿在万物之中。老子既讲“形而先学”，又讲“形而中学”。庄子只讲“形而中学”，不讲“形而先学”，不再从发生论的意义上讲“道”。他清楚地意识到，从发生论的角度论“道”，是无法讲清楚的。“有始也者，有未始有始也者，有未始有夫未始有始也者。有有也者，有无也者，有未始有无也者，有未始有夫未始有无也者。俄而有无矣，而未知有无之果孰有孰无也。今我则有谓矣，而未知吾所谓之其果有谓乎？其果无谓乎？”（《庄子·齐物论》）从“有”可以追溯到“无”，从“无”又可以追溯到“有”，用哲学术语说，这是一种“恶的无限性”，怎么可能说得清楚呢？既然说不清楚，不如放弃这种追问。就这样，庄子以思辨的方式取消了“宇宙万物从哪里来”的问题，拒绝再从发生论的意义上言说“道”。在他看来，人无能力回答“宇宙万物从哪里来”这个问题。他不是把这个问题解决了，而是把这个问题取消了。

庄子不再从发生论的意义上讲论道，而是特别强调道与宇宙同在，与万物同在，与世界同在。他认为，道就是宇宙万有的本根：

> 夫道，有情有信，无为无形，可传而不可受，可得而不可见，自本自根，未有天地，自古以固存。神鬼神帝，生天生地；在太极之先而不为高，在六极之下而不为深，先天地生而不为久，长于上古而不为老。（《庄子·大宗师》）

又说：

> 物已死生方圆，莫知其根也。扁然而万物，自古以固存。六合为巨，未离其内；秋豪为小，待之成体。天下莫不沉浮，终身不故；阴阳四时运行，各得其序。惛然若亡而存，油然不形而神，万物畜而不知，此之谓本根。可以观于天矣。（《庄子·知北游》）

在庄子眼里，从整体上看，宇宙万物同大树有些相似。万物好比树的枝叶，道好比树的根干。树的根干和树的枝叶连结成一个整体。不能想象树的根干可以脱离树的枝叶，因为没有枝叶，树干便不成其为根干了；同样道理，枝叶脱离了根干，因为没有树干，枝叶便不成其为树叶了。引申开来，道与万物也是整体关系。道不能脱离万物单独存在，道就在万物之中。庄子特别强调道的普遍性，强调抽象的道与具体的物之间的统一性。东郭子问庄子：“所谓道，恶乎在？”庄子的回答：“无所不在。”东郭子要庄子说得具体一点，庄子竟回答：“在蝼蚁”，“在稊稗”，“在瓦甓”，甚至说道“在屎溺”。总而言之，“周、遍、咸三者，异名同实，其指一也”（《庄子·知北游》）。庄子用“周”“遍”“咸”三个词形容道无所不在，与老子用“夷”“希”“微”三个词形容道“混而为一”，着眼点不一样。老子是从宇宙发生论角度看，强调道的“混沌”状态；而庄子则只从本体论的角度上看，强调道是“大全”整体。在庄子学说中，道就是对宇宙万物总体的哲学抽象。万物都可以用“道”来解释，在这个意义上，万物齐一。万物都是道的一个表现形态，所以在万物面前，一切事物都是平等的。对于人，也可以用“道”来解释：人在“道”的面前是平等的，并没有高低贵贱之分。庄子“以道观物”的宇宙观，也是“一个世界”的宇宙观。在他看来，世界只有一个，不能到这个世界之外去寻找“道”，就在这个世界之中寻找“道”。这就是对于现实世界的哲学式的肯定，有别于宗教式的对于现实世界的否定。既然世界只有一个，道与世界同在，那么，人的精神寄托不必到现实世界之外的天国中去找，这就意味着选择了一种哲学的、内在超越的路向，而排除了宗教的、外在超越的路向。庄子为人们指示的超越之路，只有一条内在的路，而没有一条外在的道路。

庄子“以道观物”，得出的第一个结论是“道”与万物同在，强调“道”的普遍性；得出的第二个结论则是“道”与万物俱化，强调“道”的过程性。“道”既是大全，又是大化；既是本体，又是过程。任何事物都是“道”的造化，皆处在“大化流行”的过程之中。任何事物的存在，都是暂时的存在；只有“道”才是永恒的。事物之间的界限是相对的，可以相互转化；只有“道”才是绝对的。“物之生也，若骤若驰，无动而不变，无时而不移”（《庄子·秋水》），万物“方生方死，方死方生”（《庄子·齐物论》）。其实，在庄子哲学中，根本就没有“死”这么一说。所谓“死”，不过是“化”的一种形式而已。庄子眼中的物，都不是一成不变的死物，而是会转化的活物。任何事物都存在于大化流行的过程之中，现存的形态都是暂时的。两个人碰面走过之后，你不再是那一瞬间的你了，我也不再是那一瞬间的我了。这就叫作“失之交臂”。庄子勾勒的世界图景是变化的，他的宇宙观是动态的、有机的宇宙观，充分体现出中国哲学的特色。

至于宇宙万物运动变化的质料因和动力因，庄子用“气”来解释。他的说法是：“通天下一气耳。”（《庄子·知北游》）气有如野马升腾，为宇宙万物的变化提供质料因和动力因。庄子用“气”解释宇宙万物的运动变化，是对老子思想的发展。老子提出“万物负阴抱阳”说，其中隐含着“气”的哲学观念，但老子毕竟没有把“气”突出出来。庄子比老子前进了一步，明确地提出“气”的观念，为后来的哲学家形成气本体论思想，提供了思想资源。

庄子主张“以道观物”，也就是主张站在本体论的立场上，把握宇宙万物总体。他反对站在个体（“我”）的立场上，以知识论的态度看待宇宙万物。他的理由是，站在个体立场上看待万物，所形成的种种看法均背离了“以道观物”的原则，不能不带有“解释学的偏差”，因而都是主观的成见，并不符合宇宙万物的本然。由于受到立论者狭隘立场的限制，“以我观物”所得出的结论，因人而异，千差万别，各家都有自己的论点，众说纷纭，使人莫衷一是。庄子主张“以道观物”，反对“以我观物”。他把各种各样“以我观物”类型的宇宙观，统称为“物论”。通过批评各种“物论”，他进一步阐发“以道观物”的宇宙观。

庄子认为，各种“物论”都是一种成见，都是立论者的偏见，并不具有真实性和普遍性。立论者没能从物自身看物，而是用小我的眼光看物，对物所作的种种判断，并不符合物的本来面目。比如，在人的眼里，西施是美女。可是，鹿见到西施却吓得跑掉了；鱼见到西施赶紧沉到水中，在动物的眼里，西施是否称得上美女呢？再如，人睡在潮湿的地方会害风湿病，可是泥鳅偏偏喜欢在泥水里钻来钻去；人在树上会觉得害怕，可是猴子偏偏喜欢在树上跳来跳去。在“孰为正处”的问题上，人、泥鳅、猴子的“物论”各自不同，谁是正确的呢？庄子指出，如果仅在“物论”的范围之内，人们无法对于各种“物论”判别其对错。甲提出一种“物论”，乙不同意，并提出另一种“物论”，两个人吵了起来，只好请丙当裁判。可是裁判也不能解决问题：他支持甲，乙不服气；他支持乙，甲不会服气；他拿出第三种“物论”，甲乙都不服气。其实，各种“物论”都是对宇宙真相的曲解，都应当用“以道观物”的尺度，将其“齐”掉。从“道”的角度来看，万物都是无差别的，万物为一；可是竟然被各种“物论”说成了“多”。

从“道”的立场上看，宇宙间万物的长短、大小、美丑、成毁、是非之间并没有什么区别，莛（小草）与楹（柱子）可以等量齐观，厉（读为“癞”，指丑女）和西施可以等量齐观。万物本来都是齐一的，只不过人受到小我眼光的限制，才作出美丑、是非之类的论断。“天下莫大于秋豪之末，而太山为小；莫寿于殇子，而彭祖为夭。”（《庄子·齐物论》）在道的面前，万物本来没有差别，只是由于人的视角不同，才看出了差别来。“自其异者视之，肝胆楚越也；自其同者视之，万物皆一也。”（《庄子·德充符》）有些研究者批评庄子的这些观点，认为庄子宣扬相对主义和不可知论，其实是一种误解。庄子在这里讲的并不是认识论，而是宇宙观。他反对用小我的眼光看待宇宙总体，反对把宇宙对象化，反对把宇宙当成知识论意义上的认知对象。在他看来，倘若人用对象化的方式看宇宙，便看不到宇宙的真相；倘若人以小我为出发点作出种种判断，便没有真实性可言。

话题二：道与价值取向

在宇宙观方面，庄子主张“以道观物”，与此相应，在人生观方面，他主张“以道观人”。所谓“以道观人”，就是树立“与道为一”的人生态度，即在“道”的指导下，自由自在地生活，摆脱种种世俗之见的束缚。同老子一样，庄子也把人区分为两种类型：一种是道的体现者，他称之为逍遥之人；另一种是道的疏离者，即受到种种“物论”束缚而不能自拔的人。前者在精神上是自由的，以道为价值归依；后者在精神上无自由可言，也找不到价值归依之所在。在庄子看来，人应当以道为精神追求的目标，得道是最高的精神境界，逍遥之人才是理想的人格。

同老子一样，庄子也认为人是一种个体的自然存在物。他只从宇宙的角度看人，不从社会的角度看人，强调人是宇宙的一分子，是万物中之一物。他关于人的看法，不像儒家那么高，不赞成“天地之间人为贵”的说法。在他看来，人也是“道”的造化物，同别的东西没有什么两样。人不过是万物中之一物而已，并无尊贵可言。在道的面前，人和物都是一样的，人可以转化为物，物也可能转化为人，“若人之形者，万物而未始有极也”，人也不必刻意地追求为人。他形象地说：“今之大冶铸金，金踊跃曰：‘我且必为镆铘！’大冶必以为不祥之金。今一犯人之形，而曰‘人耳，人耳！’夫造化必以为不祥之人。”（《庄子·大宗师》）在造化者“道”的面前，人是渺小的，是微不足道的。庄子为了维护道的尊严，不得不牺牲人的尊严。

基于对人的这种定位，庄子主张无为，反对有为。他认为，顺应自然是最合理的，而一切有意识的人为，都是不合理的。他说：“牛马四足，是谓天；落（络）马首，穿牛鼻，是谓人。故曰：无以人灭天，无以故灭命，无以得殉名。”（《庄子·秋水》）庄子作为老子的继承者，也反对把天道同人道割裂开来，视“自然无为”的天道为人道的最高准则，故而提出“无以人灭天，无以故灭命”的观点。这里所说的“人”，是指违背天道的人为；所说的“故”，是指违背规律的私智技巧。他把一切出于主观目的的行为都叫作“人为”，认为“人为”都是违背天道自然的，所以他表示反对。照庄子看来，人给马戴上笼头，给牛穿上牛鼻，驱使牛马为人干活，这样做不但违反了牛马的自然本性，而且戕害人本身的自然本性，由此产生出“机心”。而“机心”与天道是不相容的：“有机械者，必有机事；有机事者，必有机心。机心存于胸中则纯白不备，存白不备则神生不定，神生不定者，道之所不载也。”（《庄子·天地》）庄子赞美不用“桔槔”而“抱瓮入井”的老人，认为老人虽然比使用“桔槔”提水更费气力，但保住了纯白的得道之心。庄子强调，人的自然本性就是顺道无为，他说：“彼民有常性，织而衣，耕而食，是谓同德；一而不党，命曰天放。……其行填填，其视颠颠。”（《庄子·马蹄》）基于这种看法，庄子主张去掉一切有目的的人为，恢复本性之真，“既雕既琢，复归于朴”（《庄子·山木》），“形全精复，与天为一”（《庄子·达生》）。庄子心目中的得道之人，就是不抱有任何主观目的性的“天人”，这种人“有人之形，无人之情”（《庄子·德充符》），已不再是现实生活中的人了。庄子终于以“天”吞并了“人”，抽象地把二者合而为一。

庄子反对以人为对抗天道，绝不是主张人们什么事情都不做，只是强调人们做事时必须服从自然之道。他编了一则“庖丁解牛”的寓言，说明这个道理。有一个特别擅长剔牛肉的厨子，他的刀使用了十几年，还跟刚磨完一样锋利。为什么会这样呢？是因为他剔牛肉的熟练程度已经达到“目无全牛”的高度，他的刀在牛肉与牛骨之间的缝隙中游刃有余，从未碰到骨头，当然不会卷刃。这个寓言生动且深刻地表达了主观能动性（人道）与客观规律性（天道）相统一的思想。庄子在一定程度上克服了老子天人合一观的抽象性，已经有了一些辩证天人合一观的思想萌芽。同老子一样，庄子也不把“道”看成认识的对象，并且进一步深化了老子的思想。老子主张在体验中实现“与道合一”，庄子进而主张在实践中实现“与道合一”，承认由“技”进于“道”的可能性。“运斤成风”的匠人是得道之人，长于解牛的庖丁也是得道之人。庄子主张在实践中去体会道、领悟道、把握道、遵循道，反映出中国人做学问重行的特色。他不重视理论上的表述，而是特别重视实践技能。在他笔下，庖丁有高超的解牛技巧，但他不会编一本《牛体解剖学》，供其他庖丁来学习。

庄子指出，世俗之人之所以不得逍遥，其原因就在于受到是非、美丑、得失、尊卑、贵贱、名利、顺逆、生死等“物论”观念的束缚，在精神上放不开，被种种“物论”折磨得苦不堪言。在诸多“物论”中，最折磨人的莫过于生死了。庄子奉劝世人勘破生死，树立“以生死为一条”的生死观。《庄子·大宗师》写道：“死生，命也；其有夜旦之常，天也。人之有所不得与，皆物之情也。”人大可不必对死亡抱有恐惧感，生死如昼夜交替一样平常。所谓“死”，其实就是“化”：从暂时的有限状态走向永恒无限之过程，也就是复归大道、与大道为一。据记载，庄子的妻子死了，他竟鼓盆而歌。他还对弟子说：我死后不必用棺材装殓，也不必埋葬，就扔到旷野里，任凭飞鸟啄食，任凭蝼蚁撕咬。

在中国哲学史上，庄子第一个认识到：人有精神追求，有自由追求。精神追求的目标不能在世俗社会中寻找，而应该以道为终极价值目标。人应当像道一样做人，像道一样逍遥，以道为自己的精神家园。他所说的“逍遥游”，就是指回到“道”这一精神家园里，享有精神上的自由。庄子用诗的语言赞美得道逍遥的精神境界：

> 若夫乘天地之正，而御六气之辩，以游无穷者，彼且恶乎待哉？故曰：至人无己，神人无功，圣人无名。（《庄子·逍遥游》）

这里所说的至人、神人、圣人，其实是一个意思，都是指进入逍遥境界中的人，都是指庄子心目中的理想人格。这种人无己、无功、无名，不为世俗观念所困扰，“与造物者为人（偶），而游乎天地之一气”。这种人神游“无何有之乡”，心寄“万物之初”，乃是道的化身。他宁静淡泊，超凡脱俗，没有对小我的执着，没有对事功的追求，没有对名利的仰慕，甚至把生死都看得很开，“不知悦生，不知恶死”。他“真在内者，神动于外”（《庄子·渔父》），归依道之真，去掉一切人生的假面具，没有半点矫揉造作，他敢哭、敢怒、敢笑、敢爱、敢悲，是真正的性情中人。总之，这是一种达观的人格、潇洒的人格、超脱的人格。

庄子所描绘的逍遥人格，是一种超现实的理想人格，在现实生活中并不存在。正如方东美所说，儒家的圣人是“时际人”，给人以历史感、现实感；道家的圣人是“太空人”，给人以超越感，仿佛从高空远观地球。尽管庄子所描绘的逍遥人格没有现实性，但对于现实的人来说并非没有积极意义。这种意义就在于，他以哲学的方式为中国人提供了一个心灵休息的场所，帮助人排除烦恼，减轻精神压力；他提供了一个精神医疗站，可以帮助人排除不良情绪，净化心灵，求得心境的平和，造就洒脱的精神境界；他提供了一种道家的精神安顿方式，一种可供选择的安身立命之地，一种精神的故乡。如果说儒家的价值导向是“张”的话，那么，庄子的价值导向则是“弛”。“张而不弛，文武弗能也；弛而不张，文武弗为也。一张一弛，文武之道也”（《礼记·杂记下》），儒道两家的价值导向构成互补效应，共同培育中国人的民族性格。中国人精神世界中，庄子的“逍遥游”思想是一种不可缺少的元素。正如冯友兰所说：“儒家墨家教人能负责，道家使人能外物。能负责则人严肃，能外物则人超脱。超脱而严肃，使人虽有‘满不在乎’的态度，却并不是对于任何事物都‘满不在乎’。严肃而超脱，使人于尽道德底责任时，对于有些事，可以‘满不在乎’。有儒家墨家的严肃，又有道家的超脱，才真正是从中国的国风养出来底人，才真正是‘中国人’。”①诸葛亮“淡泊以明志，宁静以致远”的名句，可以说是关于儒道互补的生动写照。

话题三：以道应世

庄子哲学的第一个话题是宇宙，第二个话题是人生，第三个话题则是社会。对于社会的看法，庄子和老子大体上是一致的，但庄子比老子更为偏激一些。他们一致认为，当时的社会是一个背离了大道的乱世，并不能令人满意。面对这样一个乱世，身处社会上层的老子，尚有“以道救世”的念头，有比较强的政治哲学情结。他积极地为当权者出主意，奉劝他们“无为而治”“治大国若烹小鲜”。身处社会下层的庄子，对乱世已经深感失望，没有了救世的念头，淡化了政治哲学情结，不再为掌权者出主意。庄子的哲学基本上是人生哲学，很少谈论政治哲学。即便谈到政治哲学，也是从人生哲学的角度谈的。他把老子“以道救世”的思路，改为“以道应世”的诉求。这个“应”字出自《庄子》内篇的《应帝王》。他虽不主张主动地改造社会，但并不反对消极地适应社会。在他看来，人对于社会构成一种应付的关系，要善于在乱世之

---

①冯友兰：《新事论》，《三松堂全集》（第4卷），第331页。

中找到生存之道。面对纷纷扰扰的乱世，他感到无可奈何，无能为力，只得听之任之，“安时而处顺”（《庄子·养生主》）。

庄子对乱世表示失望和反感，对维系社会秩序的儒家伦理也表示失望和反感。在他看来，儒家的那一套仁义说教，说起来是为社会着想，其实是为掌权者着想，不过为掌权者提供限制个体的统治工具而已，没有什么高明之处。在他看来，施行仁义之教的结果，不能不流于伪善。他编了两则寓言讽刺儒家。一则是“窃钩盗国”。有人偷了别人的腰带钩，世人把他看成贼；可是，有人把别人的整个国家都偷来了，反倒可以堂而皇之地做起诸侯来，没有人把他当成贼。这是什么缘故呢？因为他把仁义之教这种统治工具也一块偷来了，可以用这套工具掩饰窃国行为。田成子（或称陈成子）取代姜氏，坐上了齐国诸侯的位子，就是这么干的。另一则是“盗亦有道”。儒家讲的仁义之教，连强盗头子都懂，并且会用。比如，他先得选择抢劫的对象，这就是“圣”；实施抢劫时他冲在前面，这就是“勇”；撤退时他走在队伍后面，这就是“义”；确定恰当的行动方案，这就是“智”；抢劫成功后，论功行赏，合理分赃，这就是“仁”。庄子由此得出结论：“圣人不死，大盗不止。虽重圣人而治天下，则是重利盗跖也。”（《庄子·胠箧》）照他来看，儒家本想用仁义之教挽救乱世，结果却事与愿违，反倒促成了乱世，使这个世道更加混乱不堪。

庄子不再寻求“救世之道”，但不能不寻求“应世之道”。他思考的问题是：处在乱世如何为自己找到生存的空间？既然无力改变世道，那么，就得退而求其次，解决如何“此在”的问题，庄子找到一种保存自己的办法，就是“应世”。应世的办法，就是处于“才”与“不才”之间，掌握“无用之大用”的生存智慧。他编了两则寓言，表述了如何在乱世中保全自己的生存辩证法。一则寓言说：有一个老汉，家里养了两只鹅，有一只会叫，有看家的才干；另一只不会叫，没有看家的才干。有一天，老汉家来了客人，需要杀鹅待客，杀哪只鹅呢？肯定是那只不会叫的鹅。这则寓言说明，无才是不行的，无才可能使人失去生存的机会。另一则寓言说：果树结出甜美的果子，很“有才”，可是被人们折枝摘果，很快就被折腾死了。看来“有才”也并非就是好事，也可能使人失去生存的机会。与果树相反，樗木（俗称臭椿）不结果子，木质疏松，也不能做家具，木匠不会砍伐它。正因为樗木“无才”，所以长得很大，以至于大得可以供一千头牛在树下纳凉。供牛群纳凉，这正是樗木的“无用之大用”。在乱世中，生存的智慧就在于“有用”和“无用”之间。谁能把握住“有用”和“无用”的分寸，谁就有生存的机会。“无用”将会被这个世道抛弃；“有用”遭人嫉恨，下场也不会好；最佳选择应当是“无用之大用”。

庄子对老子的政治哲学的另一个大修改，就是放弃了“小国寡民”的社会理想。他比老子更极端，认为理想社会应该是“至德之世”：

> 夫至德之世，同与禽兽居，族与万物并，恶乎知君子小人哉？
>
> …………
>
> 夫赫胥氏之时，民居不知所为，行不知所之，含哺而熙，鼓腹而游，民能以此矣。（《庄子·马蹄》）

在“至德之世”，人与自然和谐相处，与动物和谐相处，与他人和睦相处，没有君子小人之分，大家和平相处，从来也没有战争的发生。他所描述的理想社会，无疑是一种道家式的和谐社会。儒家积极维护群体，主张人人以兄弟相待。道家虽不如儒家那样积极，但他们明确地表示反对危害社会群体利益。道家主张人人以婴儿相待，大家相安无事，互不干预。如果谁都不危害社会，社会自然就安宁了。庄子嘲笑儒家到处鼓吹仁义之教，常常闹得事与愿违，未必能收到良好效果。他打比方说，两条鱼在即将干涸的车辙里“相濡以沫”，看上去很有诗意，结果全都死掉了。若把它们放到水里，“相忘于江湖”，谁也不管谁，反倒互相成全。道家对于维系社会群体似乎并不积极，其实是遵循“无为而无不为”的逻辑，曲折地表达出维系社会群体的美好意愿。在维系社会群体这一点上，儒、道两家或积极，或消极，皆以不伤害群体利益为共识。但总的来看，道家比较强调尊重个体的自由，注重个体性原则；儒家比较强调群体至上，注重群体性原则。实际上，个体与群体是一种辩证统一的关系：没有脱离个体的抽象的群体，离开群体个体也不可能存在。从这个意义上说，儒道两家的社会理想，可以构成互补效应。

三、孔子：人道学进路

中国哲学的基本问题是天人关系问题。老子抓住“天”这个环节，为中国哲学发展打开了一扇门；孔子抓住“人”这个环节，打开了另一扇门。孔子把哲学思考重心由“天”转到“人”，实现了对于老子话题的转换。孔子哲学主要是一种人道学，强调人道有为。在孔子的眼里，人不仅仅是自然存在，更重要的是一种文化的存在；人不仅仅是一种个体的存在，更重要的是一种群体的存在、社会的存在。孔子以仁爱为纽带，力求把中国人联络成一个和谐的社会群体，为中华民族的形成提供了哲学理念。本节提出一种关于孔子哲学的理解，就教于方家同仁。

话题一：从天道学转向人道学

老子对中国哲学的贡献，主要在天道学方面。他提出的“道”的观念是对宇宙总体的哲学抽象；他所勾勒的有机的、动态的、辩证发展的宇宙图景，表达了我们的先哲对于宇宙总体的共识，对于中国哲学发展的影响极其深远。在天道观方面，孔子是接着老子讲的，基本上接受了动态的、有机的宇宙观。他也接受了“道”的观念，并且把“道”同“人”紧紧联系在一起，着重阐述“人道”这一新理念，实现了中国哲学发展从天道到人道的转变。

孔子虽然没有像老子那样看重天道问题，但也触及了这个问题。在他看来，世界万物自然而然地存在着、运行着，“天何言哉？四时行焉，百物生焉，天何言哉”（《论语·阳货》）。他把天描绘为四时交迭、万物衍生的自然过程，并没有给它涂上神秘的色彩。天不说话，意味着天没有神性可言，只是自然存在而已。孔子同老子一样，不承认有主宰世界的神学意义上的天，用理性的眼光看待宇宙万物。不过，在孔子看来，径直承认世界万物作为既成事实存在，就够了，没有必要深究它的本原。孔子比老子更为紧密地把人与天联系在一起，追寻能够使天和人融为一个整体的本体。孔子认为，这个本体就是“道”。孔子把道摆在最重要的位置，看得比自然生命还重要，他说：“朝闻道，夕死可矣。”（《论语·里仁》）道作为天人合一的本体，当然是世界万物存在的终极依据，不过孔子在这方面没有做更多的论述，他特别重视“道”对于人的意义，并且从“道”的角度提升人的责任感和使命感。按照他的看法，人生价值的终极依据、道德价值的源头就是道本体，道本体在人生中的具体贯彻，表现为“德”。因此说来，“德”也可视为本体论范畴。“德”根源于“道”，故孔子说：“天生德于予。”（《论语·述而》）由“德”引申出“仁”，“仁”也是一个本体论范畴。孔子说：“仁远乎哉？我欲仁，斯仁至矣。”（《论语·述而》）“仁”借助“礼”得以落实，故说：“一日克己复礼，天下归仁焉。为仁由己，而由人乎哉？”（《论语·颜渊》）这样，孔子通过本体论的思考，构筑出“道—德—仁—礼”的思想架构。

老子的下手处是宇宙论，主张以“道”为本体论，用“道”将天与人贯通起来，从“道”的客体性讲到主体性，侧重点放在了天、道方面；孔子以人生实践为入手处，也形成“道”的本体论学说，主张以“道”贯通天人，却把侧重点放在了人道方面。孔子所说的“人道”，是对中国人的社会群体性所作的哲学抽象。人道就是为人之道，就是人作为社会成员应该遵守的道德准则；弘扬人道就是为社会群体着想，为社会群体负责，为社会群体奉献。自觉地遵循人道的人，有社会责任心的人，就是志士仁人。在孔子的哲学思考中，比较侧重本体的主体意义，强调人对于道的主体性。他说：“人能弘道，非道弘人。”（《论语·卫灵公》）老子把人从“天”的主宰中解放出来，使人有了主动性；孔子进而把人由被动地遵循道，发展成为主动地弘扬道，加深了对于人的能动性的认识。老子的理论贡献在天道学方面，孔子的理论贡献则在人道学方面，他们都是中国哲学的奠基人。

孔子的学说体系以人道为重点，对于天道却谈得不多，乃至于他的弟子子贡感叹：“夫子之文章，可得而闻也，夫子之言性与天道，不可得而闻也。”（《论语·公冶长》）孔子的哲学基本上是人生哲学，侧重于回答人道是什么，人应当如何履行人道等问题，对于人道的人性论根据以及人道与天道的关系等问题，涉及不多。涉及不多并不等于没有涉及，他时而也谈论天命、鬼神等问题，既不沿用传统的说法，也不明确地予以否定，所以他的弟子才感到“不可得而闻”。

对于天命观念，孔子没有明确地予以否定。他在不得志或情绪懊丧时，时常发生这样的感慨：“道之将行也与，命也；道之将废也与，命也。”（《论语·宪问》）据他的弟子说，他有“死生有命，富贵在天”（《论语·颜渊》）的论断。由此来看，孔子对于“命”的观念有所保留，但他并没有把天看成有意志的人格神，并且不再把“命”与“天”联系在一起。孔子所说的“命”，并没有神秘性，不过是指人无法认识、无法抗拒、无可奈何的必然性而已。对于死和生，人是无法抗拒的，人总是要死的；对于富贵，人也是左右不了的，一个人无论如何努力，未必一定能得到富贵。孔子承认有无法抗拒的必然性，但没有把这种必然性归结为神的力量，因而他并不是宿命论者。他的人生观不是消极的、被动的人生观，而是积极的、主动的人生观。

对于鬼神观念，孔子则抱着敬而远之、存而不论的态度，也有所保留。老子明确地否定神的至上性和神圣性，把神看成“道”的附庸。孔子没有像老子那样明确，态度比较微妙。当弟子向他问起鬼神方面的问题时，他含糊其词地回答：“未能事人，焉能事鬼？”（《论语·先进》）他“敬鬼神而远之”（《论语·雍也》），“不语怪、力、乱、神”（《论语·述而》）。孔子之所以对鬼神观念有所保留，恐怕同他“慎终追远”的祭祀意识有关。平时可以不必迷信鬼神之说，不必当回事，但在祭祀的特定场合，不妨暂时想象鬼神的存在，“祭如在，祭神如神在”（《论语·八佾》）。有了这种想象，态度才能虔诚，并不意味着鬼神真的存在。敬奉祖先神灵，并不是说他们还存在着并且控制着我们的生活，目的在于祭祀者为自己寻找到一种归根意识，一种家族意识，乃至一种民族意识。这是一种培养民族凝聚力、提高认同感的办法，并不是把自己的命运交给神灵掌控。在孔子看来，现实的此岸世界比虚幻的彼岸世界重要得多，还是现实一点为好。他的这种态度似乎不好定位为无神论，不过的确表现出相当鲜明的理性精神。孔子只在文化的意义上保留鬼神观念，不在神学的意义上接受鬼神观念。这就从人道学的角度在传统的天命鬼神观念上打开了一个缺口，对后世无神论思想的发展发生了积极的作用。

话题二：从“无知之行”到“有知之行”

在中国哲学史上，孔子对老子的第一点推进，在于把话题由天道转向人道，确立了中国哲学以人生哲学为主导的风格；第二点推进则是由“无知之行”转向“有知之行”，首先涉足知识论领域。

在老子的天道学中，“道”作为宇宙总体的哲学抽象，不能成为人认识的对象。从道的立场上看，人不能成为认识“道”的主体。道家哲学只谈关于“道”的宇宙观，不谈关于“道”的知识论。在老子看来，在知识论方面，“为学日益”；而在宇宙观方面，“为道日损”。按照庄子的说法，人“以我观物”形成的知识，都是背离大道的“物论”，并不具有真理性。按照老子的说法，人可以成为“道”的体验者、体现者，却不能成为“道”的认识者。人可以在行为实践中体现“道”，却不能认识“道”；即便是体现“道”的行为，也是“无知之行”。对于人来说，“道”永远是自在之物。孔子把哲学思考的重心由天道转到了人道，与此相关，也改变了知识论态度。人道作为社会群体性的哲学抽象，与人息息相关，是为我之物，不是自在之物，当然可以称为人认识的对象。在重视“行”这一点上，孔子与老子是一致的，不过孔子所说的“行”，不再是“无知之行”，而是“有知之行”，是自觉的“行”。人既是人道的认识者，又是人道的实践者。孔子拓展了中国哲学的论域，开启了关于知行关系的研究。

在中国哲学中，所谓“知”是指知识或认识，如果不仔细研究，仅从字面上看同西方哲学中的“knowledge”意思差不多，其实不然。二者之间的主要区别在于：中国哲学中的“知”是广义的；西方哲学中的“知识”一般来说是狭义的。在西方哲学史上，认识论着重讨论关于事实的知识是从哪里来的问题，因而特别强调主观和客观的分殊；而中国哲学中的广义认识论除了讨论关于事实的知识之外，还讨论关于道德价值的知识的问题。用中国哲学的术语说，关于事实的知识叫作“闻见之知”，而关于道德价值的知识叫作“天德良知”。中国古代哲学家通常把讨论的重点放在后者，而不是前者，与西方哲学家的思路不大一样。关于道德价值的知识同实践理性密切相关，所以中国古代哲学家们特别注重“行”，特别注重人生实践。

在中国传统哲学中，“行”同我们现在说的“实践”意思相近。“行”字是由“彳”（chì）和“亍”（chù）两个字组成的合体字，意思就是“走在路上”，从中可以引申出践履、行动、探索等诸多含义。这些含义也正是“实践”这一概念的题中应有之义。“行”内含着目的性，对于目的的清楚了解和准确定位，就是中国传统哲学中“知”的实质含义。中国古代哲学家往往把知与行相提并论，强调知一定要落实到行上，否则就算不得真知。

儒家创始人孔子就明确地提出知行密切相关的原则，认为行是学习知识的目的，主张学以致用。他说：“诵《诗》三百，授之以政，不达；使于四方，不能专对；虽多，亦奚以为？”（《论语·子路》）按照孔子的看法，只会死记硬背《诗经》上的诗句，却没有从政的本事，也不能充任专对应酬的外交使者，这种没有什么用处的书呆子，算不上有知识。在孔子学说中，知和行通常都是广义，但有时也在狭义上使用“知”这个范畴。他说：“生而知之者，上也；学而知之者，次也；困而学之，又其次也；困而不学，民斯为下矣。”（《论语·季氏》）这里的“知”是指关于道德价值的知识。孔子认为关于道德价值的知识是圣人创造的，以圣人为源头，因而只能承认圣人“生而知之”。用现在的观点看，孔子的说法似乎有先验主义之嫌，但我们不能用现在的观点苛求孔子。在古代，大多数民族都认为关于道德价值的知识来自神启或天启，孔子认为来自圣人，显然比神启说更为合理一些，体现出较强的人文主义精神。圣人作为理想人格，实际上只不过是一种理论上的预设而已。孔子只承认圣人“生而知之”，决不承认普通人“生而知之”，因而这种提法并不妨碍普通人贯彻知行密切相关的原则。对于普通人来说，任何知识都是通过后天学习得来的，都是在生活实践中积累起来的。孔子主张“学而时习之”（《论语·学而》）、“敏而好学，不耻下问”（《论语·公冶长》）、“每事问”（《论语·八佾》）、“发愤忘食，乐以忘忧”（《论语·述而》）、“听其言而观其行”（《论语·公冶长》）、“君子耻其言而过其行”（《论语·宪问》）、“知之为知之，不知为不知，是知也”（《论语·为政》）、“三人行，必有我师焉；择其善者而从之，其不善者而改之”（《论语·述而》）。孔子的这些名言警句对于中国人培养好学务实精神发挥了巨大作用，经常被人们引用。

自从孔子开启了知行关系这个话题之后，这个话题便成了此后中国哲学讨论的主要问题之一。这是一个真正的哲学问题，一个常讲常新的问题，一个因时代不同可以有不同讲法的问题。孔子结合他所处的时代，提出了一种讲法，尽管不是关于知行关系的终极定论，毕竟引起了人们对这一问题的重视，因而对中国哲学发展有重大的、长远的影响。毛泽东在写《实践论》时，仍要加上副标题“论认识和实践的关系——知和行的关系”。

话题三：人道学的内涵

孔子人道学的具体内容是礼学和仁学。礼学和仁学都是围绕着人的社会群体性而展开的。礼是外在的维系社会秩序的制度规范，仁是内在的道德价值的自我意识。这是孔子对所处时代进行深刻反思之后，取得的重要的理论思维成果。

孔子生活在春秋末年，生活在中国奴隶制社会向封建制社会过渡的社会大变革时代。随着旧的等级制度的瓦解，出现了“礼崩乐坏”的局面，这标志着礼乐制度的权威性和神圣性业已遭到了破坏，礼乐文化的底蕴开始暴露出来，从而为“反省和理解”礼乐文化提供了客观条件。孔子出身贵族，对礼乐非常熟悉，又有独立的人格和自由的身份并且善于独立思考，从而具备了对礼乐文化进行反思和理解的主观条件。孔子正是在对礼乐文化进行反思和理解的过程中，把礼乐文化中仍然有生命力的原则发掘出来，建构了儒家学说体系。春秋时代是中国社会制度的转轨时期，也是中国文化的转轨时期。孔子正是中国文化转轨过程中一个承上启下的关键人物。礼是孔子人道学的出发点。他思考的问题是：天下如何安宁稳定？如何组织起来？如何从无道变成有道？他从社会制度规范的重建，即礼的重建谈起，希望为当下的乱局找出一条出路。为什么天下无道？就是因为礼已经失效了。对于社会群体来说，礼是不可或缺的制度。一个社会有了“礼”，有了规矩，才有秩序可言，才有和谐可言，才能结成群体。群体生活就是有规矩的生活，故而孔子很重视礼的重建。他认为礼是社会得以安定的必要保障；唯有实行礼治，才能建立起“天下有道”的社会秩序。他说：“天下有道，则礼乐征伐自天子出；天下无道，则礼乐征伐自诸侯出。”（《论语·季氏》）在他看来，春秋时代社会之所以动荡不已，其根本原因就是“礼崩乐坏”，因此要使社会由乱变治，就必须恢复礼治。他明确表示：“郁郁乎文哉，吾从周。”（《论语·八佾》）“从周”也就是复兴周朝的礼治；而要复兴周礼，首要一条就是正名。孔子在卫国时，子路问他：“卫君待子而为政，子将奚先？”他直截了当地回答：“必也正名乎！”（《论语·子路》）所谓正名，也就是“君君，臣臣，父父，子子”（《论语·颜渊》），即每个社会成员都按照自己的等级名分尽义务，做君主的要像君主的样子，做臣子的要像臣的样子，做父亲的要像父的样子，做儿子的要像儿的样子。否则，“名不正则言不顺，言不顺则事不成，事不成则礼乐不兴，礼乐不兴则刑罚不中，刑罚不中则民无所措手足”（《论语·子路》）。这就是说，礼是人们的行为规范，是社会群体赖以维系的准则，每个社会成员都应当“约之以礼”，维护它的权威，恪守它的约束。复礼、从周、正名等主张反映出孔子思想有浓厚的传统色彩。如果仅从这个角度看待孔子，儒学似乎并不足观。应当注意的是，重礼思想仅仅是孔子儒学的出发点，不是儒学的全部内容。

面对“忽喇喇将倾”的礼治大厦，孔子并无意将它修补起来。他对礼治进行反思和理解，力图把其中仍具有生命力的、普遍适用的原则抽象出来，以备建设新体制之用。孔子对于传统的态度具有两面性：他一方面维护传统，另一方面又超越传统，他并不是抱残守缺、因循守旧的冥顽之辈。这种态度集中体现在他从新的视角看待礼治，对周礼作了损益。在他的眼里，礼并不仅仅是礼仪条文的总汇，并不是一套死板僵化的规定。“礼云礼云，玉帛云乎哉。”（《论语·阳货》）当然不是。那么，什么是礼的深刻内涵呢？孔子认为礼的深刻内涵就是普遍的人文精神，就是人之所以为人的本则，用一个字来概括就是“仁”。他把仁理解为礼的实质，把复礼看成是行仁的手段。他的结论是：“克己复礼为仁，一日克己复礼，天下归仁焉。”（《论语·颜渊》）这样，孔子便从“礼”这一传统观念的反思中引申出、提炼出“仁”这一崭新的观念。

在《论语》中，“仁”字出现了109次之多，可见“仁”在孔子思想体系中占有极其重要的地位。关于“仁”是什么，是孔门师生经常讨论的问题。“樊迟问仁。子曰：‘爱人。’”（《论语·颜渊》）在孔子关于仁的种种说法中，这一条最简洁，也最深刻。所谓爱人，也就是主张把他人当作自己的同类来看待，这是一种原始的人道主义思想。爱人也就是注重人所共有的、最一般的、最普遍的原则，以这种原则沟通人我关系，结成社会群体，谋求人类的共同发展。孔子在一定程度上突破了狭隘的宗法血缘观念，发现了人的类存在。他承认每个人都具有独立的人格，强调道德意识是人普遍具有的特质，因此主张用仁爱原则协调人际关系，实行“忠恕之道”。所谓忠恕之道，从消极的意义来说，就是应当“己所不欲，勿施于人”；从积极的意义来说，就是应该“己欲立而立人，己欲达而达人”（《论语·雍也》）。这样一来，孔子便从仁的观念中引申出一套做人的学问。他把仁视为人的本质规定，主张把自然人（“己”）提升到“真正的人”（即与“己”相对的人），在躬行仁道的道德实践中，实现人的价值，成就理想人格。他心目中的理想人格就是“真正的人”——圣贤、君子。孔子强调，人的价值的实现，人的自我提升完全是一种自觉自愿的理性选择，“我欲仁，斯仁至矣”（《论语·述而》）。人在修己求仁时表现出一种主动性，而无须外在的约束与强制。从这种仁的观念出发来反观“礼”，“礼”只不过是行仁的手段，“约之以礼”本身不是目的，其目的在于进入“为仁由己”的最高境界。孔子并不否认修己时必须用来自外面的礼对人加以约束，但更强调修己者应主动地接受这种约束，从而实现自律与他律的统一。如果说礼是孔子学说体系的出发点的话，那么，仁才是其思想体系的核心和实质。从这个意义上说，孔子开创的儒学亦可称为“仁学”。孔子把“仁”视为一种普遍的道德精神，一种人之所以为人的原则。孔子人道学的出发点是“礼”，而落脚点则是“仁”。礼的有效性与合理性必须由仁来担保。

孔子提出仁德观念，在中国哲学史上是一项重大发现，对于搭建中华民族的精神世界具有重大的意义。从哲学人类学的意义上看，任何社会组织必须有一套全体社会成员达成基本共识的主流价值观念和伦理规范，这是每个民族形成所必不可少的文化共识。这种文化共识可以采用宗教的形式来表达，也可以采用非宗教的形式来表达。大多数民族采用宗教的形式，如伏尔泰说，一个民族即便没有神，也要造出一个神来。中华民族则采用非宗教的形式，这就是孔子提出的仁德观念以及以此为核心形成的儒学。儒学是世界上少有的以非宗教的、内在超越的方式安顿精神世界的成功模式（有别于基督教、佛教、伊斯兰教）。儒学有效地组织社会、安顿人生，已形成中国人的文化基因，具有强盛的生命力。它是中华民族凝聚力的核心，有力地提升全体民族成员的文化认同感，有如一条无形的纽带把大家联系在一起。倘若没有这样一种共识，中华民族就不可能成为世界上最大的民族。在孔子的人道学中，“仁”是人生的最高价值，比人的生命还重要；为了体现仁德，哪怕献出生命也在所不辞，这就叫作“杀身成仁”“死守善道”。仁德观念培养出无数的志士仁人，无数的民族英雄，他们是中华民族当之无愧的脊梁。

话题四：中庸之道

在孔子学说中，礼使人被动地不为恶，仁使人主动地为善，从这里引出一个两者如何配合的问题。仁和礼的最佳配合状态就是中庸。在孔子人道学中，礼、仁、中庸是三个紧密联系的观念，但中庸的哲学意涵更为复杂一些。中庸既是理想的道德境界，又是辩证的思想方法。

仁与礼相互关联，相辅相成。一方面，仁受礼的制约，行仁不能超出礼规定的范围。孔子不赞成没有差等的仁爱，因为这将模糊上下尊卑的等级名分界限，这一点后来成为儒家与墨家的主要分歧之一。另一方面，仁又规定着礼，只有体现仁的规定的礼才是合理的。有些陈规陋习虽有仪礼方面的根据，如杀殉、专横、暴政等等，但在孔子看来仍是非礼之举。孔子把仁与礼相统一的最佳状态称为“中庸”，他曾发出感慨：“中庸之为德也，其至矣乎！民鲜久矣。”（《论语·雍也》）中庸作为理想的道德境界，作为仁与礼相统一的最佳状态，普通人是很难做到的，故而称之为“至德”。孔子指出，礼是衡量中庸与否的具体尺度，“礼乎礼，夫礼所以制中也”（《礼记·仲尼燕居》）。这样，孔子便把“礼”“仁”“中庸”三个范畴连结为一个完整的理论体系，确立了儒家人道学的基本框架。孔子的后学撰写《中庸》，进一步发展中庸的人格理论，把中庸诠释为中和之道、君子之道、至诚之道。

中国古代哲学的辩证思维较为发达。在先秦时期，中国就形成了道家、兵家、儒家三种类型的辩证法思想。道家辩证法的特色是“贵柔”，兵家辩证法的特色是“尚刚”，而儒家辩证法的特色则是“执中”，主张刚柔并济。儒家辩证法“执中”的基调是由孔子定下来的，源于孔子提出的中庸之道。中庸作为辩证的思维艺术，掌握起来也相当不容易。从思想方法的角度说，“中”有中正、中和、适度等意思，“庸”是“用”的意思，合起来说，“中庸”即是“用中”，即在思维过程中始终贯彻“允执其中”（《论语·尧曰》）的原则。中庸作为一种辩证的思维艺术，掌握起来很不容易，表述出来也很不容易。中国古代哲学家讲辩证法以阴阳为基本范畴。道家的讲法立足于“阴”，兵家的讲法立足于“阳”，都是从正面表述的。儒家讲“中”，无法从正面讲，只能从反面来讲。

孔子找到的第一种表达中庸的方式是“叩其两端”。一端是“过”，另一端是“不及”。搞清楚“两端”，“中”的意涵也就清楚了。“中”与“过”或“偏”相对而言，要把握“中”，必须排除“过”和“不及”两种片面性。孔子在评论他的两个弟子时说：“师也过，商也不及”，结论是“过犹不及”（《论语·先进》）。无论是“过”，还是“不及”，都偏离了中道。这也就是说，只有把握好分寸，排除极端，维系矛盾双方的和谐、统一、平衡，才算达到了中庸。孔子在教学的时候，常常采用这种中庸的方法。他说：“吾有知乎哉？无知也。有鄙夫问于我，空空如也。我叩其两端而竭焉。”（《论语·子罕》）孔子虽然没有从正面告诉求学者什么是正确的，但从负面告诉他什么是“过”，什么是“不及”，告诉他怎样排除两种片面性、极端性，求学者自然可以从中领悟到正确的道理。宋玉在文学中成功地运用了孔子“叩其两端”的表达方式。他在《登徒子好色赋》中写道：“东家之子，增之一分则太长，减之一分则太短，着粉则太白，施朱则太赤。”作者没有从正面描写“东家之子”，只是把长短两端、白赤两端排除掉，一个绝色美人的形象就呼之欲出了。

孔子找到的第二种表达中庸的方式是“而不”句式。例如，他对

《诗经·国风·关雎》的评价是："乐而不淫，哀而不伤。"（《论语·八佾》）《关雎》一诗恰到好处地表达出快乐的情感，而不放荡；表达出忧郁的情感，而不悲伤。中庸的思想方法要求要掌握分寸，用现代哲学术语来说，就是要把握好"度"，不要走极端，不要过分。孔子在生活实践中，十分注意贯彻中庸的原则，不做过头的事。正如孟子对他的评价："仲尼不为已甚者。"（《孟子·离娄下》）孔子也钓鱼，也射鸟，但他"钓而不纲，弋不射宿"（《论语·述而》），从不使用大网捕鱼，从不射杀巢中栖息的鸟。在他看来，采用赶尽杀绝的做法，有悖于中庸之道。《论语·述而》这样描述孔子的性格："子温而厉，威而不猛，恭而安。"孔子温和而又严肃，威严而不凶狠，恭敬而又自然。"威"符合中庸之道，大家都可以接受；"猛"就过分了，大家肯定难以容忍。

孔子的后学撰写《易传》，采用解释《易经》卦象、卦辞、爻辞的办法，进一步发展中庸的思想方法，提出"唯变所适""刚柔相济""氤氲交感"等观点，系统地论述儒家"执中"的辩证法理论，使之更加完善。

话题五：理想社会构想

孔子的人道学实现了从天道到人道、从"无知之知"到"有知之知"的转折，提出了礼学、仁学、中庸三个要点，还勾勒出一幅理想社会的蓝图，这就是大同之世。同老子一样，孔子是当时社会现状的批判者，他认为自己所处的社会是一个"天下无道"的乱世。那么，什么是"天下有道"的治世呢？要回答这个问题，孔子必须拿出一幅理想社会的蓝图。所以，关于大同之世的论述，应当是孔子人道学的最后一个理论环节。倘若没有这个环节，孔子的人道学在理论上便是不完整的。礼学、仁学、中庸讲的是理想人格问题，大同之世讲的是理想社会问题。我们无法在《论语》中找到孔子直接讲大同之世的材料，但在《礼记·礼运》中却记载着孔子在这方面的言论，并且明确地写着"孔子曰"。笔者认为，尽管目前尚无法确定《礼运》的作者和写作时间，但不影响我们把它当成研究孔子人道学的思想材料。《礼运》篇对大同之世作了这样的描述：

> 大道之行也，与三代之英，丘未之逮也，而有志焉。大道之行

> 也，天下为公。选贤与能，讲信修睦。故人不独亲其亲，不独子其子，使老有所终，壮有所用，幼有所长，矜寡孤独废疾者，皆有所养。男有分，女有归。货恶其弃于地也，不必藏于己；力恶其不出于身也，不必为己。是故谋闭而不兴，盗窃乱贼而不作，故外户而不闭。是谓大同。

有的论者误解这是对中国古代原始共产主义社会的历史回忆，有的论者误解这是一种关于空想社会主义乌托邦的虚构，但恐怕都不符合事实。很明显，这里所讲的仅仅是道德意义上或价值意义上的社会理想，对孔子关于仁学的理念进行了展开，并不涉及任何一种具体的社会制度。如果说是“乌托邦”的话，那么，也只能说是道德意义上的乌托邦，与制度上的乌托邦无关。儒家历来重视群体性，经常围绕着仁的价值理念展开论述。大同说的主旨同儒家的价值理念是一致的。第一句话强调的是群体意识至上，公字当头，个体利益必须服从群体利益；第二句话是讲价值导向、社会群体诉求；第三句话、第四句话、第五句话是讲所有社会成员应该抱有对群体负责的态度；第六句话强调的是社会成员对于社会群体应有的奉献精神；第七句话是关于理想社会图景的展望：人人都养成高尚人格，精神文明高度发达，每个人都以关心他人、关心社会群体为荣，人与人和睦相处，完全看不到争斗、盗窃等丑恶的社会现象。至于物质文明发展到什么程度，作者闭口不谈。

孔子既是一个理想主义者，也是一个现实主义者。他认为，大同之世作为理想社会，不可能一下子实现，但可首先建立一个小康之世。以小康之世为基础，便可以进一步达到大同之世。在大同之世，对社会成员的要求是主动地为善，这是仁学在社会理想层面的展开；在小康之世，对社会成员的要求是被动地不为恶，这是礼学在社会理想层面的展开。《礼运》篇关于小康之世的描述是：

> 今大道既隐，天下为家，各亲其亲，各子其子，货力为己，大人世及以为礼，城郭沟池以为固，礼义以为纪，以正君臣，以笃父子，以睦兄弟，以和夫妇，以设制度，以立田里，以贤勇知，以功为己。故谋用是作，而兵由此起。禹、汤、文、武、成王、周公，由此其选也。此六君子者，未有不谨于礼者也。以著其义，以考其信，著有过，刑仁讲让，示民有常。如有不由此者，在埶者去，众以为殃。是谓小康。

在《诗经·大雅·民劳》中首次提出了“小康”的观念，留下“民亦劳止，汔可小康”的诗句。关于“小康之世”，孔子认为其特点有三：第一，社会还没有发展到“大道为公”的程度，家庭观念比较浓；第二，由于家庭观念占主导地位，社会成员普遍为自己着想，人们之间的利益关系需要靠礼仪制度协调，为了规范人们的行为，君主采取强制手段治理国家，惩恶扬善是必要的，设置军队保卫国家安全是必要的；第三，在礼仪制度指导下，君主勤政为民，形成以国家为整体、以家庭为部分的相对和谐的社会。孔子的“大同”与“小康”的共同点在于倡导合群体，区别在于大同以“大道”为维系群体的手段，小康以礼仪制度为维系群体的手段。“小康之世”虽然并不十分理想，但它是进入“大同之世”的必经阶段。孔子构想的理想社会对中华民族的形成和发展产生了极大的影响，一直到民国，孙中山仍以“大同之世”为追求目标。孔子构建的群体价值观，一定程度上可以说为中华民族的凝聚力提供了理论支撑。

四、孟子：从人性善到求放心

孟子既是儒家思想坚定的捍卫者，也是儒家思想的发展者。在孔子那里，先秦儒学大概还只是初步的想法，并没有充分地展开；而到孟子那里，则变成了比较系统的说法，已经讲出更充分的道理来了。《论语》中各章的篇幅比较短，好像是语录汇编；《孟子》各篇的篇幅比较长，已经有文章的模样了。《孟子》的字数，也比《论语》多一些。孔子举其要，孟子述其详，故而后世学者才把二人并称，有“孔孟之道”的提法。孟子主要在内圣学的维度上发展了儒家思想，可以说是第一个关切安身立命之道的儒家先师。人性善、天道诚、求放心，这三点构成孟子关于安身立命之道的基本架构。

话题一：人性本善

在政治哲学方面，孟子提出了仁政。他必须解决的问题在于：仁政在理论上是否具有可行性？孟子的回答是肯定的，理由就是人性善。孟子的哲学围绕着其构想的仁政图景展开，第一个环节是仁政说，第二个环节则是人性善。性善论是孟子对孔子仁学的进一步发展。在孔子那里，“仁”主要是指关于道德价值的自我意识，强调“我欲仁，斯仁至矣”（《论语·述而》），强调“为仁由己”（《论语·颜渊》），倡导“为己之学”；在孟子这里，“善”则是一种社会的评价尺度。孔子讲的是道德观念的内在性，孟子讲的是道德评价的社会性，强调人与人之间具有可沟通性。孟子所说的“善”，实则是对于人的社会群体性作出的哲学抽象。其实，在孔子思想中，已具性善论的雏形。孔子所说“性相近也，习相远也”（《论语·阳货》）中的“近”，就有人性善的意思，不过尚不明确；孟子提出性善论，把儒家的人性论讲清楚了。

孟子的仁政主张以性善论为理论依据，他在论证仁政的可行性时说：“先王有不忍人之心，斯有不忍人之政矣。以不忍人之心，行不忍人之政，治天下可运之掌上。”（《孟子·公孙丑上》）“不忍人之心”也就是善心、良心。按照孟子的看法，君王的人性是善的，故而可以选择仁政，施行仁政；百姓的人性是善的，故而可以接受仁政，接受教化，可以主动地为善。在人性善的基础上，君王与百姓相互沟通，共同促成仁政的实施。善心或良心不仅先王有，而且每个人都有，这就自然而然引出关于普遍的人性是什么的探讨。孟子认为，人性本善，人生来就具有向善的能力，孟子称之为“良能”；生来就具有道德意识，孟子称之为“良知”。“人之所不学而能者，其良能也；所不虑而知者，其良知也”（《孟子·尽心上》），良知良能是万善之源，由此而形成恻隐之心、羞恶之心、辞让之心、是非之心等四心，由四心而形成四个基本的道德观念即仁、义、礼、智，也即是“四端”。孟子断言：“仁，义、礼、智，非由外铄我也，我固有之也。”（《孟子·告子上》）

孟子认为，人性善正是人与动物的本质区别。“人之所以异于禽兽者几希，庶民去之，君子存之”（《孟子·离娄下》），孟子在这里强调的是“人之所以异于禽兽者”，而不是“人异于禽兽者”。“人异于禽兽者”属于现象上的差异，这是很容易发现的；而“人之所以异于禽兽者”属于本质上的差异，这就不容易发现了，故说“几希”。孟子认为，人与禽兽的根本区别，就在于人有求善的意识，而禽兽没有这种意识。人性善是指人所共有的类本性，是相对于兽性而言的；只要是人，必有人性，必有善性。人向善处走，有如水往低处流。

不过，人性善只是一种理论上的可能性，并不意味着每个人在事实上都是善的。由于每个人保留善性的程度不一样，遂形成“存之”和“去之”的差异，从而形成了君子与庶人之别，形成人格上的差异。孟子指出，这种情形并不能推翻人性善的结论。他辩解说，山性按道理应该是郁郁葱葱的，可是牛山变得光秃秃的，这岂是山性所致？原本郁郁葱葱的牛山，树木被人砍光，青草被牛羊吃光，才成了光秃秃的样子。同样道理，人性本来是善的，可是小人由于受到物欲戕害，才背离了善。基于此，孟子强调心性修养的必要性，主张对庶民进行礼义教化，使他们逐渐恢复已失掉的善性。性善论不是关于人性的事实判断，而是关于人性的价值判断，只是说人可以是善的，应该是善的。正是因为人性善，所以人才是可以教化的，每个人都有成为圣人的可能，孟子的说法是“人皆可以为尧舜”（《孟子·告子下》）。

孟子把人的道德意识视为人的本质，这是人类对自身认识走向深化的理论表现。性善论的深刻之处在于，它强调人性首先应当是人的社会属性，而不是人的自然属性。孟子不赞成告子的“食色，性也”（《孟子·告子上》）的自然人性论，认为这种理论没有把人与动物区别开来，忽略了人的社会性。孟子的性善论肯定人生价值，鼓励人们追求完满的人生境界，带有强烈的理想主义色彩，确立了儒家所特有的价值取向。孟子提出性善论，使儒家人道学理论更加完备。孔子提出仁的思想，把“仁”视为人的本质，确立了儒家的基本原则。但是，孔子只是表明人应当以“仁”为价值取向。他的观点带有很强的规范性，至于人为什么应当履行仁道以及人何以可能履行仁道，并没有充分的说明。孟子提出性善论，从理论上说明履行仁道有内在依据，说明履行仁道有可能性，说明自我完善有内动力，使儒家的人道学得以深化和系统化。人性善为建构和谐社会提供理论依据。按照这种理论，承认自己具有内在的善性，为个人树立道德理念提供了自信心，鼓励每个人努力向善；承认他人具有善性，把他人当成人看，可以养成尊重他人的健康心态，可以本着与人为善的原则为人处世。对于和谐社会的构建来说，性善论是一种有促进和谐作用的学说。倘若人人皆遵循与人为善的原则，那么，社会自然不就和谐了吗？如果“人对人都像狼一样”，社会怎么会有和谐可言？人性善为内在超越的路向提供了理论依据。性善论不是就现实的人性而言，而是对理想的人性而言。对于现实的人性来说，人性善是一种超越自我的内在根据。这是一种肯定人生价值的内在超越，一种哲学意义上的超越，有别于任何否定人生价值的、宗教式的外在超越。

话题二：人性善的根据

孟子提出人性善的论断之后，必须回答的理论问题是：何以说人性善？这就涉及道德价值的终极依据问题。孔子把道德价值的源头追溯到“生而知之”的圣人就止步了，可是，孟子却不能止步。孟子承认，圣人作为仁德的楷模，对众人发挥着教化的作用，是众人的精神导师。孟子说：“圣人，百世之师也，伯夷、柳下惠是也。故闻伯夷之风者，顽夫廉，懦夫有立志；闻柳下惠之风者，薄夫敦，鄙夫宽。奋乎百世之上，百世之下，闻者莫不兴起也。非圣人而能若是乎，而况于亲炙之者乎？”（《孟子·尽心下》）与众人相比，圣人可以说“出于其类，拔乎其萃”（《孟子·公孙丑上》）。在这里，孟子把圣人与众人视为同类。既然圣人也是人，当然不能视为道德价值的源头；必须超出“人”的范围，作进一步的追溯。于是，孟子便追溯到了天。他提出“天道诚”的观念，试图从形上高度证明人性善。孟子提出性善论，为内在超越找到了内在根据；提出天道诚，确立了内在超越的形上指向。

在中国哲学中，“天”是含义复杂的范畴。“天”的最初含义是指主宰之天，即前哲学时代传统天命观中的天。这时，天就是主宰一切的天神，是人顶礼膜拜的最高权威。“天者，颠也”，天至高无上，人在天的面前是被动的存在，无自由可言。老子以哲学思辨的方式否定了主宰之天，于是“天”有了第二种含义：自然之天。老子把“道”视为宇宙万有的本体，天不再具有至上性。人在天的面前不再是被动的存在，而是“道法自然”的存在。人不必把天当成崇拜的对象，把“道”当成终极依据就可以了。在人生实践中，人可以获得对于自然之天的自由。孟子赋予“天”第三含义，即义理之天。孟子把义理之天视为道德价值的终极依据。义理之天有别于主宰之天，它只是道德价值的担保者，并不是人的一切行为的支配者。它是理性的，不是神性的。义理之天对于人没有强制性，人在义理之天面前是自由的；人可以把握义理之天，进入天人合一的精神境界。义理之天也有别于自然之天。它不是纯粹的客观世界，而是意义的世界、精神的世界、价值的世界，是人可以选择的安身立命之地。

对于孟子的性善论来说，义理之天是不可或缺的理论预设。人性善的根据不能到主宰之天中寻找。对于被动的人来说，没有选择的自由，也不必为自己的行为后果负责任，所以，也就根本谈不上善。人性善的根据也不能到自然之天中去寻找。因为自然之天在价值上是中立的，既无所谓善，也无所谓恶。对于自然之天，可以作事实判断，却难以作价值判断。因此，只能到义理之天中去寻找人性善的根据，把义理之天作为人性善的终极依据。孟子认为，人所具有的仁、义、忠、信等品格，都来自义理之天，“仁义忠信，乐善不倦，此天爵也”（《孟子·告子上》），“夫仁，天之尊爵也”（《孟子·公孙丑上》）。义理之天具有仁义等善性，人性善其实来自天性善。在“性善”这一点上，天人合一。他指出，只要诚心诚意地扩充人生来就有的善心，就可以了解到人的本性；了解到人的纯善的本性，也就是了解到天的本性。这就叫作“尽其心者，知其性也；知其性，则知天矣”（《孟子·尽心上》）。

从义理之天的角度看，人扮演了双重的角色。一方面，人是义理之天的体现者，拥有“天爵”的身份；另一方面，人是社会中的成员，拥有“人爵”的身份。他说：

> 有天爵者，有人爵者。仁义忠信，乐善不倦，此天爵也；公卿大夫，此人爵也。古之人修其天爵，而人爵从之，今之人修其天爵，以要人爵；既得人爵，而弃其天爵，则惑之甚者也，终亦必亡而已矣。（《孟子·告子上》）

由于人拥有“天爵”的身份，故而从义理之天获得善的本性。这种善的本性，构成人的内在本质。它不是外界强加给人的东西。对于现实的人来说，这是自我完善、自我提升、最终达到天人合一境界的内在根据。按照孟子的说法，所谓圣人，也就是自觉地“修其天爵”的人。例如，“舜之居深山之中，与木石居，与鹿豕游，其所以异于深山之野人者几希。及其闻一善言，见一善行，若决江河，沛然莫之能御也”（《孟子·尽心上》）。舜作为一个圣人，他与“野人”的区别，仅在于达到了对于“天爵”的自觉，而不是他受到了什么特殊的教育。正是由于他自觉地“修其天爵”，即便隐居深山，没有得到受教育的机会，而一旦接触到善言善行，他心中的善念便会一下子激发出来，有如江河决口那样迅速扩展，充分地展示他的圣人本色。孟子指出，舜能做到的这一点，普通人也能做到。

孟子认为，人生价值不能定位在“人爵”上，而应当定位在“天爵”上。一个人在社会上的角色，由各种条件所规定，并不是自己可以随意选择的。谋事在人，成事在天，经过努力仍达不到目的，只好听天由命。至于一个人能否成就高尚的人格，则完全取决于自己的努力。“天爵”与“人爵”之间没有必然的联系，富贵者未必道德高尚，贫贱者未必道德低下。“富贵不能淫，贫贱不能移，威武不能屈，此之谓大丈夫”（《孟子·滕文公下》），孟子评价人格的标准，不是社会地位的高低，而是道德自觉强弱的程度。在他看来，小人物同样可以做大丈夫。这种大丈夫，就是充分体现天爵的天民，就是道德价值的实现者。孟子鼓励每个人效法义理之天，像天那样诚实。“是故诚者，天之道也。思诚者，人之道也”（《孟子·离娄上》），“思诚”就是以“天”作为终极的价值目标，扮演好天民的角色，力求进入天人合一的精神境界。所谓天人合一，也就是天人合诚、天人合善，不抱任何功利目的，并没有进入天堂或极乐世界的念头。这是一种哲学意义上的内在超越，有别于宗教意义上的外在超越。

话题三：求放心的方法

孟子设定的终极价值目标是进入天人合一的精神境界，那么，怎样达到这一目标呢？孟子不可能选择外求的认识路线，只能选择内求的心性修养路线。他指出，现实的人之所以流于不善，并非人的本心所致，而是人不肯下功夫寻回业已失掉的本心。他慨叹：现实的人连自己家的鸡犬丢失了，都知道找回来；可是自己的本心丢失了，却不知道找回来，真是一种悲哀！他对这种人的忠告是：“学问之道无他，求其放心而已矣。”（《孟子·告子上》）“求放心”的过程，就是心性修养的过程，后儒称之为做工夫。修养论或工夫论是孟子安身立命之道的最后一个理论环节。在孟子哲学中，心性修养的要点有三：

一是尚志。孟子认为，做人首先应当树立成为志士仁人的志向，并且坚定地朝着这个方向努力，无论遇到何种情况都不能动摇。他对“尚志”的解释是：“仁义而已矣。杀一无罪，非仁也；非其有而取之，非义也。居恶在？仁是也。路恶在？义是也。居仁由义，大人之事备矣。”（《孟子·尽心上》）“尚志”不是一蹴而就的事情，要持之以恒地磨炼，不能“一日暴之，十日寒之”（《孟子·告子上》）。“尚志”要达到“不动心”的程度，孟子称自己在四十岁时，方做到不动心。

二是养心。孟子说：“养心莫善于寡欲。”（《孟子·尽心下》）从正面讲，养心就是树立为社会群体着想的观念，时刻想着自己是社会群体中的一员，应当为社会群体尽职尽责；从反面讲，养心就是去除自己个人的物质欲望，把社会责任放在首位。只有减少物质欲望对道德本性的侵害，才能逐步地“求其放心”，达到人格上的自我完善，把自己由自然人提升到“真正的人”的高度。

三是养气。孟子自称“善养吾浩然之气”，他的体会是：“其为气也，至大至刚，以直养而无害，则塞于天地之间。其为气也，配道与义，无是，馁也。”（《孟子·公孙丑上》）在这里，孟子把“气”紧紧同“直”“道”“义”联系在一起，因此，所谓养气，也就是培育道德理念。他强调，养气是一个循序渐进的积累过程，不能拔苗助长。

孟子提出的“求放心”的修养论或工夫论，系统地论述了儒家的精神安顿方式。孟子的“求放心”同庄子的“逍遥游”一样，都可以帮助人排除由欲望造成的烦恼，减轻精神压力，排除不良情绪，净化心灵。庄子的“逍遥游”着眼于个体，注重个体的自由；孟子的“求放心”着眼于群体，强调个体对于群体的责任。他以“义理之天”为人的安身立命之地，把“上下与天地同流”“万物皆备于我”当作道德修养的最高境界。他认为，一旦进入这种境界，那便是人生的最大快乐，便是终极价值的实现。“反身而诚，乐莫大焉”（《孟子·尽心上》），孟子这种天人合一的思想，奠定了儒家“道德形上学”的基础，为后儒重视并加以发展。由于孟子创立了心性修养理论，使“以儒学代宗教”在中国人的精神生活中成为可能。宋明理学家正是通过开发孟子留下的思想资源，形成了儒学新形态，改变了佛道二教在精神生活中占主导地位的情形，使儒学掌控主流话语。由此来看，称孟子为亚圣，可谓实至名归。

五、荀子：明于天人之分

先秦儒家最有代表性的哲学家，除了孔子和孟子之外，还有荀子。孟子从内圣学维度展开了孔子的仁学思想，荀子则从外王学维度展开了孔子的礼学思想。儒家人道学在孔子那里，还只是想法。孟子把孔子的想法变成了说法，提出了仁政说、性善论、天道诚、求放心等一套比较系统的理论。但在孟子那里，儒家人道学仅仅是说法而已，理想主义色彩太重，“迂远而阔于事情”（《史记·孟子荀卿列传》），并没有可操作性。到荀子这里，才拿出具体的制度设计、政策设计，把儒家人道学变为切实可行的做法。倘若没有荀子，“以儒治国”在中国古代社会不可能落到实处。

话题一：以礼治国

同孟子一样，荀子的哲学思考也是从关于人的社会群体性开始的。他们的共识是：人并不是道家所说的那种自然存在物，而是有文化的存在物，有社会群体性的存在物。可是，如何解释人的合群体性？他们采取的路径不一样。孟子从观念的层面考量人的社会群体性，认为人具有向善的类本性，人以本然的善性为精神纽带，结成社会群体，阐发了孔子“仁”的思想；荀子则从现实的层面考量人的社会群体性，认为人遵循礼仪规范结成社会群体，形成社会秩序，阐发了孔子“礼”的思想。他们都主张消除诸侯国之间的纷争，在中国组建统一的、大规模的社会组织，建立安定和谐、长治久安的政治局面。不过，他们拿出的政治方案不同：孟子主张施行仁政，荀子主张礼法并用。

生活在春秋末年的孔子已对周礼作了损益，生活在战国末年的荀子则在这条路上走得更远。从文化人类学的角度看，他反思和理解礼乐文化，认为礼义是人类结成群体、组织社会、维持秩序的必要设施。荀子通过人与动物的比较，说明人的社会群体性。他分析说，人的气力不如牛大，奔跑不如马快，但人却能够驾驭牛马，这是什么缘故呢？其原因就在于人能够结成群体。人之所以能够结成群体，是因为人类创造了一套用来协调人与人相互关系的礼义制度。“故义以分则和，和则一，一则多力，多力则强，强则胜物。”（《荀子·王制》）人的生理结构同动物相比，并没有什么优势可言。但是人是社会群体性的存在，是智慧的存在。要使这个群体社会有效地运作起来，就必须有礼义规范、有社会分工、有社会秩序。有秩序方能有分工，方能有和谐。荀子关于“礼”的看法是很务实的，比孟子的人性善更为深刻地看到人的社会群体性。荀子指出，正因为人类创造了礼义制度，所以才取得“最为天下贵”的地位。他指出，礼义的作用在于“养人之欲，给人之求”（《荀子·礼论》），即协调各个社会阶层之间的利益关系。他给“礼”下的定义是：“贵贱有等，长幼有差，贫富轻重皆有称者也。”（《荀子·富国》）荀子所说的“礼”其实是指君臣、父子各守其位的君主等级制度。

毋庸讳言，荀子关于礼义的论述表达了专制主义的政治诉求，但我们不能用现代人的眼光指责他。荀子作为古人，当时所能想到的政治体制只有君主等级制度，不可能是民主共和制度。民主共和制度只能形成于市场经济发展起来以后，不可能出现在自然经济时代。荀子强调礼义的必要性，无非是强调社会应该有秩序，社会成员应该有分工和协作，国家应该有治国之道。在荀子看来，礼义是不可或缺的治国之道。治理国家光靠仁义说教是不够的，必须制定强制性的礼义规范，约束人的行为。基于这样的看法，荀子把儒家人道学的重点由仁学转到了礼学。孟子是一个理想主义者，重视仁学，不大重视礼学，鼓励人主动地为善，但没有拿出使人被动地不为恶的办法；荀子是一个现实主义者，他找到了使人被动地不为恶的办法，那就是礼义规范。治理国家必须制定礼义规范，用强制性的手段管理社会成员，维持社会秩序，这是孟子没有讲透的地方，却是荀子比孟子深刻的地方。荀子把礼义视为组织社会群体必不可少的准则，使孔子提出的“约之以礼”的命题获得丰富的内涵。荀学就是群学，就是礼学。

从总体上看，荀子的制度设计是专制主义的，但其中也包含着民主的因素。荀子反对世卿世禄制，主张向民众开放政治殿堂，从民众中选拔官吏。他明确地提出：“虽王公士大夫之子孙，不能属于礼义，则归之庶人。虽庶人之子孙也，积文学，正身行，能属于礼义，则归之卿相士大夫。”（《荀子·王制》）他的这一主张后来通过科举制度得以实现。在中国古代，没有出现选举制度，但出现了选拔制度。选拔制度的第一设计者就是荀子。选拔制度同选举制度相比，无疑是落后的，但比世袭制度进步得多。在世界上各国普遍实行世袭制度的时候，中国大概是最早实行选拔制度的国家。中国每个朝代延续的时间都比较长，恐怕同实行选拔制度有关系。

荀子对儒家礼学另一个重大贡献是重新解释礼法关系，使儒家的礼治主张不再流于空疏，获得现实的可操作性。荀子认为，礼与法不是互不相容的对立关系，而是相辅相成的互补关系。“礼者，法之大分，类之纲纪也”（《荀子·劝学》），按照荀子的解释，礼不仅仅是道德规范，其本身也具有强制性的约束作用。从这个意义上说，礼也就是广义的法，并且是最大的法。礼与法的区别在于，礼有道德感召力的强制性，与“仁”是兼容的关系；法是没有道德感召力的强制性，同“仁”是不兼容的关系。在对社会成员具有强制性这一点上，礼与法是一样的，因此，礼和法也是可以兼容的。经过这样的解释，礼治和法治在荀子那里有机地统一起来，不再构成相互对立关系（如孟子理解的那种对立关系）。荀子指出，礼与法都是维系社会群体不可缺少的手段，概括出“隆礼尊贤而王，重法爱民而霸”（《荀子·天论》）的政治哲学原理。他不同意孟子尊王贱霸的观点，主张王霸杂用，礼法双行。“粹而王，驳而霸，无一焉而亡”（《荀子·强国》），荀子作为儒家大师，当然不会将礼与法并列起来等量齐观，他的王霸杂用主张其实是以王道为主、以霸道为辅，他的这一主张实际上为中国古代社会的统治者所采纳。汉宣帝直言不讳地说：“汉家自有制度，本以霸、王道杂之。”（《汉书·元帝纪》）儒家的礼学思想经过荀子的阐发，终于从理想层面落实到现实层面，对中国古代社会的政治生活产生了重大影响，真正发挥了“以儒治国”的作用。从这个意义上看，谭嗣同“二千年来之学，荀学也”①的说法并不为过。

话题二：施行教化

荀子哲学的第一个话题是礼学，阐述了礼与法两手并用的政治哲学原理。与此相关，第二个话题则是人学，通过解剖人性，论证两手并用的政治哲学原理的可行性。

按照通常的说法，荀子和孟子关于人性的看法是对立的：孟子主张人性善，荀子主张人性恶。这种说法并不符合荀子的思想实际。荀子的人学理论有很丰富的内容，人性有恶只是其中一个分论点，并且不是荀子的主要论点，不能用“性恶论”概括荀子的人学理论。荀子的人学理论，主要包括这样四个论点。

第一，人能群。荀子认为，人具有合群体性，可以依据礼义结成群体，组织社会，建立秩序，分工协作。任何人都不是单个存在物，而是社会群体中的一员，都应对社会群体负责任、尽义务。

第二，人为贵。由于人能群，懂得礼义，懂得社会组织原理，所以“天地之间人为贵”。人作为社会存在物，高于其他自然存在物。荀子不赞成道家把人等同于自然存在物的观点，批评他们“蔽于天而不知人”（《荀子·解蔽》）。荀子“人为贵”的观点，得到儒家的普遍认同，《易传》的作者把天、地、人并称为“三才”，使“人为贵”成为

①〔清〕谭嗣同：《仁学》，《谭嗣同全集》，生活·读书·新知三联书店1954年版，第54页。

儒家的传统观念之一。

第三，人性有恶。荀子从两个角度思考人的问题，一个是社会的视角，一个是个体的视角。从社会的视角看，人能群、人为贵。他对社会的人性所作的价值判断，无疑是肯定的，虽然他没有作出“人性善”的论断，但至少不能得出“人性恶”的结论。只是在论及个体的人性时，荀子才作出否定的价值判断，提出“人性有恶”的说法。荀子以儒家的价值尺度评断善恶，认为恪守礼义规范，体现合群体性为善；反之，则为恶。就个体的人而言，不可能生来就懂得礼义规范，生来就会融入群体；个体接受礼义规范、融入群体需要有个学习、训练的过程，故说“人之性恶，其善者伪也”（《荀子·性恶》）。这里的“伪”，是“人为”的意思，引申开来就是学习和训练。个体的人具有双重性，既有社会属性，也有自然属性或动物属性。因此，需要用礼义规范个体的人的行为，改造其动物属性，培育其社会属性。如果不对个体的动物属性加以限制，任其自然发展，便会表现为贪欲：“目好色，耳好声，口好味，心好利，骨体肤理好愉佚。”（《荀子·性恶》）荀子只是在这个意义上作出“人性有恶”的论断，并没有全盘否定人性。正因为人性有恶的一面，所以才需要设置礼义、推行教化，对人的动物属性加以限制和改造。由于人性有恶的一面，必须设法使其被动地不为恶。“古者圣人以人之性恶，以为偏险而不正，悖乱而不治，故为之立君上之势以临之，明礼义以化之，起法正以治之，重刑罚以禁之，使天下皆出于治，合于善也”（《荀子·性恶》）。荀子以“人性有恶”论证了他提出的王霸杂用、礼法双行的政治主张。

应该注意的是，性恶论不是荀子关于人性的全称判断，只是对个体的人所具有动物属性的描述，只是说人性有恶的一面，并不是说人性全部是恶的。荀子的人性有恶论与孟子的性善论不是两种根本对立的学说，而是儒家内部的理论分歧，在理论上可以相互兼容。荀子承认人有合群体性，有类本性，这同孟子的性善论是一致的；孟子认为人性善只是理论上的可能性，并不认为现实生活中的人都是善的，这同荀子的“人性有恶论”并没有冲突。如果说孟子以性善论说明了人履行仁道的可能性的话，那么，可以说荀子以“人性有恶论”论证了以礼义规范人的行为的必要性。荀子有力地论证了儒家重教化的思想，实则为儒家外王学不可缺少的理论前提。但是，他有把人性看成消极因素的倾向，取消了礼义在人性中的内在根据，无法把外王学同内圣学衔接起来，有违于儒家一向注重心性自觉的理性主义传统，故常常为后儒所诟病。

第四，人性朴。人性恶只是说个人有流于恶的可能性，并不排除还有其他的可能性。关于个体人性，荀子既有否定的判断，也有肯定的判断。肯定的判断就是“人性朴”。他说：“性者，本始材朴也；伪者，文理隆盛也。无性则伪之无所加，无伪则性不能自美。”（《荀子·礼论》）“朴”是老子经常使用的哲学术语，荀子借用来说明人性。在荀子哲学中，“朴”是朴实无华的意思。个体的人性有如一张白纸，可以为善，亦可以为恶，具有可塑性。“朴”虽然在价值判断上是中立的，但承认人具有可教化性，承认每个人都可以摒除恶性，培育善性，“涂（途）之人可以为禹”（《荀子·性恶》）。在荀子看来，“性”与“伪”是有区别的。“不可学不可事，而在天者，谓之性；可学而能，可事而成之在人者，谓之伪：是性、伪之分也。”（《荀子·性恶》）性是先天的素质，伪是后天学习的结果。他所说的“伪”，是指运用礼义法度对人性加以改造。荀子一方面说明性、伪有分，另一方面又肯定性、伪的相容性，承认性有向善的可能性。他认为化性起伪是通向理想人格的途径，强调后天学习修养的必要性。他主张做人应当不断地陶冶、改造人性，弃恶从善，从而使自己成为有道德修养、品格高尚的人。

关于个体的人性，荀子作出人性有恶和人性朴两种判断。在这两种判断中，荀子的主导观点不是人性恶，而是人性朴。如果是人性恶的话，便已全盘否定人性，荀子没有理由再说出“人性朴”的话来；也没有理由提出两手并用的政治构想。道理很简单，如果人性全部是恶的话，只采取暴力的手段就足够了，何必侈谈教化？对于本性全恶的人，教化是无济于事的。“人性有恶”排斥“人性朴”，“人性朴”却不排斥“人性有恶”。“人性朴”意味着人有可善可恶两种可能性，故而治理国家必须贯彻礼法并行、王霸杂用的原则。令人遗憾的是，荀子对“人性有恶”作了专题论述，而对“人性朴”未作专题论述，以至于人们误认为他只是一位性恶论者。荀子人学思想的闪光点是“人性朴”而不是“人性有恶”。从“人性朴”的论断中，可以引申出儒家重学习、重教化的诉求。荀子说：“青，取之于蓝而青于蓝；冰，水为之而寒于水。”又说：“蓬生麻中，不扶自直；白沙在涅，与之俱黑。”（《荀子·劝学》）这些名句经常被人们引用，对于中国人的精神世界有很大的影响。

话题三：天人之分

中国哲学的基本问题是天人关系问题，解决这一问题的主要思路有两条。一条是道家的思路，暂时把人放在一边，先谈天，再谈人。另一条是儒家的思路，暂时把天搁置起来，直接谈人，再谈天。准确地说，在儒家那里，已把天人关系问题转换成人天关系问题。儒家所谈之天，乃是属于人的天、与人相关的天，乃是人生存于其中的宇宙，而不是与人无关的纯粹的客观宇宙。儒家从人的角度看待天，以人为核心话题，不以天为核心话题。他们关于天的看法，从属于关于人的看法。

荀子与孟子的理论分歧，主要不在人学方面，而在天学方面。孟子认为人性善，由人性善推论出天道诚，把天义理化、价值化，建构了义理之天，以义理之天为人的安身立命之地，为道德价值的形而上的终极依据。在荀子看来，道德价值的终极依据只能在人的范围中去找，追溯到圣人就足够了，没有必要追溯到天上去。荀子不认同人性善，当然也不会认同义理之天。他切断了人与天之间的神秘联系，把义理之天还原为自然之天，发展了孔子“天何言哉”的思想，也吸收了道家的理论思维成果。荀子眼中的天，就是我们今天所说的自然界。

荀子只从存在的角度看待天，不从道德价值的角度看待天，认为天与人之间不存在道德关系。“天行有常，不为尧存，不为桀亡”（《荀子·天论》），自然界有其自身的运行规律，不以人类政治生活中的治乱为转移。对于人来说，自然界是自在之物，有其自身的职能，荀子称之为“天职”。例如，“列星随旋，日月递炤，四时代御，阴阳大化，风雨博施，万物各得其和以生，各得其养以成”（《荀子·天论》），这些都属于“天职”。荀子用阴阳二气的相互作用解释万物的发生和发展，“天地合而万物生，阴阳接而变化起”（《荀子·礼论》）。他也用“气”解释宇宙的多样性和统一性。“水火有气而无生，草木有生而无知，禽兽有知而无义。人有气、有生、有知，亦且有义，故最为天下贵也。”（《荀子·王制》）荀子勾勒出一幅有层次的宇宙图景：最下层是没有生命的无机物，高一层的是有生命的植物，再高一层的是有知觉的动物，最高层的是有礼义文化的人类。这四个层级都以气为根本，因而宇宙是一个有普遍联系的整体。在宇宙中，人已超越了自然存在，成为有文化、社会的存在，故“最为天下贵”。同自然存在物相比，人之所以称得上“贵”，就在于人不像动物那样被动地屈从于自然，而是主动地开发自然，利用自然提供的条件为自己谋福利。对于人来说，天不再是单纯的自然物，已变为人类改造的对象。荀子用辩证的眼光看待天与人的关系。他承认天人有别，主张“明于天、人之分”（《荀子·天论》）。各司其职。天自然而然地繁衍万物，没有任何目的性可言。“不为而成，不求而得，夫是之谓天职”（《荀子·天论》），对于天的这种职能，人不能随意加以干预，这叫作“不与天争职”（《荀子·天论》）。荀子虽然承认天人有别，但从没有说过“天人相分”之类的话。有些人喜欢用“天人相分”一语概括荀子的思想，并不符合荀子的思想实际，因为荀子从来没有否认人和天还有相合的一面。他承认天的运行变化具有客观规律性，但也承认人具有认识和掌握客观规律的能力，因而能够把客观规律从自在之物转化为为我之物。荀子强调，要想实现这种转化，必须充分地认识自然，而不能停留在幻想上面。他说：“舍其所以参，而愿其所参，则惑矣！”（《荀子·天论》）只有知道了“其所以参”的道理和界限，才可以分清人在什么情况下能够做什么事情，在什么情况下不能做，即“知其所为，知其所不为”，只有这样，才可能做到“天地官而万物役”（《荀子·天论》）。基于这种分析，荀子提出“制天命而用之”（《荀子·天论》）的命题。他在《天论》中以充满激情的笔触写道：“大天而思之，孰与物畜而制之！从天而颂之，孰与制天命而用之！望时而待之，孰与应时而使之！因物而多之，孰与骋能而化之！思物而物之，孰与理物而勿失之也！愿于物之所以生，孰与有物之所以成！故错人而思天，则失万物之情。”荀子既尊重自然界的客观规律，又看到人对于自然规律的“制之”“用之”“使之”“化之”的能动作用，比较正确地说明了天与人之间的对立统一关系。所以，笔者认为荀子不是“天人相分”论者，而是坚持了辩证的天人合一观。他从人与自然的相互作用中，发现人的文化特质，对人自身的认识达到了一个新的理论高度。

荀子认为，在自然界面前，人是主动的改造者而不是被动的适应者。他有改造自然的思想，但并没有“征服自然”的思想。“征服自然”不是荀子的说法，而是西方近代才有的狂妄。不能用“人定胜天”来诠释荀子的天人关系学说。荀子试图按照自然的本来面目认识自然，不过他所阐述的不是西方哲学中的那种自然观。古希腊哲学家热衷于探讨自然哲学，把自然看成人之外的独立的存在物，以无人存在的自然为研究对象。荀子所谈之天是有人存在于其中的自然界。他站在人的角度来论天，实际上提出的是一种人天关系论，并不是单纯的自然观。在荀子的哲学视野中，天在价值上是中立的，无所谓善恶。他用自然之天取代了孟子建构的义理之天，切断了天人之间的道德价值关系。孟子所谈之天，是有诗意的天；荀子所谈之天，是清醒的、理性的天。借用古希腊神话中的说法，荀子是日神型的哲学家，把一切放在理性的眼光之下审视，清清楚楚，明明白白；孟子是酒神型的哲学家，充满了激情，充满了诗意。

总的来看，荀子的哲学比较重视外王学，不像孟子的哲学那样看重内圣学。他继承和发展了孔子的礼学思想，赋予"约之以礼"以丰富的理论内涵。诚然，荀学与孟学有许多不同的地方，以至于被许多人夸大为"荀孟之争"。其实，他们之间的不同，刚好构成互补关系。孟子发展了内圣学，荀子发展了外王学，孟子以性善论说明"为仁由己"的可能性，荀子的性朴论说明"约之以礼"的必要性，都抓住了孔子人道学的题中应有之义。与孟子相比，荀子的儒学思想没有那么多理想主义色彩，表现出明显的现实主义倾向。

六、墨子：人天学进路

在中国哲学的原创时期，主要的学派除了道家和儒家之外，还有墨家。墨家在先秦时期也是具有原创力的主要学派，社会影响和学术影响不在道家与儒家之下。韩非把儒、墨两家并称"显学"，孟子则把墨家视为儒家的主要论敌。他说："杨朱、墨翟之言盈天下，天下之言，不归杨，则归墨。"（《孟子·滕文公下》）他以"辟杨墨"为己任。由于墨家有较强的庶民倾向，不可能得到当权者的扶植，故而在汉以后逐渐淡出历史舞台。魏晋时期鲁胜整理过《墨辩》，但影响不大；直到近代，墨家才恢复了一些影响。

关于墨学的研究，在逻辑学界，比较活跃，出了许多成果。可是，在中国哲学史学界，却是一个偏冷的话题，问津者不多。我们对墨子的认识，似乎还停留在哲学史教科书的水平上，故笔者觉得有"新探"的必要。笔者认为，墨家的哲学思想体系，可以称之为"人天学"，由人学、人际学、天学、知识学等部分构成。

话题一：人以劳动为本质

天人关系问题作为中国哲学的基本问题，有两个基本点，一个是“天”，另一个是“人”。研究天人关系问题，可以从“天”的角度入手，从“天”谈到“人”；也可以从“人”的角度入手，从“人”谈到“天”。道家选择的是前一种进路，儒家和墨家选择的是后一种进路。同儒家一样，墨子的哲学思考，是从对人的认识开始的。我们可以选择人学，作为进入墨子思想体系的突破口。

在人学方面，道家取得的理论思维成果是：突破传统天命观的藩篱，认识到人是自然的存在。在传统的天命观中，人被视为被动的存在，被视为天神的附属物。人必须听命于天神，尤其是遇到重大事件，必须通过卜筮的方式，向天神请示该怎么办。道家提出“道法自然”的哲学理念，把人从天神的控制下解放出来了。按照道家的说法，天神和人都是“道”的发生物，都共同遵循“道法自然”的法则，故而在“道”的面前，天神和人是平等的关系。换句话说，天神不再是最高的主宰者，因此，人不必听命于天神，直接以“道”为归依就可以了。道家理论贡献在于，把人从天神的控制下解放出来，拉开了中国哲学发展的大幕。

儒家比道家又前进了一步，认识到人是文化的存在或价值的存在。在道家的学说中，人不过是万物之一物，仅仅是一种自然的存在物而已，并不比其他自然物高贵。人在天神面前获得了主动性，可是在“道”的面前，仍旧没有主动性可言。儒家改变了道家关于人的这种看法，强调“人能弘道，非道弘人”（《论语・卫灵公》）。这意味着，人在“道”的面前，也不是被动的存在，而是主动的存在。在儒家看来，人并不是自然存在物中普通一物，而是一种特殊的存在物。“人有气、有生、有知，亦且有义，故最为天下贵也”（《荀子・王制》），儒家把人和其他自然物区别开来，看到人是有文化的存在，而自然物是没有文化的存在，对人的本质有了新的认识。在儒家眼里，人有道德的追求、有价值的追求。“仁远乎哉？我欲仁，斯仁至矣”（《论语・述而》），这意味着，人并不是自然之物，而是价值之物，所以说人“最为天下贵”。这个“贵”，就是有价值、有意义、有道德、有文化的意思。儒家认为，人在宇宙中处于特殊的位置，人头顶着天，脚踩着地，天、地、人同为三才。

墨家比儒家又前进了一步，有了一个更新的说法，已认识到人是劳动的存在。墨子强调，人是劳动者，劳动实践才是人的本质规定。人和禽兽的根本区别，就在于人会劳动。人必须靠辛勤劳动，才能够生存下去，这就叫作“赖其力者生，不赖其力者不生”（《墨子·非乐上》）。墨子从比较人和动物的差别入手，说明人在本质上是劳动者。他指出，人和动物的生存方式不一样。动物生来就长着尖牙或利爪，可以用来捕食；而人二足而无毛，既没有尖牙，也没有利爪。动物一出生就有皮毛，就可以御寒；而人必须穿衣服，否则就会冻死。动物随便找个地方，就可以睡觉；而人必须盖座房子来居住，以此为生存的必要条件。人要想获得这些必要的生活资料，不能靠自然界的恩赐，只能靠自己从事生产劳动。人是靠着自己的劳动而生存的生命体，人必须劳动，才能生存。墨子把人看成劳动的存在，这是古代劳动人民在生产实践中形成的自我意识，在当时是一个深刻的、了不起的创见。

墨子所说的“劳动”是广义的，不仅农民种地、工人做工是劳动，王公大臣的治理国家也是劳动。王公大臣之所以早朝晚退，听狱治讼，因为他们知道“强必治，不强必乱；强必宁，不强必危”；农民们之所以日出而作，日入而息，是因为他们知道“强必富，不强必贫；强必饱，不强必饥”；妇女们之所以早起晚睡，辛勤纺织，是因为她们知道“强必富，不强必贫；强必暖，不强必寒”（《墨子·非命下》）。总之，“强力以从事”是人类生存的基本法则。由于墨家把人视为劳动的存在，而不像儒家那样，仅仅把人视为文化的存在，导致两家对待劳动的态度不一样。儒家比较重视书本上的知识，不大重视生产实践方面的知识，也不愿意参加生产劳动。孔子四肢不勤，五谷不分。有的学生向他请教如何种菜的知识，他很不高兴地说：我不如老圃；有的学生向他请教如何种地的知识，他说：我不如老农。墨子跟孔子不同，他崇尚朴素，崇尚劳动，有丰富的生产经验。据《墨子》书上记载，墨子有造车的本事。据韩非讲，墨子曾用三年的时间，做了一只木鸢，能在天上飞一整天而不落下来。他做的木鸢，大概是风筝的雏形，不过用纸做风筝，比较轻，比较容易一些。在墨子时代还没有发明纸，全用木头做，难度显然比糊风筝大得多。墨家的知识面比儒家更宽一些，除了书本知识之外，还有生产实践方面的知识。

墨子强调人是劳动的存在，同马克思把劳动看成是人的本质的观点，有相近的地方。不过，墨子所说的人，还是抽象的人；不可能像马克思那样，看到人是具体的人，把人看成作为社会存在意义上的人，看成处在生产关系中的人。尽管如此，墨家毕竟比儒家更贴近人的本质。这是中国早期哲学家对于人的劳动本质所做的深入探索。

在墨子看来，每个社会成员都是劳动者。那么，作为劳动者，应该如何处理人与人之间的关系呢？由此引出墨子的哲学的第二个话题，墨子提出的一套有别于儒家的人际学。

话题二：人际关系

人学谈的是如何看待作为个体的人，人际学谈的是人如何组成社会群体，涉及如何处理个体和个体之间的关系、个体与群体之间的关系等问题。墨子认为，处理人际关系的基本准则，就是“兼相爱，交相利”（《墨子·兼爱下》）。“兼”就是普遍联系的意思，强调个体之间存在着普遍联系，个体乃是群体之中的个体。与“兼”相反的就是“别”，即个体与个体相互区别，乃至相互对立。墨家主张“兼”，反对“别”。把“兼爱”这个最基本的观点展开来，就形成了墨家的十大主张。

一是尚贤。就是形成崇尚贤人的社会风气。墨子主张把有本事的人提拔上来，不管他原来社会地位如何，即所谓“英雄不问来路”。即便是普通民众，只要有本事，也可以提拔上来，绝不能把贫贱与否、门第高低当作用人的标准。墨子要求执政者为普通人提供一条从事政治活动的通道，改变现行的世卿世禄的用人制度。执政的王公大臣，在政治上应当开明一些，“不党父兄，不偏贵富，不嬖颜色，贤者举而上之，富而贵之，以为官长；不肖者抑而废之，贫而贱之，以为徒役”（《墨子·尚贤中》）。实行尚贤路线将会收到良好的政治效果，“王公大人明乎以尚贤使能为政，是以民无饥而不得食，寒而不得衣，劳而不得息，乱而不得治者”（《墨子·尚贤中》）。墨子借用“古之圣人”的名义，对尚贤主张作了这样的阐述：“虽在农与工肆之人，有能则举之，高予之爵，重予之禄，任之以事，断予之以令。”（《墨子·尚贤上》）他主张用人不计出身，唯能是举，表达了劳动者参与国家大事的强烈愿望，发出“官无常贵而民无终贱，有能则举之，无能则下之”（《墨子·尚贤上》）的呼声。儒、墨两家都主张尚贤，但儒家是为士请命，要求从下层知识分子中选拔人才；墨家比儒家走得更远，为民请命，要求从庶民之中选拔人才。儒家找到了从“士”中选拔人才的办法，那就是文化考试，考察对象掌握礼仪文化知识的程度，这在后来演变成了科举考试。墨家则没有找到从庶民中选拔人才的办法，无法得到落实，只能停留在说法上，没有落实到做法上。

二是尚同。就是把人们的思想观念统一起来，消除社会上的纷争，建立起正常的社会秩序。墨子设计的政治制度，也是出于一种专制主义的考量。墨子指出，造成乱世的一个重要原因，就在于人们的思想观念不统一，没有统一的是非标准，“一人一义，十人十义”（《墨子·尚同中》）。由于每个人都是其所义而非人之义，以至于造成人人相交恶，甚至以水火毒药相互迫害，使社会不得安宁。怎么化乱为治呢？墨子提出的办法就是“尚同”，就是“立政长”。“是故选择天下贤良圣知辩慧之人。立以为天子，使从事乎一同天下之义”（《墨子·尚同中》），天子是整个社会的最高领导者，通过天子，形成统一思想、统一领导的局面。“尚同”的基本意思，就是要求建立一个和谐有序的社会局面。墨家是有政府主义者，不是无政府主义者，主张一层一层地建立政权机构，实行分级管理。有的学者批评墨家有专制主义倾向，指责墨家反对民主，这实在是强古人之所难。在墨子时代，学者所能想到的建立社会秩序的唯一办法，就是建立君主专制制度，不可能想到民主制度。我们不能全盘否定墨家的“尚同”思想，其实，这就是一种使社会和谐有序的理论构想。

三是节用，四是节丧，五是非乐。后面的这几条都是批评儒家的。由于儒家把人看成文化的存在，因而把人的生活用度、丧葬、音乐等等，都看成是在文化上的安顿措施。儒家也主张实行等级制，认为不同等级的社会成员应当享有不同的待遇，官和民不能有同样的待遇，理由是只有这样，才能把富贵贫贱区别开来。墨家把人看成劳动的存在，反对儒家从文化的角度安排用、葬、乐，要求尽可能地节约社会财富，避免浪费，故而提出节用、节葬、非乐等项主张。墨子指出，人作为劳动者，应该珍惜辛勤劳动得来的社会财富。由于当时生产力水平比较低，社会财富有限，墨子自然反对铺张浪费。照他看来，平时吃饱肚子，使身体强壮就可以了，不必讲究排场，追求什么食前方丈、山珍海味；穿衣服夏能避暑、冬能防寒就可以了，不必讲究华丽的样式；住房子能遮风避雨、使男女有别就可以了，不必讲究什么雕梁画栋。在他眼里，儒家吃东西讲究“食不厌精，脍不厌细”（《论语·乡党》），实在过于奢侈浪费了。他作为劳动者，有些看不惯这些行为，故而大力倡导勤俭节约之风。节葬也是针对儒家而言。儒家主张厚葬久丧，设计了一大套繁琐的丧葬礼仪。儒家主张，不同社会身份的人，应当享受不同的安葬待遇，里面要用几层棺装殓遗体，棺外面还得加上几层椁，最后还得修一个大坟堆。入葬后，孝子须守丧三年。墨家反对这些做法，反对厚葬，反对儒家视死如视生的那套说法，理由就是影响生产。墨子主张薄葬，认为人死后用一个薄皮棺材简单装殓一下，就可以了，不必搞什么“内棺外椁”。也不必选什么风水宝地，随便埋在农田里就可以了；也不必立碑，不必树坟头，这样，对于农事便不会有什么妨碍。这是从生产者的视角看待丧葬问题：既体现出对逝者的尊重，又节约了社会财富，还体现出人与人之间的平等关系。儒家大力倡导礼乐文化，也受到墨子的批评。墨子提出“非乐”的主张，反对“繁饰礼乐”。他的理由是：音乐既不能解决吃饭问题，也不能解决穿衣问题，没有任何实用价值，应当予以取消。总之，墨家反对儒家倡导的种种文化举措。墨家是生产主义者，主张取消一切非生产活动。墨家的经济意识、文化意识比较强烈，而文化意识比较淡漠。

六是非命。这是对儒家“死生有命，富贵在天”（《论语·颜渊》）思想的批判。墨子认为，宿命论思想有违于人的劳动本质，不是一种健康的思想。他指出，人不应当成为宿命论者，因为人一旦成为宿命论者，劳动的积极性就会降低。他的说法是：“执有命者之言曰：‘命富则富，命贫则贫，命众则众，命寡则寡，命治则治，命乱则乱，命寿则寿，命夭则夭。命虽强劲，何益哉？’上以说王公大人，下以驵（阻）百姓之从事。”（《墨子·非命上》）墨子找出两条宿命论站不住脚的理由。一是不符合历史事实。无论商纣王时代的乱世，还是周武王时代的治世，都是人造成的，同天命无关。二是不能证实。从“众人耳目之情”来看，谁见到过“天命”其物？由此可见，宿命论乃是“暴王所作，穷人所术（述）”（《墨子·非命下》），是残暴的君王编出来的昏话，用来欺骗老百姓。依据“人是劳动的存在”的理论，墨子否定了宿命论。坚信人的命运掌握在人自己手中：要成为一个强者，就必须多付出劳动。墨子不相信，有什么神秘的力量在冥冥中掌控着人的命运，强调人自身就有改变自己命运的现实力量。他不是一个神秘主义者，而是一个现实主义者。他从正确处理人际关系的角度，提出“非命”的主张，鼓励人们强力以从事，试图为社会提供积极的价值导向。

七是尊天，八是事鬼。这两个话题，留在下文专门论述。

九是非攻。墨子主张以和平的方式处理国与国之间关系，反对发动战争，反对侵犯别的国家。墨子依据功利主义观点，为那些喜欢发动战争的诸侯王们算了一笔账，告诉他们，发动战争乃是得不偿失的事情。他分析说，现在每个诸侯国，尽管大小不一，但都不缺少土地（那个时代人少地多）。无论哪个国家，人均占有的土地面积都相当多，根本没有扩充的必要。每个诸侯国缺少的并不是土地，而是劳动力。你发动战争，打仗是要死人的。你进攻别的国家，即便打赢了，得到的是你所不需要的土地，失掉的却是你所需要的劳动力，这样做，划得来吗？你们发动战争，破坏了本国正常的生产活动，失去了劳动力，这难道是明智之举吗？墨子用一个劳动者的眼光看问题，认为战争会严重影响生产，会使生灵涂炭。墨家和儒家一样，也喜欢到处游走，宣传自己的主张。有个形容孔子周游列国的成语，叫作“席不暇暖”；也有个形容墨子周游列国的成语，叫作“墨突不黔”。“突”是指烟囱。意思是说，墨子每到一个地方，没等到把烟囱烧黑了，就动身出发了。墨家传播的是兼爱，儒家传播的是仁爱，都对培育中华民族爱好和平的民族精神有贡献。中华民族在世界上以爱好和平著称，被国际友人赞誉为“骄傲得不愿意打仗的民族”。

墨子是一个和平主义者，主张非攻，但并不是反对一切战争。他只反对发动侵略战争，并不反对防御性战争。墨家经常出面制止强国发动侵略战争，帮助被侵略的弱小国家守城。墨子也是一位军事家，不过，他不是进攻型的军事家，而是防御型的军事家。《墨子》一书中，有许多关于防御的军事学论著。墨子听到楚国将攻打宋国的消息，急忙赶到楚国的首都，想说服楚国打消侵犯宋国的念头。当时楚国的公输班（鲁班）发明了一种攻城的器械，叫作云梯，自以为有必胜的把握。墨子对公输班说：我已找到了破云梯之法。于是，两个人便在楚王的殿前演习起来。公输班的攻城器械被墨子一一破解，公输班依旧不服气，笑笑说：“我还有攻破宋国城墙的办法，我不说。”墨子也笑一笑，答道：“你的办法无非是现在把我杀掉，可是杀了我也无济于事，我已派我的众多弟子守在宋国的城墙上了。”这就是墨子“止楚攻宋”的故事。

墨家十大主张的最后落脚点还是兼爱。所谓兼爱，就是主张每个人都本着相互有利的原则，来处理人际关系，相互关爱，相互帮助，造就互利合作、和睦相处的社会环境。这是一个劳动者的互助观念在哲学上的反映。儒、墨两家都发出“爱的呼唤”，都主张人人相亲相爱，都为民族群体意识的形成提供一个凝聚点，都希望用一个爱的纽带，把每一个社会成员联系起来，形成民族整体。墨家和儒家的目标是一致的，但是论证的理由和途径不一样。墨家主张“兼爱”，儒家主张“仁爱”，既相近，又有区别。儒家的“爱人”“泛爱众”，建立在道德情感的诉求之上，强调“爱有差等”，主张由内在的道德本性发散开来，推己及人。儒家认为，爱是有层级的，人首先要自爱自尊，有了这样的“修身”意识以后，发散开来，推广到家庭成员，这就是“齐家”，然后再推广到朋友，到远人，达到“治国”“平天下”的目标。在儒家看来，一个人爱自己，才能爱家庭，才能爱社会。爱的对象不一样，爱的程度当然也有所不同。假如爱自己的亲人同爱陌生人是一样的话，那么，首先不是把陌生人当成亲人，而是把亲人当成陌生人！

墨家的兼爱不是建立在道德情感之上，而是建立在人与人之间利益关系的考量之上，所以反对儒家的“爱有差等”的说法。墨家要求每个人不必把自己当成家庭的成员，而是直接当成社会的成员。墨家不从人道德情感上的差等论证爱，而是用互惠原则论证爱：只有去爱别人，才能得到别人爱的回报；只有互相关爱，才能利己利人。倘若每个人都抱着利他的态度，那么，整个社会自然就安定和谐了。墨家不像儒家那样，从道德根源、道德情感出发，来论证爱的普适性，而是从功利主义出发，来论证爱的普适性。兼爱思想的理论基础，建立在“人是劳动的存在”的观念上；而劳动是同功利目的联系在一起的。墨家的兼爱伦理学，是一种功利主义伦理学，想法是美好的，也是善良的，可是在理论上有漏洞，难以自洽。按照兼爱的逻辑，你爱他人，必然会得到他人爱的回报。事实上并不是如此。尽管你爱他人，可是，他人未必一定用爱来回报你。墨家把道德的根源完全归结为利益关系，在理论上难以说得周严，因为从利益关系出发，无法推导出具有普遍意义的善。这是所有功利主义的哲学家都无法解决的难题。

墨子的十大主张，核心理念就是兼爱，理论基础则是功利主义伦理学。他主张，人和人之间，国和国之间，都本着“兼相爱，交相利”原则相处。“有力者疾以助人，有财者勉以分人，有道者劝以教人”（《墨子·尚贤下》）。他们尊重劳动，尊重人才，珍惜社会财富，维护社会秩序，反对发动战争，向往安宁、和平、和谐的社会，表达了广大劳动者的良好愿望。

话题三：人格的担保

在墨子的十大主张中，有八项属于人际学的范围，有两项属于天学的范围。这两项就是尊天和事鬼。在中国哲学中，所谓天学就是从人的角度来看天，或者从天的角度说人，有别于古希腊哲学中的“论自然”。在墨子的视界中，天既不是主宰之天，也不是自然之天，而是义理之天，是为了论人而预设的一种超人间的精神力量。墨子认为，有一种比人还强大的精神力量，那就是天和鬼。墨子是中国哲学史上最早论及义理之天的人。不是孟子启发了墨子，反倒有可能是墨子启发了孟子，因为孟子出生在墨子之后。

墨子认为天有意志，他叫作“天志”。“天之意，不欲大国之攻小国也，大家之乱小家也。强之暴寡，诈之谋愚，贵之傲贱，此天之所不欲也。”（《墨子·天志中》）由于墨子认为天有意志，许多学者对墨家的思想价值估价不高，认为墨家维护传统的天命观，比儒道两家落后。这种看法值得商榷。我们不能只从字面上了解墨子的天志说，而要看一看它的实质内容，再下结论。由于墨子把人理解为劳动的存在，理解为主动的存在，而不是被动的存在，所以，墨子并没有把天看成无所不能的主宰者。尽管墨子承认“天志”，但并不是维护传统的天命观念。他假借天的名义，宣传的内容则是他自己提出的兼爱、非攻、强力等新观念。墨家所说的天，并不是传统天命观中的主宰之天，也不是基督教中所说的“万能的主”，而是为了论人所预设的义理之天。墨子从对人的理解中，推演出天的观念，意在把天说成兼爱原则的终极担保者。晚于墨子的孟子，也是这种思路。他从人性善出发，推演出天性善，把天视为性善的终极担保者。他们的思路大体上是一致的，都是消解了主宰之天，树立起义理之天，都想利用天的权威性，表达自己提出的新观念。墨子说得十分直白：“我有天志，譬若轮人之有规，匠人之有矩。轮匠执其规矩，以度天下之方圜，曰：‘中者，是也；不中者，非也。’”（《墨子·天志上》）他已抹去了“天”的神秘灵光，将其视为促使兼爱原则得以贯彻和落实的工具。在墨子的思想中，天的形象并不狰狞可怕，倒像一位和善的老人，专门为老百姓做好事。

墨子除了肯定天有意志之外，还肯定鬼神的存在。鬼神同天一样，也具有超人间的力量。如果说天是兼爱原则的担保者，那么，鬼神则是兼爱原则的维护者和监督者。在墨子的眼里，鬼神都是有爱心的，专门惩恶扬善、惩罚霸道的强者，并保护受欺凌的弱者，就像行侠仗义的侠客一样，并不是害人的恶魔。如鲁迅所说，墨子开启了中国武侠文化的先河。

在天、鬼神等传统观念中，墨子注入了墨家的理论诉求，使之变成了维护兼爱原则的手段。从形式上看，墨家的天论思想无疑是落后的；而从内容看，则是进步的，不能一概否定。这实际上是一种人道原则的表达方式。在墨子哲学中，天学是为人学服务的，并不是人的主宰者。墨子树立起天和鬼神的权威，真正的意图是要建立一种王权的监督机制。他的希望是："天子有善，天能赏之；天子有过，天能罚之。"（《墨子·天志下》）令人遗憾的是，天实际上非但没有起到监督王权的作用，反倒为帝王所利用，成为君权神授的口实。在君权神授的掩饰下，帝王们为所欲为，使得墨子的良好愿望，不能不落空。

话题四：知识求索

儒家把人理解为文化的存在，由此出发，比较看重文化知识、价值知识，而不大看重实用知识从哪里来的问题。墨子把人理解为劳动的存在，出发点与儒家不同，因而比较注重实用知识从哪里来以及如何来的问题。墨子哲学体系的最后一个话题就是知识论。墨家是中国哲学史上第一个谈知识论的学派，对于知识论问题形成了自己的一套看法。

墨子的知识论，涉及三个问题。第一个问题就是名和实的关系问题。墨子认为，人们的感觉是认识事物的可靠途径，主张"取实以名"。"众之耳目之实知有与亡为仪者也。请惑闻之见之，则必以为有；莫闻莫见，则必以为无。"（《墨子·明鬼下》）名是表达知识的概念，但知识不能只是概念，或停留于"名"，还应当由"名"返回"实"。名以实为根据，这就叫作"取实予名"。举个例子来说，盲人没有关于黑白的知识，并不是说他不会说"黑"或"白"这两个"名"，而是说他没有把黑色的物体与白色的物体区分开来的能力。在盲人的世界里，实际上没有关于黑或白的概念。所谓"取实予名"，意味着知识来源于实践经验，也意味着知识要通过实践经验得到检验。

第二个问题是理性在认识过程中的作用问题。墨子的知识论既有经验主义倾向，也有理性主义倾向。他认为，知识固然来自感觉经验，但是不能完全归结于感觉经验，因为理性在认识过程中也发挥不可或缺的推论作用。这种推论作用就是"察类明故"。

“类”就是类比、类推，“察类”就是运用逻辑的方法获得知识或表达知识。墨子在劝阻楚王攻打宋国时，曾经采用过“察类”的办法。他问楚王：“有一个人，放着自己家的肉菜不吃，却去偷别人家的糟糠吃，您以为这个人怎么样？”楚王答道：“大概这个人有偷吃别人东西的怪毛病。”墨子借题发挥说：“楚国的领土五千多里，宋国的领土只有五百多里，您放着自己的领土不用，却要打宋国，跟那个偷糟糠吃的人有什么两样？”墨子认为，知识可以有逻辑上的超前性，不完全来自经验，有些知识也可以借助逻辑推导出来，这叫作“以往知来，以见知隐”（《墨子·非攻中》）。有个叫彭轻生子的人，认为来者不可知。墨子反驳他说：假如你的亲人在离家很远的地方有了困难，需要你尽快赶过去帮助。现在有一辆“良马固车”，还有一辆“驽马弊车”，你为什么选择前者而不是后者呢？怎么能说“来者不可知”呢？

“明故”就是弄清楚原因，弄清楚所以然，了解概念的内涵。墨子举例说，问儒者何为“乐”，儒者的答复是：“乐以为乐。”墨子认为这种回答没有表达出“乐”的内涵，没有做到“明故”。他反驳说，倘若问何以为“室”，回答应该是“冬避寒焉，夏避暑焉，室以为男女之别也”（《墨子·公孟》），这就把“室”的内涵说清楚了。儒家只说“乐以为乐”，不过是同义反复而已，等于什么也没说。在墨家看来，人们获得知识的途径，既有感性的，也有理性的。墨家这种思想启迪了中国人的逻辑思维，写《中国逻辑学史》，不能不写墨家。墨家虽然没有写出西方哲学中康德式的《纯粹理性批判》，但是也对理性在认识过程中的作用，作了相当深刻的论述。

第三个问题，也是最后一个问题，就是关于知识的检验标准问题，或者说是知识的真理性问题。关于这个问题，墨子提出著名的三表法。“何谓三表？子墨子言曰：有本之者，有原之者，有用之者。于何本之？上本之于古者圣王之事；于何原之？下原察百姓耳目之实；于何用之？废（发）以为刑政，观其中国家百姓人民之利。”（《墨子·非命上》）第一表是“上”，就是借鉴前人的经验，参考前人的传说或记载，指的是间接经验。第二表是“下”，指的是人们当下的直接经验，看一看是否是大家都认同的事实。第三表是“中”，就是看实践效果，看看是否能给国家、人民带来好处。“三表法”以经验为基础，贯彻功利主义的原则，虽然没有达到“实践是检验真理的唯一标准”这样的高度，但在原则上同这种看法是一致的。“三表法”的局限性也是显而易见的，那就是把“古者圣王”的说法也当成标准，有狭隘的经验论倾向。古人的说法，不一定就是可靠的，不一定就是真实的。如果用一个虚假的说法作为判断是非的标准，得出的结论肯定也是错误的。例如，墨家依据古人的传说，证明鬼神的存在，就是误信传说的例证。“三表法”具有一定程度的检验知识正确性的作用，但是没有理论上的可靠性。

七、韩非：建构治道学

韩非既是法家思想的集大成者，也是先秦百家争鸣的终结者。由于韩非是先秦时期具有代表性的最后一位思想家，儒家、道家、墨家都可以成为他所利用的思想资源。他是一位善于独立思考和综合创新的学者，对诸家皆有所批评，亦皆有所吸收。对于道家，他比较重视老子，对热衷于人生哲学的庄子不感兴趣。他写过《解老》《喻老》，从“道”的观念出发，开始他的哲学思考。他对于老子的权术思想，亦吸收接受；但对无为思想则表示拒斥。他主张实行强力政策，是要求有为的。对于儒家，他表面上攻击得很厉害，实际上也有所吸收。他吸收了儒家的有为思想，深化发展了儒家重视制度规范的思想和君本主义思想。韩非对墨家没有什么好感，在他写的《五蠹》篇中，既攻击儒家，也攻击墨家。不过，他吸收了墨家的重功利和尚同等思想，并且加以深化。从他“宰相必起于州部，猛将必发于卒伍”（《韩非子·显学》）的主张中，从他重效验的观点中，都可以看到墨家思想对他的影响。韩非的理论视野很广，他综合诸家，独树一帜，竖起了法家的大旗。他是先秦时期留下文字最多的思想家，也是最后一位大师级的、用笔说话的思想家。韩非为百家争鸣画上了句号。到他为止，学理上的探讨告一段落，社会的注意力转到实践层面，人们所关注的问题，不再是如何用笔说话，而是如何实践的问题。

韩非的哲学属于实用型的政治哲学。他的论域比较狭窄，不像道家那样以世界总体为研究对象，也不像儒、墨那样以社会总体为研究对象，尽管有时也涉及总体性问题，但不以此为重点。老子的哲学的特色以天道学见长，儒家哲学和墨家哲学的特色是以人道学见长，而韩非的哲学以治道学见长。韩非的哲学体系由天道学、人际学、治道学组成。

话题一：以理解道

韩非从老子那里接受了“道”的观念，以“道”作为哲学思考的出发点。不过，他是接着老子讲的，不是照着老子讲的。他找到了新的讲法，就是以“理”解道，围绕着道与理的关系做文章。“理”这个哲学范畴也不是韩非提出来的。在他的老师荀子那里，就有“凡以知，物之理”的论断，不过荀子并未对“理”作充分的论述。把“理”作为一个核心的哲学范畴，从多角度展开论述，应当说是韩非独到的理论贡献，是韩非区别于其他思想家的特色之所在。他是中国哲学史上第一位系统研究“理”的哲学家。

1.理的具体性

韩非对于“道”的理解，跟老子不一样。在老子的哲学中，“道可道，非常道”乃是关于宇宙总体的抽象原理原则，并不是关于具体事物的具体规律。换句话说，“道”就是一般，不是特殊。韩非作为一位重视具体问题的哲学家，改变了老子只讲一般不讲特殊的讲法，对于道与物的关系有了新的看法。他不否认“道”是一般，但是他强调这个一般必须通过特殊体现出来。他对于“道”的理解，同老子的区别在于：不再停留在一般原理原则的认识上，而试图把抽象的原理原则具体化。具体化了的“道”就是“理”。

韩非认为，“理”与“道”既有联系也有区别，构成辩证统一的关系。“道者，万物之所然也，万理之所稽也。”“道”是“理”的总和，“理”是“道”的体现。二者的区别在于，“道”为一，为常，为一般，为宇宙的总规律；“理”为万，为变，为特殊，为关于具体事物的具体规律。关于“道”的看法，韩非没有超过老子；他的理论贡献在于着重论述“理”的具体性。第一，理是每个事物质的规定性。“凡理者，方圆、短长、粗靡、坚脆之分也”，“短长、大小、方圆、坚脆、轻重、白黑之谓理”。第二，正因为理是每个事物的质的规定性，因而成为宇宙多样性的哲学依据。在这个意义上，韩非把理叫作“异理”。理规定着事物的多样性、差别性，规定着事物之间的界限。每个事物都有其具体的理，“物有理不可以相薄，故理之为物之制。万物各异理”。“薄”有迫近的意思，就是说，正是由于万物异理，才不能互相替代。第三，理统一于道。理不是单个存在物，理与理之间存在着内在的普遍的联系，这种联系就是道。“万物各异理，而道尽稽万物之

理。”人们从把握理入手，进而达到对于道的把握，这就叫作“理定而后可得道也”。（《韩非子・解老》）

从韩非关于理的具体性的论述中可看出，他已接触到普遍规律与特殊规律之间的辩证关系。他认为，普遍规律自己不能够表现自己，必须借助于特殊规律，因而必须高度重视特殊规律的重要性。这种认识为他建构治道理论找到了哲学依据，那就是从实际情况出发设计制度，而不是从抽象的理念出发设计制度。只有这样，才能找到一条切实可行的“天下归一”之路。

2.理的历史性

从空间的角度看，理的具体性表现为多样性，万物各异理，桌子之理不是椅子之理；从时间的角度看，理的具体性表现为历史性，各个时代有各个时代不同的理。尤其是治理国家的道理，更为明显。万物各异理，三世亦各异理。“上古竞于道德，中世逐于智谋，当今争于气力。”（《韩非子・五蠹》）韩非指出，德治在上古时代行得通，是因为那时人比较少，而大自然提供的食物很多，根本就吃不完，大家没有相互争夺的必要，故而你尊我让。那时的帝王，同普通人一样，吃的也是野菜糙米，穿的也是粗布兽皮，住的也是茅草土屋，而工作任务却比普通人繁重得多，只有道德高尚的人才肯担任，故而禅让制度才有可行性。德治符合上古之理，却不符合当今之理，因为时代已经改变了，理也随之改变了。后来，人口越来越多，财物越来越少，为了获取生存空间，必然出现你争我夺的情形，不可能再像古人那样你尊我让。即便一个小小的县令，也荣耀得很，甚至死后其子孙还享有出门乘车的特权，故而大家都争先恐后地抢着做官。时代及其所遵循的理都改变了，现今已经是“大争之世”，德治已不能再成为治道了。

依据理的具体性原则，韩非主张以法治取代德治。他指出，在“大争之世”还宣扬德治，有如“守株待兔”一样可笑。政治家应当与时俱进，采用的治道必须适应时代的变化而变化，“世异则事异”“事异则备变”（《韩非子・五蠹》）。在当今之世，最高法则就是气力，就是用拳头说话。他通过阐发“理”的历史性，为法家的变法革新主张找到了理论支撑。

3.理的可知性

由于理有具体性，此物不是彼物，宇宙万物才有可能成为人所认识的对象；倘如事物没有区别，人的认识根本就不可能。由于理具有历史性，各个时代有不同的理，故而人的认识才处在不断发展的过程之中。强调理的可知性亦是韩非的一个重要观点。

在韩非之前，荀子曾提出“物理可知”的观点；韩非在其师的基础上，作了进一步的发挥。韩非认为，事物所具有的客观之理是认识的对象，而认识的主体；人的认识符合客观之理，才是正确的认识。人们以正确的认识指导自己的行为，才能在实践中获取成功。他说：“缘道理以从事者，无不能成。”（《韩非子·解老》）人的认识不应当脱离物之理，那种没有根据的猜想不能叫作“知识”，只能称之为“前识”。“先物行，先理动，之谓前识。前识者，无缘而妄意度也。”（《韩非子·解老》）在他看来，“前识”都是武断的，没有事实根据，应当予以排除。

荀子把认识的途径区分为“天官”和“天君”，韩非则分为“天明”“天聪”和“天智”。他说：“人也者，乘于天明以视，寄于天聪以听，托于天智以思虑。”（《韩非子·解老》）“天明”指眼睛，“天聪”指耳朵，这是获取感性经验的渠道。但是，感觉到的东西还不等于知识，必须经过“天智”即思维的加工。只有经过“思虑”，才能上升到知识，形成符合理的认识，这叫作“思虑熟，则得事理”（《韩非子·解老》）。

4.知的可验性

在知识论方面，韩非与荀子的不同之处在于，特别强调知识的可验证性。这是他从墨家那里得到的启发。墨家主张“取名予实”和“三表法”，重视知识的效果，韩非也是如此。他说：“夫言行者，以功用为之的彀者也。……今听言观行，不以功用为之的彀，言虽至察，行虽至坚，则妄发之说也。”（《韩非子·问辩》）以射箭为例，没有目标地乱射，即便射中秋毫，也不算掌握箭道；只有准确地射中靶子，才是高手。韩非主张以“参验”作为判断认识正确与否的标准。“参”是比较鉴别，“验”是考察实效。他说：“言会众端，必揆之以地，谋之以天，验之以物，参之以人，四征者符，乃可以观矣。”（《韩非子·八经》）对于一种道理，要从地、天、物、人四个方面来考察，通过事实判明其正确与否。他举例说，如果大家都不说话，则无法知道谁是哑巴；只要让每个人都回答问题，哑巴就无法掩饰了。如果仅凭观察颜色，专家也不能断定剑是否锋利；只要砍东西试一下，普通人也能作出正确的判断。

基于“重参验”的观点，韩非只承认工具理性意义上的知识，拒斥价值理性意义上的知识。他认为，儒家倡导的仁义之教，墨家倡导的兼爱之道，都无法在经验中得到验证，因而都是虚妄的，都不具有合理性。通过阐发知的可验性，韩非找到批评儒、墨两家的思想武器，找到了论证法治主张的理论工具。

话题二：人际关系的现实性

韩非哲学体系的第一块基石是道理关系论，第二块基石则是人际关系论。前者属于天学的话题，后者则属于人际学的话题。

韩非拒绝抽象地探讨人性善恶问题，只关注现实社会中人与人的关系问题。他是一位重视具体问题的哲学家，对于人性之类的抽象话题不感兴趣。他不从价值理性的角度，对人性作善恶判断；只从工具理性的角度，对人际关系作事实陈述。在事实上，人和人构成怎样的关系呢？韩非认为就是利益关系。人对人都以“计算之心”相待，你算计我，我算计你，都为自己的利益打算盘，无仁爱可言。在韩非的眼里，人就是互相算计的动物，都不可避免地为自己的利益着想，都是有私心的。借用康德的术语来说，人成了工具，而不是目的。他并不相信儒家的仁义之教和墨家的兼爱之道。道家把人看成自然的存在，儒家把人看成文化的存在，墨家把人看成劳动的存在。法家的韩非与他们都不同，他只把人看成利益的追求者，强调任何人皆以他人为工具。

对于“以计算之心相待”的人际关系论，韩非没有从理论上证明，而是用例证加以说明。他举出的第一个例证是家庭关系方面的。家里添了男孩，父母很高兴，亲戚朋友也来祝贺；添了女孩，则不高兴，甚至有人竟将女儿杀死。“父母之于子也，犹用计算之心以相待也”（《韩非子·六反》），更何况对于其他人？可见家庭并不是温馨之地，乃是一个功利场。第二个例证是君臣关系方面的。“主卖官爵，臣卖智力”（《韩非子·外储说右下》），“君臣也者，以计合者也”（《韩非子·饰邪》），君臣关系亦是买卖关系，不能指望臣子真正效忠于君主，朝廷也是一个功利场。第三种例证是社会交往方面的。医生用嘴吮吸病人伤口里的脓，不是出于爱心，而是为了赚钱；棺材铺老板希望死的人越多越好，不是对人的诅咒，而是为了赚钱；车场老板希望发财的人越多越好，不是对人的祝福，而是为了赚钱……总而言之，整个社会就是一个大功利场，人人皆以计算之心相待，无所谓善，亦无所谓恶。

人在这个功利场中生存是很不容易的，需要有足够的生存智慧，弄不好就会被人算计。韩非编了这样一则故事：有一位貌美的宫女刚被选入楚宫，老宫女对她说："楚王喜欢看女人用手捂鼻子的动作。"年轻的宫女信以为真，见到楚王就捂鼻子。楚王感到奇怪，便问老宫女，为什么那个宫女见了自己捂鼻子？老宫女答道："她嫌大王体臭。"于是，楚王割掉了年轻宫女的鼻子。

在韩非的人际关系论中，可以看到荀子性有恶论对他的影响，但也不能简单地把韩非的人际关系论归结为性有恶论。荀子之所以作出"人性恶"的价值判断，乃是以"礼义善"为前提。正是出于对价值理性的肯定，荀子才会得出"人性恶"的论断。韩非根本就不承认价值理性，拒绝抽象地谈论人性问题。他只有工具理性的诉求，而没有价值理性的诉求。他认为人人皆以计算之心相待，人人皆有私心，但并不意味着人性恶。他只对人际关系作事实陈述，并不涉及价值判断，或者说在价值意义上是中立的。所以，给韩非戴上"性恶论者"的帽子并不合适。

在韩非的人际关系论中，也可以看到墨子"交相利"的思想对他的影响，但他对功利原则作了片面而深刻的发挥。墨子是把"兼相爱，交相利"合在一起讲的，既有工具理性的诉求，也有价值理性的诉求，试图把利己与利他统一起来。韩非则用工具理性排斥价值理性，用利己排斥利他。在韩非看来，人对于人只是工具，绝非目的。

基于"以计算之心相待"的人际关系论，自然导致韩非对于法治的极端崇拜。他认为，人都是自私的。从字形上看，所谓"私"就是以自己为圆心，自环则为私，即以自己的利益为行为的动机。"私"的反面就是"公"，"背私"则为"公"。"公"就是对"私"加以限制，使之不得放纵。谁代表"公"？那就是君王；君王用什么手段限制"私"？那就是实行严刑峻法。韩非主张用法治限制人们的私欲，使社会建立起一种暂时的平衡。他反对德治，认为人不可能主动地为善，只能设法使他被动地不为恶。荀子王霸并用的两手政策，到韩非这里，被片面化了，变成了只讲霸道不讲王道的一手政策。荀子既讲君本主义，也讲民本主义，到韩非这里也被片面化了。民本主义被韩非放逐了，他只讲君本主义。他的政治哲学是围绕君王怎样治理国家、怎样一统天下等话题展开的。

话题三：建构治道学

在道理关系论和人际关系论的基础上，韩非完成了治道理论的建构，提出法、术、势相结合的治道学说。这一学说的主要内容有以下四个要点。

1.要在中央

韩非把老子的“无为”主张和法家的“有为”主张结合起来，提出“要在中央”的政治主体论。他说：“事在四方，要在中央。圣人执要，四方来效。”（《韩非子·扬权》）他是极端的君主专制主义者，只把君王一人看成政治主体，把其他人一概视为被统治的对象。在他的眼里，只有君王一个人是目的，其他人一概都是工具或手段。君王是政治的核心，处在万人之上，拥有至高无上的权力，既掌管政权，也掌管教权。韩非是一位文化专制主义者，把儒家、道家、墨家的民本思想全都放逐了。他主张中央集权，主张高压政策，主张严刑峻法，主张以君王的意志统一全体社会成员的意志，把一切文化形态都放逐了，这就叫“以法为教”“以吏为师”（《韩非子·五蠹》）。

韩非认为，一切对于君主专制制度不利的思想都应该摒弃掉。他尤其反对儒家的仁义之教和墨家的兼爱之道，视之为“杂反之学”。在批评儒、墨时，他还提出“矛盾”一词，后来成为辩证法的范畴之一。不过，在韩非关于矛盾的说法中，并没有辩证法的意思，只是强调两个不相容的命题不能同时都是真的，讲的是形式逻辑中的矛盾律。你承认有无坚不摧的矛，就不能同时承认还有物莫能陷的盾。这种矛盾说是他反对“杂反之学”的思想工具。

2.以法为本

韩非认为君王统治万民的唯一工具就是法治，抓住了“法”，才是抓住了根本。他强调，治国的关键在于把握“不务德而务法”的原则，用法规范人们的行为，有如木匠用工具把木材加工成圆柱体。他说：“夫圣人之治国，不恃人之为吾善也，而用其不得为非也”“故有术之君，不随适然之善，而行必然之道”（《韩非子·显学》）。在“大争之世”，君王除了选择法治之外，没有其他选择。韩非所说的“法”就是一方绝对服从另一方，使社会形成等级秩序。“臣事君，子事父，妻事夫，三者顺则天下治，三者逆则天下乱，此天下之常道也”（《韩非子·忠孝》），他把君权、父权、夫权看成根本大法。

韩非认为，“法”应该公开化，“法者，宪令著于官府，刑罚必于民心”（《韩非子·定法》），执法的尺度应该是一致的，不能因人而异。执法者应当做到“法不阿贵，绳不挠曲”“刑过不避大臣，赏善不遗匹夫”（《韩非子·有度》）。除了君王之外，在“法”的面前，人人平等。

3.法术二柄

韩非认为君王除了有“法”作为统治工具外，还应当有“术”作为统治手段。“法”和“术”是君王不可或缺的“二柄”。他说：“术者，因任而授官，循名而责实，操杀生之柄，课群臣之能者也，此人主之所执也。”（《韩非子·定法》）“法”是用来对付万民的，“术”是用来对付群臣的。君王只有管住群臣，才能管住万民，所以“术”也十分重要。“法”是公开的，应当是人人都知道；而“术”则是保密的，只有君王自己知道。韩非强调“主道利幽”，即不能让群臣摸透君王的真实意图。倘若群臣摸到君王的真实意图，将会投其所好，扰乱政局。君王必须有一套权术，考核群臣的政绩，赏勤罚懒，提防大臣、公子、后妃、宦官等人的篡权图谋。在中国古代社会中，皇帝设立告密制度、监察制度、弹劾制度，乃至建立东西厂、锦衣卫之类的特务组织，都是“术”在实际政治生活中的应用。

4.抱法处势

韩非指出，君王仅仅掌握了“法术二柄”并不够，还得营造君王至尊的政治氛围，这就是“势”。他说：“抱法处势则治，背法去势则乱。”（《韩非子·难势》）“势”是指君王的地位和权势，就是君王凌驾于群臣万民之上的那种威严。“势”这是实行“法”和“术”必不可少的前提。韩非打比方说：“千钧得船则浮，锱铢失船则沉，非千钧轻锱铢重也，有势之与无势也。”（《韩非子·功名》）以有船为得“势”，即便千钧重物也可以在水面上运行；无船为失“势”，轻如锱铢的物件也得沉入水中。对于君王来说，“势”很重要。倘若失掉了“势”，即便像尧那样的明君，连三个人都管不了。韩非最后的结论是：法、术、势“此不可一无，皆帝王之具也”（《韩非子·定法》）。在中国古代社会中，见到皇帝要行三拜九叩之礼，其实就是造“势”的具体做法。

韩非提出法、术、势相结合的法治理论，对于君王的统治之术作了非常透辟的分析和概括，是一种适合古代社会需要的制度设计。他的法治理论是一种中央集权主义理论，他设计的体制是君主专制主义制度。

在先秦时期这一中国哲学起步阶段，大多数哲学家都有很强的政治哲学情结。中国早期哲学家没有像古希腊哲学家那样选择自然哲学的道路，而是一下子就把天人关系问题引到治乱问题上。他们最为关注的实际问题，就是如何消除诸侯纷争的政治乱局，建立起高效的、统一的、中央集权的大帝国。他们希望找到一条天下归一之路，使当时的中国从天下大乱转为天下大治，重新建立社会秩序。先秦哲学家研究天人关系问题，主要还是着眼于人以及由人组成的社会。对于社会来说，就是一个如何转乱为治的问题。先秦哲学家普遍认为，他们所处的时代是一个乱世。如何摆脱乱世、走向治世？自然成为他们最为关切的一个非常现实的政治问题。黑格尔曾把哲学比作猫头鹰，它在夜幕时分才会起飞。意思是说，社会转型时期往往为哲学发展提供合适的语境。中国哲学有如一只猫头鹰，也是在夜幕时候才飞起来的。中国哲学产生于中国古代社会的转型时期，当时中国正处在由多个诸侯国组成的松散联邦向大一统的帝国转变的时期。哲学家作为社会转变的先导，对未来的大一统帝国提出种种构想，纷纷拿出自己的方案，试图找到一条摆脱乱局的道路。道家拿出的方案是“无为而治”，墨家拿出的方案是“尚同”，儒家拿出的方案是“为政以德”。各家都为自己的方案辩护，驳斥论敌的主张，遂演变成百家争鸣的局面。据实而论，这些方案一般还停留在想法或说法的层面，并没有可操作性。只有法家的韩非的治道建构，才超越了想法和说法，提供了一种切实可行的做法。韩非虽然一生都没有得到亲自实践其治道理论的机会，可是他的这一理论却得到了秦始皇的实践。他把韩非的治道理论落到了实处，完成了统一中国的大业。这个结局表明，先秦时期的百家争鸣，实际上以法家胜出而宣告终结。

自秦开始，韩非的治道理论和制度设计都落实到了古代社会的政治生活之中。由于以韩非治道理论为指导，中国古代社会所建立的封建王朝，大都能维系百年之久，就连元朝也延续了90多年，这在西方的古代社会是不可想象的事情。在世界古代史上，中国的君主专制主义体制，恐怕是最完备的政治体制。从现代政治哲学的视角看，韩非的法治理论无疑是要受到猛烈抨击的，但我们不能用现代民主政治的眼光苛责他，而应当用历史主义的态度去理解他。在古代社会，除了君主专制主义制度外，不可能构想出别的体制。韩非治道理论的偏激性显而易见：它能够帮助皇帝“打天下”，却不能帮助皇帝“平天下”。从汉代开始，皇帝便不再完全依赖韩非的治道理论，继而接受了董仲舒“阳儒阴法”的政治理念，但韩非的治道理论并未因此而淡出历史舞台。汉宣帝直言不讳地宣称：“汉家自有制度，本以霸、王道杂之。”（《汉书·元帝纪》）他所说的“霸道”，指的就是韩非提供的治道理论。

丁　展开期个案篇

《展开期个案篇》共五章。描述汉唐时期儒释道三家竞长争高的情况，突显展开期的特点。今文经学的代表性人物是董仲舒，他提出新的天人学。《董仲舒："大一统"视野中的天人学》的话题之一是以天论人，强调天是人的同构性，突破君主与臣民对立的二维结构，建立起天、君主、臣民之间的三维结构，以天缓解冲突。话题之二是以天论政，视天为"大一统"的依据。话题之三是以天制约君权，既有君权神授色彩，也有民本主义倾向。今文经学的论敌是王充，他针对今文经学建立起另类的天人学。《王充：批判思潮中的天人学》的话题之一是认为天在人上，天与地皆为平行面，星宿有如地上的房屋一样缀在天上。话题之二是天道自然，绝不干预人事；人事也不能感天动地。话题之三是认为人有独到的认知途径，在经验基础上形成知识。话题之四是福德未必一致，对于贤者不得好报的现象表示无奈。玄学贵无派的代表性人物是王弼。《王弼：名教出于自然》强调名教必须以道家所说的"自然"为根基，以解决儒家伦理有用无体的问题。本体也可叫作"无"，他主张"以无为本"。至于皈依本体的路径，则是得意忘象。《郭象：名教即自然》提出独化论，强调有不能化为无，无也不能派生有，万物皆独化于"玄冥之境"。体验到"玄冥之境"，就可以实现本体与人生合一，进入"名教即自然"的境界。《中国佛教：创造性诠释》指出，中国佛教话题之一是如何改变佛教外在超越的思路，将其纳入中国内在超越的思路；话题之二是开启人间佛教的新路；话题之三是借助生活实践，开辟悟得佛性的道路。

一、董仲舒："大一统"视野中的天人学

董仲舒经历汉初文帝、景帝、武帝三个朝代，景帝时立为"春秋公羊学"博士。《史记》《汉书》皆有传。因向汉武帝献"天人三策"，受到朝廷的重视，历任博士、江都易王相、太中大夫、胶西王相等官职。在今文经学的文本中，影响最大的当数胡毋生、董仲舒所出的《春秋公羊传》。该书以讲究"微言大义"著称，按照朝廷的理论需要改造发挥儒学思想。例如，《春秋·隐公元年》写道："元年春王正月。"而《春秋公羊传》竟然解释为："何言乎王正月？大一统也。"这种"大一统"观点很合武帝的口味，因为从这种解释中可以引申出维护中央集权制、维护君权的结论，从而为统一政治、统一思想提供学理依据。由于受到皇帝的青睐，治公羊学的大师董仲舒便成为今文经学派最有代表性的人物。

在"两军对战"的中国哲学研究模式中，董仲舒大概是最为人们所诟病的人物了。他被许多人视为最荒唐的唯心主义者，视为最典型的形而上学家。但当我们摆脱了从苏联搬来的、陈旧的、主客二元对立的研究模式的束缚之后，从中国哲学自身出发，紧紧把握天人关系这一中国哲学自身的基本问题，从新的视角研究董仲舒的哲学思想，就会发现一个有别于以往成见中的董仲舒，会从他的天人学说中读出一些新的内容。笔者认为，从政治哲学的角度研究董仲舒的天人学说，应当抓住人上有天、以天论政、天人感应三个基本论点。

话题一：以天论人

董仲舒天人学说的第一个基本论点是人上有天。他说："天者，万物之祖，万物非天不生。"（《春秋繁露·顺命》）又说："天者，百神之大君也。"（《春秋繁露·郊语》）他在众人之上，高高竖立起天的权威，把人都说成天的后代、天的顺从者。在董仲舒那里，所谓"人上有天"，主要不是一个关于自然哲学的论断（当然不能排除此种意思），而是一个关于政治哲学的论断。

董仲舒作为一个有原创力的政治哲学思想家，提出了一种关于天人关系问题的新看法。他的天人学说，一方面是对先秦时期的天人合一思路的调整，另一方面则是对先秦儒、墨两家的思想资源的整合。先秦时期是中国哲学的奠基期，哲学家推倒了原始宗教的权威，改变了

传统天命观占统治地位的情形，创立了各种哲学流派。那时的大多数哲学家，都不再认同天的权威性，不再强调天在人之上，而是强调天和人的一致性，强调天道和人道的相通性，强调在天人合一的整体中人处在主导的位置。用孔子的话说，“人能弘道，非道弘人”（《论语·卫灵公》）。处于中国哲学发展期的董仲舒出于维系“大一统”的理论动机，则不再强调天与人的一致性，转而强调天的至上性。在先秦时期，也有承认天有至上性的思想家，这就是孟子和墨子。孟子认为，天对于人来说，既有一致性，也有至上性。他说：“诚者，天之道也；思诚者，人之道也。”（《孟子·离娄上》）人性善来自天性善，天对于人当然具有至上性；但唯有人才能充分体现天性善，故而二者之间也存在着一致性。墨子的看法同孟子类似，只不过所要说明的主题不完全一样。墨子不否认天有至上性，甚至承认有所谓“天志”。但是，他所谓的天志，并不意味着天具有为所欲为的神意，而仅指兼爱、非攻之类的人道原则。他说：“我有天志，譬若轮人之有规，匠人之有矩，轮匠执其规矩，以度天下之方圜，曰：中者，是也；不中者，非也”，“顺天意者。兼相爱，交相利，必得赏；反天意者，别相恶，交相贼，必得罚”。（《墨子·天志上》）显而易见，孟子和墨子所说的天，都是指义理之天，并不是指主宰之天。孟子和墨子关于天的至上性的思想，启迪了董仲舒。他沿着这一方向，整合儒、墨两家的思想资源，片面地强调天的至上性，不再讲天与人在义理上的一致性，把儒、墨的价值哲学讲成了政治哲学。在儒、墨那里，天的含义是指义理之天，是指价值担保者，天既在人之上，又在人性之中；而在董仲舒这里，天的含义是指主宰之天，是指政权担保者，天只在人之上，并不在人性之中。

我们要想从政治哲学角度理解董氏“人上有天”说的深刻内涵，必须把这一论点放到西汉初年的语境中，追问他何以要提出这样的思想。汉代秦立，再次统一中国。汉初学者们思考的最重要问题是：秦朝为什么二世而亡？如何借鉴秦亡的教训巩固住汉代的“大一统”局面？维系“大一统”需要以什么样的政治哲学理念为指导？在大多数学者看来，单纯奉行法家政治哲学理念、拒斥其他政治哲学理念，恐怕是秦王朝迅速灭亡的一个重要的理论原因。因此，必须接受秦二世而亡的教训，突破法家政治哲学的误区，建构能够维系“大一统”的新的政治哲学理念。同大多数学者一样，董仲舒也作如是观，但他比别人想得更深一些，看得更远一些，并且找到了建构儒家政治哲学的可行路径。

在先秦时期，哲学家们提出许多政治哲学理念，但被付诸实践的只有法家学说。秦始皇依据法家的政治哲学理论，以法为教，以吏为师，实行严刑峻法的高压政策和富国强兵的耕战政策，采用暴力手段扫平六国，完成了统一中国的大业。实践证明，法家政治哲学的确有其他各家无法比的理论优势：讲究行政效率，组织系统严密，执法严格，赏罚严明，中央集权，一断于法。然而，秦二世而亡，也暴露出法家政治哲学的严重缺陷。法家没有在统治者和被统治者之间、各个社会成员之间建立起普遍的精神联系，把人与人之间的关系看成相互利用的、赤裸裸的利益关系，甚至否认人与人之间存在着道德关系。在韩非看来，造车子的人希望人人富贵，并非出于仁爱之心，只是希望销路广；卖棺材的人希望多死人，也没有什么恶意，只是为销路着想。总是，人人“皆挟自为心”（《韩非子·外储说左上》）相待。基于这样的人性理论，法家拿出的统治策略只能是严刑峻法。在法家那里，只有硬的一手，而没有软的一手；只相信工具理性，而不相信价值理性。他们宁可坚信惩罚足以使人被动地不为恶，也决不相信教化能使人主动地为善。在法家的政治哲学中，君王拥有不受限制的权力，被统治者无任何权利可言，君王采用高压手段统治他的臣民。这样的政治哲学势必导致统治者与被统治者之间的尖锐对立，因而不可能收到长治久安的政治效果。事实证明，法家的政治哲学容易形成短期效应，可以帮助君王打天下；但很难形成长期效应，不能帮助君王坐天下。因此，为了维系“大一统”，汉王朝的政治哲学必须另辟蹊径。

董仲舒从“人上有天”的观点出发，找到了冲出法家政治哲学思想藩篱的突破口，并建构起儒家的政治哲学体系。为了化解统治者与被统治者之间的紧张和对立，董仲舒提出天、君王、臣民三维组成的政治架构。在这个三维架构中，天处于主宰者的位置，天赋予君王统治臣民的权利。董仲舒认为，“君人者，国之本也”（《春秋繁露·立元神》），“以人随君，以君随天”（《春秋繁露·玉杯》）乃是“春秋之法”的根本宗旨。在天、君王、臣民这三个环节中，君王处于核心的位置。君王受命于天，“立于生杀之位，与天共持变化之势”（《春秋繁露·王道通三》）。受命于天的君王肩负着治理国家、教化万民的神圣使命，这固然是一种君权神授理论，不过，至少在形式上对君权作了一些限制。在法家政治哲学中，君王不受限制；而在董仲舒的政治哲学中，君王必须受命于天。君王和臣民都在天的掌控之下，这意味着他们之间存在着精神上的联系。天犹如一条纽带，把所有社会成员联结为一个整体。由于君王与臣民之间在精神上存在着普遍联系，所以，君王在统治臣民时就不能只采用高压政策，还必须重视道德教化的作用。基于这种理论，董仲舒建构了一套适合封建社会政治需要的行为规范和道德准则，这就是统治中国达上千年之久的三纲五常。三纲是君为臣纲、父为子纲、夫为妻纲；五常为仁、义、礼、智、信。他强调，三纲五常是不容侵犯的信条，“王道之三纲，可求于天”（《春秋繁露·基义》），“夫仁、谊、礼、知、信五常之道，王者所当修饬也”（《汉书·董仲舒传》）。董仲舒提出的三纲五常，集中体现出儒家的政治与伦理思想紧密结合的特征，成为后世儒家共同的信条。三纲五常观念也得到历代君王的拥护，成为他们加强思想控制的得力工具。

话题二：以天论政

董仲舒天人学说的第二个基本论点是以天论政。在董氏天、君王、臣民的三维政治架构中，第一维的天是虚构的、预设的前提，而后论述两维与天的关系、与政治的关系才是他的政治哲学的主题。董仲舒以天论人、以天论政，包含着两方面的意思。一是从天的角度说明君王的统治策略，寻找使“大一统”国家能够长治久安的有效办法，二是从天的角度看待臣民的人性问题，寻找使人性得以完善的途径。通过这两方面意思的展开，董仲舒整合儒、法两家的思想资源，创立了适合中国古代社会需要的政治哲学体系。

尽管董仲舒把天高高置于人之上，视天为人的曾祖父，但他没有把话题引向宗教哲学方面，而是引向政治哲学方面。为了建构政治哲学，他特别强调人与天有同构性。他采取象数类比的方法，论述天人合一的观点：“天以终岁之数，成人之身，故小节三百六十六，副日数也；大节十二分，副月数也，内有五藏，副五行数也；外有四肢，副四时数也，乍视乍瞑，副昼夜也；乍刚乍柔，副冬夏也；乍哀乍乐，副阴阳也；心有计虑，副度数也；行有伦理，副天地也。”（《春秋繁露·人副天数》）董仲舒把《孟子》《易传》《中庸》中的天人合一思想推向极端，使之从内在的、义理意义上的合一，变成了外在的、象数意义上的合一，体现出更加浓重的神秘主义色彩。按照董仲舒的说法，天无非是放大了的人，而人则是缩小了的天。董仲舒从天人同类的论断中，引申出“任德不任刑”的政治哲学原理，建议君王在治理国家时，把臣民看成自己的同类，看成教化的对象，而不能像法家那样，仅仅把臣民看成统治的对象或惩罚的对象。

在董仲舒的眼里，天下之人其实分为两类：一类是君王，他是天的儿子，秉承天的意志，拥有统治万民的权力；另一类是臣民，他们是天的后代，是被统治的对象。在君王的统治之下，臣民只有服从的义务，没有违抗的权利。君王的统治权是天赋予的，他的职责就是“承天意，以成民之性为任者也”（《春秋繁露·深察名号》）。这就意味着，君王应当以“德治教化”为治国的主要手段，而不能以“刑罚”为主要手段。在这里，董仲舒已经走出了法家一味崇尚高压政策、厉行严刑峻法的误区，倡导软硬兼施、刑德并用的两手政策。在法家那里，只是一味地诉诸工具理性，完全无视价值理性，并不把臣民当作人看待，而是当作君王任意驱使的工具看待。在董仲舒这里，臣民虽然是被统治者，但也是人。君王受命于天，本着人道原则治理国家，理所应当把臣民当成教化的对象。基于此，君王治理国家就不能只有工具理性的诉求，还必须有价值理性的诉求，必须实行“任德不任刑”的原则，把德治放在首位。

同孟子、荀子一样，董仲舒也采取人性分析的方法论证自己的政治主张。他不是性善论者，也不是性恶论者。他综合荀、孟之说，创立了“性三品”理论。董仲舒从人性的角度把臣民分为三种类型。一类人具有“圣人之性”，不待教而能为善，乃是普通人的楷模。对于这种人，不存在如何治理的问题，既用不着“任德”，也用不着“任刑”。另一类人具有“斗筲之性”，虽经教化也难以向善。这种人气量狭小，业已定型，不可能使他们主动地为善。君王治理这种人，不必“任德”，“任刑”就够了：既然不能使他们主动地为善，那么，只好采用强硬的手段使他们被动地不为恶。在这里，董仲舒已在相当程度上对法家的惩罚主义进行了借鉴。再一类人具有“中民之性”，通过教化而后可以为善。在上述三种人之中，具有“中民之性”的臣民为大多数，所以，君王采纳教化德治为主的治国方略，是有充分人性论根据的。董仲舒告诫君王：“下务明教化民，以成性也；正法度之宜，别上下之序，以防欲也。”（《汉书·董仲舒传》）君王统治的对象，主要是指那些具有“中民之性”的臣民。董仲舒并不是迂阔的腐儒，他也清醒地意识到：德治教化不是万能的，德治还需要以法治来辅助，使二者相互制衡。因此，他在强调“任德”的同时，并不排斥“任刑”。他主张刑德并用，以刑辅德，阳为德，阴为刑，实行软硬兼施的两手政策。他说："教，政之本也；狱，政之末也。其事异域，其用一也"（《春秋繁露·精华》），"庆赏以立其德……刑罚以立其威"（《春秋繁露·威德所生》）。他的这种阳儒阴法的刑德观，同荀子"隆礼尊贤而王，重法爱民而霸"（《荀子·天论》）的思想是一脉相承的。鉴于秦始皇厉行严刑峻法导致秦朝二世而亡的历史教训，董仲舒重申先秦儒家的德治和仁政思想，但也吸收了法家的合理内核。如果说先秦儒家是正题、法家是反题的话，那么，董仲舒的政治哲学则是他们的合题。

董仲舒利用阴阳五行等思维框架，在人、天之间建立起神秘联系，借以论证实行刑德并用两手政策的必要性。比如，"阳贵而阴贱，天之制也"（《春秋繁露·天辨在人》）引申到人事："君臣、父子、夫妇之义，皆取诸阴阳之道。君为阳，臣为阴；父为阳，子为阴；夫为阳，妻为阴。"（《春秋繁露·基义》）他依据阳贵阴贱的价值尺度，论证三纲的绝对性，把封建时代的尊卑等级观念说成是天意的体现。他把"任德而不任刑"的施政原则归结为天意："王者欲有所为，宜求其端于天。天道之大者在阴阳，阳为德，阴为刑，刑主杀而德主生。是故阳常居大夏，而以生育养长为事；阴常居大冬，而积于空虚不用之处。以此见天之任德不任刑也。"（《汉书·董仲舒传》）关于为政任刑还是任德，抑或王道好还是霸道好的问题，汉代秦立之后思想家们长期争议不休。董仲舒从阴阳家那里取来阴阳二分的思维框架，把这一问题解决了。他的阴法阳儒的观点，则实把法家的法治理论作为一个环节纳入了儒家的思想体系之中。

董仲舒还利用五行相克相生的公式比附人事，以神秘主义的方式为儒家伦常观念张目。他说："天有五行，一曰木，二曰火，三曰土，四曰金，五曰水。木，五行之始也；水，五行之终也；土，五行之中也。此其天次之序也。木生火，火生土，土生金，金生水，水生木，此其父子也。木居左，金居右，火居前，水居后，土居中央，此其父子之序。"（《春秋繁露·五行之义》）经过董仲舒的组合排列，古老的五行观念被涂上了一层伦理色彩：他以五行相生关系比附子对于父的从属关系，以土居中央说论证忠君的必要性。

董仲舒以天论人、以天论政，尽管表述方式有神秘色彩，但内容是深刻的。他重申王霸并用、礼法双行的施政原则，主张"任德不任刑"，提出了一套维系"大一统"局面的切实可行的政治方案。首先提出王霸并用、礼法双行的施政原则的思想家是荀子，并不是董仲舒，但荀子的主张并没有被统治者采纳，因为他没有找到说服统治者的途径。董仲舒接过荀子的施政原则，以天的名义赋予其神圣性、权威性，找到了说服统治者的途径，使这一原则在政治实践中得以贯彻和实施。汉宣帝直言不讳地宣称："汉家自有制度，本以霸、王道杂之。"（《汉书·元帝纪》）董仲舒正是这种"汉家制度"的实际设计者。谭嗣同说过"二千年来之政，秦政也；二千年来之学，荀学也"[①]的话，其实并不确切。准确地说，两千年来之政治哲学既是荀学，也是董学。倘若没有董仲舒，荀学根本不可能落实到中国古代社会的政治生活之中。

话题三：制约君权

董仲舒天人学说的第三个基本论点是天人感应。董仲舒认为天与人相互感应的方式有两种，一种是符瑞，另一种是谴告。符瑞表示"王者承天意以从事"（《汉书·董仲舒传》），是天为了鼓励君主而呈现出来的吉兆。他引用《尚书大传》上一些并不可靠的传闻证明符瑞的灵验："周将兴之时，有大赤乌衔谷之种而集王屋之上者，武王喜，诸大夫皆喜。周公曰：'茂哉！茂哉！天之见此以劝之也。'恐恃之。"（《春秋繁露·同类相动》）"谴告"与"符瑞"相反，它是天对君主失政发出的警戒。董仲舒认为自然灾害都由"人祸"引起，都是天对君主的谴告。"天人相与之际，甚可畏也。国家将有失道之败，而天乃先出灾害以谴告之；不知自省，又出怪异以警惧之；尚不知变，而伤败乃至。"（《汉书·董仲舒传》）照他看来，既然天灾皆由人祸引起，那么减少天灾的最好办法还是君主修身正己，改过迁善。所以，当自然灾害发生的时候，君主应当自我反省，检讨自己的过失，不要辜负天意。董仲舒告诫君主"五行变至，当救之以德，施之天下，则咎除"，如若不然，"不救以德，不出三年，天当雨石"（《春秋繁露·五行变救》）。

正如许多论者指出的那样，董仲舒的"天人感应"说是一种君权神授理论，为专制主义提供理论支撑，有消极影响。但这恐怕只是其中一方面的内容，并不是全部内容。笔者认为，在"天人感应"说中，还隐

---

①〔清〕谭嗣同：《仁学》，《谭嗣同全集》，第54页。

含着对君权加以限制、加以约束、加以监督的理论诉求。我们从董仲舒的“天人感应”说中，很容易发现墨家天志说的痕迹。董仲舒同墨子一样，希望建立一套对君主加以限制的监督机制。他们在现实的政治生活中找不到理论支撑，只好从天上找，把天意描绘为一种监督君主的神秘力量。但是这种虚幻的监督机制是不会起作用的，反而带来消极影响。因为这种理论是同“君权神授”联系在一起的，所以君主倒是乐于接受它，利用它维护自己的权势。在封建社会，每当天灾发生的时候，皇帝往往都会下一道“罪己诏”摆摆样子，敷衍了事。

尽管天不会对君王发生实际的监督作用，但应当承认，董仲舒以天意制约君权的思想，在当时是一种大胆的想法，并且从中透露出教权与君权相冲突的信息。在西方的中世纪，也存在着教权与君权相冲突的问题，冲突的结果则是形成二者相互制衡的局面：该恺撒管的归恺撒，该上帝管的归上帝。董仲舒也试图以教权限制君权，但是他失败了。失败的原因在于，他一开始就选择了一条上层路线，而没有像基督教那样选择下层路线，没有在民间建立起有广泛社会基础的庞大宗教组织。由于没有宗教组织为依托，董仲舒没有同君权抗衡的政治资本，没有独立的话语权，不可能真正树立起教权的权威，不得不沦为君权的附庸。公元前135年，皇帝祭祖的长陵高园殿失火，不久辽东的高庙也失火。信奉天人感应的董仲舒当时著有《灾异之记》，主父偃嫉妒董仲舒，将书上呈武帝，武帝召集诸生讨论，其中有人认为书中对“失火”之事有指责讥讽的意思，认为写此书的董仲舒罪当死，后来武帝下诏对之进行了赦免。

在董仲舒“天人感应”说中，还包含着“以民为本”的积极内容。他在继承孔子正名思想的同时，也继承了孟子的民本思想。他一方面主张尊君，另一方面也强调重民，这两种似乎矛盾的观点，在天的名义下统一起来：“‘天之生民，非为王也，而天立王，以为民也。’故其德足以安乐民者，天予之；其恶足以贼害民者，天夺之。”（《春秋繁露·尧舜不擅移汤武不专杀》）按照这种解释，天意也就是民意，君主要维护自己的统治，首先应当做到顺从天意，体察民意，把民心向背看成政权根基是否稳固的晴雨表。如果君王不关心民众的死活，不能使民众安居乐业，他便失去了君之所以为君的资格。他说：“五帝三王之治天下，不敢有君民之心。”（《春秋繁露·王道》）五帝三皇尚且如此，后世君王就更不在话下了。

从这种重民的思想出发，他提出“限民名田，以澹不足，塞并兼之路”“薄赋敛，省繇役，以宽民力”（《汉书·食货志》）等主张。董仲舒是最早注意到土地兼并危害性的儒家学者，他主张限制地方豪强势力，维护中央政权，保障人民最起码的生存条件。他在新的历史条件下发展了孟子的民本思想，针对社会痼疾提出相应的对策，表现出他对国事民瘼的关切。这对于封建社会的巩固和发展具有积极意义。

董仲舒创立的政治哲学借助神学的形式阐释儒家思想，抬高儒学的权威，这相对于先秦儒学的理性主义精神来说，无疑是一种倒退。但这却是儒学发展过程中必不可少的环节。在统一的封建社会建立的初期，全体社会成员的文化程度不高，大多数人皆为文盲。在这种情况下，董仲舒只有借助神学的形式才能促使儒学走出学术殿堂，变为全体社会成员都能够接受和认同的意识形态。要把先秦儒学这样一种雅文化，转变为汉代今文经学这样一种俗文化，除了借助神学的权威之外，董仲舒似乎没有别的路可以选择。如果说先秦儒学以政治与伦理的结合为基本特征的话，那么，到了董仲舒这里已变成神学、政治、伦理三者的紧密结合，这就是他对于儒学的发展作出的贡献。董仲舒的儒学思想具有独断的、准宗教的性质，乃是不可掩盖的事实。不过也应当看到，董仲舒只是借助神学的形式而已，他所传达的内容仍属于儒学。他所关心的仍然是怎样做人，以及如何处理人际关系、社会统治的原则是什么，这一类此岸世界的问题，并没有把人们引向虚幻的彼岸世界。所以，尽管董仲舒的儒学思想带有浓重的神秘色彩，但并没有违背儒家的入世传统。他的天人学说是一种政治哲学，并不是宗教。

二、王充：批判思潮中的天人学

董仲舒创立今文经学，对儒学的最大贡献是：真正把儒学讲成了一种政治哲学，并且在实际政治生活中起到“以儒治国”的作用。先秦儒学讲的是“伦理—政治哲学”，以伦理为主色调；董仲舒讲的是“政治—伦理哲学”，以政治为主色调。倘若没有董仲舒的这种讲法，儒学不会获得“以儒治国”的殊荣。董仲舒对于儒学，可以说是功臣，因为他开启了儒学的新形态——经学；可是对哲学来说，却未必称得上功臣。他的讲法，傍依着神权和皇权，在相当大的程度上失落了独立的话语权，失落了理性精神，至多算是半哲学。对于先秦哲学家的理性主义哲学精神而言，他显然不是发展了，而是倒退了。董仲舒思想的恶性发展，导致谶纬思潮的泛滥。这时，理性精神彻底失落，哲学实际上已经被放逐了。

西汉衰微，今文经学随之也失势，古文经学乘机取而代之。古文经学家的理性精神比今文经学强一些，不再傍依神权，但依旧傍依皇权，而且还傍依文本，仍未寻回独立的话语权。由于这个缘故，在古文经学家当中，只能产生出杰出的学问家，并不能产生出杰出的哲学家。

哲学缺位的情况，从东汉时期开始，方有所改观，那就是出现了以解构经学为宗旨的社会批判思潮。这种理性的声音，来自民间，来自官方主流话语系统之外。批判思想家力求清除今文经学家特别是谶纬学家制造的种种思想迷雾，再次推进中国哲学的发展。在他们的队伍当中，有王充、王符、崔寔、仲长统、荀悦等人，其中最杰出者，非王充莫属。近代学者章太炎甚至把王充看成汉代唯一的哲学家，他感叹："汉得一人焉，足以振耻。"①

王充，字仲任。他做学问很认真，善于独立思考，以自己的见解为主，不傍依任何人；他敢于挑战权威，提出独到见解，真正具有哲学家的品格。他留下的著作，只有一本《论衡》。"论衡"一词相当于现在的哲学术语"批判"。王充是一位见解独特、思想深刻、笔锋犀利的批判哲学家，在《论衡》一书中，其表现出坚持真理、实事求是的理论勇气，为推动中国哲学的发展进程作出了重要的贡献。

王充的哲学是民间哲学，没有像董仲舒那样成为官方哲学。王充的理论思考是一种在体制之外的思考，没有任何政治动机，只为求真。他大胆解构今文经学，试图把董仲舒的哲学，变成一种清醒的思考。他是一位高扬理性的民间哲学家。

话题一：天在人上

王充的哲学思考，也是围绕着天人关系问题展开的，其特色在于：把董仲舒的"天在人上"的纵向关系，变成了天在人外的平列关系。针对董仲舒"天在人上"的观念，王充率先举起"疾虚妄"的大旗。

①章太炎：《检论》，《章太炎全集》（第3册），朱维铮点校，上海人民出版社2014年版，第452页。

“疾”就是痛斥、批判的意思，“虚妄”主要是指斥董仲舒的天人学说。王充认为，董仲舒出于政治目的建构的天人学说，其实是一种经不起推敲的谬见。他发扬理性的批判精神，割断了董仲舒在天人之间建立起来的神秘联系，颠覆了“天在人上”的正统观念，树立起“天在人外”的新观念。

王充不认同董仲舒的“人副天数”说。他指出，天与人并不是同类，天并不是人的“曾祖父”。董仲舒以形象描述的手法说明人与天同类，王充以其人之道还治其人之身，也用形象描述的手法反驳董仲舒。他分析说，倘若说天与人是同类，天也能主持公道的话，那么，天也应当像人一样有口，并且有千千万万张口，可是，天的口在哪里呢？倘若说天与人同类，天能造就万物的话，那么，天应当像人一样有手，并且有千千万万双手，可是，天的手在哪里呢？“天地安得万万千千手，并为万万千千物乎？”（《论衡·自然》）“天无口目”，仅从形象上看，就可以断定：天与人并不属于同类，不可能成为人的“曾祖父”；人大可不必像崇拜祖先那样，对天顶礼膜拜。人并不是天的副本，天也不可能按照自己的形象创造出人类来。“人生于天地也，犹鱼之于渊，虮虱之于人也。因气而生，种类相产，万物生天地之间，皆一实也。”（《论衡·物势》）在王充看来，人类自身生息繁衍，同天意没有任何关系。

针对今文经学家的“故生”说，王充指出，天跟人不一样，不可能抱有目的。人是有目的的存在物，而天是没有目的的存在物，不可以混为一谈。他批评“天生五谷以食人，生丝麻以衣人”（《论衡·自然》）的说法，认为天不可能主动地为人着想。王充反驳说，人与动物一样，有生存的需求。为了解决吃饭的问题，必须种植五谷；为了解决穿衣的问题，必须种植桑麻。人从事农业生产，完全出于生存需要，是自然而然的事情，没有什么可奇怪的，跟天意无关。如果说天有意识地为人类提供五谷桑麻，岂不把天看成“农夫、桑女之徒”吗？王充的反驳很机智，也很有逻辑力量。

针对董仲舒的“天人感应”说，王充指出，这在学理上是说不通的。他不否认在自然界中天气变化对动物的活动或其他自然现象有影响，例如，“天且雨，蝼蚁徙，丘蚓出，琴弦缓，固疾发”（《论衡·变动》），但不能由此得出“天人感应”的结论。第一，天与人相去甚远，从距离上说，不可能构成相互感应的关系。第二，人太弱小了，没有那么大的力量，不可能感天动地；犹如扇扇子，不可能制造出一场狂风来。这些道理是一样的。第三，人的作为和天的运行没有必然联系，“寒温之气，系于天地而统于阴阳，人事国政，安能动之”（《论衡·变动》）。

王充并不否认有可能出现董仲舒所说的“符瑞”现象，但他认为那是完全偶然的，同君主是否实行德政，没有必然的联系。符瑞出现是一件事情，施行德政是另外一件事情，二者毫不相干。尽管两件事情有可能同时发生，但并不意味着二者之间存在着因果关系。比如，在民间流传着“孟姜女哭倒长城”的说法，王充的解释是：“或时城适自崩，杞梁妻适哭。”（《论衡·感虚》）在长城崩塌的时候，刚好孟姜女在那里哭。长城崩塌是其自身原因造成的，同孟姜女的哭没有任何关系。对于符瑞出现，亦可作如是观。“文王当兴，赤雀适来；鱼跃乌飞，武王偶见”（《论衡·初禀》），周文王、周武王时代政治清明、国泰民安，是他们本人贤明的缘故，并不是上天的有意安排，同出现符瑞没有必然联系。

至于董仲舒所说的“谴告”，王充认为完全是无稽之谈。他指出，发生自然灾害的原因，应当到自然界中去找，不能到君主的政绩中去找。“风雨暴至，是阴阳乱也”（《论衡·感虚》），并不是对于君主失政的谴告。自然灾害的发生同君主贤明与否没有任何关系。例如，尧是大家公认的明君，可是，在尧执政时竟发生了大洪水，能说这是对尧的谴告吗？王充机智地用归谬法批驳“谴告说”，他指出，如果说上天能够有谴告君主的能力的话，那么，它亦有能力造就一位贤明的君主；它何必要造出一位昏庸的君主，然后再降下灾难来谴告他呢？难道天不怕麻烦吗？按照王充的看法，“谴告说”其实是儒生表达政见的一种方法，是政治危机的表现。“末世衰微，上下相非。灾异时至，则造谴告之言矣”（《论衡·自然》），他触及谴告说产生的社会原因，是一种很深刻的见解。

王充“疾虚妄”，不仅仅是对董仲舒具体论点的批判，也是对整个今文经学神学思维方式的批判，是对今文经学话语系统的解构。他以哲学的思维方式取代神学的思维方式，清理今文经学家制造的种种思想迷雾，力求按照自然界的本来面目重新看待天人关系。通过“疾虚妄”，消解“天人感应”之类的比附谬见，王充提出一种与今文经学家相对立的天人学说：天不在人之上，天在人之外。董仲舒认为，天在人之上，强调人在天的掌控下，只是被动的存在。董仲舒说的那个高高在上的“天”，被王充解构了，重新还原成人之外的自然之天；董仲舒说的那个“人”，被王充解放了，重新还原成主动的人、理性的人。

话题二：天道自然

董仲舒提出“天在人上”的观念，目的在于为“大一统”提供理论依据。他的哲学本来是一种为君主制度作论证的政治哲学，但是是从“天”，即从自然哲学的角度入手讲起的。他提出的“天在人上”的观念，对于君主的政治权威具有解释力，而对自然界本身并没有解释力。换句话说，自然哲学是董仲舒哲学的软肋。王充解构董仲舒的哲学，就选择这个软肋，作为下手处。他从“天在人外”的观念出发，割断了天与人之间的神秘联系，试图对天、对自然界作出一种理性的解说，以期从根本上解构董仲舒的哲学体系。

在王充眼里，天原本是一种自然的存在，并无神秘性可言。“夫天，体也，与地无异”（《论衡·变虚》），莽苍苍的蓝天与辽阔的大地，没有什么两样，“天地，含气之自然也”（《论衡·谈天》），天和地乃至万事万物，都由气构成的，只不过天的形体比较大而已。王充描述的宇宙图式，乃是双平行面结构：天是上层的平面，地是下层的平面，二者都是元气的表现形态。“元气，天地之精微也”（《论衡·四讳》），他的看法是：“天有列宿，地有宅舍；宅舍附地之体，列宿着天之形”（《论衡·祀义》），“天覆于上，地偃于下，下气烝上，上气降下，万物自生其中间矣”（《论衡·自然》）。王充强调，宇宙天地是从来就有的，并不是神的创造物。对于宇宙天地来说，不存在一个开端，在时间的意义上是无限的。“天地不生，故不死；阴阳不生，故不死”（《论衡·道虚》），天体是无限伸展的平面，地也是无限伸展的平面，在空间的意义上也是无限的。在汉代，占主导地位的宇宙论观念是盖天说。盖天说有一个明显的理论漏洞：一个半圆形的罩子，怎么可能把正方形的大地不多不少地罩起来呢？为了弥补这个漏洞，张衡等学者提出了浑天说。浑天说把宇宙想象成一个巨大的鸡蛋，地球有如鸡蛋黄，天穹有如鸡蛋壳，并且认为天壳的内壁里存了水。这种天壳的观念，仍旧是一种宇宙空间有限论。王充勾勒的宇宙图式，突破了盖天说和浑天说的宇宙有限论观念，但缺乏整体感，其解释力显然不如宣夜说。

王充不再像董仲舒那样把人看成天的附庸，而将人看成一种自然存在。他说："儒者论曰：'天地故生人。'此言妄也。夫天地合气，人偶自生也；犹夫妇合气，子则自生也。"（《论衡·物势》）人也是自然界中的一员，在这个意义上，人同天地是平等的，皆为"含气之自然"，天未必尊，人未必卑。人同万物也是平等的，"人，物也，万物之中有知慧者也；其受命于天，禀气于元，与物无异"（《论衡·辨祟》），尽管人的智力高于其他的存在物，但其物质成因是一样的。总而言之，天是自然物，地是自然物，人也是自然物。地气上升，天气下降，阴阳交汇，人便自然而然地形成了，没有什么神秘之处。在王充看来，天、地、人乃至万事万物，都遵循自然之道，天并无神性可言。他推翻了董仲舒天支配万物的观点，按照自然界的本来面目，对宇宙万物作出哲学解释。

在宇宙观方面，王充解构了董仲舒建构的有神意之天，将其还原为自然之天。他突破了经学家的思想樊篱，却靠近了道家的话语系统。正如他自己所说，其自然之论"虽违儒家之说"，却"合黄老之义"。（《论衡·自然》）他再次发现道家在哲学上的学术价值，启迪了魏晋时期的玄学家。

话题三：认知途径

王充对天的话题做了去神秘化处理，将其从政治哲学论域转移到自然哲学论域；对人的话题也做了去神秘化处理，将其从政治伦理学论域转移到知识论论域。在董仲舒哲学中，天是人崇拜的对象，人只能通过神秘的途径来领悟天意，因而无法进入知识论论域。王充把天视为自然之物、自在之物，不再看成崇拜的对象，而是看成认识对象，才有可能论及知识论话题。在知识论方面，他提出了"重实知"的学说。

在汉代经师们信口雌黄地神化孔子的思想迷雾中，王充却能保持着哲学家特有的理性清醒。在《问孔》篇中，他大胆指出，孔子说过的话，不可能句句都是真理；有的时候仓促应答，难免出现"上下多相违""前后多相伐"的情形。在他看来，尊敬孔子，不等于迷信孔子。"苟有不晓解之问，迢难孔子，何伤于义？诚有传圣业之知，伐孔子之说，何逆于理"（《论衡·问孔》），对于那种吹捧孔子"前知千岁，后知万世，有独见之明，独听之聪，事来则名，不学自知，不问自晓"（《论衡·实知》）的论调，王充更是不以为然。他反驳说，孔子甚至都不知道自己的祖辈乃是“殷后子氏”，还是从别人那里听说的，怎么可以说孔子“生而知之”呢？孔子也是人，并不是神，也“须任耳目以定情实”（《论衡·实知》）。假如有一个人站在墙外，坐在墙里的圣人只听他说话的声音，怎么可能知道这个人的皮肤黑白、身材高矮、家住何处、姓甚名谁、谁人的后代等情况呢？假如有一具无头的死尸，叫人去请教圣人，圣人能说出死者是种田的还是经商的，是年老还是年少，是由于什么缘故而身亡的吗？

针对任意神化圣人的种种无稽之谈，王充重申经验论原则。他指出，包括圣人在内的任何一个人，都是通过感官同客观事物接触后，形成认识并获取知识的，“如无闻见，则无所状”，“不目见口问，不能尽知也”。（《论衡·实知》）他由此得出结论：“天地之间，含血之类，无性（同生）知者。”（《论衡·实知》）王充正确地认识到，感觉经验是认识的来源和基础，但他并不是狭隘的经验主义者。他已认识到，感觉经验未必都是正确的，其中有些可能是错觉或幻觉，因此，必须通过内在的“心意”加以鉴别，将错觉和幻觉排除，方能形成正确的知识。他接受了墨家狭隘经验论的教训，重视理性思维在认识过程中的作用。他说：“夫论不留精澄意，苟以外效立事是非，信闻见于外，不诠订于内，是用耳目论，不以心意议也。夫以耳目论，则以虚象为言；虚象效，则以实事为非。是故是非者，不徒耳目，必开心意。墨议不以心而原物，苟信闻见，则虽效验章明，犹为失实。”（《论衡·薄葬》）由于墨家过分相信感觉经验，不能排除错觉和幻觉，竟然相信鬼神真实存在。王充强调，要想不犯墨家的错误，就必须“以心原物”，把错觉和幻觉排除。

对于造成错觉和幻觉的原因，王充作了深入的认识论分析。他指出，造成错觉的原因大致有三种。一是同光线强弱程度有关。比如，人们在早晨和傍晚觉得太阳大，而中午觉得太阳小；白天看不到星星，晚上才看得见。二是同距离有关，近看觉得某物很大，远看则觉得该物很小。三是同参照物有关。例如乘船，离河岸近时觉得船行进的速度很快，而离河岸远时则觉得船行进的速度很慢。至于造成幻觉的原因，则同人的身体状况有关。“凡人不病则不畏惧。故得病寝衽，畏惧鬼至；畏惧则存想，存想则目虚见”，“初疾畏惊，见鬼之来；疾困恐死，见鬼之怒；身自疾痛，见鬼之击”（《论衡·订鬼》），只要用“心意”加以“诠定”，这些错觉和幻觉都是可以排除的。

王充还指出，判断是非不仅要“考之以心”，更重要的还是要“效之以事”，用事实去验证认识的正确与否。他特别关注实际效果，重视有用之学。他说：“入山见木，长短无所不知；入野见草，大小无所不识，然而不能伐木以作室屋，采草以和方药，此知草木所不能用也。”（《论衡·超奇》）这种无用之学是肤浅的，比不上有用之学。有用之学必须经得住实践检验，“凡论事者，违实不引效验，则虽甘义繁说，众不见信”（《论衡·知实》）。只有经过实践检验的有用之学，才称得上真正的知识。

王充认为，人的知识是在实践过程中逐步积累起来的。人通过耳、目等感觉器官同外界事物接触，获得直接经验，这是知识形成的第一步，“人无耳目，则无所知”（《论衡·论死》）。王充在一定程度上认识到劳动实践在认识过程中的作用，他说：“齐部（郡）世刺绣，恒女无不能；襄邑俗织锦，钝妇无不巧。”（《论衡·程材》）齐郡、襄邑等地方的姑娘们，那双擅长刺绣或织锦的巧手，并不是天生的，而是在长年累月的实践中练出来的。如果在实践中坚持长期地、刻苦地练习，笨姑娘也会练出一双灵巧的手；反之，不肯参加实践，再聪明的人就连最简单的事也做不好。由此可见，真知识、真本领都来自实践，而不是仅靠读书就能够获得的。王充还明确地提出“学贵能用”的观点，他把理论学说比作弓矢，射出的箭能射中目标，才算是好射手；提出理论学说的人能够解决实践问题，才算是有真才实学的理论家。他说：“凡贵通者，贵其能用之也，即（若）徒诵读，读诗讽术，虽千篇以上，鹦鹉能言之类也。”（《论衡·超奇》）基于这种认识，王充提出“人有知学，则有力矣”（《论衡·效力》）的论断，表达了类似于英国近代哲学家培根“知识就是力量”的观点。值得注意的，王充提出这种看法，要比培根早了一千五百多年。不过，王充说所的“知”，乃是指实用的知识，并不是指科学理论，也没有突显工具理性的意思，仍是一种前近代的看法；培根所说的知识专指科学理论，强调工具理性就是力量。尽管他们的看法有相似性，但是彼此语境毕竟有所不同。

话题四：福德未必一致

在董仲舒的哲学中，人是天的附庸。人是被动的存在，因而也就没有价值选择上的自由。董仲舒遮蔽了知识论话题，也遮蔽了价值论话题。王充把人从天的控制下解放出来，使之成了主动的存在、理性的存在，开启了知识论话题，也开启了价值论话题。不过，在价值论方面，王充并没有提出建构性的哲学理论，只是揭示出人在价值选择上的困惑和无奈，那就是在生活世界中，常常出现福德不一致的情形。为什么会出现这种情形？王充找不到合理的解释。怎样解释排遣这种困惑和无奈？王充找不到合适的办法。对于王充来说，唯一可能的解释，那就是承认一切皆有定数。

王充一生很不得志，看到社会上出现大量“小人得志”的现象，其对现实生活世界中福德不一致的状况深有感触。由于世家豪门把持大权，寒门之士“陋于选举，佚于朝廷”（《论衡·程材》），不可能得到重用。寒门出身的人，即便道德高尚、才华出众，也无出头之日。与此形成鲜明对照的是：“下愚而千金，顽鲁而典城。”（《论衡·命禄》）王充由此得出的结论是：一个人的德行才能与其所获得的社会待遇之间，没有必然的因果关系，“才高行洁，不可保以必尊贵；能薄操浊，不可保以必卑贱”，“处尊居显，未必贤，遇也；位卑在下，未必愚不遇也”。（《论衡·逢遇》）对于这种社会不合理现象，王充愤愤不平。他鄙视那些窃居高位的达官显贵，但对“庸人尊位”“奇俊落魄”的现象，虽然颇感困惑，却也无可奈何。

为什么有人可以轻而易举地得到富贵，有人无论怎样努力都得不到富贵呢？相信“天道自然”的王充，不会用天意破解这一福德不一致的难题，只能从“自然之道”中寻求解释。他找到的答案有两个，一个是“幸偶”说，一个是“命定”说。“幸偶”说是一种偶然论的观点，认为人富贵与否取决于机遇。同样是大贤，伊尹遇到了成汤做了宰相；而箕子遇到了商纣却沦为奴隶。王充在《逢遇》篇讲了这样一个故事。有一位老者在路旁哭泣，为自己总是不走运而伤心。他年轻时，皇帝重用年纪大的官员，他没有机会；等到老了，新换的皇帝重用年轻人，他仍旧没有机会。

在王充看来，偶然性的背后隐含着必然性，这个必然性就是“命”。一个人能否获得富贵，从外因看，取决于机遇；从内因看，则取决于“命”。他把一个人的“死生寿夭之命”叫作“寿命”，把“贵贱贫富之命”叫作“禄命”，两项加在一起叫作“正命”。与“正命”相对而言的“幸偶”叫作“遭命”。正命与遭命共同决定一个人是否能得到富贵。王充没有把“命”归结为神秘的天意，而是归结为物质的原因。寿命取决于气，“禀寿夭之命，以气多少为主性也”（《论衡·气寿》）；禄命取决于星象，“所禀之气，得众星之精。众星在天，天有其象，得富贵象则富贵，得贫贱象则贫贱”（《论衡·命义》）。一个人的命好，自贱而达贵，若有神助；一个人的命不好，自贵而至贱，如有鬼祸。不仅个人的富贵与否取决于命，国家的治乱也取决于命。王充说：“世治非贤圣之功，衰乱非无道之致。国当衰乱，贤圣不能盛；时当治，恶人不能乱。世之治乱，在时不在政；国之安危，在数不在教。”（《论衡·治期》）总之，他认为人的一切活动都是有定数的，对于定数，人是无能为力的。

王充解构了董仲舒的天意论，把人从“天”的控制下解放出来，然而又把人置于“命”的控制之下。他解构了一种神秘主义观点，却陷入另一种神秘主义观点。他眼中的人，依旧是被动的人。讲到命定论，王充哲学就讲不下去了，但他为后来哲学家留下深刻的理论思维教训，促使他们另辟蹊径。王充的价值论话题太窄，只局限于富贵之类的功利目标上。实际上，人的价值追求，并不仅限于功利目标，还可以有更为远大的精神目标。王充理论视野太窄，他只在现实世界中寻找价值安顿的依据，结果找到的只是福德不一致的困惑。其实，人的价值追求属于精神现象学的范围，仅从现实世界的角度来解释是不够的。王充已触及人的精神价值如何安顿的问题，但他无能力回答这个问题。他对后来哲学家的启示是：应当搭建一个高于现实世界的精神世界、价值世界、意义世界、理想世界，到那里寻找价值安顿之所或安身立命之地。要搭建起这样的世界，必须以本体论理念为终极依据。如何提出这种本体论理念，正是魏晋玄学家选择的努力方向。他们受到王充的启发，进一步开发道家的思想资源，把理论重心从儒家之名教话语，转向道家的自然话语；从对现实世界的观照，转向对本体的追问。在中国哲学的展开期，王充的哲学构成了从经学到玄学的中间环节。实际上，魏晋玄学不是接着经学讲的，而是接着王充的哲学讲的。

三、王弼：名教出于自然

王弼，字辅嗣。他是曹魏时期著名的玄学家，年少成名，辞世时年仅23岁，是名副其实的青年才俊。在王弼短暂的一生中，留下的著作却很多，主要有《老子注》《周易注》《论语释疑》等。王弼的三部著作都具有开新风的意义。《老子注》从本体论视角阐发老子的哲学思想，见解独到，文笔优美，至今仍为注解《老子》一书的重要著作。《论语释疑》援道入儒，开儒学哲理化的先河，对宋明理学有很大影响。《周易注》也是易学史上的一部名著，开启义理易学的新方向。王弼一方面对着经学家讲，改变权威主义话语方式；另一方面接着王充讲，拓展自然主义话语方式。他开辟名教与自然关系、有无关系、言意关系等新的话题，奠定了玄学的理论基础。

话题一：名教的根基

“名教”是经学政治—伦理哲学体系中的核心观念。它的伦理意涵是指纲常伦理之类的道德规范，它的政治意涵是指君主专制主义制度。随着东汉王朝的灭亡，名教陷入了危机，不能发挥“范围人心”的作用了。怎样挽救名教的危机？怎样使之重新发挥作用？这是玄学家所面对的重大理论问题。他们必须找到一种有别于经学家的话语方式，找到一种新的哲学思维模式。

王弼的哲学思考，以名教为逻辑起点，试图为名教何以成立寻找理论依据。他不是名教的拆台者，而是名教的补救者。在反省名教失范的原因时，王弼认识到，名教本身是没有问题的，问题出在经学家们没有找到名教何以成立的根据，只讲到“用”的层面，没有讲到“体”的层面。另外，经学家关于名教的论证方式也有问题，那就是完全依赖一套权威主义的话语方式。他们或者仰仗皇帝的权威，运用政权的力量强制统一人们的思想；或者借助至高无上的天意，压制人们的理性思考；或者在圣人的典籍中寻章择句，以引证代替论证，并没有在人们内心世界中为名教找到本体论依据。为了给名教找到本体论依据，王弼摆脱了权威主义话语方式的束缚，接受了王充的理论思维成果，把目光转向道家的思辨哲学。对此，他把“自然”这一道家的哲学范畴引入名教话语之中，提出名教与自然的关系问题。“自然”出于《老子》的名句“道法自然”，王弼把它当作本体论范畴来使用，树立“名教出于自然”的观点，试图对名教作出本体论证明。他并非全盘接受道家思想，既有所取，也有所舍，跟先秦时期的老、庄有很大的不同。例如，老子和庄子都是儒家学说的批评者，而王弼则是名教的维护者。

王弼认同名教的伦理意涵，但不认同经学家的解释方式。按照王弼的看法，名教之所以失掉“范围人心”的效力，导致价值失落，其根本原因在于经学家阐发名教的方法不对。经学家最大的失误在于，把名教看成一种工具，把人看成被这个工具管理约束的对象。在名教面前，作为被管理者的人没有主动选择的余地，只能被动地服从。经学家所阐发的名教，对于被管理者来说，完全是一种外在的约束，没有进入被管理者的内心世界。所以，被管理者不可能心甘情愿地接受名教的约束。这种权威主义的阐发方式，可以使人口服，但不能使人心服，势必导致信仰危机、规范失效。在王弼看来，经学家们片面地提倡仁、义、礼、智、信等伦理规范，只在细枝末节上做文章，没有能够从根本上下功夫，没有抓住儒学的精神实质。于是，便使儒学伦理规范流于形式，甚至走向伪善，“崇仁义，愈致斯伪”①。一些无耻之徒，利用名教欺世盗名，冒充贤良，从而败坏了儒学的名声。经学家对名教的阐述，只是告诉人们什么是善的行为，并没告诉人们何以“善之所以为善”。前一个问题是伦理问题，后一个问题是哲学问题。前一个问题是枝节问题，后一个问题才是根本问题。因此，要使名教真正发挥作用，就不能就事论事，停留在枝节上，而应当从根本入手加固信仰的根基，把名教变成人们的一种自觉的价值选择。

王弼认为，名教的根基就是道家常说的“自然”或“无”。“自然者，无称之言，穷极之辞也”②，“自然”或“无”是对世界总体的把握，其中当然也包含着对名教的把握，它才是伦理规范的本体论依据。圣人正是由此出发，才“立名分以定尊卑”③，制定出以“三纲五常”为基本内容的名教来。换句话说，名教是“末”，“自然”才是“本”；名教本乎自然，出于自然。王弼要求人们从哲学高度体认本体，提高履行名教规范的自觉性，从而解决儒学遇到的“信仰危机”。王弼以哲学的方式论证名教的有用性、永恒性和必然性，同经学家以权威主义的方式论证名教的强制性、永恒性和必然性相比，自然要高明得多，深刻得多。王弼认为，只有把名教的有效性建立在自然、自觉的基础上，名教失效的问题才能得到解决。不能像经学家那样，只从“用”的层面看名教，必须上升到“体”的高度；名教何以有“用”？必须由“体”来担保——这就是王弼的基本思路。他已跳出经学的范围，从一

①〔三国魏〕王弼：《老子指略》，《王弼集校释》，楼宇烈校释，第199页。
②〔三国魏〕王弼：《老子道德经注》，《王弼集校释》，楼宇烈校释，第65页。
③〔三国魏〕王弼：《老子道德经注》，《王弼集校释》，楼宇烈校释，第82页。

个更高的视角，即从本体的视角证明名教的合理性，努力挖掘、提炼儒学的哲理性，力求把儒家的话语同道家的话语结合在一起。

王弼还指出，就名教的政治意涵来说，也应当建立在本体论的基础之上。他把儒家的“尊君”原则同道家的“无为”原则结合起来，提出“执一统众”的观点，用以证明设置名教的必要性。他指出，统辖、主宰万物的本体不是“众”，而是“寡”；不是“多”，而是“一”。“夫众不能治众，治众者，至寡者也”，“夫少者，多之所贵也；寡者，众之所宗也”。[①]在他看来，这种以寡治众或以一治多的观点，既见于《周易》，又见于《老子》。他以《老子》中“三十辐共一毂”的论断为例证，说明这一原则的必要性：“毂所以能统三十辐者，无也，以其无能受物之故，故能以寡统众也。”[②]车轱辘的三十根辐条之所以形成一个整体，是因为轱辘中间的轴眼（无）在起作用。既然“以寡治众”是世界上的普遍规律，当然亦应当成为治理国家的最高原则了。在王弼看来，以寡治众是儒、道两家一致的见解，然而对此见解的阐发，儒家比道家更深刻。他在注释《论语》中“一以贯之”一句时说：“贯犹统也。……譬犹以君御民，执一统众之道也。”[③]他认为孔子的“执一统众”之论充分体现出无为的原则，并且对无为的理解比老子更透彻：“圣人体无，无又不可以训，故言必及有。老、庄未免于有，恒训其所不足。”[④]这里的圣人指的是孔子。在王弼看来，孔子提出“一以贯之、执一统众”之论，实则立足于“以无为本”的本体论基础，主张按照无为的原则办事，只是不像老庄那样总是把“无为”挂在嘴边而已。这种“孔胜过老”的看法在玄学家当中相当流行。南齐周颙在《重答张长史书》中透露出这一消息：“王、何旧说，皆云老不及圣。”[⑤]王弼为孔子披上玄学家的外衣，把道家思想纳入儒家的思想轨道，为儒

---

①〔三国魏〕王弼：《明象》，《周易略例》，《王弼集校释》，楼宇烈校释，第591页。

②〔三国魏〕王弼：《老子道德经注》，《王弼集校释》，楼宇烈校释，第27页。

③〔三国魏〕王弼：《里仁》，《论语释疑》，《王弼集校释》，楼宇烈校释，第622页。

④〔南朝宋〕刘义庆：《文学》，《世说新语校笺》卷上，徐震堮校笺，中华书局1984年版，第107页。

⑤〔南朝齐〕周颙：《重答张长史书》，石峻等编：《中国佛教思想资料选编·汉魏六朝卷》，中华书局2014年版，第271页。

学吹入了一股新鲜“空气”。他们的“以寡治众”“执一统众”等思想是对汉儒“春秋大一统”观念的阐发，也是一种维护皇权的理论设计。他虽为儒学注入新意，但仍旧不可能跳出专制主义的思想樊篱。

王弼提出“名教出于自然”之论，突破了经学的藩篱，纳儒于道，无疑是儒家思想的新开展。但他并没有放弃名教，而是纳道于儒，也可以说是道家思想的新开展。他只认同道家的“自然”“无”等本体论理念，并不认同道家对仁义之教的批评。在他的思想体系中，“自然”同“名教”构成了相互兼容的关系。

话题二：万有的本体

沿着“名教出于自然”的思路，王弼迈入本体论视域。“名教”是他哲学思考的起点，而“自然”才是他哲学思考的重心。在本体论方面，他的基本观点就是“以无为本”，故而称之为“贵无论”。

汉代哲学家通常把宇宙视为人之外的存在，视为无人的宇宙，似乎人存在于宇宙之外，这是一种宇宙论的哲学思考模式。尽管有些哲学家也讲天人合一，但只能讲到外在意义上的合一，即把“人”合到“天”的控制范围内，并没有真正把天与人看成一个整体。汉代哲学家尚未达到本体论意识的自觉。在中国哲学史上，自觉的本体论意识应当从王弼算起。在王弼眼里，宇宙不再是无人的宇宙，而是天与人内在地统一起来的整体。对于这个整体，只能用一种本体论观念来把握。这个本体论理念，既是天地万物存在的终极依据，也是指导人的精神生活的最高原则。基于这样的哲学识度，王弼开始了他的本体论追问。

王弼认为，世界上的万事万物都是本体的表现形态，不过是“末”而已。“末”不可能单独存在，必须以“本”为存在的根据。打个比方说，树枝和树叶永远离不开树干和树根，倘若离开了，树枝和树叶就不成其为自身了。经学家的悲哀在于，他们只是抓到了“末”，就事论事，仅在“末”的范围内转来转去，摆脱不了舍本求末的魔咒。由于经学家没有抓住问题的要害，因此往往事与愿违。比如，经学家只告诉人们怎样履行仁义、刑法等关于名教的具体条目，却没有说清楚为什么要这样做。显然，“体”不在他们的视野之内。由于没有找到人们精神生活的指导原则，效果必然是“巧愈思精，伪愈多变，攻之弥甚，避之弥勤”[①]。经学家把名教条目讲得越烦琐、越形式化，势必会引导人们在形式上做文章，想方设法沽名钓誉、弄虚作假，以至于欺世盗名。这种人性扭曲、人格伪善的现象，使得社会风气变得越来越坏。王弼放弃了舍本逐末的思路，其着眼于“本”，深入探讨本末关系，从世界观的高度把握宇宙、理解人生。他不再把目光停留在可见的“末”上，要求进一步探讨抽象的本体，主张“以无为本”，这是一种典型的本体论思考方式，同经学家思考方式截然不同。

那么，究竟什么是世界万物的本体呢？王弼不主张在具体的存在物或具体制度中寻找本体，而是主张在抽象存在中寻找。这种抽象的存在就是道家所说的“无”或“自然”。他说：“自然者，无称之言，穷极之辞也。”[②]“自然”和“无”是同等程度的本体论范畴，都是关于世界万物的抽象依据。王弼的哲学被人们称为“贵无论”。贵无论的核心论点是：“天下之物，皆以有为生；有之所始，以无为本；将欲全有，必反于无也。”[③]按照王弼的观点，世界万物作为具体存在的东西，自己无法规定自己，“无”作为本体才是终极原因。因此，要掌握世界万物全体之有，就必须抓住“无”这个根本。在天地万物之中，任何具体物之有，都是有限的，此物不是彼物，事物之间有明确的界限；然而，各种事物之间，又是相互联系着的，此物有可能转化为彼物，万事万物构成一个有机的整体，显示出发展的无限性。此物转化为彼物的原因，不能在此物自身中得到解释，必须追溯到终极的本体。这个本体不是任何具体的存在物，必须是抽象的、无限的。从这种推论中，王弼得出“以无为本”的结论。他所说的“无”，有“无限”的意思。在他看来，有限的现象世界只能通过以无限的本体作为存在的依据，从而在哲学上获得解释。“无”作为本体，把此物与彼物进行了沟通，这为事物相互转化提供了哲学依据，为宇宙万物的多样性提供了哲学依据，为宇宙发展的无限性提供了哲学依据。

在王弼那里，本体既有存在的意涵，也有价值的意涵。把“自然”或“无”作为世界万物的终极依据，目的在于找到生活世界的终极依

---

①〔三国魏〕王弼：《老子指略》，《王弼集校释》，楼宇烈校释，第198页。
②〔三国魏〕王弼：《老子道德经注》，《王弼集校释》，楼宇烈校释，第65页。
③〔三国魏〕王弼：《老子道德经注》，《王弼集校释》，楼宇烈校释，第110页。

据，尤其是名教的终极依据，也即是“道不违自然，乃得其性”①。王弼试图在贵无论的基础上，对设置名教的必要性作出本体论证明。可惜，道家式的理论不能帮助他完成本体论证明。儒家名教的伦理规范作为“应然”，同作为本体的“自然”，原本没有逻辑关系，只是生硬地将二者嫁接在了一起。“顺自然而行，不造不（始）〔施〕……因物自然，不设不施。”②他主观地设想：圣人根据自然本体，“立名分已定尊卑”，制定伦理纲常。他武断地作出结论：只有以名教与自然相统一为基础，名教的作用才能真正地发挥出来。他要求名教的接受者从本体论的意义上认同名教的正当性，不再把名教当作异己的力量，真诚地、自觉地接受仁义礼法的约束，才不会流于伪善。王弼没有把名教视为异己的力量，视为压制人性的力量，而要求人们真心诚意、自觉自愿地接受儒家伦理规范的约束，变他律为自律，希望以此解决名教流于伪善的问题。

话题三：皈依本体的路径

王弼第三个理论贡献就是他独特的思想方法——得意忘象。这既是他在易学研究方面提出的新理论，也是他的本体论理念在思想方法层面的贯彻。他认为，解《易》最重要的原则，就是得意而忘象，不可拘泥于言或象。至于最根本的“意”，则是“以无为本”的哲学理念；对此理念的把握，必须超越“言”和“象”的局限性，诉诸理性直觉。

在《周易略例·明象》篇中，王弼对言、象、意三者的关系作了这样的说明：

> 夫象者，出意者也；言者，明象者也。尽意莫若象，尽象莫若言。言生于象，故可寻言以观象；象生于意，故可寻象以观意。意以象尽，象以言著。故言者所以明象，得象而忘言；象者所以存意，得意而忘象。犹蹄者所以在兔，得兔而忘蹄；筌者所以在鱼，得鱼而忘筌也。……然则，忘象者，乃得意者也；忘言者，乃得象

---

①〔三国魏〕王弼：《老子道德经注》，《王弼集校释》，楼宇烈校释，第65页。
②〔三国魏〕王弼：《老子道德经注》，《王弼集校释》，楼宇烈校释，第71页。

者也。得意在忘象，得象在忘言。[①]

在这段话里，“言”是指《周易》中的卦、爻、辞，这是“意”的文字表述；“象”是指每一卦由阴、阳两爻构成的卦象，如震卦的卦象有如“仰盂”，即开口向上的器皿，这是“意”的符号表显。“意”有两种含义，一是指“言”和“象”传述的道理，即《周易》作者的本意；二是指解《易》者的领悟，即他的所得之意。王弼不否认本意可以通过“言”和“象”表达出来，“意以象尽，象以言著”，但三者毕竟不是一回事。“象”比较接近于本意，然而并不是本意的充分表显，二者之间存在着一定的差别。至于“言”，作为“象”的文字表述，也不能充分表述“象”的意涵。“言”不能直接表述本意，必须以“象”为中介，因而“言”同本意之间的差别会更大。解《易》者读《易》的目的，在于“得意”，而不在于文本上的词句或符号。解《易》者固然不能不借助于文本上的“言”和“象”，不过，他若仅仅拘泥于此，就不能达到“得意”的目的。解《易》者“得意”，并不是简单地再现作者本意，而是对作者本意作出创造性诠释。王弼不认为有所谓一成不变的“原意”，反对把易理看成死板的教条。换句话说，“所得之意”其实就是解《易》者自己的思想，就是解《易》者与作者之间的思想沟通。在这种沟通中，解《易》者处在主动的位置，因为他是有思想创造力的人；作者处在被动的位置，因为他不再具有思想创造力，他只提供思想材料，不能提供思想。作者提供的思想材料，只能在文本中寻找，但文本不等于就是思想材料，解《易》者必须在理解文本的基础上，充分占有思想材料，进而利用思想材料形成自己独到的见解。只有这样，才能形成属于自己的“所得之意”。

解《易》者的“所得之意”，其实是在新的语境中的思想创新，因而不必受文本的限制，也不必受到作者原意的限制。正是从这个意义上，他才说“得象而忘言”，“得意而忘象”。这个道理，犹如钓鱼的人得到鱼了，就不必在意鱼竿（筌）了；打猎的人获得了猎物，就不必在意打猎的夹子（蹄）了。王弼强调，“言”和“象”仅仅是表示

① ［三国魏］王弼：《明象》，《周易略例》，《王弼集校释》，楼宇烈校释，第609页。

作者之意的工具，并不是“意”本身；解《易》者应当努力捕捉作者的言外之象、象外之意，才会形成自己的“所得之意”。言生于象，象生于意。最低的工具是言，较高的工具是象。“象”用符号来表示，比语言更深刻。但二者都是手段，不是目的。既然目的在于“得意”，当然需要超出语言、符号层面，深入到“意”本身。借用解释学的理论说，就是实现解《易》者与作者之间的“视界交融”。所谓“得意在忘象，得象在忘言”，就是说，解《易》者已经进入独立思考、理论创新的境界，不再受到文本的限制了。

王弼“得意忘象”的理论，可以说是解释学原理在古代的表述。在这种表述中，透露出他反对文本主义的意向，也是对经学家治学方法的批评。在他看来，经学家解《易》，由于过度重视文本，过度重视“言”和“象”，反而失落了“意”。他开启了易学研究中的义理学派，鼓励解易者独立思考、大胆创新。王弼特别重视“意”的抽象性，表现出很高的抽象思维能力。“以无为本”的本体论就是借助抽象思维得到的理论思维成果。在王弼之前，孟子有“尽信《书》，则不如无《书》”（《孟子·尽心下》）的说法，荀粲有“六籍虽存，固圣人之糠秕”[①]的说法，亦有“言不尽意”的意思。王弼进一步发展他们的观点，可谓是“承上”。在王弼之后，“得意忘象”说也不乏认同者，可谓是“启下”。例如，佛教中“以手指月”的典故，就是对“得意忘象”说的形象化的发挥。

四、郭象：名教即自然

郭象，字子玄。据《晋书·郭象传》记载，他少有才理，好老庄，善清谈。他讲起话来滔滔不绝，“如悬河泻水，注而不竭”[②]。在当时人的眼里，他有如第二个王弼。他的主要学术著作是《庄子注》。

由于郭象是魏晋时期最后一位具有代表性的玄学家，在同其他玄学家进行理论对话的过程中，形成了很强的问题意识。如何捕捉到他的问

---

①《三国志》裴注引何劭《荀粲传》语，见〔晋〕陈寿撰，〔南朝宋〕裴松之注：《荀彧荀攸贾诩传》，《魏书》，《三国志》卷十，陈乃乾校点，中华书局1982年版，第319页。

②〔南朝宋〕刘义庆：《赏誉》，《世说新语校笺》卷中，徐震堮校笺，第241页。

题意识，无疑是把握郭象玄学思想体系的关键之所在。

话题一：有无之辨

同王弼和裴頠一样，郭象也以世界总体为哲学思考的对象，也试图以哲学本体论观念把握世界总体，解释宇宙和人生。他的本体论思考，是从回应有无之辨契入的，但既有别于贵无论，也有别于崇有论。

他不认同王弼的贵无论，也不认同裴頠的崇有论，认为这两种本体论学说在理论上都存在着困难。裴頠已指出，贵无论遇到的问题是不能回答“无”何以可能产生出“有”。对于裴頠的分析，郭象表示认同。他说：“无既无矣，则不能生有；有之未生，又不能为生。”①不过，在他看来，崇有论同样遇到不可解决的难题，即“有”何以能化为“无”呢？他说：“非唯无不得化而为有也，有亦不得化而为无矣。是以有之为物，虽千变万化，而不得一为无也。不得一为无，故自古无未有之时而常存也。”②通过对贵无论和崇有论加以检讨，郭象得到的启发是：无论是贵无论，还是崇有论，都是从静态的视角寻求本体；这种静态的本体观念不能对千变万化的宇宙作出合理的解释。因此，必须放弃静态的视角，另辟蹊径，从动态的视角来寻找本体，以动态的本体论观念把握动态的宇宙总体。从动态的视角看，宇宙的本体，既不是一个“无”字，也不是一个“有”字，而应当是一个“化”字。

王弼和裴頠都是把宇宙万物当作一个整体来进行哲学思考，只不过他们找出来的本体不一样。可是，不管是“无”，还是“有”，都是非常抽象的，脱离了宇宙万物的具体发展过程。郭象突破了他们的思路，从抽象的本体论转向过程的本体论，提出第三种玄学本体论学说，即独化论。如果说贵无论是正题、崇有论是反题的话，那么，独化论可以说是合题。

郭象认为，“化”就是宇宙万物的终极本体。他把“化”同“独”联系在一起，形成“独化”这一具有其特色的玄学本体论观念。在郭象

①〔晋〕郭象注，〔唐〕成玄英疏：《南华真经注疏》卷一，曹础基、黄兰发点校，第26页。
②〔晋〕郭象注，〔唐〕成玄英疏：《南华真经注疏》卷七，曹础基、黄兰发点校，第435页。

哲学中，“独”有“唯一”的意思，表明本体之“化”具有终极的、至上的性质，是解释宇宙万物的唯一的本体论依据，在逻辑上不能再追溯了。“独化”作为本体论观念，具有不可言说的性质，郭象称之为“玄冥之境”。“玄冥”是庄子使用的术语，有混沌不分、难以言表的意思。郭象借用这个术语来描述本体自身，他说：“玄冥者，所以名无而非无也”①，“物自物耳，故冥也”②。本体有别于任何具体存在物，仿佛是“无”，但并不是非存在意义上的无；本体是任何具体存在物成其为物的终极原因，仿佛是“有”，但不是具体存在意义上的有。既不能把“化”归结为“无”，也不能把“化”归结为“有”：“化”就是“有”和“无”的统一。

王弼的贵无论和裴頠的崇有论，都是一种从正面讲本体论的讲法，告诉人们本体是“无”或是“有”。郭象找到了一种从反面讲本体论的讲法，并不告诉人们本体是什么，而是指向无法言说的“玄冥之境”。郭象从道家“道不可说”的说法中受到启发，认为不可能从正面表述本体的意涵，只能从反面表显本体的存在。冯友兰很欣赏郭象这种关于讲本体的“负的方法”，认为这种讲法同“正的方法”可以互为补充。用“负的方法”讲本体论，尽管没告诉人们本体是什么，但已对本体作出了肯定的论断。冯友兰形象地把这种“负的方法”，比喻为国画中“烘云托月”的技法——画家不直接画月亮，而是画云彩，留下的圆形空白就是月亮。

在郭象的哲学中，“独”既是对本体的描述，也是对个体事物的描述。从后一种意思说，“独”意味着“单独”，意味着任何个体事物都是大化流行总过程中的一个小过程。他从本体论出发解释宇宙万物，认为任何具体事物的存在状态，皆取决于“化”；具体事物由存在状态转变为非存在状态，也取决于“化”。任何具体事物都是本体的表现形态，都是本体之“用”。郭象借用庄子的术语，把具体事物称为“迹”，把本体称为“所以迹”。这意味着，本体是规定任何具体事物

① 〔晋〕郭象注，〔唐〕成玄英疏：《南华真经注疏》卷三，曹础基、黄兰发点校，第150页。
② 〔晋〕郭象注，〔唐〕成玄英疏：《南华真经注疏》卷七，曹础基、黄兰发点校，第430页。

的终极原因，具体事物属于现象的层面。他说："所以迹者，真性也。夫任物之真性者，其迹则六经也。"[①]这里的"真性"是本体、本然、本质的代名词，表明本体是第一位的，而具体事物则是第二位的，具体事物从属本体，是在实然层面的表象。圣人留下来的经典文本，不过是"迹"而已，本体才是造成"迹"的原因。儒家典籍只是表达圣人之意的文本，还不能等同于圣人之意。如果像经学家那样，只在文本中转来转去，显然没有办法跳出"迹"的范围，没有办法体验到本真的境界。他同王弼一样，既把本体视为存在的依据，又视为意义价值的依据，十分看重本体的至上性。不过，他们对本体的理解有所不同：王弼视本体为"无"，郭象视本体为"化"，视本体为"玄冥之境"。

郭象强调，本体只是一种抽象的境界，并不是某种东西。"按照郭象的看法，宇宙万物都是自然生长的，即'块然自生'，也就是'独化'。既不是某造物主的创造，也不是某种理念的演化"[②]，他接受庄子"齐物论"的观点，反对把本体说成是在宇宙万物之先的、单独存在的造物者。他分析说："谁得先物者乎哉？吾以阴阳为先物，而阴阳者即所谓物耳。谁又先阴阳者乎？吾以自然为先之，而自然即物之自尔耳。吾以至道为先之矣，而至道者乃至无也。既以无矣，又奚为先？然则先物者谁乎哉？而犹有物无已。明物之自然，非有使然也。"[③]如果把本体看成某种东西的话，可以无止境地追问下去，不会得出任何结论，将导致如黑格尔所说的"恶的无限性"。基于这种分析，他得出的结论是：具体事物并不是本体的创造物，本体也不是造物者。每种事物都处在独立的变化过程之中，"凡得之者，外不资于道，内不由于已，掘然自得而独化也"[④]。郭象不愿意像庄子那样把本体称为"道"，因为"道"的称谓，仍有把本体实体化之嫌。每种事物自尔、自得、自生，并不意味着自己规定自己、自己就是自己的原因。任何事物的存

---

①〔晋〕郭象注，〔唐〕成玄英疏：《南华真经注疏》卷五，曹础基、黄兰发点校，第304页。

② 章启群：《论郭象对〈庄子〉自然观的超越》，陈明、朱汉民主编：《原道》（第6辑），贵州人民出版社2000年版，第260页。

③〔晋〕郭象注，〔唐〕成玄英疏：《南华真经注疏》卷七，曹础基、黄兰发点校，第435页。

④〔晋〕郭象注，〔唐〕成玄英疏：《南华真经注疏》卷三，曹础基、黄兰发点校，第147页。

在，“内不由于己”，仍需以本体为终极依据，变化于“玄冥之境”中，不能脱离本体单独存在。举个例子说：“人之生也，形虽七尺而五常必具，故虽区区之身，乃举天地以奉之。故天地万物，凡所有者，不可一日而相无也。”[①]具体事物是个体，而本体则是总体。个体不能脱离总体，必须以总体为前提，存在于同他物的普遍联系之中。郭象不再像王弼那样把本体视为“母”，把具体事物视为“子”，而是特别强调具体事物与本体的关系的统一性：具体事物离不开本体，本体也离不开具体事物；本体与具体事物同在。由此可见，他的独化本体论也是一种整体主义的哲学抽象。

基于整体主义的本体论立场，郭象认为事物发生变化的原因只能通过本体得到解释，不能从各个事物之间的关系得到解释，反对裴頠“以有济有”的说法。他指出，各种事物之间并不存在因果联系，不能把彼物看成此物的原因。通常人以为，形体是影子的原因，影子是罔两（影子边缘的模糊轮廓）的原因，郭象不同意这种常识的看法。他指出，如果只在事物之间找原因，势必导致以某种造物者为源头的错误观念。他不承认有这样一个造物者，故而认为形体、影子、罔两都是独立的存在，强调三者之间并不构成因果联系，强调“玄冥之境”才是三者共同的原因。同样道理，“唇亡”不是“齿寒”的原因，二者乃是没有因果联系的两码事。在郭象的本体论学说中，不否认事物之间存在着普遍联系，但他把这种联系抽象化了，否认事物之间存在的具体联系，形成一些反常识的看法，这就使得他的本体论带有神秘主义的色彩。

话题二：本体与人生合一

郭象建构独化论学说，理论动机不在于解释知识何以可能的问题。按照独化论，宇宙万物无时无刻不处在变化过程之中。就人自身来说，“向者之我，非复今我”[②]，不能构成认知主体。就人外之物来说，

---

①〔晋〕郭象注，〔唐〕成玄英疏：《南华真经注疏》卷三，曹础基、黄兰发点校，第135页。

②〔晋〕郭象注，〔唐〕成玄英疏：《南华真经注疏》卷三，曹础基、黄兰发点校，第144页。

“时不暂停，而今不遂存”[1]，也不能构成被认知的客体。因此，在郭象的哲学中，人对于物能否构成认识关系，变成了一个难以回答的问题。就个体事物来说，它变化不定，人无法把它当成认识的对象。“死者已自死，而生者已自生。圆者已自圆，而方者已自方。未有为其根者，故莫知”[2]，就各种事物的关系来说，由于相互之间不存在具体的因果联系，因而人也就无法形成知识。“然寻其原以至乎极，则无故而自尔也。自尔则无所稍问其故”[3]，退一步说，人即便形成关于事物的知识，也无法表达出来，也无法向别人传授。“言之者孟浪，而闻之者听（莹）〔荧〕”[4]，冒冒失失言说的人，说不清楚；而听的人，越听越糊涂。对于知识论方面的话题，郭象虽涉及，但无法做更深入的探讨，他把这方面的问题搁置起来了。

郭象建构独化论学说，理论动机在于为人提供一个精神安顿之所，找到一种精神生活方式。因此，他必须在人同“玄冥之境”即同本体之间建立起联系，回答本体如何为人所用的问题。他认为，玄冥之境尽管不是人可以认识的对象，但是人可以体验到的境界。人通过体验“玄冥之境”，安排自己的精神生活，他把人体验本体的途径，叫作“冥合”。他说“夫物有自然，理有至极，循而直往，则冥然自合”[5]，“至理有极，但当冥之，则得其枢要也”[6]。“冥合”是一种神秘的体验，不是通常所说的认识，不必借助于感官和“心知”。“夫使耳目闭

①〔晋〕郭象注，〔唐〕成玄英疏：《南华真经注疏》卷一，曹础基、黄兰发点校，第58页。
②〔晋〕郭象注，〔唐〕成玄英疏：《南华真经注疏》卷七，曹础基、黄兰发点校，第423页。
③〔晋〕郭象注，〔唐〕成玄英疏：《南华真经注疏》卷五，曹础基、黄兰发点校，第287页。
④〔晋〕郭象注，〔唐〕成玄英疏：《南华真经注疏》卷一，曹础基、黄兰发点校，第51页。
⑤〔晋〕郭象注，〔唐〕成玄英疏：《南华真经注疏》卷一，曹础基、黄兰发点校，第51页。
⑥〔晋〕郭象注，〔唐〕成玄英疏：《南华真经注疏》卷八，曹础基、黄兰发点校，第491页。

而自然得者，心知之用外矣。”①“凡得之不由于知，乃冥也。”②“冥合”是一种泯灭主客的精神境界。能否进入这种境界，取决于能否做到“忘己”。他说：“人之所不能忘者，己也。己犹忘之，又奚识哉！斯乃不识不知而冥于自然。”③“冥合”就是归依天人合一的最高境界，就是进入庄子所说的“坐忘”的境界。郭象的描述是：“夫坐忘者，奚所不忘哉！既忘其迹，又忘其所以迹者。内不觉其一身，外不识有天地，然后旷然与变化为体，而无不通也。”④

话题三：名教与自然合一

名教和自然的关系问题，实际上是体用关系问题的具体化。体用关系是抽象的哲学问题，名教与自然的关系是具体的伦理问题。对于当时社会来说，最大的“用”就是名教。在经学家所倡导的名教也已失效的情况下，如何恢复名教的有效性，成为玄学家最关切的实际问题。大多数玄学家并不是反对名教本身，只是不认同经学家倡导名教的话语方式。在玄学家看来，必须以“体”为出发点来讲名教，必须立足于“体”证明名教的合理性。这个“体”就是道家常说的“自然”。在玄学家的理论视野中，“自然”与“本然”是同义词，都是对本体的称谓。

关于名教与自然的关系问题，在郭象之前，玄学家提出了两种主要的看法。一种是王弼的“名教出于自然”说，另一种是嵇康的“越名教而任自然”说。王弼的说法，有抬高自然、贬抑名教的倾向；而嵇康的说法，有否定名教的倾向。对于这两种说法，郭象都不认同。他依据独化论，重新审视名教与自然的关系问题，得出“名教即自然”的新结论，最终实现了玄学融合儒、道两家的意向，为士大夫设计了一种新的精神生活方式。

---

①〔晋〕郭象注，〔唐〕成玄英疏：《南华真经注疏》卷二，曹础基、黄兰发点校，第84页。

②〔晋〕郭象注，〔唐〕成玄英疏：《南华真经注疏》卷七，曹础基、黄兰发点校，第432页。

③〔晋〕郭象注，〔唐〕成玄英疏：《南华真经注疏》卷五，曹础基、黄兰发点校，第245页。

④〔晋〕郭象注，〔唐〕成玄英疏：《南华真经注疏》卷三，曹础基、黄兰发点校，第163页。

按照独化论，现实世界中的任何事物都是“玄冥之境”的表现形态，因而也都具有合理性，名教纲常也不例外。对于人来说，恪守名教就是顺应自然，并且应当通过恪守名教的途径，进入冥合本体的境界，得到精神上的安顿。在郭象“名教即自然”的诉求中，包含着两方面的意向。在精神追求方面，认同道家浪漫主义的文化精神，讲究潇洒、放松、自然、无为；在生活态度方面，认同儒家现实主义的文化精神，讲究务实、紧张、严肃、有为。他把儒、道两家的文化精神融会贯通了。

同贵无论者相比，郭象显然更倾向于儒家，试图化解精神追求与生活态度之间的紧张。王弼主张“名教出于自然”，把名教看成“末”，把自然说成“本”，有贬抑儒家、抬高道家的倾向，在士大夫中间引导出企慕玄远、鄙视实务的不健康风气。嵇康等人主张“非汤、武而薄周、孔”[①]“越名教而任自然”[②]，进一步强化非儒倾向，已经把儒、道两家对立起来了。他们放达任诞，不为名教羁绊，在士大夫中间引领不事俗务的风气，造成精神追求与生活态度之间的紧张和对立。郭象提出“名教即自然”之论，目的在于扭转这种一味经虚涉旷的社会风气。他把“任自然”限制在精神追求的范围中，反对在生活态度方面放达任诞。他以儒家的眼光看待道家的理论，强调在精神上“任自然”同在实践中“守名教”并不冲突，强调无为与有为并不冲突。庄子主张无为，反对“穿牛鼻、络马首”；郭象则认为，“穿牛鼻、络马首”并不违背自然之道，也是理所应当的事情。“穿牛鼻、络马首”，对于牛马来说是符合自然的、必要的限制；名教对于人来说，也是自然的、必要的限制。人“形虽七尺而五常必具”，人不能没有血肉之躯，也不能不受纲常名教的规范，因此尊卑贵贱、君臣上下，都应各守其分，自觉自愿地接受名教的约束。他把这叫作“各安其分，则大小俱足矣”[③]。他说：“苟足于天然而安其性命，故虽天地未足为寿而与我并生，万物未足为

---

①〔三国魏〕嵇康：《与山巨源绝交书》，《嵇康集校注》卷二，戴明扬校注，中华书局2014年版，第198页。
②〔三国魏〕嵇康：《释私论》，《嵇康集校注》卷六，戴明扬校注，第402页。
③〔晋〕郭象注，〔唐〕成玄英疏：《南华真经注疏》卷六，曹础基、黄兰发点校，第332页。

异而与我同得。则天地之生又何不并，万物之得又何不一哉！”[①]庄子提出自然之论，原本是批判现实生活中的不平等现象；而郭象则对现实生活中的不平等现象，表示充分的肯定。

同崇有论者相比，郭象更为重视开发道家的思想资源，试图从自然的角度阐述名教所缺乏的文化精神。裴頠在崇有论中，对儒家的有为思想作了比较充分的阐发，而未论及道家的无为思想，没有论及人的精神生活如何安顿的问题。郭象在肯定儒家生活态度的同时，也充分肯定道家的精神追求，并且强调二者相互兼容。在他看来，儒、道两家的理想人格是相通的。庄子心目中的理想人格是“神人”，这是一种离远俗务、超脱现实的逍遥人格。可是，郭象在注《庄子·逍遥游》时，却把“神人”同儒家推崇的“圣人”等量齐观：“夫神人，即今所谓圣人也。”[②]他特别强调，神人在精神境界上的超脱，同圣人在世俗生活中的认真，并不矛盾，二者完全可以统一起来。“夫圣人虽在庙堂之上，然其心无异于山林之中，世岂识之哉？徒见其戴黄屋、佩玉玺，便谓足以缨绋其心矣；见其历山川、同民事，便谓足以憔悴其神矣。岂知至至者之不亏哉。”[③]郭象运用他发明的“精神超脱”法，把庄子的逍遥诉求同儒家的入世诉求融会贯通了。他还指出，名教与自然之间没有任何矛盾，二者的统一构成了理想的人生。他要求人们恪守“内圣外王”之道，以超世的态度入世。这样一来，郭象便化解了儒、道两家的对立倾向，把旷达任诞、企慕玄远的玄学，引向了儒家的实践哲学。

郭象提出的“名教即自然”的精神生活方式，显然是对那些身在庙堂的士大夫讲的，并不具有普遍的意义。他为士大夫勾勒的理想境界是：“夫理有至极，外内相冥，未有极游外之致而不冥于内者也，未有能冥于内而不游于外者也。故圣人常游外以（弘）〔冥〕内，无心以顺有，故虽终日（挥）〔见〕形而神气无变，俯仰万机而淡然自若。”[④]他

---

①〔晋〕郭象注，〔唐〕成玄英疏：《南华真经注疏》卷一，曹础基、黄兰发点校，第43页。
②〔晋〕郭象注，〔唐〕成玄英疏：《南华真经注疏》卷一，曹础基、黄兰发点校，第12页。
③〔晋〕郭象注，〔唐〕成玄英疏：《南华真经注疏》卷一，曹础基、黄兰发点校，第12页。
④〔晋〕郭象注，〔唐〕成玄英疏：《南华真经注疏》卷三，曹础基、黄兰发点校，第155页。

把儒家“到朝廷去做官”的取向，同道家“到山林去修行”的取向打通了，满足了士大夫多方面的精神需求。按照郭象的说法，士大夫只需精神上“到山林去修行”就可以了，不必真的离开朝廷。郭象的人生哲学在士大夫中间找到了市场，东晋涌现出一批山水诗人，把郭象设计的精神生活方式，落实到了生活实践之中。郭象把儒、道两家熔为一炉，既可以说是玄学理论的成熟，也可以说是玄学思潮的终结。郭象设计的同时追求“庙堂”与“山林”的精神生活方式，只不过是一种说法而已，并不具有可行性。正如冯友兰所说：“实际上‘庙堂’与‘山林’这两条路是不能同时走的。当权派就是当权派，不是不当权派。不当权派就是不当权派，不是当权派。”①在郭象的哲学里，不再有那种道家的潇洒和清高，甚至不再有玄虚可言，因而对于超越精神的追求者来说，也不再有吸引力。他们不能不把目光投向比玄学更玄虚的理论，那就是佛教。

独化论以“玄冥之境”为精神的安顿之所，但是没有为人设定一个终极的价值目标，没有讲出对于“永恒”的价值追求。郭象只讲到人的当下关切，没有讲到“终极关怀”。他从关于人生的哲学思考中，引导出精神生活如何安顿的问题，实现了对于实际世界的精神超越，但他没有搭建起独立存在的精神世界。他所说的本体，过于抽象，无法使人从中得到安慰或鼓励，并不能成为人的“安身立命之地”。他没有论及精神世界是否具有永恒性的问题，也没有为人指出精神追求的终极目标。由于这个原因，玄学只能一时掌控主流话语权，很快就被佛教、道教等宗教哲学所取代。在中国哲学的展开期，玄学取代经学，实现了从政治哲学话语到人生哲学话语的转折，但玄学家没有讲出有普遍意义的人生哲学，仅仅为士大夫讲出一种“官”生哲学；此后，佛教的哲学取代玄学，实现了从人生哲学话语到宗教哲学话语的转折。尽管玄学已经讲得比较“玄”了，可是还不如宗教哲学“玄”。关于“永恒”“终极关怀”之类的话题，由于玄学讲得不到位，不得不让位于佛教的哲学。

---

①冯友兰：《中国哲学史新编》（第4册），《三松堂全集》（第9卷），河南人民出版社2001年版，第472页。

五、中国佛教：创造性诠释

任何外来的文化对于中国人来说，都是“用”，不可能成为“体”。中国人自己才是“体”，无论古人留下的思想资源，还是外来的思想资源，都是“用”，都不可能照着讲，而只能接着讲，即根据自己的精神需求来讲。对于佛教自然也是如此。佛教传到中国后，同中国固有的国学相结合，逐渐形成有别于印度的中国佛教。中国佛教不是印度佛教的移植，而是中国学者以中国哲学为底色所取得的创新性理论思维成果。这些成果推进了中国哲学的发展，并且已经成为中国哲学的重要组成部分。而佛教的哲学与中国哲学融通的过程，既可以说是佛教的中国化，也可以说是中国哲学的丰满化。

话题一：般若学的理论核心

中国僧人对于佛教教理的诠释，经历了一个由接受理解到创造性发挥的过程。这一过程发端于东晋的僧人道安，中经僧肇和唐代华严宗的实际创宗人法藏的推动，最后到唐代禅宗的实际创宗人慧能那里，达到了高峰。

道安的贡献之一，在于接受佛教“两个世界”的世界观，突破了固有哲学“一个世界”的世界观，把玄学中关于“体用关系”问题的探讨，引到关于“真俗关系”问题的探讨，引到关于“彼岸与此岸关系”问题的探讨，实现了固有哲学思维模式与佛教哲学思维模式的对接与转换。

玄学是道安接受佛教的前提，但他的理论思维深度显然超过了玄学。玄学家的本体论追问，涉及如何建构人的精神世界的问题。可是，他们沿袭“一个世界”的思路，仍然搭建不起单独的精神世界。玄学家所说的“无”“有”“独化”之类本体，尽管相当抽象，但还在实际世界之中，还是对世界的肯定，并没有充分地讲出超越性。他们没有树立永恒的价值目标，没有找到“终极关怀”之所，没有找到消解人生苦恼、净化心灵空间的有效途径。人既是一种肉体的存在，又是一种精神的存在。人需要精神生活，需要建构精神世界。正是出于这种精神需要，道安才会接受佛教。

道安的世界观同玄学家的世界观相比较，根本的区别在于，他的讲法不再是“一个世界”的讲法，而是“两个世界”的讲法。他把佛教的教理归结为“无”，提出本无论。他说：“明本无者，称如来兴世，以本无弘教，故方等深经，皆云五阴本无。本无之论，由来尚矣。”[①]道安的本无论与王弼的贵无论相比，似乎只有一字之差，其实意思完全不同。“贵无”论所讲的“无”不是对“有”的否定，而是对“有”的肯定。王弼《老子注》第四十章注写道：“天下之物，皆以有为生；有之所始，以无为本；将欲全有，必反于无也。”[②]这样的“无”，显然不是虚无，而是“全有”的意思。本无论所讲的“无”乃是对“有”的否定。“无”属于彼岸世界，是绝对真实的本体；“有”属于此岸世界，是执取色、受、想、行、识等“五阴”（五蕴）生成的假象：二者不在一个层次。贵无论讲的是抽象本体论，而本无论讲的是超越本体论。

道安接受了佛教超越本体论思想，也接受了佛教缘起性空的论证方式，以分析的进路论证“无”的本体性，改变了玄学家综合的进路。佛教为了证成彼岸世界的真实性，势必否定此岸世界中事物自身的真实性。佛教否定事物自身真实性的主要手法，就是缘起性空。龙树在《中论》里说：“众因缘生法，我说即是无。”[③]宇宙万物既然都是缘起的，那就是没有自性、没有自体的，必须以“无”为体。“无”的意思是说，任何现存事物无自性、无自体，因而都不是真实的存在。道安在阐述本无论的时候，把事物的成因归结为五阴（五蕴）聚合，采取的也是分析的方法。本无论比贵无论的深刻之处在于，不仅树立“以无为本”的观点，而且找到论证的方法。王弼显然没有做到这一点。

道安接受佛教的超越本体论，用分析的方法论证本体的超越性，讲得比较到位。不过，本无论的讲法，以“无”为般若学的核心范畴，尚未把“空”放到核心的位置，多少还有一点格义的影子，有不够准确之嫌。他讲出了本体的超越性，树立起彼岸世界的观念，却未论及本体与实际事物之间的联系，未论及彼岸世界与此岸世界的关系，也未完全跳出玄学的话语系统。比道安晚一些的僧肇，对般若学的理解又加深了一步，找到了“解空”这样一种更新的理解方式。

---

①转引自〔南朝陈〕惠达：《肇论疏》卷上，〔晋〕释僧肇：《僧肇全集》附录一，于德隆点校，第290页。

②〔三国魏〕王弼：《老子道德经注》，《王弼集校释》，楼宇烈校释，第110页。

③〔印度〕龙树著，〔晋〕鸠摩罗什译：《中论》卷四，《大正新修大藏经》（第30卷），第33页。

按照僧肇的理解，佛教般若学的核心范畴不应该是“无”，而应当是“空”。他不赞成道安提出的本无论，认为道安过分凸显“无”的超越性。他对本无论提出的批评和质疑是：“本无者，情尚于无，多触言以宾无。故非有，有即无；非无，无亦无。寻夫立文之本旨者，直以非有非真有，非无非真无耳，何必非有无此有，非无无彼无？此直好无之谈，岂谓顺通事实，即物之情哉？”①把本体说成“无”，固然表达了般若学反对执取“有”的意思，却不能给实际事物提供哲学依据。“无”只能表示对“有”的否定，不能表示对“有”的肯定。倘若本体完全不对实际事物表示肯定的话，便切断了本体与实际事物之间的联系；而切断了这种联系，本体变成了无用之体、空洞之体。因此，不能把本体仅仅安置在彼岸世界，必须看到本体的此岸性。在僧肇看来，对本体的称谓，不能是“无”，而应当为“空”。使用“空”这个本体论范畴，既可以表示对“有”的否定，也可以表示对“有”一定程度的肯定。

在“解空”的时候，僧肇没有像道安那样采用表诠的方法，改用遮诠的方法，即从反面来讲本体不是什么，以此表显“空”的哲学意涵。在他看来，本体“非有，非真有，非无非真无”。意思是说，万物“非真有”，乃因缘和合而成，却没有自性和真实性可言；就万物不真实而言，本体为空。然而，万物又是“非真无”，换句话说就是“假有”；然而“假有”毕竟不等于空无所有，也是一种“有”。对于无与有，不落任何一边，才符合佛教般若学的中观原则，才是“空”的确切意涵。他在《不真空论》所表达的主要意思是，万物尽管存在，但不真实，故而本体为“空”。然而，“空”不等于“无”，而是把“有”和“无”统一起来，把彼岸世界与此岸世界联系起来。僧肇既看到本体的彼岸性，也看到本体的此岸性，理论深度超过了道安。由此也反映出，僧肇的理论兴趣已不在论证本体的超越性，而是转向论证本体的本根性；不在强调本体的彼岸性，而更为强调本体的此岸性。他已把目光从彼岸世界转向此岸世界，贴近了中国哲学肯定世界的传统，启动了佛教中国化的进程。

---

①〔晋〕僧肇：《肇论》，《大正新修大藏经》（第45卷），第152页。

话题二：本体的总体特征

唐朝的僧人法藏对般若学的理解，比僧肇更为重视本体的总体性。他把中国固有哲学中天人合一的思维模式，同印度讲究超越的佛教哲学思维模式结合在一起，实现了佛教般若学的中国化，创立了法界缘起说。

法藏指出，各种事物构成一个整体，因此每种事物只能在整体之中获得实在性，不可能单独存在。从这个意义上说，每个事物都没有“自性”，即自我规定性。因缘把整体中的事物联系在一起，如果离开了因缘，每个事物都是虚幻的“事相”。从具体事物自身来看，没有本质的规定性可言，它必须通过整体的普遍联系而存在。世界万物作为客体，也离不开主体，离不开心，“尘是心缘，心为尘因。因缘和合，幻相方生”[①]。法藏同普通佛教徒一样，通过否定世界万物自身的真实性，来彰显本体的绝对性。他接受了佛教超越性观念，但没有止步，他创立了具有中国特色的四法界理论，并不着意突显本体的超越性，而是着重强调此岸与彼岸的整体性。所谓四法界，是指事法界、理法界、理事无碍法界和事事无碍法界。事法界相当于此岸。在此岸中，万事万物转瞬即逝，没有实在性。理法界相当于彼岸。理法界是终极的价值目标，与真如本体同义。理事无碍法界表示此岸与彼岸之间构成圆融关系，事事无碍法界表示事物之间的圆融关系。法界虽有四相，其实还是一体，这叫作“一即一切，一切即一”[②]。

四法界说强调彼岸与此岸同在，强调现象之所以成为现象，必须以真如本体为前提。法藏在给武则天讲学时，以用作镇纸的金狮子为例说：“一一毛中，皆有无边狮子。”[③]金狮子整体就好比是真如本体，金狮子的每根毛，都是金狮子整体的体现。按照四法界说，“理彻于事”“事彻于理”。这个“彻”字，意味着理就是事，事就是理，本为一体，不可分割。法藏成功地把佛教的超越本体论变为本根本体论，已经接近中国“一个世界”的理路了。他的哲学思路，不再是印度式的真俗对立，骨子里是中国式的天人合一；不再是印度式的条分缕析，而是

---

①〔唐〕法藏：《华严经义海百门》，《大正新修大藏经》（第45卷），第627页。

②〔唐〕法藏：《华严经义海百门》，《大正新修大藏经》（第45卷），第630页。

③〔唐〕法藏：《华严金狮子章校释》，方立天校释，第64页。

中国式的整体综合。他在不违背佛教教理的前提下，强调此岸世界与彼岸世界的整体性，不再把人们的目光引向彼岸世界，而是拉回到此岸世界。按照法藏的法界缘起说，诸佛与众生的关系，不再是对立的关系，而是同在的关系。诸佛不在虚幻的彼岸世界，就在此岸世界之中，就在众生之中。诸佛与众生是相通的，净土与秽土是相通的，彼岸世界与此岸世界是相通的，生死与涅槃是相通的，烦恼与菩提相通的。法藏已把印度式的出世的佛教，改造为中国式的入世的佛教，开启了中国特有的人生佛教或人间佛教的发展方向。

话题三：悟得佛性

法藏完成了对佛教般若学的中国式诠释，而禅宗的实际创宗人慧能则完成了对佛教涅槃学（或称解脱学）的中国式诠释。同华严宗相比，禅宗又向前迈进了一步。他们所关注和面对的问题是：如何把超越的本体转化为内在的本体？如何从内在性的角度领悟佛性？如何看待佛与众生的关系？为了解决这些问题，他们不再把理论重心放在本体论方面，而是转向了价值论，以“佛性”为核心范畴。禅宗的哲学思考，更加贴近天人合一的模式，突出了“价值主导”的意向。在中国哲学天人合一的视域中，从“天”的角度看，本体是宇宙万物存在的终极依据；从“人”的角度看，本体是人生意义价值的终极依据。价值本体对于人来说，不可能是外在的关系，而只能是内在的关系。

禅宗在人生佛教或人间佛教的向度上，走得比华严宗更远。他们不但要把超越的真如本体根植于此岸世界，还要进一步根植于人的内心世界，化超越于内在。慧能对印度佛教外在超越路向提出质疑：“东方人造罪，念佛求生西方，西方人造罪，念佛求生何国？”[①]在慧能看来，佛性作为本体，作为成佛的依据，不能在众生的本性之外。倘若设想佛性在众生的本性之外，岂不意味着众生不必以佛性为本体、为归宿了吗？岂不意味着众生没有成佛的可能性吗？岂不意味着佛教对于众生没有价值范导的意义了吗？因此，不能设想佛性在众生的本性之外，必须承认佛性就在众生的本性之中。慧能的结论是：“我心自有佛，自

---

①〔唐〕慧能：《疑问品》，《坛经》，尚荣译注，第70—71页。

佛是真佛；自若无佛心，何处求真佛？”[1]由于佛性内在于众生的本性之中，因此佛和众生的关系是统一的，而不是对立的。“自性迷，即是众生；自性觉，即是佛”[2]，这意味着修行者成佛的路径，不能选择外求，只能选择自悟。于是，慧能便从印度佛教外在超越的路向，转向了中国式的内在超越的路向。

①〔唐〕慧能：《付嘱品》，《坛经》，尚荣译注，第204页。
②〔唐〕慧能：《疑问品》，《坛经》，尚荣译注，第73页。

戊　高峰期个案篇

《高峰期个案篇》共八章。以八位哲学家为代表，阐述宋明理学的来龙去脉以及清代朴学家对理学的批评。《周敦颐：儒学的新动向》对理学开山周敦颐作了评述。他主张用儒学安顿精神生活，试图在儒家学说中找到本体论依据。他主张寻求孔颜之乐，从而达到理想的人生境界。《二程：体贴天理》强调“礼即理也”，视天理为礼教的根基。他们从天理看人性，区别“天命之谓性”和“生之谓性”，主张以前者为终极价值目标。《张载：太虚即气》以气为万物真实性的本体依据，反驳佛教的虚无主义观点。他从气本论看待人性，提出“天地之性”和“气质之性”有别，主张变化气质，以至善的“天地之性”为归宿，最终达到“天人合一”境界。《朱熹：理气合论》阐述朱熹综合二程与张载的学说，最终成为理学的集大成者。他对理事关系提出系统的论证，强调理在事先；但理必须借助气由理想变为现实。气是万物的质料因，就现实事物来说，理气不分先后，缺一不可。他以理气结合论诠释“理一分殊”：理在未见于具体事物之前，表现为“一”；理气结合之后，表现为“多”。《陆九渊：本心即天理》实现了从理学到心学的转向，开启了新的话题。他强调理在心中不在天上，拒绝存在论话语，彰显价值论话语，主张通过内省的途径进入儒家人生境界。《王阳明：本体工夫合论》以“良知”为儒家本体论的核心，回到价值论论域；他主张知行合一，突显儒家重视道德践履的特色；强调本体即工夫，将儒学从政治哲学提升到人生哲学。《王夫之：天下惟器》站在批评理学的立场上，强调道器关系的一致性，对两一关系、知行关系、理欲关系、理势关系皆作了新的论述。《戴震：气化流行》强调形上寓于形下，追求天人合一，讲究理欲兼容，已接近中国近代的门槛了。

一、周敦颐：儒学的新动向

周敦颐，字茂叔，号濂溪，道州营道（今湖南道县）人。他是一位有原创力的哲学家，除了早年接受过舅父郑向的调教外，再也未正式地拜过老师。其主要著作有《太极图说》《通书》等，编为《周子全书》。在明代，《太极图说》和《通书》被收入《性理大全》第一至三卷，在清代这些著作被置于《御纂性理精义》的卷首，“颁于学宫”，规定为学子的必读之书。周敦颐独辟蹊径，开辟了宋明理学这一新的学术方向，完成了哲学话题的一次大更新。

话题一：儒家精神安顿模式

总的来看，在周敦颐以前儒学讲到了“社会现象学”层面，尚未讲到“精神现象学”层面。在“精神现象学”领域，儒学并不占优势，比不上佛教，故而有“以儒治国、以佛治心”的说法。如果不改变长于实学、短于虚学的情形，儒学难以称为中国哲学的主干。玄学家曾试图改变儒学短于虚学的情形，因思想资源不足，未获成功。佛教传入中国并且实现中国化以后，思想资源不足的问题得到解决，为周敦颐推动儒家精神现象学的发展提供了便利。他采取同佛教对话的方式，出佛入儒，认为精神安顿可以有佛教的模式，也可以有儒家的模式。他从佛教中的彼岸世界讲出儒家式的精神世界，从佛学讲出人学。周敦颐出佛入儒的思想轨迹，在《爱莲说》中得到集中的展现。他写道：

> 水陆草木之花，可爱者甚蕃。晋陶渊明独爱菊。自李唐来，世人甚爱牡丹。予独爱莲之出淤泥而不染，濯清涟而不妖，中通外直，不蔓不枝，香远益清，亭亭净植，可远观而不可亵玩焉。予谓菊，花之隐逸者也；牡丹，花之富贵者也；莲，花之君子者也。噫！菊之爱，陶后鲜有闻；莲之爱，同予者何人？牡丹之爱，宜乎众矣！①

“莲花”经常出现在佛教的典籍中。据说佛祖降生后，每走一步都留下一朵莲花。佛祖座位，叫作“莲花座”或“莲台”。佛祖两腿

① 〔宋〕周敦颐：《爱莲说》，《周敦颐集》卷三，陈克明点校，第53页。

交叉、双脚放在相对的大腿上，足心向上，这种结跏趺坐的姿势，叫作“莲花坐势”。佛祖的眼睛，叫作“莲眼”；手叫“莲花手”；据说佛祖胸中有八叶心莲花，故称为“莲宫”。简直可以说莲花就是佛的化身。由此引申开来，佛教庙宇，可以叫作“莲刹”；念佛的佛教徒，可以称为“莲胎”；僧尼袈裟，可以称“莲花衣”。夸奖那些善于讲经的法师，可以用“舌灿莲花”来形容；夸奖苦行得乐的僧人，可以用“归宅生莲”来形容。《阿弥陀经》写道：“极乐国土有七宝池，八功德水……池中莲花大如车轮。”故而西方极乐世界又称为“莲邦”，净土宗又称为“莲宗”，《法华经》的全称则是《妙法莲华经》。在佛教中，经常以莲花喻佛，借以表示清净无染的最高境界。甚至可以说，莲即是佛，佛即是莲。

周敦颐写《爱莲说》，无疑受到佛教的影响。他借用莲花，表征高尚圣洁的精神境界，在这一点上，与佛教的意思是相近的。不过，他并不以莲花喻佛，而是以莲花喻儒。佛教以莲花喻佛，突出彼岸性，倡导出世主义的价值导向。按照佛教的说法，莲花乃是彼岸世界中的圣物，真而不实，清净无染；它似乎是无根之花，不必以现实世界为土壤。周敦颐以莲花喻儒，把它从彼岸世界移植到此岸世界，突出它的此岸性，倡导入世主义的价值导向。在他的笔下，莲花是有根之花，出淤泥而不染，必须扎根于现实世界之中，真而且实。同样以莲花为喻，佛教否定现实世界的真实性，主张到现实世界之外搭建人的精神世界；周敦颐则肯定现实世界的真实性，主张以现实世界为基础搭建人的精神世界。进入这样精神世界的人，就是儒家一向推崇的圣人。他借用莲花的形象，表达对儒家理想人格——正人君子的仰慕。《爱莲说》表面上是写花，实际上是探讨做什么样的人的问题。在周敦颐看来，人自身具有价值，应当在人自身之中寻找终极价值目标，不必像佛教那样，否定人生价值，到人之外、到彼岸世界寻找终极价值目标。“人”才是《爱莲说》的主题。他以菊花表征道家心目中的理想人格，并以陶渊明为代表。这种人格超凡脱俗，卓然不群，但没有普适性，不是任何人都可以选择的人生模式，故而“陶后鲜有闻”。他以牡丹表征俗人心目中的理想人格。这是一种功利主义人格，以追求富贵为人生的目的；尽管具有普适性，但精神境界不高，亦不可取。他采用比较的手法，得出的结论是：莲花所表征的人格，才是儒者应选择的理想人格。这种人格超凡入圣，即入世间而又出世间，儒雅中道，垂范世人，一身正气，大义凛然，精神境界高尚，既不像菊花那样孤傲，也不像牡丹那样庸俗。

话题二：儒家精神的本体论依据

人的精神世界以现实世界为基础，但高于现实世界。对于超越的精神世界，必须找到本体论依据，方能证成。于是，周敦颐由“精神安顿是否有儒家模式”的话题，引出“何为儒家式精神世界的本体论依据”的话题。同以往的儒家相比，周敦颐有了自觉的本体论意识。为建构儒家的本体论学说，他选择的路径是同道教进行本体论层面的对话。

他出道入儒的思想轨迹，在《太极图说》中得到集中的展现。他开发《易传》和《中庸》的思想资源，参照道士陈抟传世的《无极图》，画出《太极图》并撰写《太极图说》，论述宇宙本体、世界生成和万物变化过程等先儒不甚注意的问题，建立了一个简洁明了而又精致系统的理学世界观。他在《太极图说》中写道：

> 无极而太极。
>
> 太极动而生阳，动极而静，静而生阴。静极复动。一动一静，互为其根。分阴分阳，两仪立焉。
>
> 阳变阴合，而生水、火、木、金、土，五气顺布，四时行焉。
>
> 五行一阴阳也，阴阳一太极也，太极本无极也。五行之生也，各一其性。
>
> 无极之真，二五之精，妙合而凝。“乾道成男，坤道成女”，二气交感，化生万物，万物生生而变化无穷焉。
>
> 惟人也，得其秀而最灵。形既生矣，神发知矣，五性感动而善恶分，万事出矣。
>
> 圣人定之以中、正、仁、义（自注：“圣人之道，仁、义、中、正而已矣”）而主静（自注：“无欲故静”），立人极焉。故“圣人与天地合其德，日月合其明，四时合其序，鬼神合其吉凶”。
>
> 君子修之吉，小人悖之凶。
>
> 故曰：“立天之道，曰阴与阳；立地之道，曰柔与刚；立人之道，曰仁与义。”又曰：“原始反终，故知死生之说。”

大哉，《易》也，斯其至矣！[1]

他把由无极—太极、阴阳、五行、男女、万物等范畴构成的逻辑结构，看成宇宙万物生成变化的图式。他认为，宇宙万物是由一个抽象的本体发生出来的，这个本体就是“无极—太极”。“无极”一词出自《老子》，“太极”一词出自《易传》，“无极”和“太极”在周敦颐哲学中是同等程度的范畴，他并用二者，反映出他出道入儒的思想轨迹。但他并不是二重本体论者，二者都是对最高本体的称谓。就本体的抽象性来说，叫作“无极”；就本体的实体性来说，叫作“太极”。“无极—太极”既是万物发生的逻辑前提，也是天人一体的终极依据；既有存在的意义，也有价值的意义。尽管周敦颐的本体论尚不是明确的价值本体论，还带有抽象本体论的痕迹，但他毕竟率先讲出儒家的本体论，扭转了以往儒家不大讲“性与天道”的风气。他肯定宇宙万物只有一个本体，肯定世界只有一个，提出了理学世界观的雏形，至于这个本体如何称谓，那只是一个技术的问题，是后人如何进一步发展的问题。在“无极—太极”本体论学说中，包含着“天理”的意思，但周敦颐毕竟没有把“天理”视为最高范畴与核心范畴。理学家朱熹把周敦颐所说的“太极”解释为“天理”，不能说是对周敦颐思想的曲解，只能说是对周敦颐思想的发展。周敦颐提出“无极—太极”说，开始从本体论层面同佛道二教进行对话。他阐发儒家的本体论理念，用以取代佛教“真如”“空”等本体论理念，用以取代道教“无”“玄”等本体论理念。宗教哲学所描述的世界图式，通常由此岸世界和彼岸世界构成，并且强调彼岸世界高于此岸世界。周敦颐则把“两个世界”整合成为“一个世界”，强调现实世界的真实性，消解了虚幻的彼岸世界，确立了中国哲学走出宗教哲学、转向人生哲学的发展方向。

在周敦颐的本体论学说中，尽管“无极”与“太极”并用，但以“太极”为重心。“无极”是一个解释存在的范畴，而“太极”既可以解释存在，也可以解释人生。周敦颐哲学以解释人生为宗旨，并不以解释存在为宗旨，自然会倾向于“太极”这一边。诚然，他的本体论学说带有道家色彩，但毕竟以儒家为主色调。

---

①〔宋〕周敦颐：《太极图说》，《周敦颐集》卷一，陈克明点校，第3—8页。

依据“太极”观念，周敦颐对儒家的人学观念作了价值本体论的证明。在《中庸》里，有许多关于“诚”的论述，但没有明确地从价值本体论的高度加以论述。周敦颐推进了《中庸》的思想，把“诚”提升到了价值本体论的高度。他说：“诚者，圣人之本。”[①]他认为，“诚”来自乾元，秉承“无极之真，二五之精”，乃是至高至善的人生境界，是每一个儒者所应当追求的价值目标。在至诚境界中的人，也就是圣人。“圣人定之以中、正、仁、义而主静，立人极焉”[②]，“人极”的意思是众人学习的楷模。他把圣人说成是“人极”，为众人规定了中、正、仁、义而主静的做人准则。他指出，众人只有向圣人看齐，才能实现自我完善，成为“真正的人”。他给“主静”作的注解是“无欲故静”，认为“欲动情胜，利害相攻”[③]，实为万恶之源。他已提出理学“存理灭欲”说的基本思路，确立了理学家特有的价值取向。周敦颐立足于本体论，阐发儒家的人学理念，以“仁、义、中、正”为人的价值目标，以“无欲”“主静”为道德修养的基本原则，以“寂然不动、感而遂通”为最高的精神境界，均对后来的理学家产生了重大影响。

话题三：孔颜之乐

周敦颐建构了一种儒学本体论学说，同时也找到了一种关于儒学的新讲法。他突破了经学家讲儒学的政治哲学话语，把理论重心从“治国”转到“治心”，讲出了儒家的人生哲学，搭建起儒家式的精神世界。这种精神世界同人生活于其中的现实世界是一致的，不在现实世界之外，有别于宗教哲学所讲的彼岸世界；但亦有别于现实世界，因为它是儒家的精神所创造的理想世界，具有超越的性质。人只有搭建起这样的精神世界，才算找到了安身立命之地，才会造就儒家的理想人格，才会体现出“圣人气象”。他也找到了一种儒家的精神安顿方式，那就是体味“孔颜之乐”。

经学家用政治哲学话语讲儒学，实际上只是讲到“圣王”层面，并没有讲到“圣贤”层面。为了维系“大一统”政体，经学家的宗旨在

---

①〔宋〕周敦颐：《通书》，《周敦颐集》卷二，陈克明点校，第13页。
②〔宋〕周敦颐：《太极图说》，《周敦颐集》卷一，陈克明点校，第6页。
③〔宋〕周敦颐：《太极图说》，《周敦颐集》卷一，陈克明点校，第6页。

于为帝王提供思想统治的工具，建构种种政治伦理规范，要求社会成员遵守，并不考虑个人的精神需求。他们一般只讲名教的必要性，并不论证设置名教的合理性。在经学家那里，纲常伦理对于人们来说，只是一种外在的、强制性的约束，跟人的内在精神需求没有关系。玄学家试图纠正用政治哲学话语讲名教所带来的问题，乐广认为“名教内自有乐地”①。不过，由于他没有建立起儒家的本体论，无法说明“乐地”究竟在哪里。这个问题直到周敦颐那里，才得到了一种解答，那就是“孔颜之乐”。他在《通书》中写道：

> 道德高厚，教化无穷，实与天地参而四时同，其惟孔子乎！②
>
> 圣希天，贤希圣，士希贤。伊尹、颜渊大贤也，伊尹耻其君不为尧、舜，一夫不得其所，若挞于市。颜渊“不迁怒，不贰过”，“三月不违仁”。志伊尹之所志，学颜子之所学。③

“孔颜之乐”是一种精神上的受用，是一种求道得道的价值实现感，是一种哲学上的本体论体验。这种乐，只有圣贤才能体味到，难为不知者说。“颜子‘一箪食，一瓢饮，在陋巷，人不堪其忧，而不改其乐’。夫富贵，人所爱也。颜子不爱不求，而乐乎贫者，独何心哉？天地间有至贵至爱可求，见异乎彼者，见其大、而忘其小焉尔。见其大则心泰，心泰则无不足。无不足则富贵贫贱处之一也，处之一则能化而齐。故颜子亚圣。”④“孔颜之乐”是一种精神生活中的快乐，同人在现实生活中富贵与否没有关系。能享受“孔颜之乐”的人，就是圣贤。圣贤不一定是物质上的富有者，但一定是精神上的富有者，因为他已进入天人合一的精神境界。在他的身上，有一种高尚的圣人气象，不可与世俗的富贵者同日而语。“君子以道充为贵，身安为富。故常泰无不足，而铢视轩冕，尘视金玉，其重无加焉尔！”⑤

从周敦颐对“孔颜之乐”的倡导、对圣贤的推崇反映出，他已经

① 〔唐〕房玄龄等：《乐广传》，《晋书》卷四十三，中华书局1974年版，第1245页。
② 〔宋〕周敦颐：《通书》，《周敦颐集》卷二，陈克明点校，第42页。
③ 〔宋〕周敦颐：《通书》，《周敦颐集》卷二，陈克明点校，第22—23页。
④ 〔宋〕周敦颐：《通书》，《周敦颐集》卷二，陈克明点校，第32—33页。
⑤ 〔宋〕周敦颐：《通书》，《周敦颐集》卷二，陈克明点校，第40页。

把儒学从政治哲学提升到人生哲学层面。经学家的学术宗旨在于为“帝王师”，从周敦颐开始，理学家的学术宗旨有了改变，他们既为“帝王师”，也为“大众师”。周敦颐所倡导的“孔颜之乐”，其实是一种心灵净化的精神状态，是一种有普适性的精神生活方式。每个人未必都能成为圣贤，但每个人都可以选择这种价值取向，都可以选择把“孔颜之乐”作为自己的精神生活方式。“孔颜之乐”有别于郭象构想的那种“虽在庙堂之上，然其心无异于山林”的山林之乐。山林之乐只是供士大夫选择的精神生活方式，而“孔颜之乐”则是任何人都可以选择的精神生活方式。周敦颐所确立的人生价值观，得到大多数宋明理学家的认同。朱熹的感触是：追求孔颜之乐已构成理学的学脉，“二程之于濂溪……口传心受的当亲切处”①。王阳明的体会是：“乐是心之本体。”②王艮在《乐学歌》中写道：“人心本自乐，自将私欲缚。私欲一萌时，良知还自觉。一觉便消除，人心依旧乐。乐是乐此学，学是学此乐。不乐不是学，不学不是乐。乐便然后学，学便然后乐。乐是学，学是乐。于呼！天下之乐，何知此学，天下之学，何如此乐。”③他们都以“孔颜之乐”为精神追求的目标，为最高的精神境界。

二、二程：体贴天理

程颢，字伯淳，世称明道先生。程颐，字正叔，世称伊川先生。程氏兄弟皆师从周敦颐。张载是他们的表叔。他们从小就在前辈们探索理学的氛围中成长。他们在前辈已有学术成果的基础上，继续前进，成为正统理学的奠基者。程颢寿命较短，只在世五十余年，程颐寿命较长，在世七十余年，从事讲学和著述三十余年，学术影响超过其兄。二程的学术思想基本一致，故后人把他们的著作合编为《二程集》。但仔细考察，二程的思想也有一些细微的区别。程颢强调天人合一于“心”，提

①〔宋〕朱熹：《与汪尚书》，《晦庵先生朱文公文集》卷三十，朱杰人、严佐之、刘永翔主编：《朱子全书》（第21册），第1305页。
②〔明〕王守仁：《传习录中》，《王阳明全集》卷二，吴光等编校，第79页。
③〔明〕王艮：《乐学歌》，《明儒王心斋先生遗集》卷二，《王心斋全集》，陈祝生等校点，江苏教育出版社2001年版，第54页。

出“仁者，浑然与物同体”[1]的说法，比较侧重于内在性，流露出心学倾向；程颐则比较强调本体“理”的客观性和超越性，但也承认“心”能够体认“理”。程颢比较强调“主敬”，程颐比较强调“穷理”。这些细微的差别并不影响他们的共识，可以忽略不计。程颐晚年曾对弟子张绎说：“我昔状明道先生之行，我之道盖与明道同。异时欲知我者，求之于此文可也。”[2]有些研究者过分地夸大二程之间的思想差异，甚至把他们对立起来，并不符合他们的思想实际。本节对二程不作区分，合而论之，同视为正统理学的奠基者。

话题一：礼教的根基

在北宋五子当中，周敦颐、邵雍、张载都试图从存在论的角度入手，建构儒学的本体论。周敦颐的本体论理念是“无极而太极”，邵雍的本体论理念是“心为太极”，张载的本体论理念是“太虚即气”。他们依据各自建构的儒学本体论学说，解构佛道两家的虚无主义世界观，证明现实世界的真实性；解构佛道两家的出世主义价值观，彰显儒家入世主义的价值观。他们的哲学思路，都是从存在论讲到价值论，但侧重于存在本体，而不是价值本体。这种讲法，固然试图对儒家伦理规范作出本体论证明，但毕竟不是从儒家伦理规范直接讲出的本体论学说，或多或少都流露出受佛道两家本体论思想影响的痕迹。

二程改变了他们前辈的思路，把理论重心由存在论转到价值论，试图直接从儒家伦理规范出发，建构起理学本体论学说。他们认识到，作为价值意义上的本体，应当有双重规定：它既是抽象的实体，又是普遍的原则。基于这种认识，他们认为，表述本体的范畴，不应当是太极，也不应当是气，而是“天理”。在他们看来，只有“天理”二字才是最恰当、最贴切的儒家本体论范畴。他们不无自豪地宣称：“吾学虽有所受，天理二字却是自家体贴出来。”[3]天理是二程思想体系的最高范

①〔宋〕程颢、〔宋〕程颐：《河南程氏遗书》卷二上，《二程集》，王孝鱼点校，第16页。
②〔宋〕朱熹：《伊川先生年谱》，〔宋〕程颢、〔宋〕程颐：《二程集》，王孝鱼点校，第346页。
③〔宋〕程颢、〔宋〕程颐：《河南程氏外书》卷十二，《二程集》，王孝鱼点校，第424页。

畴，也是正统理学的基本理念。在理学草创阶段，由于二程能“体贴”出“天理”这样一个范畴来，理论贡献超过了北宋五子中的其他三位。

在二程思想体系中，“理”具有广泛的含义。

首先，它是指“天理”。也就是指万物存在的本原、主宰万物的精神实体。“天理云者，这一个道理，更有甚穷已？不为尧存，不为桀亡。人得之者，故大行不加，穷居不损。这上头来，更怎生说得存亡加减？是佗元无少欠，百理具备。”①天理不生不灭，至高无上，不受人、事变化的影响，它是主宰一切的绝对本体。儒学原来没有“永恒”“绝对”之类的形而上观念，故而无法同佛道两家抗衡。现在二程找到了“天理”，把这种缺陷弥补上了。有了“天理”，便可以在本体论层面同佛道二教进行对话，以儒家的本体论理念否定佛道两家的本体论理念。佛家的本体论理念是“空”，道家的本体论理念是“玄”，都是对现实世界的否定；二程的本体论理念是“理”，却是对于现实世界的肯定。佛家认为，现实世界“无常”，因而是虚假的；二程认为，世界有“常”，这个“常”就是天理，因而现实世界是真实的。

其次，它是指“物理”，也就是指具体事物所依据的原理、原则。“天下物皆可以理照。有物必有则，一物须有一理。”②每一种事物都依理而存在、而变化。在这个意义上，理带有“规律”的意思。

再次，它是指“伦理”，也就是指封建社会的道德规范。他们声称：“父子君臣，天下之定理，无所逃于天地之间。”③二程认为物理、伦理都是天理的具体体现，分而为三，合而为一。这样，他们便将忠君、孝父等纲常观念提到普遍原理的高度，使之永恒化、绝对化，真正奠定了正统理学价值本体论的根基。借用现代新儒家的术语说，这种价值本体论也可以叫作“道德形上学”。依据“天理”论，二程把儒家的伦理规范直接讲成一种本体论信念，提升到本体的高度。在二程以前，大多数学者并不把儒家伦理规范看成“体”，而是看成“用”，试图另外寻找

①〔宋〕程颢、〔宋〕程颐：《河南程氏遗书》卷二上，《二程集》，王孝鱼点校，第31页。

②〔宋〕程颢、〔宋〕程颐：《河南程氏遗书》卷十八，《二程集》，王孝鱼点校，第193页。

③〔宋〕程颢、〔宋〕程颐：《河南程氏遗书》卷五，《二程集》，王孝鱼点校，第77页。

一种本体，作为儒家伦理规范的终极依据。例如，玄学家通常以自然为体，以名教为用。周敦颐以“无极—太极”为体，以“人极”为用。二程突破了这种思维定式，重新思索天理与伦理的关系，把二者内在地统一起来。他们的说法是：“视、听、言、动，非理不为，即是礼，礼即是理也。”[①]按照这种说法，恪守儒家伦理，并不是被动地服从，而是主动地体验价值本体——天理。至于如何体验天理，程颐在《四箴》篇中写道：

> 视箴：心兮本虚，应物无迹；操之有要，视为之则。蔽交于前，其中则迁；制之于外，以安其内。克己复礼，久而诚矣。
>
> 听箴：人有秉彝，本乎天性；知诱物化，遂亡其正。卓彼先觉，知止有定；闲邪存诚，非礼勿听。
>
> 言箴：人心之动，因言以宣；发禁躁妄，内斯静专。矧是枢机，兴戎出好；吉凶荣辱，惟其所召。伤易则诞，伤烦则支。己肆物忤，出悖来违。非法不道，钦哉训辞！
>
> 动箴：哲人知几，诚之于思；志士励行，守之于为。顺理则裕，从欲惟危；造次克念，战兢自持；习与性成，圣贤同归。[②]

从《四箴》篇中可以看出，他不再像经学家那样，仅从行为层面上强调遵循儒家伦理规范的必要性，而是从本体论体验的高度寻找儒家伦理规范的终极依据。

依据“天理”论，二程找到了一种关于天人合一的新讲法。在二程以前，经学家讲的天人合一，其实是一种外在的合一：天在人之上，人处在天的权威之下；所谓“合一”，就是人被动地服从天。程颢不赞成这种外在的天人合一说，理由是“天人本无二，不必言合”[③]。他分析说，以人合天的说法，有意无意地把天人割裂开来，没有回答天人合一的理论基础究竟是什么，没有把天人内在地统一起来。基于这种看法，他提出“天人一本”的命题。他说：“若不一本，则安得‘先天而天不

---

①〔宋〕程颢、〔宋〕程颐：《河南程氏遗书》卷十五，《二程集》，王孝鱼点校，第144页。

②〔宋〕程颢、〔宋〕程颐：《河南程氏文集》卷八，《二程集》，王孝鱼点校，第588—589页。

③〔宋〕程颢、〔宋〕程颐：《河南程氏遗书》卷六，《二程集》，王孝鱼点校，第81页。

违，后天而奉天时’”，“尝喻以心知天，犹居京师往长安，但知出西门便可到长安，此犹是言作两处；若要诚实，只在京师，便是到长安，更不可别求长安。只心便是天，尽之便知性，知性便知天，当处便认取，更不可外求”。①程颢认为，天人合一内在的基本理念就是儒家一向倡导的“仁”。他说：“仁者，浑然与物同体，义、礼、知、信皆仁也。识得此理，以诚敬存之而已。”②又说：“若夫至仁，则天地为一身，而天地之间，品物万形，为四肢百体，夫人岂有视四肢百体而不爱者哉？”③他把天人合一描述为“仁”的道德境界，将天人合一建立在天理基础之上，开辟了理学家研究天人关系的新思路。

依据“天理”论，二程为儒家“一个世界”的世界观找到了终极依据，并且提出“理一分殊”说。程颐在《答杨时论西铭书》中写道：“《西铭》明理一而分殊，墨氏则二本而无分。”④又说：“万物皆是一理”⑤，“一物之理即万物之理”⑥。他认为，人与天地万物构成一个有机的整体，天理则是这个整体的内在的普遍联系，是一切存在物的终极依据，也是人文价值的终极依据。天理担保天人整体的统一性，故称“理一”。然而，天理在每个具体事物中的表现方式并不一样，统一性通过多样性表现出来，故称“分殊”。他既承认世界的统一性，也承认世界的多样性，并且强调这两个方面构成兼容关系。他给出的例证，就是儒家的“爱有差等”之说。“爱”出自“理一”，但因爱所涉及的对象不同，故而表现为“分殊”：对于亲人所爱的程度，不能等同于对于路人所爱的程度。基于这种看法，他批评墨家的兼爱说，认为兼爱说“二本而无分”，既不能体现“理一”原则，也不能体现“分殊”

---

①〔宋〕程颢、〔宋〕程颐：《河南程氏遗书》卷二上，《二程集》，王孝鱼点校，第43、15页。

②〔宋〕程颢、〔宋〕程颐：《河南程氏遗书》卷二上，《二程集》，王孝鱼点校，第16页。

③〔宋〕程颢、〔宋〕程颐：《河南程氏遗书》卷四，《二程集》，王孝鱼点校，第74页。

④〔宋〕程颢、〔宋〕程颐：《河南程氏文集》卷九，《二程集》，王孝鱼点校，第609页。

⑤〔宋〕程颢、〔宋〕程颐：《河南程氏文集》卷十五，《二程集》，王孝鱼点校，第157页。

⑥〔宋〕程颢、〔宋〕程颐：《河南程氏遗书》卷二上，《二程集》，王孝鱼点校，第13页。

原则。

话题二：从天理看人性

二程运用“理一分殊”的理论考察人性问题，有了新的学术发现。他们提出二重人性论学说，推进了儒家的人性论思想的发展。

他们认为，人性包含着两个方面：一是“天命之谓性”，二是“生之谓性”。“天命之谓性”是从“理一”的角度说的，是指天理在人性中的贯彻和体现。“天命之谓性”是至善的，具有永恒性、普遍性、理想性。在这个意义上，“性即是理。理则自尧、舜至于涂人，一也”[①]。每个人都以此为终极价值的依据，概莫能外，谈不上差别性。“生之谓性”是从“分殊”的角度上说的。“天命之谓性”在每个人身上的体现有差别，就此差别而言，就叫作“生之谓性”。“生之谓性”之所以有别于“天命之谓性”，是因为同“气”有关。在这个意义上说，“性即气，气即性；生之谓也”[②]。概括起来说，“天命之谓性”是指本然的、理想的人性；“生之谓性”是指实然的、现实的人性。“天命之谓性”是至善的；“生之谓性”可善可恶。

在儒家人性学说史上，二程提出的二重人性论是一种综合创新。他们提出“天命之谓性”，主旨在于强调人有自我完善的本体论依据，从而否定宗教式的外在超越的路向，回归到儒家内在超越的路向。他们的人性论学说，并未超出人性善的范围，但并不是对孟子性善论的重复，而是对孟子性善论的发展。孟子只是把人性善归结于天性善，并未对“善”作出本体论证明。二程依据天理论，完成了这种证明，因而不能说不是对性善论的发展。由于二程对“善”作了本体论证明，儒家的性善论才可以同佛性论相抗衡，并且为人们指示出内在超越的路向。他们提出“生之谓性”，强调现实的人性可善可恶，显然是接受了荀子“人性朴”观点的影响。性善论说明人自我完善的可能性，“性朴论”说明对人进行教化的必要性，二程兼顾这样两个方面，化解了儒家内部

---

①〔宋〕程颢、〔宋〕程颐：《河南程氏遗书》卷十八，《二程集》，王孝鱼点校，第204页。

②〔宋〕程颢、〔宋〕程颐：《河南程氏遗书》卷一，《二程集》，王孝鱼点校，第10页。

的理论分歧。二程提出的二重人性论，也吸收了张载的理论思维成果。张载比二程更早地提出二重人性论，认为人一方面具有至善的“天地之性”，另一方面还具有可善可恶的“气质之性”，可是他的二重人性论并不以天理为根据，没有经过价值本体论的证明。由此来看，尽管二程和张载二重人性论有相近之处，但二程的理论深度，显然超过了张载。

依据二重人性论学说，二程形成天理与人欲两相对立的观点。他们认为，就人的“天命之谓性”来说，人应当自觉地恪守仁、义、礼、智、信等道德范畴的约束，不会去做坏事。然而，由于受“生之谓性”的支配，现实的人便产生了人欲；由于受到人欲的蒙蔽，现实的人便可能做出种种不道德的事。他们由此得出结论：人欲是恶的渊薮，是天理的对头，“惟蔽于人欲，则亡天理也”①，他们进而提出“去人欲，明天理”的主张。二程说：“人心，私欲，故危殆；道心，天理，故精微。灭私欲，则天理明矣。”②从这种观点出发，二程甚至提出“饿死事小，失节事大”的口号，到清朝时理学因而演变成了一种严酷的道德说教。由二程明确提出的“存理灭欲”说，后来则成为理学家们一致认同的信条。

话题三：成就儒者人格

在二程“理一分殊”理论中，“理一”关涉“知”的层面，“分殊”关涉“行”的层面。“理一”在逻辑上先于“分殊”，引申到知行关系问题上，程颐便提出“知先行后”说。他所说的“知”，主要是指“德性之知”，这是一种道德意识，一种对于价值本体的体验。他所说的“行”，主要是指道德践履。他认为“德性之知”是目标，而道德践履是达到这一目标的手段，所以在逻辑上“知”先于“行”。程颐以走路为例说：“譬如人欲往京师，必知是出那门，行那路，然后可往。如不知，虽有欲往之心，其将何之？”③他强调“知”对于“行”的指导

①〔宋〕程颢、〔宋〕程颐：《河南程氏遗书》卷十一，《二程集》，王孝鱼点校，第123页。

②〔宋〕程颢、〔宋〕程颐：《河南程氏遗书》卷二十四，《二程集》，王孝鱼点校，第312页。

③〔宋〕程颢、〔宋〕程颐：《河南程氏遗书》卷十八，《二程集》，王孝鱼点校，第187页。

意义，固然有正确的一面；但以先后论知行，未免流露出重知轻行、割裂知行统一的错误倾向。他继承和发展了孟子良知说的理路，表现出先验论的思维取向。他提出“知先行后”说以后，引起理学家对知行关系问题的普遍关注。他们继续深入探讨这个问题，提出各种各样的学说，进一步推进中国哲学中知行观的发展。

在知行观方面，二程所说的“知”，实际上不是指具体事物的实用知识，而是关于天理的哲学智慧。他们没有深入研究实用知识是从哪里来的知识论问题，而特别重视如何获知天理的问题，或者说如何体验价值本体的问题。这并不是西方哲学的那种知识论问题，而是中国哲学自身产生的问题。后来的理学家十分贴切地称之为与本体论相关的“工夫论”问题，用黄宗羲的说法，“夫求识本体，即是工夫”①。尽管二程并没有使用“工夫论”这个术语，但他们已在探讨工夫论问题。其实，早在他们老师周敦颐那里，就已经涉及工夫论问题，他有“主静立人极焉”②的说法。“主静”原本是一种宗教修行的方法，如佛教讲究禅定、静虑，道教讲究静坐、静修，周敦颐将其引入儒学，改造成为一种理学家体验本体的工夫。在周敦颐的“主静”说中，依稀看得见受宗教修行方法影响的痕迹。二程抹去了这种痕迹，将“主静”说发展成为“主敬”说。他们指出，获取关于价值本体体验，不必到外物中去探求：“学者不必远求，近取诸身，只明人理，敬而已矣。”③他们对“主敬”工夫的解释是：“所谓敬者，主一之谓敬。所谓一者，无适之谓一。”④如果说“主静”是一种姿态的话，那么，“主敬”则是一种心态。从“知”的角度说，“主敬”把握“理一”，即接受天理这样一种价值本体论理念，进入与天理合而为一的精神境界；从“行”的角度说，“主敬”讲究“分殊”，就是出于对天理的坚定信念，安排自己的视、听、言、动，使举手投足皆成为天理的体现，无所不适。

---

①〔清〕黄宗羲：《东林学案三》，《明儒学案》卷六十，沈芝盈点校，中华书局2008年版，第1474页。

②〔宋〕周敦颐：《太极图说》，《周敦颐集》卷一，陈克明点校，第6页。

③〔宋〕程颢、〔宋〕程颐：《河南程氏遗书》卷二上，《二程集》，王孝鱼点校，第20页。

④〔宋〕程颢、〔宋〕程颐：《河南程氏遗书》卷十五，《二程集》，王孝鱼点校，第169页。

至于主敬工夫与读书穷理的关系，二程的说法是："涵养须用敬，进学在致知。"[1]在这里，二程把"涵养用敬"与"进学致知"相提并论，带来的问题是：究竟以哪一种方式为主？后来的理学家看法不一，朱熹一派认为应当以"进学致知"为主，主张"道问学"，多读书；陆王一派认为应当以"涵养用敬"为主，主张"尊德性"，不读书。在工夫论方面，两派展开热烈的讨论。

综上所述，二程提出正统理学的核心理念"天理"，由此引发后世理学家关于理事关系、理气关系、理心关系的热烈讨论。他们重提人性论话题，提出二重人性论学说，引导后世理学家深入探讨理欲关系、人心与道心关系、义利关系、王霸关系等问题。他们提出"知先行后"说和"主敬"说，开启后世理学家关于知行关系、内心与外物关系、本体与工夫的关系、"尊德性"与"道问学"的关系等问题的研究。总之，正统理学家研讨的所有话题，几乎都可以在二程那里找到源头，说他们是奠基人，可谓实至名归。

三、张载：太虚即气

继南朝范缜、唐代刘禹锡之后，进一步从哲学的高度批判佛老（包括玄学）的空无本体论，并把古代元气论的发展推向新阶段的哲学家，是北宋理学奠基人之一的张载。他在中国哲学史上第一次建立了气本体论的哲学体系。当然，张载首先是一位理学家，他是在理学的范围内来发挥气本体论的，因而他的气本体论又与理学心性论纠缠在一起，这一点正是他的哲学体系存在诸多矛盾的重要原因之一。张载依据儒家的现实主义原则，消解佛老否定现实的虚无本体论，走出玄虚，面向实际，建构起肯定实有的元气本体论，在哲学上重新确立了中华民族精神世界中求真务实的价值维度。

话题一：万物真实性的依据

在张载之前，无论是秦汉的黄老之学或是汉代的元气自然论（王

---

①〔宋〕程颢、〔宋〕程颐：《河南程氏遗书》卷十八，《二程集》，王孝鱼点校，第188页。

充），还是唐代柳宗元、刘禹锡的元气论，往往从宇宙生成论的角度立论，因而不能正确说明宇宙万物的统一性与多样性的关系问题，也不能对世界的本质作出合理的说明。晋唐时期，佛教和玄学通过“体用如一”“有无统一”等思辨论证试图解决上述问题，但它们却把世界归结为“空”“真如”或玄虚的“无”，结果还是以“有无为二”“体用殊绝”，描绘出二重化的世界图景，并最终否定了现实世界的真实存在。这样一来，沿着元气论关于世界的客观物质性的思路，重新探讨宇宙万物的统一性，就成为哲学逻辑发展的必然要求。张载“访诸释老，累年究极其说，知无所得，反而求之‘六经’”[①]，“揭阴阳之固有，屈伸之必然”[②]，提出了“天人一气”的气本体论学说。

“气”是一个古老的哲学范畴。无论是先秦的“精气说”，还是汉代的“元气论”，“气”始终都未能摆脱具体实物的特性。在张载的哲学中，“气”的规定性、气与万物的关系等都有了新的突破。张载关于宇宙万物以气为本的主要论点和论证方法是：

1.论太虚

“太虚即气，则无‘无’”[③]是张载气本论首要的、基本的观点。“太虚”本是道家、道教常用的概念，指世界产生以前的混沌一体的状态，有明显的虚无主义特征，即以“虚”为“无”。张载对它加以改造，使“太虚”与“气”统一起来。“太虚即气”主要有两层含义：一是指广大无垠的宇宙虚空都不离气，如说：“气块然太虚。”[④]二是说太虚是气的本然状态，如说：“太虚无形，气之本体。”[⑤]这两者是一致的，都是指气散而未聚的本然状态。张载有时又从“太虚”之气无形无象、“至静无感”、“清通不可象”的意义上，把“太虚”称为“太和”。“太虚即气”，就是说“太虚”的实质是气，气的存在状态是“太虚”，二者不可分离：“太虚不能无气，气不能不聚而为万物，

①〔元〕脱脱等：《张载传》，《宋史》卷四百二十七，中华书局1985年版，第12723页。
②〔清〕王夫之：《序论》，《张子正蒙注》，中华书局1975年版，第3页。
③〔宋〕张载：《太和》，《正蒙》，《张载集》，章锡琛点校，中华书局1978年版，第8页。
④〔宋〕张载：《太和》，《正蒙》，《张载集》，章锡琛点校，第8页。
⑤〔宋〕张载：《太和》，《正蒙》，《张载集》，章锡琛点校，第7页。

万物不能不散而为太虚。”[①]太虚之气就是宇宙万物的本体，佛老所说的空无本体是不存在的。在张载看来，太虚与万物的关系，就是气之聚散的关系：气聚而为万物，气散而为太虚。他说：“太虚无形，气之本体，其聚其散，变化之客形尔。”[②]个体存在物是由太虚之气转化而来，有生有灭，而太虚则无生无灭。这就承认了气的绝对性、本体性、无限性和永恒性，从而消解了佛道二教的虚无本体论。

2.统有无

张载针对佛道二教割裂有无关系的观点，提出有无统一于气的观点。他说：“凡可状，皆有也。凡有，皆象也；凡象，皆气也。”[③]凡一切有形可见的东西（有），都以气为本体；无形的“虚”（气散的状态）、“性”（天性、乾坤、阴阳）、“命”（规律、必然性）、“神”（变化的功能）等都是气的本然状态。他说：“气之性本虚而神，则神与性乃气所固有。”[④]“气能一有无”[⑤]，有无只是气的聚散、隐显两种存在状态。故“《大易》不言有无”[⑥]，圣人“但云‘知幽明之故’，不云‘知有无之故’”[⑦]。由此，他批判了老子的“有生于无”、玄学的“以无为本”和佛教以“空”为真等观点，指出“诸子浅妄，有有无之分，非穷理之学也”[⑧]。

3.一体用

张载又以体用统一的观点和方法论证“太虚即气”。他分析说，按照老子“有生于无”的说法，“无”出现在“有”之前，物质世界本来不存在，而是由“无”产生的（“虚生气”），这实际上是把“虚”看成是无限的（“虚无穷”），而把“气”看成是有限的（“气有限”），从而把体用割裂开来。佛教也犯了同样的错误，只知“体虚空为性”，而不知“本天道为用”，结果反“以山河大地为见病”[⑨]，把

①〔宋〕张载：《太和》，《正蒙》，《张载集》，章锡琛点校，第7页。
②〔宋〕张载：《太和》，《正蒙》，《张载集》，章锡琛点校，第7页。
③〔宋〕张载：《乾称》，《正蒙》，《张载集》，章锡琛点校，第63页。
④〔宋〕张载：《乾称》，《正蒙》，《张载集》，章锡琛点校，第63页。
⑤〔宋〕张载：《横渠易说》，《张载集》，章锡琛点校，第207页。
⑥〔宋〕张载：《大易》，《正蒙》，《张载集》，章锡琛点校，第48页。
⑦〔宋〕张载：《太和》，《正蒙》，《张载集》，章锡琛点校，第8页。
⑧〔宋〕张载：《太和》，《正蒙》，《张载集》，章锡琛点校，第9页。
⑨〔宋〕张载：《太和》，《正蒙》，《张载集》，章锡琛点校，第8页。

宇宙万物说成是空无本体显现之幻相。佛道二教把体用割裂开来，而不知气之本体乃是有无、虚实的统一。张载以“体用不二”的方法确立了气的本体地位，否定了佛、老虚无主义的价值导向，重申了儒家现实主义的价值导向。

4.合内外

张载依据“太虚即气”的本体论，进一步揭露佛道二教割裂有无、体用的认识论根源。二教从直观感觉出发，把“客感客形”与“无感无形”对立起来，把“有感”（内）与“无感”（外）当成了判断有无的依据，而不懂得“气无内外，假有形而言尔”[①]的道理。他指出，气本身无内外，有感、无感不能成为本体之气有无的根据。“所谓气也者，非待其蒸郁凝聚，接于目而后知之；苟健顺、动止、浩然、湛然之得言，皆可名之象尔”[②]。张载主张“合内外”，认为人所感知的有形之物只是气的暂时状态（“客形”），人所产生的感觉也只是“客感”，但气的本然状态（“无形”）虽然“无感”，却仍然是真实存在的。故张载的结论是：“客感客形与无感无形，惟尽性者一之。”[③]

5.言气化

“道”在张载那里不具有形而上的意义，而是指气运动变化的过程，从属于气。他认为太虚是气的本然状态，是散而来聚的气。气聚而为万物，散而为太虚，太虚、万物都是气运动所表现出的不同形态。张载把气的这种运动变化过程叫道，他说：“由太虚，有天之名；由气化，有道之名。”[④]这句话是说，“天”就是散而未聚的无形之气，“道”则是气聚气散的变化过程，是气本身所固有的属性。张载又说：“太和所谓道，中涵浮沉升降、动静相感之性，是生细缊相荡、胜负屈伸之始。”[⑤]道包含了气的浮沉升降、动静相感等变化，就是气化过程，是气本身固有的规定性，是气的本然状态。总之，道为气之道，非气之外别有道。由“太虚即气”，到“气化为道”，张载大大地深化了古代的气学思想。正如王夫之所说：张载《太和篇》“首明道之所自

---

①〔宋〕张载：《诚明》，《正蒙》，《张载集》，章锡琛点校，第21页。
②〔宋〕张载：《神化》，《正蒙》，《张载集》，章锡琛点校，第16页。
③〔宋〕张载：《太和》，《正蒙》，《张载集》，章锡琛点校，第7页。
④〔宋〕张载：《太和》，《正蒙》，《张载集》，章锡琛点校，第9页。
⑤〔宋〕张载：《太和》，《正蒙》，《张载集》，章锡琛点校，第7页。

出，物之所自生，性之所自受。而作圣之功，下学之事，必达于此，而后不为异端所惑”[①]。

6.辩一两

“太虚之气”为什么会有运动变化的功能？变化的根本原因是什么？张载的解释是：气化的原因就在事物的内部，“动非自外”[②]。他说：“一物两体，气也。”[③]太虚之气本身就包含有对立的两方面，如虚实、动静、聚散、浮沉、升降、相荡、健顺、阴阳、刚柔等，然而，对立的两个方面又是统一的。事物的运动变化，原因在于统一物内部对立面的相互作用（“二端故有感”，“感”即相互作用），这叫“一故神（自注：两在故不测），两故化（自注：推行于一），此天之所以参也”[④]。正由于统一体内部有相互对立的两方面，才产生神妙的作用；也由于对立物是统一的，所以才变化无穷。事物内部既有对立，又有统一，这叫“参”。张载还对矛盾统一体作了辩证的分析，认为“两”与“一”相互依存、不可分离，在相互结合中起作用。“两不立，则一不可见；一不可见，则两之用息”[⑤]，张载在对立中把握统一，在统一中把握对立，抓住了辩证思维的实质。

张载以“气”论太虚、统有无、一体用、合内外、言气化、辩一两，提出了高于前人的深刻洞见。

第一，以气为宇宙万物的本原、本质，把古代元气论推向了气本体论阶段。张载认为，太虚不离气（不是太虚的空间充满气），世界万物都是太虚之气凝聚的表现和结果，万物最终又复归为气，这就把汉代以来关于世界本原的混沌元气变成了本体意义的太虚之气。于是，气不仅具有物质原初的意义，更重要的是被看成天地万物的共同本质。气可以转化为种种有差别的东西，但是气又不同于某种具体的东西。气通过聚散的形式表现为气本体与个别存在物之间的转化，个体有生有灭，但气无生无灭、永恒存在。显然，张载的“太虚之气”已具有“物质一般”的含义，气与万物的关系，具有本质与现象关系的意义。

①〔清〕王夫之：《太和篇》，《张子正蒙注》卷一，第1页。
②〔宋〕张载：《参两》，《正蒙》，《张载集》，章锡琛点校，第11页。
③〔宋〕张载：《参两》，《正蒙》，《张载集》，章锡琛点校，第10页。
④〔宋〕张载：《参两》，《正蒙》，《张载集》，章锡琛点校，第10页。
⑤〔宋〕张载：《太和》，《正蒙》，《张载集》，章锡琛点校，第9页。

第二，太虚之气具有能动性，世界本质上充满着矛盾。按照元气论的说法，万物从混沌的无矛盾的元气产生，元气分化为阴阳二气，阴阳的相互作用产生万物，这实际上是以“静”为宇宙的根本原理，万物产生之后，宇宙也才从静而入动。从《老子》到《易传》，也都主张体静而用动。张载则跳出了这个思维模式，认为世界的本质即太虚之气本身包含着阴阳两端的矛盾运动。“天性、乾坤、阴阳也，二端故有感，本一故能合。天地生万物，所受虽不同，皆无须臾之不感”[①]，这是具有深刻辩证思维的宇宙发展观。

第三，以气为实、为有，对世界统一的论证达到物质本体论的高度。张载说：“太虚者，天之实也”，“人须于虚中求出实”。[②]这就把气本质上规定为“实”“有”，已接近物质实在的观念，对后来哲学发展影响很大。此后王廷相更为明确提出气为“实有”的观点，王夫之则以“诚”改造、充实“实有”概念，才使之获得哲学范畴的意义。

第四，在道气关系上，张载把气看成道的实体，把道（或理）看成气化的过程和规律，表达了规律性与实体性统一的深刻见解。张载说：“天地之气，虽聚散、攻取百涂，然其为理也顺而不妄。”[③]这就否定了在气之外还有一个独立自足的所谓“理世界”。

不过，张载的气本论尚有一些不成熟之处，这主要表现在：其一，他所说的“太虚之气”尚未完全摆脱具体物质结构的特性；他用气的聚散这一具体的物质运动形式来说明本质与现象的关系，显然是不科学的。张载常把气喻为“升降飞扬”的“野马”（游气），在讲到气的运动特性时说：“以人言之，喘息是刚柔相摩，气一出一入，上下相摩错也，于鼻息见之。人自鼻息相摩以荡于腹中，物既消烁，气复升腾。”[④]这种气显然具有通常所说的极细微、易流动的直观特性，而尚未达到物质抽象的程度。其二，张载把本然之气看成是“形而上”的，而把具体的形器看成是“形而下”，把太虚与现象世界对立起来，认为本然之气比具体形器更根本。他说：“凡天地法象，皆神化之糟粕

①〔宋〕张载：《正蒙》，《张载集》，章锡琛点校，第63页。
②〔宋〕张载：《张子语录》，《张载集》，章锡琛点校，第324、325页。
③〔宋〕张载：《正蒙》，《张载集》，章锡琛点校，第7页。
④〔宋〕张载：《横渠易说》，《张载集》，章锡琛点校，第177—178页。

尔。”[1]本然之气是清通的，具体形器不过是气化之“糟粕”，这种说法有把世界二重化的倾向。

话题二：从气本论看人性

张载在气本体论的基础上建立了他的人性学说。他说：“合虚与气，有性之名。”[2]人禀受太虚之气，就构成人的本性。他认为，每个人都具有这种普遍的本性，这叫“天地之性”。人出生以后，由于禀气不同以及环境习染不同，每个人又有其特殊的、具体的人性，这叫“气质之性”。“天地之性”则无所偏颇，故是“善”的来源；“气质之性”则有偏颇，故有可能流于“恶”。这是一种二重人性论。这种说法显然是受孟子“性善”说的影响，但又对孟子的学说有所修正，既说明了人为什么“本性善”，也解释了“恶”的根源。张载尤其强调人应该善于反省自己，不断克服“恶”的方面，以达到“善”，故他说：“形而后有气质之性，善反之则天地之性存焉。”[3]他虽然从气本体论来说明人性，但仍然承认了“善”是先天禀赋的道德观念，承认了人有“天德良知”。

张载把人性区分为“天地之性”和“气质之性”，强调为学目的就在于改变精神气质，回归善的本性。“为学大益，在自求变化气质”[4]，“变化气质”本是一个道德修养的问题。由此，张载提出了从属于道德伦理的认识论。他把人心的“知”也区分为两种：“闻见之知”和“德性之知”。按他的说法，所谓“闻见之知”，即由感觉经验而获得的知识，乃是对于事实的认知；所谓“德性之知”，也就是“诚明所知”或“天德良知”，并非来自感觉经验，而是良心的自我发现，乃是道德价值之知。这种区分显然受了孟子“大体”“小体”说的影响，不过张载没有像孟子那样否认感性认识的作用，他认为认识就是由感官与外物的接触而获得的，他说：“人本无心，因物为心。”[5]又

①〔宋〕张载：《正蒙》，《张载集》，章锡琛点校，第9页。
②〔宋〕张载：《正蒙》，《张载集》，章锡琛点校，第9页。
③〔宋〕张载：《正蒙》，《张载集》，章锡琛点校，第23页。
④〔宋〕张载：《经学理窟》，《张载集》，章锡琛点校，第274页。
⑤〔宋〕张载：《张子语录》，《张载集》，章锡琛点校，第333页。

说："人谓己有知，由耳目有受也，人之有受，由内外之合也。"[①]张载还看到了个人闻见的有限性与客观世界无限性之间的矛盾，他说："今盈天地之间者皆物也。如只据己之闻见，所接几何？安能尽天下之物？"[②]由于"闻见之知"有局限性，所以他强调"不以见闻梏其心"[③]。但是在解决这一矛盾时，他没有沿着感性认识上升为理性认识的逻辑去发展，却沿着孟子"尽心、知性、知天"的思路，走向追求"其视天下无一物非我"[④]的反身内求的认识路线，主张"大其心则能体天下之物"[⑤]。"大其心"不是扩充人的理性认识能力，而是要通过"诚明所知"达到"天德良知"，所以他说："德性所知，不萌于见闻。"[⑥]这种"德性之知"显然是建立在道德修养论基础上的关于宇宙人生最高原则的领悟，它不始于见闻，因而只能是一种价值预设，并且同他所说的"天地之性"相通。这样，"闻见之知"在他的理论中也像孟子一样被排除了。张载的认识论具有明显的二重性质：既肯定闻见之知是主体对客体的反映（"内外合"），具有经验论的因素；同时又肯定有不依赖于"闻见之知"的"德性之知"，表现出先验论的倾向。

话题三：天人合一

气本体论无疑是张载哲学体系的哲学思想的特征。不过，从总体上看，气本体论并非张载哲学的旨趣所在。实际上，张载的理论旨趣，在于论证"性与天道合一"，也在于追求"天人合一"的精神境界，所以他努力用宇宙本体论说明人性论和道德论，并为伦理道德提供宇宙本体论的根据。张载之所以重申先儒"天人合一"的主题，主要是针对秦汉以来的儒学"知人而不知天，求为贤人而不求为圣人"[⑦]之偏颇而发。为解决天人、道性合一的问题，张载既没有像李翱那样援佛入儒，也没有像周敦颐那样援道入儒，而是采取了地道的原儒方式，即重新回归

---

①〔宋〕张载：《正蒙》，《张载集》，章锡琛点校，第25页。
②〔宋〕张载：《张子语录》，《张载集》，章锡琛点校，第333页。
③〔宋〕张载：《正蒙》，《张载集》，章锡琛点校，第24页。
④〔宋〕张载：《正蒙》，《张载集》，章锡琛点校，第24页。
⑤〔宋〕张载：《正蒙》，《张载集》，章锡琛点校，第24页。
⑥〔宋〕张载：《正蒙》，《张载集》，章锡琛点校，第24页。
⑦〔元〕脱脱等：《张载传》，《宋史》卷四百二十七，第12724页。

《论语》《孟子》《中庸》《易传》等儒家典籍，为建立“天人合一”的儒学新体系进行了艰苦的理论探索。吕大临曾在《横渠先生行状》中这样概括张载的理论创造：“其自得之者，穷神化，一天人，立大本，斥异学。”[①]这基本上符合张载的思想实际，揭示了张载原儒的理路踪迹。

张载“以《易》为宗，以《中庸》为体，以《孔》《孟》为法”[②]，即以《易》涵融《中庸》《论语》《孟子》来解决天人合一、道性合一的问题，建立起天人合一的儒学新体系，从而改变汉唐以来“天人二本”的状况。但是他是怎样实现这一意图的呢？

首先，张载确立了“识造化然后其理可穷”的认知取向和价值取向，把气本体论确定为天人合一的基础。张载认为，只有先“识造化”即懂得气化的规律和原因，才能体天地之德，达到圣人境界。他说：“易，造化也。圣人之意莫先乎要识造化。既识造化，然后其理可穷。”[③]张载所以充分展开气本体论的论证，以气统有无、一体用，其目的在于纠正佛道二教“虚无穷、气有限，体用殊绝”[④]的偏向，纠正汉唐诸儒言人不及天、言天不及人的“天人二本”偏向。张载通过体悟大易生生之旨，确立了“气之生即是道是易”[⑤]的宇宙本体论，从而强调“识造化”的必要性，然后转向“穷理尽性”和“穷神知化”，进入了关于社会伦理道德论的本体论证。所以，天道、人事皆从气的“生生”之理考量，正说明气本体论奠定了张载天人合一体系的哲学基础。

其次，张载提出“性即天道”的思想，找到了联结天人的中介，这就是“天性”。张载把“天性”与大易中的“生生”、气化流行等观念结合起来，把“天”解释为“太虚即气”，于是“天性”也就是气之本性：“合虚与气，有性之名。”[⑥]这就是说，“性”乃“气所固有”。同时，张载又认为“性者万物之一源”，气化流行，万物“各

---

①〔宋〕吕大临：《吕大临横渠先生行状》，〔宋〕张载：《张载集》，章锡琛点校，第383页。
②〔元〕脱脱等：《张载传》，《宋史》卷四百二十七，第12724页。
③〔宋〕张载：《横渠易说》，《张载集》，章锡琛点校，第206页。
④〔宋〕张载：《正蒙》，《张载集》，章锡琛点校，第8页。
⑤〔宋〕张载：《横渠易说》，《张载集》，章锡琛点校，第207页。
⑥〔宋〕张载：《正蒙》，《张载集》，章锡琛点校，第9页。

正性命”，遂有“人之性”“物之性”，这叫“体万物而谓之性”[①]。“性”与“天道”同一，皆为气所固有，“性”便上升到与“气”同等程度的本体地位。重要的是，张载强调“言性已是近人言”，“仁义人道，性之立也”，[②]于是，天道被道德化为人性的本体根据，人性与天性、主体与客体在本质上就被看成同一的了，于是，道德伦理也被说成人性中应有之事。既然人性来源于气化之道，“天人合一”“知人”“知天”也就可以沟通和一致起来：“天道即性也，故思知人者不可不知天，能知天斯能知人矣。知天知人，与穷理尽性以至于命同意。”[③]可见，张载把本然的气化规律、事物的变易法则与主体的道德理念联系起来，使其整个体系从宇宙论过渡到道德论。这是我们理解张载哲学的关键。

由此出发，张载明确提出“天人合一”的命题。他说：“儒者则因明致诚，因诚致明，故天人合一。”[④]在中国哲学史上，“天人合一”观念虽然早已有之，但最明确提出“天人合一”命题的则是张载。在天人关系上，张载虽然不主张将天、人混为一谈，说过“人不可以混天”[⑤]一类的话，但他仍相信圣人与天道相通，相信“圣人体天地之德”，主张把天道和人事“一滚论之”。他说：“天人不须强分，《易》言天道，则与人事一滚论之，若分别则只是薄乎云尔。自然人谋合，盖一体也，人谋之所经画，亦莫非天理。”[⑥]这样，张载就逻辑地把天道“归于人事”，主张“得天而未始遗人”[⑦]，从而在理论上克服了如朱熹所批评的秦汉以来儒者“言天者遗人”和“语人者不及天”之“大弊”。

再次，张载的理论归宿和最高境界是“穷神知化，与天为一”[⑧]。他确立了根据，也找到了中介，那么，人们如何在道德实践中实现天人合一、道性合一呢？张载设计的认知过程和价值实现过程是：“识造

---

①〔宋〕张载：《正蒙》，《张载集》，章锡琛点校，第64页。
②〔宋〕张载：《横渠易说》，《张载集》，章锡琛点校，第235页。
③〔宋〕张载：《横渠易说》，《张载集》，章锡琛点校，第234页。
④〔宋〕张载：《正蒙》，《张载集》，章锡琛点校，第65页。
⑤〔宋〕张载：《横渠易说》，《张载集》，章锡琛点校，第189页。
⑥〔宋〕张载：《横渠易说》，《张载集》，章锡琛点校，第232页。
⑦〔宋〕张载：《正蒙》，《张载集》，章锡琛点校，第65页。
⑧〔宋〕张载：《正蒙》，《张载集》，章锡琛点校，第17页。

化”—“穷理尽性”—“穷神知化”。“先识造化”即认识和把握气化过程和规律，形成“穷尽物理”的哲学识度。由此出发，张载没有从“穷理”走向实证科学和理性认知，而是转向追求“性理”的道德实践，强调“穷理尽性，言性已是近人言也”[①]。最终目的就是达到“穷神知化”即人与“神化”合一的境界，亦即“天人合一、物我一体”的境界。这是张载追求的最高境界，也就是被程朱所推崇备至的《西铭》境界。

与此相联系，张载也发挥了《中庸》“自诚明，谓之性；自明诚，谓之教。诚则明矣，明则诚矣”的思想，主张“因明致诚，因诚致明，故天人合一”[②]。他认为诚明互补，才能达到天人合一。但是，如果联系上述从“识造化”“穷理尽性”到“穷神知化”的价值目标和道德理想的实现过程来看，张载实际上是主张由“明”而“诚”的。他还说：“须知自诚明与自明诚者有异。自诚明者，先尽性以至于穷理也，谓先自其性理会来，以至穷理；自明诚者，先穷理以至于尽性也，谓先从学问理会，以推达于天性也。某自是以仲尼为学而知者，某今亦窃希于明诚，所以勉勉安于不退。”[③]“自明诚”即“先穷理而后尽性”。这种说法实际上把孟子“尽心”—“知性”—“知天”即从“知人”到“知天”的思路颠倒过来了，主张“能知天，斯能知人”[④]，认识天道，方可尽人之性。这说明，张载哲学的重点和理论归宿是“尽性”而非“穷理”，是“穷神知此”而不仅仅是识“造化”。他最终仍把本体论、认识论归于道德论，从认识论走向心性论，从真理论走向价值论。张载的这种思想特点，规定了此后理学发展的基本思维取向，影响了理学发展的基本方向和特征，并在总体上影响了中华民族精神价值维度的发展。他以“天人合一”的价值架构支撑起内涵丰蕴的儒学务实精神，扭转了佛道二教寻空、蹈虚、体无的价值取向，重新确立了儒学在中国人精神世界中的主导地位。

---

①〔宋〕张载：《横渠易说》，《张载集》，章锡琛点校，第235页。
②〔宋〕张载：《正蒙》，《张载集》，章锡琛点校，第65页。
③〔宋〕张载：《张子语录》，《张载集》，章锡琛点校，第330页。
④〔宋〕张载：《横渠易说》，《张载集》，章锡琛点校，第234页。

四、朱熹：理气合论

朱熹，字元晦，号晦庵，南宋理学家、教育家。他的学说是接着二程理学的思路讲的，但并不照着以往理学的内容讲。他发挥原创力，讲出了一些前辈没有讲透的道理，在深度上超过了前辈，使正统理学世界观理论臻于完善。他在二程天理论的基础之上，建立起正统理学的思想大厦。如果把程朱理学视为一项完整的理论工程的话，可以说，二程开其端，朱熹总其成。围绕着“天理”这一核心范畴，朱熹展开来论述理事关系、理气关系、一多关系，对天理的本体规定性，作出比较充分的论证。

话题一：理事关系

二程把人和宇宙万有看成一个整体，从中抽象出“天理”这一本体论观念，可是，他们并未从逻辑上论及天理对于宇宙万有的在先性。倘若不肯定“天理”的逻辑在先性，便不能表明“天理”的本体论地位。朱熹完成了这一步。他提出“理在事先”说，充分肯定“天理”的在先性，加固了正统理学的根基。同二程一样，朱熹也把“天理”视为天人合一的本体论依据，但是他强调“天理”在逻辑上先于宇宙万物。他说：“未有天地之先，毕竟也只是理。有此理便有此天地，若无此理，便亦无天地，无人无物。”①在这里，他明确地规定了“天理”的至上性、超越性、终极性，以天理作为解释宇宙万物的本体论依据。他认为，理是天地万物生成的先决条件和当然基础，“天下之物，皆实理之所为，故必得是理，然后有是物”②。朱熹勾画的世界图景，是一个二重化的逻辑结构：一层是形而上的、抽象的理本体；另一层是形而下的、由事物构成的实际世界。理本体是实际世界的逻辑前提；实际世界是理本体的具体体现。

基于天人合一的整体主义思路，尽管朱熹承认理本体对于事物来说具有逻辑上的在先性，但并不承认理本体具有时间意义上的在先性，更不具有空间意义上的在上性，因而与佛教所说的“真如”或道教所说

---

①〔宋〕黎靖德编：《朱子语类》卷一，王星贤点校，第1页。

②〔宋〕朱熹：《中庸章句》，《四书章句集注》，第34页。

的“无极”有原则区别。他所阐发的世界观，是“一个世界”的哲学世界观，而不是“两个世界”的宗教世界观。在朱子理学中，理本体不构成单独的存在状态，而是与实际世界同在；逻辑上的“理在事先”与事实上的“理在事中”并不矛盾。他指出，理本体一旦体现在具体事物之中，便不外在于具体事物而存在，而是转化为具体事物的内在规定，即所谓“性”。

由于理本体具有逻辑的在先性，自然也具有恒常性，在这一点上与佛教所说的真如本体类似。但是，关于常与变的关系的看法，朱熹与佛教截然相反。佛教只承认涅槃寂静的真如本体具有真实性，而否认变动不居的事物具有真实性，把二者对立起来。朱熹则认为，恒常的理本体与变化的实际事物并不构成对立的关系。关于常与变及其相互关系的看法，朱熹同二程一脉相承，都把“常”与“变”紧密联系在一起，否认在自然界存在着不变之常。他说：“五峰所谓‘一气大息，震荡无垠，海宇变动，山勃川湮，人物消尽，旧迹大灭，是谓洪荒之世’。常见高山有螺蚌壳，或生石中，此石即旧日之土，螺蚌即水中之物，下者却变而为高，柔者变而为刚。”①他通过对古化石的研究，得出自然界是发展变化的结论，颇有一些科学精神。然而，进入社会领域以后，他便抛弃了科学精神，极力维护永恒不变的常道。他声称：“君臣父子，定位不易，事之常也。”②“三纲五常，终变不得。”③他把伦理纲常说成是“放之四海而皆准，并行万世而不悖”的教条，从规律观引出所谓“道德的形而上学”，力图为封建统治的长治久安作出理论论证。他同董仲舒、二程一样，也犯了把“必然的规律”同“当然的准则”混为一谈的错误。

话题二：理气关系

二程的天理本体论是一种价值本体论，还没有从存在的角度对“一个世界”的真实性作出理论上的说明。张载的元气本体论是一种存在本

---

①〔宋〕黎靖德编：《朱子语类》卷九十四，王星贤点校，第2367页。
②〔宋〕朱熹：《甲寅行宫便殿奏札一》，《晦庵先生朱文公文集》卷十四，朱杰人、严佐之、刘永翔主编：《朱子全书》（第20册），第665—666页。
③〔宋〕黎靖德编：《朱子语类》卷二十四，王星贤点校，第598页。

体论，虽对“一个世界”的真实性作出比较充分的理论说明，但无法从元气中导引出儒家的价值理念。这表明，他们的本体论学说还不能算作完备的儒学世界观理论。如何把价值本体论与存在本体论统一起来，这是朱熹所要完成的任务。他一方面以二程的天理本体论为基础，一方面引入张载的“气”范畴，提出“理在气先”说，使正统理学的本体论体系臻于完备。

他指出，“理”作为宇宙万物的本体，虽然具有逻辑的先在性，然而却没有能动性。“若理则只是个净洁空阔底世界，无形迹，他却不会造作。”“理却无情意，无计度，无造作。”[①]仅靠没有能动性的理，显然无法对当下世界作出有说服力的解释，必须引入具有能动性的“气”范畴。“盖气则能凝结造作。……且如天地间人物草木禽兽，其生也莫不有种，定不会无种子，白地生出一个物事，这个都是气”[②]，朱熹把“气”比作“理”的挂搭处：“若气不结聚时，理亦无所附着”[③]，“无那气质，则此理无安顿处”[④]。理必须借助于“气”这个挂搭处，才能由可能变为现实，显现在天地万物之中。从逻辑上讲，“理”在先，“气”在后；“理”为形而上，“气”为形而下。“天地之间，有理有气。理也者，形而上之道也，生物之本也；气也者，形而下之器也，生物之具也。”[⑤]不过，仅是从逻辑的意义上讲理在气先，并不意味着在事实上理在气先。在事实上，理和气相依不离的关系，犹如骑手骑在马背上。“天下未有无理之气，亦未有无气之理。”[⑥]骑手只有骑在马背上，才算骑手，倘若离开了马，不能再称为骑手，仅仅是普通人而已；同样道理，在事实上理必须与气紧密结合在一起，没有先后之分。朱熹虽然引入“气”的范畴，但依旧强调理为终极本体。他说：“自下推而上去，五行只是二气，二气又只是一理；自上推而下来，只是此一个理，万物分之以为体。万物之中，又各具一理，所谓

①〔宋〕黎靖德编：《朱子语类》卷一，王星贤点校，第3页。
②〔宋〕黎靖德编：《朱子语类》卷一，王星贤点校，第3页。
③〔宋〕黎靖德编：《朱子语类》卷一，王星贤点校，第3页。
④〔宋〕黎靖德编：《朱子语类》卷七十四，王星贤点校，第1896页。
⑤〔宋〕朱熹：《答黄道夫》，《晦庵先生朱文公文集》卷五十八，朱杰人、严佐之、刘永翔主编：《朱子全书》（第23册），第2755页。
⑥〔宋〕黎靖德编：《朱子语类》卷一，王星贤点校，第2页。

‘乾道变化，各正性命’，然总又只是一个理。”[①]这意味着，理才是唯一的本体，规定着每一事物的本质；而气从属于理本体，只是每一事物存在的条件之一。

朱熹由阴阳二气的交感，推演出日月星辰、人物禽兽组成的宇宙生动画面：

> 天地初间，只是阴阳之气，这一个气运行，磨来磨去，磨得急了，便拶许多渣滓，里面无处出，便结成个地在中央。气之清者，便为天、为日月、为星辰，只在外，常周环运转，地便只在中央不动，不是在下。
>
> 造化之运如磨，上面常转而不止。万物之生，似磨中撒出，有粗有细，自是不齐。[②]

他以气的运行状态解释宇宙间万事万物的差异。朱熹虽然认为“理”是宇宙万物的本体，但“理”并不是僵化的逻辑概念，可以借助于“气”表现为动态的原理。朱熹坚持理本体论原则，但这并不妨碍他认同动态的、有机的世界观。

话题三：一多关系

由于二程没有把“气”当作基本的哲学范畴，尽管他们提出“理一分殊”的命题，可是，并没有对“天理”（“理一”）与“分殊之理”之间的关系展开来加以说明。到朱熹这里，由于引入张载所重视的“气”范畴和周敦颐、邵雍所重视的“太极范畴”，才使正统理学的整体主义世界观在理论形态上更加完备。

天理何以会“分殊”？这个问题在二程那里并没有得到解决，而在朱熹却得到了一种解释。按照朱熹的理气关系学说，天理必须借助“气”才能体现出来，而同其“气”结合在一起的“理”，有别于逻辑在先的天理，故而称其为“分殊之理”。换句话说，“气异”才是“理一分殊”的原因之所在。由于“气异”，使宇宙万物的多样性有了哲学依据；由于“理同”，使宇宙万物的同一性有了哲学依据。就宇宙

---

①〔宋〕黎靖德编：《朱子语类》卷九十四，王星贤点校，第2374页。

②〔宋〕黎靖德编：《朱子语类》卷一，王星贤点校，第6、8页。

万物来说，多样性与同一性是统一的，万物皆有所同，亦皆有所异，故而才可以说“理一分殊”。他举例说：“万物皆有此理，理皆同出一原，但所居之位不同，则其理之用不一，如为君须仁，为臣须敬，为子须孝，为父须慈。物物各具此理，而物物各异其用，然莫非一理之流行也。”[①]又说：“如一所屋，只是一个道理，有厅，有堂；如草木，只是一个道理，有桃，有李；如这众人，只是一个道理，有张三，有李四；李四不可为张三，张三不可为李四。”[②]“理一”是从“体”的角度说的，“分殊”是从“用”的角度说的。体用是统一的，体离不开用，用也离不开体，故说“理一分殊”。

朱熹又把天理叫作太极，借助太极范畴对“理一分殊”展开来加以说明：“自其本而之末，则一理之实而万物分之以为体，故万物之中各有一太极。”[③]按照朱熹的理解，太极就是天理的别称。“太极之义，正谓理之极致耳。”[④]因此“理一分殊”亦可以表述为“人人有一太极，物物有一太极”，或者表述为“万个是一个，一个是万个”。[⑤]在这里，每种事物并非分有太极的某个部分，而是体现太极整体，他借用禅宗的表述方法说：“释氏云：‘一月普现一切水，一切水月一月摄。’这是那释氏，也窥见得这些道理。”[⑥]

朱熹关于“理一分殊”的阐述，同华严宗“一即一切”的说法以及禅宗“一法便含一切法”的说法有相似之处，但不存在谁影响谁的问题。华严宗和禅宗的说法，实际上并不是印度佛教的说法，而是中国僧人运用中国天人合一的思路所取得的理论思维成果。朱熹所采取的哲学思路，也是天人合一的整体主义思路，因而同他们的说法相似，便毫不奇怪了。需要指出的是，虽然华严宗、禅宗、朱熹都倡导一元论的本体论，但各自赋予一元本体以不同的意涵。华严宗用以彰显“一真法界”的本根性，禅宗用以彰显佛性的内在性，树立的是佛教的超越理念；

---

①〔宋〕黎靖德编：《朱子语类》卷十八，王星贤点校，第398页。

②〔宋〕黎靖德编：《朱子语类》卷六，王星贤点校，第102页。

③〔宋〕朱熹：《通书注》，朱杰人、严佐之、刘永翔主编：《朱子全书》（第13册），第117页。

④〔宋〕朱熹：《答程可久》，《晦庵先生朱文公文集》卷三十七，朱杰人、严佐之、刘永翔主编：《朱子全书》（第21册），第1642页。

⑤〔宋〕黎靖德编：《朱子语类》卷九十四，王星贤点校，第2371、2409页。

⑥〔宋〕黎靖德编：《朱子语类》卷十八，王星贤点校，第399页。

而朱熹则用以彰显儒家道德理念的本根性，树立的是儒家的超越理念。朱熹以儒家的方式，为人生找到了安身立命之地。他指出，对于人来说，“太极只是个极好至善底道理”①。乃是人生价值的终极依据。因此，为人之道就是效法太极，通过即物穷理、心性修养的途径，向太极复归，进入与太极合而为一的人生最高境界。在这种境界中，人心听命于道心，革尽人欲，复尽天理，自觉地遵循三纲五常等行为准则。张载提出气一元论，说明了本体对于存在的本根性，但没有说明本体对于世界变化和人生实践的本根性。二程提出理本体论，说明了本体对于世界变化和人生实践的本根性，但没有说明本体对于存在的本根性。朱熹把这两种学说综合起来，提出理气相关的本体论学说，既说明了本体对于真实存在的本根性，也说明了本体对于运行规则和价值导向的本根性，既伸张了儒家现实主义原则，又伸张了儒家理想主义原则。朱熹把理想和现实两个方面紧密结合在一起，勾勒出正统理学世界观和人生观的大模样。

五、陆九渊：本心即天理

陆九渊，字子静，号存斋。曾在江西贵溪象山（应天山）筑室聚徒讲学，自号象山居士，世称象山先生。在鹅湖之会上，陆九渊批评朱学支离务外，主张“发明本心”“先立乎其大”。他不认同朱熹建构的理学体系，另辟理学中的心学方向。实际上，鹅湖之会只不过是正统理学家内部的一次学术讨论而已，双方尽管见解不同，但并没有成为势不两立的论敌。不过，陆九渊的确对正统理学话题作出重大更新，实现了内在性转向和工夫论转向。

话题一：理在心中

陆九渊作为陆王心学的开启者，提出的第一个话题是：理究竟在天上，还是在心中？对于这个话题的看法，他同朱熹存在着分歧。这种分歧源于他们对宇宙的看法不尽一致。

朱熹所描述的宇宙，有时是有人的宇宙，如说“心包万理”，把

① 〔宋〕黎靖德编：《朱子语类》卷九十四，王星贤点校，第2371页。

人看成照亮宇宙的明灯；有时是无人的宇宙，如说“天地始初，混沌未分时，想只有水火二者”①。陆九渊改变了朱熹的思路，他只谈论有人的宇宙，不谈论无人的宇宙。对于有人的宇宙来说，天与人不可分离，主体与客体有机地联系在一起。在这个意义上，陆九渊断言：“宇宙便是吾心，吾心即是宇宙。”②朱熹既从存在的角度看宇宙，也从价值的角度看宇宙；陆九渊只从价值的角度看宇宙。陆九渊认为，主体与客体实则是宇宙整体的两个不同方面，强调天人一心，心就是内在的普遍联系。沿着整体主义的思路，陆九渊把本体论追问的向度，从超越性转到内在性。

朱熹的本体论思路是一种分析的思路，认为理在宇宙万物之先，强调理的超越性、形上性，勾勒出一种二重化的宇宙图式。陆九渊的本体论思路则是一种综合的思路，强调人与宇宙万物的整体性。因为遵循整体主义原则，陆九渊不认同朱熹的本体论学说。他认为，宇宙只有一个，天人构成唯一的整体，没有必要区分“形而上”与“形而下”。他不认同朱熹提出的“理在事先”说，不承认在宇宙之上、之外、之先还存在着一个独立自存的理本体。在他看来，理并不在宇宙之“先”，就在宇宙之“中”：理与宇宙同在。他说：“此理塞宇宙，所谓道外无事，事外无道。舍此而别有商量，别有趋向，别有规模，别有形迹，别有行业，别有事功，则与道不相干，则是异端，则是利欲。为之陷溺，为之窠臼。说即是邪说，见即是邪见。”③他表示可以接受“理”这一本体论观念，不过，只能在人天整体中解释它的哲学意涵。他由此得出“心即理也”的结论。他说：“人皆有是心，心皆具是理，心即理也。”④在本体论方面，朱熹选择了客观主义向度，而陆九渊则选择了主观主义向度。他认为“心”与“理”是同等程度的本体论理念，“心，一心也；理，一理也。至当归一，精义无二，此心此理，实不容有二”⑤，宇宙万物可以说以“理”为本体，也可以说以“心”为本体。

---

①〔宋〕黎靖德编：《朱子语类》卷一，王星贤点校，第7页。
②〔宋〕陆九渊：《杂说》，《陆九渊集》卷二十二，钟哲点校，第273页。
③〔宋〕陆九渊：《语录下》，《陆九渊集》卷三十五，钟哲点校，第474页。
④〔宋〕陆九渊：《与李宰》，《陆九渊集》卷十一，钟哲点校，第149页。
⑤〔宋〕陆九渊：《与曾宅之》，《陆九渊集》卷一，钟哲点校，第4—5页。

朱熹的关注点是本体的超越性，而陆九渊的关注点则是本体的内在性，尤其是本体的价值意义。陆九渊从价值的视角看待本体，“理”不再是本体论的核心范畴，为此必须另辟蹊径。他从孟子那里找到“本心”观念，将其上升为本体论新的核心范畴。他说：“四方上下曰宇，往古来今曰宙，宇宙便是吾心，吾心即是宇宙。千万世之前，有圣人出焉，同此心，同此理也；千万世之后，有圣人出焉，同此心，同此理也；东南西北海有圣人出焉，同此心，同此理也。”①“宇宙便是吾心”明确地表示本体是内在的，不是外在的，指斥朱熹“支离务外”。不过，应当指出的是，陆九渊在这里所说的“吾心”，指圣人特有的“本心”，不包括平常人的心。本心是抽象的，而不是具体的，从这个意义上说，“心即理”。站在天人合一的角度看，陆九渊的说法并不违背儒家的一贯思想。对于朱熹的本体论学说，陆九渊有两点不满。第一是“支离”，朱熹关于细节问题讲得太多，似乎忽略了“大本大源”，没有做到“先立乎其大”。第二是“务外”，朱熹对理的内在性强调不够，似乎有同人相外在的倾向。他虽然对朱熹的本体论学说颇多微词，但并没有否认理的至上性，只是要求进一步把理的至上性纳入到内在性之中。陆九渊认为，理是不能脱离本心单独存在的。“道未有外乎其心者。自‘可欲之善’，至于‘大而化之之圣，圣而不可知之神’，皆吾心也。”②因此，穷究外在的天理远远不够，还应当把“发明本心”“先立乎其大”作为治学之道。只有立足于内在本体，把握自我完善的内在动力，才能成就圣人。如果把天理当成外在追求的本体，将迷失价值目标，失落自我完善的动力。这样，陆九渊在正统理学范围里便开启了心学方向，理论深度超过了朱熹。然而需要指出的是，陆王心学与程朱理学同以扶持纲常名教、弘扬儒学为宗旨，二者并没有原则上的分歧，只不过治学风格大相径庭而已。

陆九渊的本体论学说从内在性讲起，最终也归结于超越性。所谓“本心”，显然不是指现实生活中作为个体的人之心，而是“圣贤之心”；不是小我之心，而是大我之心。对于小我来说，本心具有超越性。因此，本心不受时间的限制，也不受空间的限制，对于所有的人来

---

①〔宋〕陆九渊：《杂说》，《陆九渊集》卷二十二，钟哲点校，第273页。
②〔宋〕陆九渊：《敬斋记》，《陆九渊集》卷十九，钟哲点校，第228页。

说心同理同："心只是一个心。某之心，吾友之心，上而千百载圣贤之心，下而千百载复有一圣贤，其心亦只如此。心之体甚大，若能尽我之心，便与天同。为学只是理会此。"①人人皆有本心，但只有圣贤才能"发明本心"，并不是一般人都已做到了这一点。不过，一般人可以向圣贤学习，通过做工夫来发明本心。陆王以内在性为出发点，化内在为超越，指向"极高明而道中庸"（《中庸》）的圣人境界；程朱以超越性为出发点，化超越为内在，也指向"极高明而道中庸"的圣人境界。两派路径虽有不同，可是殊途同归，目标是一致的。陆王派批评程朱派"支离"，程朱派则反过来批评陆王派"空疏"，这种儒家内部的分歧，并不影响他们共同的价值取向。

在陆九渊的心学系统中，本心既是宇宙本体，又是价值本体。故而他说："仁，即此心也，此理也。"②照他看来，一个人要想实现道德价值，就得向内用功，使"此心澄莹中立"。这样，他便以心本体论论证儒家理性自觉的原则，并把话题转向了工夫论。

话题二：内省途径

陆九渊提出的第二个话题是：成就儒者的路径，选择务外呢，还是选择内省？在这个话题上，他同朱熹有分歧。

朱熹借鉴佛教讲究超越本体的哲学思维方式，为儒学建构了安身立命之地——理本体。在朱熹哲学中，"理"既有物理的意思，也有天理的意思；既是知识的话题，也是体验的话题。由于这个原因，他不得不两个方面都照顾到，既讲知识论上的"格物"，又讲工夫论上的"穷理"。然而，如果认为理在心外，"切己工夫"是讲不通的。理既然在心之外，如何可能为心所"包"？心中原本没有理，如何可能"穷"得出来？犹如锅里没有米，怎么可能煮出饭来？由于朱熹过分突出理本体的超越性，强调理在事先、理在心外，他只能指出安身立命之地所在之处，却无法为人指出一条进入安身立命之地的路径。可是，如果不找到进入安身立命之地的路径，儒家倡导的人生理念势必落空。怎样找到进入安身立命之地的路径呢？这正是陆九渊所要思考的问题之所在。为

---

①〔宋〕陆九渊：《语录下》，《陆九渊集》卷三十五，钟哲点校，第444页。
②〔宋〕陆九渊：《与曾宅之》，《陆九渊集》卷一，钟哲点校，第5页。

了解决朱熹解决不了的问题，陆九渊另辟蹊径，实现了两个转向。第一转向是强调理的内在性，把“理”由“自在之物”变成“为我之物”；第二个转向就是只讲工夫论，避开知识论。朱熹讲理学，以本体论为重点；陆九渊讲心学，则以工夫论为重点。

在朱熹理学体系中，“切己工夫”是讲不通的，因为理在心之外；而在陆九渊的心学体系中却可以讲得通，因为他已经将理从超越的天上纳入内在的心中了。在工夫论方面，陆九渊的核心论点就是“发明本心”“先立乎其大”。他说：“近有议吾者云：除了‘先立乎其大者’一句，全无伎俩。吾闻之曰：‘诚然。’”[①]所谓“先立乎其大”，就是树立对于本心的本体论信念。这是一种理性的直觉，一种本体论体验，同知识积累没有关系，不必同“格物”搅在一起。陆九渊不赞成朱熹把“格物”与“切己”混为一谈的讲法，认为这种讲法势必失之于“支离”，只顾捡芝麻，却看不见西瓜。他主张反其道而行，一下手就抓住西瓜不放。陆子心学修道求诚的途径与程朱理学大致相同，但他提升境界的方法与程朱不一样。由于陆九渊强调本体的内在性，强调“心即理”，因而在工夫论方面不再以“道问学”为主导，而主张以“尊德性”为主导。陆九渊指出，以“尊德性”为主导，便不能向外探求天理，而是向内用功，涵养心中之理。朱熹讲工夫论，既有先验论倾向，也有经验论倾向；陆九渊讲工夫论，则把经验论倾向排除了。至于如何“发明本心”“先立乎其大”，陆九渊提出以下三点具体做法。

一是“剥落”。陆九渊指出，发明本心的过程，就是心灵净化的过程。他说：“人心有病，须是剥落。剥落得一番，即一番清明，后随起来，又剥落。又清明，须是剥落得净尽方是。”[②]人心之中包含着本心，可是并不等于本心。人心比本心复杂得多，并且有可能造成对于本心的遮蔽、对于道的疏离。“道遍满天下，无些小空阙。四端万善，皆天之所予，不劳人妆点。但是人自有病，与他间隔了。”[③]在他看来，在现实生活中的普通人，都是有病之人，都存在着本心被遮蔽的问题，都需要做一番“剥落”的工夫，才能发明本心。做剥落工夫，就

①〔宋〕陆九渊：《语录上》，《陆九渊集》卷三十四，钟哲点校，第400页。
②〔宋〕陆九渊：《语录下》，《陆九渊集》卷三十五，钟哲点校，第458页。
③〔宋〕陆九渊：《语录下》，《陆九渊集》卷三十五，钟哲点校，第448页。

是除掉对于本心的遮蔽。“将以保吾心之良，必有以去吾心之害。”[①]他强调，做剥落工夫，同增加知识无关，因此不是加法，而是减法。基于此，他对“格物”作出与朱熹不同的解释：“圣人之言自明白，且如‘弟子入则孝，出则弟’，是分明说与你入便孝，出便弟，何须得《传》《注》？学者疲精神于此，是以担子越重。到某这里，只是与他减担，只此便是格物。”[②]他认为朱熹在工夫论方面失之于“支离”，陷入烦琐哲学，有悖于简易原则。他声称：“然则学无二事，无二道，根本苟立，保养不替，自然日新，所谓可久可大者，不出简易而已。”[③]简易不等于简单或容易，仍需要修行者付出极大的努力，“激厉奋迅，冲决罗网”，最后达到“发明本心”的境界。

二是静坐。“发明本心”的主旨是树立本体论信念，不是增加知识，因此不必外求，只向内用功就足够了。向内用功，可以采用静坐的方法。据他的弟子记载：“先生举‘公都子问钧是人也’一章云：‘人有五官，官有其职。某因思是便收此心，然惟有照物而已。’他日侍坐无所问，先生谓曰：‘学者能常闭目亦佳。’某因此无事，则安坐瞑目，用力操存，夜以继日，如此者半月，一日下楼，忽觉此心已复澄莹中立，窃异之，遂见先生。先生目逆而视之曰：‘此理已显也。’某问先生：‘何以知之？’曰：‘占之眸子而已。’”[④]可见静坐是手段，“收心”才是目的。陆九渊认为，静坐可以帮助修行者进入“此心澄莹中立”的精神境界。

三是读书。陆九渊不像朱熹那样看重读书。在他看来，即便不识字的人，如果工夫做到家，也可以成为圣贤。他说：“若某则不识一个字，亦须还我堂堂地做个人。”[⑤]不过，他并不反对读书。他说：“人谓某不教人读书，如敏求前日来问某下手处，某教他读《旅獒》《太甲》《告子》‘牛山之木以下’，何尝不读书来？只是比他人读得别些

---

①〔宋〕陆九渊：《养心莫善于寡欲》，《陆九渊集》卷三十二，钟哲点校，第380页。

②〔宋〕陆九渊：《语录下》，《陆九渊集》卷三十五，钟哲点校，第441页。

③〔宋〕陆九渊：《与高应朝》，《陆九渊集》卷五，钟哲点校，第64页。

④〔宋〕陆九渊：《语录下》，《陆九渊集》卷三十五，钟哲点校，第471页。

⑤〔宋〕陆九渊：《语录下》，《陆九渊集》卷三十五，钟哲点校，第447页。

子。”[①]他不把读书当作增加书本知识的途径，只当一种发明本心的工夫。在他看来，六经其实就是古代圣贤对于本心所作的诠释，“学苟知本，六经皆我注脚”[②]。读书的目的，不在于记住书本上的文句，而在于发明本心，以自己内在的本心与古代圣贤的本心相互印证，从而建构属于自己的精神世界。他把这种读书方法，叫作“六经注我，我注六经”[③]。从解释学视角来看，陆九渊所倡导的读书工夫，就是实现同古代圣贤的视界交融。

陆九渊的工夫论是通过与朱熹对话的方式展开的。他的这种对话把关注点主要放在“知”这一方面，对于“行”却很少论及。这种倚重倚轻的偏向，在他的后继者王阳明那里得到了一些纠正。

陆九渊开创的陆王心学，同程朱理学固然存在着分歧，可是并不构成根本对立，只不过是正统理学营垒中的两个分支而已。二者之间有小异，也有大同。认同天理是两派的共识，至于天理究竟在天上，还是在心中，二者看法不一样，仅仅是“小异”而已。程朱理学强调天理的超越性，侧重于阐发儒学世界观，也论及人性论、知行观和工夫论；陆王心学强调天理的内在性，侧重于阐发儒学人生观，力求把人性论、知行观和工夫论统一起来。至于如何找到人生的安身立命之地，则是两派共同的宗旨。相比较而言，程朱理学以论证儒学的超越的理想诉求为重点，陆王心学以论证儒家的自我完善为重点。

陆王心学对于朱子理学来说，固然有“对着讲”的倾向；但对于二程理学来说，显然是“接着讲”的。他们讲了程朱理学讲得不够透彻的地方，以工夫论为主要话题。陆王心学是二程理学在工夫论向度上的逻辑展开。正统理学的发展历程同中国佛教的发展历程有相似之处：中国佛教首先从般若学讲起，然后转到解脱学；正统理学首先从本体论讲起，然后转到工夫论。程朱理学和陆王心学共同构成正统理学阵营，大同是主要的，小异是次要的。恰恰由于存在着小异，二者才可以互补。正如现代新儒家学者贺麟所说：“讲程朱而不能发展到陆王，必失之

①〔宋〕陆九渊：《语录下》，《陆九渊集》卷三十五，钟哲点校，第446页。
②〔宋〕陆九渊：《语录上》，《陆九渊集》卷三十四，钟哲点校，第395页。
③〔宋〕陆九渊：《语录上》，《陆九渊集》卷三十四，钟哲点校，第399页。

支离，讲陆王而不能回复到程朱，必失之狂禅。”[①]两派各有所长，也各有所短，我们不必厚此薄彼，不必轩轾其间。因此，那种视陆王为正统、视朱子为“歧出”的门户之见，应该放弃。

朱熹描述的宇宙，有时是指与人有关的宇宙，比如说“心包万理”。他把人看成照亮宇宙的明灯，在人的慧光下，万理“一时明白起来”。但有时又是指与人无关的宇宙，比如说“天地始初，混沌未分时，想只有水火二者”[②]，那时人还没有出现。朱熹的思路被陆九渊改变了，陆九渊只关注有人的宇宙，拒谈无人的宇宙。他认为宇宙与人时刻不能分离，主体与客体永远联系在一起。陆九渊的结论是：“宇宙便是吾心，吾心即是宇宙。”[③]在朱熹眼里，宇宙既可以从存在的角度看，也可以从价值的角度看；陆九渊则只从价值的角度看宇宙。他强调，主体与客体不过是人天整体的两个不同方面而已，本心构成内在的、普遍的联系，使二者成为一个整体。沿着整体主义的思路，陆九渊把本体论追问的向度，从关注超越性转到了关注内在性。

朱熹的本体论思路是一种分析的思路，认为理在宇宙万物之先，强调理的超越性、形上性，从而勾勒出一幅二重化的宇宙图式。陆九渊的本体论思路是一种综合的思路，强调人与宇宙万物的整体性。遵循整体主义原则，陆九渊不认同朱熹的本体论学说。他认为，宇宙只有一个，天人构成唯一的整体，没有必要区分“形而上”与“形而下”。他不认同朱熹提出的“理在事先”说，不承认在宇宙之上、之外、之先还存在着一个独立自存的理本体。在他看来，理并不在宇宙之“先”，就在宇宙之“中”，理与宇宙同在。他说：“此理塞宇宙，所谓道外无事，事外无道。舍此而别有商量，别有趋向，别有规模，别有形迹，别有行业，别有事功，则与道不相干，则是异端，则是利欲。为之陷溺，为之窠臼。说即是邪说，见即是邪见。”[④]他表示可以接受“理”这一本体论观念，不过，只能在人天整体中解释它的哲学意涵。他由此得出“心即理也”的结论。他说：“人皆有是心，心皆具是理，心即理也。”[⑤]

① 贺麟：《五十年来的中国哲学》，辽宁教育出版社1989年版，第33页。
②〔宋〕黎靖德编：《朱子语类》卷一，王星贤点校，第7页。
③〔宋〕陆九渊：《杂说》，《陆九渊集》卷二十二，钟哲点校，第273页。
④〔宋〕陆九渊：《语录下》，《陆九渊集》卷三十五，钟哲点校，第474页。
⑤〔宋〕陆九渊：《与李宰》，《陆九渊集》卷十一，钟哲点校，第149页。

在本体论方面，朱熹选择了客观主义向度，而陆九渊选择了主观主义向度。他认为“心”与“理”是同等程度的本体论理念，“心，一心也；理，一理也。至当归一，精义无二，此心此理，实不容有二”①，宇宙万物可以说以“理”为本体，也可以说以“心”为本体。

六、王阳明：本体工夫合论

王阳明，字伯安，号阳明，明代理学家、教育家。王阳明早年格竹子失败以后，便不再笃信朱子理学，接着转向陆九渊心学。不过，他并非师承陆九渊，而是自悟所得。正德元年（1506），他受到刘瑾的迫害，被贬到偏远的贵州龙场做驿丞，堕入人生的低谷。可是，他竟然在逆境中有了学问上的大收获，这就是龙场悟道。《阳明年谱》记载了他悟道的情形：“忽中夜大悟格物致知之旨，寤寐中若有人语之者，不觉呼跃，从者皆惊。始知圣人之道，吾性自足，向之求理于事物者误也。乃以默记‘五经’之言证之，莫不吻合，因著《五经臆说》。”②龙场悟道以后，王阳明开始构建心学体系，并创办龙冈书院，讲学授徒。他曾在文明书院等多所书院讲学，晚年又创办稽山书院，从学弟子众多，其中不乏杰出者，如徐爱、邹守益、钱德洪、王畿、王艮等。其中最值得注意的人物是王艮，他在下层民众中间传播王阳明心学，创立了王门中最有特色的一个分支——泰州学派。后世学者把陆学和王学合称为“陆王心学”，其实，集大成者当数王阳明。在王学问世以前，陆学处在边缘，并不能与程朱理学抗衡；王学问世以后，陆王心学才取得与程朱理学相抗衡的地位。

准确地说，王阳明既是心学的集大成者，也是整个正统理学的终结者。无论是程朱理学，还是陆王心学，都属于正统理学的范围。他们的共同理论诉求，乃是把儒学从政治哲学讲到人生哲学。可是，大多数理学家仍旧抱有较强的政治哲学情结，努力为三纲作论证；直到王学的问世，才在人生哲学方面把正统理学讲到位。王阳明的政治哲学情结不像其他理学家那么强，他很少提及三纲。王阳明曾说：“破山中贼易，破

---

①〔宋〕陆九渊：《与曾宅之》，《陆九渊集》卷一，钟哲点校，第4—5页。
②〔明〕钱德洪：《年谱一》，〔明〕王守仁：《王阳明全集》卷三十三，吴光等编校，第1354页。

心中贼难。”[①]“破山中贼”属于政治哲学话语，“破心中贼”则属于人生哲学话语，他显然把理论重心放在了后者，而不是前者。程朱理学把儒家世界观讲到位了，讲出了明明白白做人的道理，可是没有把儒家人生观讲到位。程朱理学得到历代皇帝的扶植，通过科举取士的途径得以推广，变成了一种官方哲学。但用官方哲学话语不可能把儒家人生观讲透彻。鉴于这种情形，王阳明只能选择心学的理路，选择民间哲学的理路。同程朱理学相比，王学带有较强的草根性，没有成为科举取士的文本依据，没有皇权可以傍依，因而只能靠自身的理论魅力得以传世。正因为出现了王学，才会有“宋明理学”的称谓，否则只能称为“宋理学”了。在著名的理学家当中，除了王阳明之外，大多是宋代人。

话题一：致良知之教

在本体论方面，王阳明接着陆九渊的心学学脉讲，也主张“心外无理”“心外无物”，基本思想大体相似。不过，他并不照着陆九渊的讲法讲，而是找到了一种新的讲法。陆九渊和王阳明都以《孟子》为主要文本依据，但选择的核心理念有所不同。陆九渊选择的是“本心”，王阳明选择的是“良知”。为了突出王学的学术特色，本书把王阳明的本体论学说称之为良知本体论。

在西方哲学中，“本体”是解释存在的哲学范畴，指世界赖以存在的最终实体，指世界存在不可再追溯的终极依据。在中国哲学中，“本体”观念具有两重意思：既是存在的终极依据，又是价值的终极依据。中国哲学所说的本体，没有“实体”的意思，主要是指本然状态或本真状态。陆九渊突破了朱熹以存在论为主的本体论理路，转到以价值论为主的理路，但他并没有讲到位，仍旧保留着脱胎于存在论的痕迹，甚至把价值论和存在论混为一谈。例如，他的“宇宙即是吾心”的说法，既可以理解为价值论的命题，也可以理解为存在论的命题。他的“本心”观念，是从“天理”观念中嬗变出来，没有明确的价值规定性。到了王阳明这里，才清除掉存在论的痕迹，把价值本体论讲到位了。王阳明拒绝从存在论的视角探寻本体，只从价值论的视角探寻本体。在存在论的

---

①〔明〕王守仁：《与杨仕德薛尚谦》，《王阳明全集》卷四，吴光等编校，第188页。

意义上，王阳明并不否认宇宙万物的客观实在性。《传习录》记载了这样一个故事：

> 先生游南镇，一友指岩中花树问曰："天下无心外之物，如此花树，在深山中自开自落，于我心亦何相关？"先生曰："你未看此花时，此花与汝心同归于寂；你来看此花时，则此花颜色一时明白起来。便知此花不在你的心外。"①

有些研究者根据这段材料给王阳明戴上贝克莱式的"主观唯心论"的帽子，并不合适。王阳明在这里讲的，不是关于世界本身的存在论话题，而是关于人与世界之间的价值关系的价值论话题。按照王阳明的这种说法，倘若没有人，世界本身当然存在，不过，无人存在的世界处在"寂"的状态。"寂"并非意味不存在，只意味着对于人来说没有意义。无人的世界既然对于人来说没有意义，就不必当作哲学话题，完全可以悬置起来，存而不论。无人观看的花，当然存在，但此花没有审美价值；只有被人观看的花，才"一时明白起来"，被人赋予审美价值。如果没有人发现花，花无疑在人的意义世界之外，只保持着"寂"的状态。"寂"不等于"无"，不等于不存在，只意味着此花对于人没有任何意义。王阳明并没有否认花的存在，很难说他是"唯心主义者"。有些论者常常把王阳明"花树之喻"同贝克莱的"存在就是被感知"等量齐观，那是对王阳明的误解。贝克莱讲的是认识论，采取主客二分模式，把主体的先在性摆在首位，用主体规定客体，提倡唯心主义经验论学说；王阳明讲的是价值论，按照天人合一的模式，只强调价值体验的内在性，并没有论及认识论。王阳明把无人的、无价值的世界搁置起来，只关注有人的、有价值的世界。他认为，在人天一体的、有价值的世界中，人是有能动性的、有灵明的主体，用他的话说，人就是"天地的心"。《传习录》记载了这样一段他与弟子的对话：

> 先生曰："你看这个天地中间，甚么是天地的心？"
> 对曰："尝闻人是天地的心。"
> 曰："人又甚么教做心？"

---

①〔明〕王守仁：《传习录下》，《王阳明全集》卷三，吴光等编校，第122页。

对曰："只是一个灵明。"

"可知充天塞地中间，只有这个灵明，人只为形体自间隔了。我的灵明，便是天地鬼神的主宰，天没有我的灵明，谁去仰他高？地没有我的灵明，谁去俯他深？鬼神没有我的灵明，谁去辩他吉、凶、灾、祥？……"

又问："天地鬼神万物，千古见在，何没了我的灵明，便俱无了？"

曰："今看死的人，他的这些精灵游散了，他的天地万物尚在何处？"[①]

在这里，王阳明对"天地鬼神"作了价值化的解释：天的"高"、地的"深"、鬼神的"灵"，其实都是人所作出的价值判断，并不是事实判断。在他看来，有价值的世界是人的精神创造，倘若离开了人的精神（灵明），当然也就无从谈起。正是在这个意义上，他才说："盖天地万物与人原是一体，其发窍之最精处，是人心一点灵明。风雨露雷、日月星辰、禽兽草木、山川木石，与人原只一体。故五谷禽兽之类皆可以养人，药石之类皆可以疗疾。只为同此一气，故能相通耳。"[②]他把人和宇宙看成一个整体，把人心看成这一整体的"发窍之最精处"。王阳明十分重视主体性原则，但有别于贝克莱所说的那种认知意义上的经验主体，而是价值意义上的评判主体。

王阳明沿着"整体—主体—本体"的本体论理路，第一步是把人与宇宙万物看作价值意义上的整体，第二步是把这一整体归结为价值评判的主体——人，第三步则从对人的考量中提升出价值本体——良知。他说："夫人者，天地之心，天地万物本吾一体者也。生民之困苦荼毒，孰非疾痛之切于吾身者乎？不知吾身之疾痛，无是非之心者也。是非之心，不虑而知，不学而能，所谓良知也。良知之在人心，无间于圣愚，天下古今之所同也。"[③]在孟子哲学中，良知指先验的道德观念；而在王阳明哲学中，则是本体论范畴。良知的本体论意涵如下：

第一，良知为心的本体。王阳明认为"良知，心之本体"，并且

---

①〔明〕王守仁：《传习录下》，《王阳明全集》卷三，吴光等编校，第141页。
②〔明〕王守仁：《传习录下》，《王阳明全集》卷三，吴光等编校，第122页。
③〔明〕王守仁：《传习录中》，《王阳明全集》卷二，吴光等编校，第89—90页。

为“人人之所同具者也”。[1]他说：“心者，身之主也。而心之虚灵明觉，即所谓本然之良知也。”[2]对于任何人来说，既是一种肉体（身）的存在，又是一种精神（心）的存在。在这两种意义的存在中，心为主宰者，身从属于心；心为体，身为用。那么，心又以何为体呢？心必须以“良知”为体。良知是对每个人所具之心的超越，具有不可追溯的终极意义，故只有良知才可以称为本体。良知是一切价值的源头，具有普适性，每个人都有。不过，并不意味着每个人都是良知自觉的体现者。现实生活中的普通人，由于受到物欲的牵扯，往往造成对于良知的遮蔽。每个人都可以通过心性修养的途径，使“良知”呈现出来，从而实现人的价值。

第二，良知把人同宇宙万物整合为一体。在具有价值意义的天人统一体中，天地万物不再被王阳明视为自然之物，而视为体现良知的价值之物。从这个意义上说：“良知是造化的精灵。这些精灵，生天生地，成鬼成帝，皆从此出，真是与物无对。”[3]在他看来，良知不仅为人所本有，也为一切无情之物所本有。“人的良知就是草、木、瓦、石的良知，若草、木、瓦、石无人的良知，不可以为草、木、瓦、石矣。岂惟草、木、瓦、石为然，天地无人的良知，亦不可为天地矣”[4]，按照王阳明的看法，天地万物皆在“良知”所及的范围之内，是“良知”的“发用流行”，这就叫作即体即用、体用一源。王阳明用这种说法，为儒家追求的“天人物我一体”的境界提供理论支撑。总体来说，王阳明的良知说与天台宗湛然的“无情有性”说、禅宗的“心生万法”说、华严宗的“理事无碍”说意思相近，但突显了儒家的特色。

王阳明的良知本体论学说的特色，在于突出的是一个“良”字。“良”相对于现实生活中的“不良”而言，用以表示儒者应当追求的、合理想的价值目标。由此来看，良知本体论可以称为价值本体论。我们不能将其归结为西方哲学中的那种唯我论。在西方哲学中，唯我论是一种关于存在和知识的本体论学说，即试图从主体中演绎出宇宙，从认知

---

①〔明〕王守仁：《传习录中》，《王阳明全集》卷二，吴光等编校，第70—71页。
②〔明〕王守仁：《传习录中》，《王阳明全集》卷二，吴光等编校，第53页。
③〔明〕王守仁：《传习录下》，《王阳明全集》卷三，吴光等编校，第119页。
④〔明〕王守仁：《传习录下》，《王阳明全集》卷三，吴光等编校，第122页。

主体演绎出认识对象。王阳明没有采取这样的思路，他无意从主体中演绎出宇宙万物，也无意从主体中演绎出认识对象，只是把客体的价值性归结于价值主体。在价值评判中，强调主体的重要性，乃是一种无可厚非的选择。所谓价值，是指客体对于主体的有用性，倘若离开了价值判断的主体，价值何从谈起？因此，只能从主体与客体的关系中，寻找价值判断的终极依据，不可能完全诉诸客体。“驴子宁要稻草，不要黄金”，黄金对于人类有价值，而对于驴子却无价值。王阳明建构良知本体论，选择的正是从主体方面寻找人生价值的终极依据的思路。他并没有把眼光仅仅局限在认知主体上，而是超越了认知主体，找到了普适性的价值共识——良知。良知不是“小我”之知，而是“大我”之知。在王阳明看来，认知主体不仅不是本体，反而会遮蔽本体，只有超越了认知主体的良知，才可以称为本体。在这里，他表达了同以往儒家相一致的价值诉求：群体高于个体。

王阳明把儒学的价值本体论讲到了高峰，最终建构起牟宗三所说的“道德的形而上学”。按照他的本体论学说，良知就是一切正确的价值判断的终极依据，就是人的安身立命之地。对于任何人来说，凡是出于良知的行为，都是有价值的正确行为；凡是违背良知的行为，都是无价值的错误行为。正如牟宗三指出的那样，做人的根本就在于“精察天理于此心之良知”①，祛除私欲的蒙蔽，恢复人与天地万物一体的本然状态。因此，人的自我完善并不靠外在天理的他律，而应当靠内在良知的自律。

程朱从超越性的维度为儒家伦理寻找到“天理”这一本体论根据，王阳明则从内在性的维度，把天理落实到人心之中。他说：“良知即是天理”，“盖良知只是一个天理。自然明觉发见处，只是一个真诚恻怛，便是他本体”，②如孝、悌、忠等都是“天理”的“发见”。同时，他认为“良知”也是人固有的至善的“天地之性”。王阳明说：“至善者，心之本体”③，“天命之性，粹然至善，其灵昭不昧者，

---

①〔明〕王守仁：《传习录中》，《王阳明全集》卷二，吴光等编校，第53页。
②〔明〕王守仁：《传习录中》，《王阳明全集》卷二，吴光等编校，第81、95页。
③〔明〕王守仁：《传习录下》，《王阳明全集》卷三，吴光等编校，第110页。

此其至善之发见，是乃明德之本体，而即所谓良知也”[①]。这种说法与朱熹的说法有所不同。朱熹主张“性即理”，即人性得之于外在的“天理”，仁、义、礼、智等道德理念先天固有，人得之“天”而具于“心”，强调道德理念的先天性；王阳明则认为“天命之性”就是“吾心良知”，把人的“心”看成道德的终极根据，“理”不过是“心之条理”，强调道德理念的内在性。王阳明开出的这条思路，被其后学大加发挥，现代新儒学大讲特讲所谓“道德的形上学”，仍旧沿袭着王阳明的思路。

话题二：知行合一

陆九渊虽实现了工夫论转向，但只讲到“知”的层面，未论及“行”的层面，没有提出系统的知行关系学说。王阳明比陆九渊迈进了一步，依据良知本体论，提出了具有自身特色的“知行合一”论。

知行关系问题是宋明理学讨论的主要话题之一。在王阳明之前，二程提出“知先行后”说，朱熹进一步加以发展，提出“知轻行重”说和“知行相须”说。王阳明站在心学的学术立场上，不认同程朱理学的本体论学说，也不认同程朱理学的知行关系学说。针对程朱理学的知行关系学说，他认为知行关系不是先后关系，也不是轻重关系，而是“合一”关系。所谓知行合一，就是说知就是行，行就是知，二者之间不存在绝对的界限。

他提出的知行合一论，吸收了朱熹知行相须说的理论思维成果，但比知行相须说在学理上更为自洽。在他看来，尽管朱熹拉近了知与行之间的距离，但仍旧把知行“分作两件”，仍旧存在着“析心与理为二”“外心以求理”的问题。王阳明指出，如果把天理设置在心外，人永远不可能认知它，所以必须把它设置在人心之内。认识内心之中的天理，只有选择“求理于吾心”的路线，把知行内在地统一起来。王阳明的知行合一论，首先是一种关于如何建构哲学本体的学说。他所触及的深刻道理是：人们永远不能通过对象化认识的途径，得到关于世界总体的哲学本体论理念；人只能通过认识自身的途径，逐渐深化对于世界总体的认识。

---

①〔明〕王守仁：《大学问》，《王阳明全集》卷二十六，吴光等编校，第1067页。

王阳明提出知行合一论是有针对性的，故而自称为“补偏救弊之言”。他批评说：“专为近世学者分知行为两事，必欲先用知之之功而后行，遂致终身不行”[①]，“今人却就将知行分作两件去做，以为必先知了然后能行。我如今且去讲习讨论做知的工夫，待知得真了，方去做行的工夫，故遂终身不行，亦遂终身不知。此不是小病痛，其来已非一日矣。某今说个知行合一，正是对病的药”[②]。在明代，程朱理学已经成为许多读书人猎取功名的工具，他们读圣贤的书，只是为了应付科举考试，并不想落实到行为实践中。王阳明试图扭转这种功利化的风气，故而强调知行合一。元代以后，程朱理学便成为科举考试的重要内容。到王阳明时代，程朱理学进一步官方化，变成读书人踏上仕途的敲门砖。真诚的儒者，已经不能在官方化、工具化的程朱理学中获得精神满足了。王阳明对儒学的这种现状感到隐忧，故而大力倡导知行合一。他呼吁读书人做一个真诚的儒者，不要把儒学当成“为人之学”，而要当成“为己之学”，当成安身立命之地。他把知行合一论称为自己的“立言宗旨”，表示高度的重视，并对其作了充分的阐释。

第一，“知行体段亦本来如是”。王阳明提出知行合一论，固然有针对时人把知行“分作两截”之弊而发的，但主要还是从学理上说的。他认为，仅从学理上看，知行就构成合一的关系。他说：“某今说知行合一，虽亦是就今时补偏救弊说，然知行体段亦本来如是。”[③]为了论证“知行合一”是“知行的本体”，王阳明首先对“行”作了与通常意义不同的界定，强调“一念发动处便即是行”[④]。他以“好好色”“恶恶臭”为例子说：“见好色属知，好好色属行；只见那好色时已自好了，不是见了后，又立个心去好。闻恶臭属知，恶恶臭属行。只闻那恶臭时已自恶了，不是闻了后，别立个心去恶”，所以“知行如何分得开？此便是知行的本体，不曾有私意隔断的”。[⑤]他强调，知行是同时

①〔明〕王守仁：《与道通书》，《王阳明全集》卷三十二，吴光等编校，第1331页。
②〔明〕王守仁：《传习录上》，《王阳明全集》卷一，吴光等编校，第5页。
③〔明〕王守仁：《答友人问》，《王阳明全集》卷六，吴光等编校，第232页。
④〔明〕王守仁：《传习录下》，《王阳明全集》卷三，吴光等编校，第109—110页。
⑤〔明〕王守仁：《传习录上》，《王阳明全集》卷一，吴光等编校，第4页。

发生的，在逻辑上不能分出先后来；“知”外无“行”，“行”外亦无“知”。“知之真切笃实处即是行，行之明觉精察处即是知。知行工夫本不可离”[①]，从体用的角度说，“知是心之本体”[②]，行为“发用流行”。知行皆以良知为本体：知就是对于良知的自觉，行就是把这种自觉贯彻到生活实践中。

第二，“知是行之始，行是知之成”[③]。在王阳明的哲学中，知行都是动态的范畴，二者合一并进，没有先后之分。他强调，知行互摄，知中有行，行中有知。王阳明的这种看法，比朱熹更为深刻地揭示了知与行的统一性，在儒家思想的范围内，化解了先验论和经验论的紧张。他不再抽象地追问关于道德价值的知识是从何而来的问题，只强调这种知识在实践层面的必要性、指导性和有效性。他也不再区分广义的知和狭义的知。在他的知行学说中，“知”通常是广义的，既指“天德良知”，也指“闻见之知”；“行”通常也是广义的，既指存心养性，也指经世致用。

他在《传习录》中说道：“某尝说：‘知是行的主意，行是知的工夫；知是行之始，行是知之成。’若会得时，只说一个知，已自有行在；只说一个行，已自有知在。”[④]人们在“行”之前，肯定已选择计划、方案，故说“知是行的主意”；而“知”只有通过“行”才得以体现，故说“行是知的工夫”；当有了计划、方案时，“行”就已开始，故“知是行之始”；而一旦把计划、方案付诸实行，就是“知”的完成，故“行是知之成”。以饮食为例，“夫人必有欲食之心，然后知食。欲食之心即是意，即是行之始矣”；以走路为例，“必有欲行之心，然后知路。欲行之心即是意，即是行之始矣”。[⑤]王阳明在一定程度上认识到了认识和实践相统一的原理，其结论是：“则知知行之合一并进，而不可以分为两节事矣。”[⑥]不过，他说“知，已自有行在”“行，已自有知在”，存在着把知行混为一谈的问题。

①〔明〕王守仁：《传习录中》，《王阳明全集》卷二，吴光等编校，第47页。
②〔明〕王守仁：《传习录上》，《王阳明全集》卷一，吴光等编校，第7页。
③〔明〕王守仁：《传习录上》，《王阳明全集》卷一，吴光等编校，第5页。
④〔明〕王守仁：《传习录上》，《王阳明全集》卷一，吴光等编校，第5页。
⑤〔明〕王守仁：《传习录中》，《王阳明全集》卷二，吴光等编校，第47页。
⑥〔明〕王守仁：《传习录中》，《王阳明全集》卷二，吴光等编校，第52页。

第三，“知行原是两个字说一个工夫”①。王阳明指出，从学理上讲，知行应该是合一；可是在事实上，人们并不能都贯彻知行合一的原则。例如，“今人尽有知得父当孝、兄当弟者，却不能孝、不能弟”②。为什么会出现这种情形？“此已被私欲隔断，不是知行的本体了”③。由于私欲作怪，致使知行分离。所以，王阳明说：“未有知而不行者，知而不行，只是未知。圣贤教人知行，正是要复那本体。”④他把知行合一论同“诚意”“正心”“去欲”等修身工夫紧密联系在一起，要求人们在“发动处有不善，就将这不善的念克倒了，须要彻根彻底，不使那一念不善潜伏在胸中”⑤。从这个意义上说，知行合一同朱熹说的“存理去欲”是一致的，都要求每个人不断克服影响良知呈现的私意妄念，树立起对于儒家道德伦理的坚定信念。

总的来看，王阳明的知行合一论贯彻了一条由心到物、由知到行的认识路线，其中也包含着一些合理因素。

其一，他接触到知行之间的统一性问题。王阳明已认识到，知离不开行。他指出，“不行不足谓之知”，行比知更为重要，强调没有行，就没有真正的知。只有“行之明觉精察处”，“知”才达到深入的程度。他也认识到行离不开知，须受知的指导。如果离开“知”的指导，懵懵懂懂任意去做，“全不解思惟省察”，那就是盲目的“冥行妄作”；⑥只有“知之真切笃实处”⑦，行才算名副其实。王阳明对知行之间的这种相互依赖、相互转化的关系，揭示得还是比较深刻的。王阳明还看到了在由知到行、由行到知的转化中，有一个亦知亦行、非知非行的过渡环节，这也是一种具有辩证法因素的见解。

其二，王阳明反对分“知行为二”，其中包含着倡导言行一致、反对知而不行的合理因素。王阳明认为“行即学”，强调“尽天下之学，

---

①〔明〕王守仁：《答友人问》，《王阳明全集》卷六，吴光等编校，第233页。
②〔明〕王守仁：《传习录上》，《王阳明全集》卷一，吴光等编校，第4页。
③〔明〕王守仁：《传习录上》，《王阳明全集》卷一，吴光等编校，第4页。
④〔明〕王守仁：《传习录上》，《王阳明全集》卷一，吴光等编校，第4页。
⑤〔明〕王守仁：《传习录下》，《王阳明全集》卷三，吴光等编校，第110页。
⑥〔明〕王守仁：《传习录上》，《王阳明全集》卷一，吴光等编校，第5页。
⑦〔明〕王守仁：《传习录中》，《王阳明全集》卷二，吴光等编校，第47页。

无有不行而可以言学者”[①]，“若离了事物为学，却是著空”[②]。由此来看，王阳明知行合一论，既有先验论的倾向，也有经验论的倾向，然而理论重心还是放在行这一方面。他在儒家思想的范围内，化解了先验论和经验论之间的紧张。他十分看重行，主张“在事上磨炼”。王阳明对“行”的重视程度，超过了朱熹。朱熹基本上是一个学问家，虽做过几年地方官，但政绩平平；王阳明不但是一位学问家，而且是一位经邦治国的干才。

其三，王阳明把良知看成真理的标准，认定“良知是尔自家底准则”，“还是你的明师”。[③]这种“不以孔子之是非为是非”的态度，比较充分地伸张了儒家理性主义精神，甚至流露出对权威主义的轻慢，委婉地表达了摆脱程朱理学教条束缚的合理要求。在这种说法中，包含着思想解放的诉求。

知行合一说在强调知行统一性的同时，却对二者之间的差别性有所忽略。王阳明的“一念发动处便即是行”的说法，显然不够妥当，确有混淆知行界限之嫌。此外，王阳明所说的“知”，主要还是指关于道德价值的认识，“行”也主要指道德的践履，二者都不是单纯的认识论范畴，而是认识论与本体论、价值论合一的范畴。关于知识论意义上的知行关系问题，王阳明并没有展开论述。王阳明的知行合一，对于王门后学具有双重的影响：有些人发挥重行的一面，把知行合一理解为力行哲学，如黄宗羲等人；也有些人发挥重知的一面，只在心性上做文章，沉溺于空疏之学，如王畿等人。

话题三：本体即工夫

把本体论和工夫论紧密结合在一起，乃是王阳明哲学的一个鲜明的特色，他的理论诉求是“即本体即工夫”，把本体和工夫看为一档子事，强调二者不可分。这种诉求集中体现在他倡导的致良知之教中。王

---

①〔明〕王守仁：《传习录中》，《王阳明全集》卷二，吴光等编校，第51页。
②〔明〕王守仁：《传习录下》，《王阳明全集》卷三，吴光等编校，第108页。
③〔明〕王守仁：《传习录下》，《王阳明全集》卷三，吴光等编校，第105、120页。

阳明说："吾平生讲学，只是'致良知'三字。"[1]"良知"说的是本体，致良知说的是工夫，二者加在一起，构成人生的全过程。致良知之教就是王阳明对儒家人生观的系统阐述。

王阳明指出，致良知所选择的路线，不是外求，而是内省。所谓致良知，就是树立良知本体论信念，牢牢地把握住"心之体"，站稳安身立命之地。王阳明的弟子把致良知之教的要点概括为四句话："无善无恶是心之体，有善有恶是意之动，知善知恶是良知，为善去恶是格物。"[2]这四句话被人们称为"王门四句教"。第一句话的意思是说，"心之体"是道德价值判断的终极依据，同经验中的善恶判断不在一个层次，处在"未发之中"，"无前后内外而浑然一体"[3]。对于"心之体"，既谈不上善，也谈不上恶；可以说是超善恶的，也可以说是至善的。王阳明说："知是心之本体，心自然会知。见父自然知孝，见兄自然知弟，见孺子入井自然知恻隐，此便是良知。"[4]这就是说，作为心之体的良知，本身就具有形上学的意义，与经验中的善恶判断无关。第二句话讲到"已发"层面，才涉及经验中的善恶判断问题。人的行为体现良知为善，反之，即为恶。第三句话侧重于"知"，强调良知为判断善恶的尺度。第四句话侧重于"行"，强调良知必须落实到行为层面。

致良知不是一个知识论的话题，而是一个人生观的话题。致良知所说的"知"，并不是知识，而是一种人生信念或是非观念。王阳明说："良知只是个是非之心，是非只是个好恶，只好恶就尽了是非，只是非就尽了万事万变。"[5]在这里，他一连用了四个"只"字，已经明确地把"良知"和"知识"区别开来了。他对"格物致知"的解释，与朱熹有明显的不同。

第一，"物"的意思就是"事"。他所说的物，不是客观之物，也不是作为认识对象之物，而是指意义世界的组成部分。他说："凡意

①〔明〕王守仁：《寄正宪男手墨二卷》，《王阳明全集》卷二十六，吴光等编校，第1091页。
②〔明〕王守仁：《传习录下》，《王阳明全集》卷三，吴光等编校，第133页。
③〔明〕王守仁：《传习录中》，《王阳明全集》卷二，吴光等编校，第72页。
④〔明〕王守仁：《传习录上》，《王阳明全集》卷一，吴光等编校，第7页。
⑤〔明〕王守仁：《传习录下》，《王阳明全集》卷三，吴光等编校，第126页。

之所发必有其事，意所在之事谓之物”[①]，“身之主宰便是心，心之所发便是意，意之本体便是知，意之所在便是物”[②]。举例来说，“如意用于事亲，即事亲为一物；意用于治民，即治民为一物；意用于读书，即读书为一物；意用于听讼，即听讼为一物”[③]。王阳明指出，在意义的世界中，心是唯一的本体，物从属于心，理也从属于心。不仅“无心外之物”，而且“无心外之理”。“夫物理不外于吾心，外吾心而求物理，无物理矣。遗物理而求吾心，吾心又何物邪？”[④]在他看来，心、物、理分而为三，合而为一，实则是一回事。从这个意义上说，“物”就是“事”。

第二，“格”的意思就是“正”。他不同意朱熹把“格”训为“至”，改训为“正”。他说：“格者，正也，正其不正以归于正之谓也。正其不正者，去恶之谓也，归于正者，为善之谓也。夫是之谓格”[⑤]，“格物者，格其心之物也。……正心者，正其物之心也”[⑥]。

第三，“致”的意思就是“推”。他说：“吾心之良知，即所谓天理也。致吾心良知之天理于事事物物，则事事物物皆得其理矣。”[⑦]所谓“致”，既是内省意义上的“知”，又是道德实践意义上的“行”。王阳明指出，人人皆有良知，但并不是人人实际做到“致”。

王阳明指出，致良知的过程，不是一种知识的形成过程，而是心性修养的过程，同“穷天理”是同一个意思。王阳明从良知本体论出发，论证“存天理灭人欲”的必要性。与朱熹不同的是，王阳明认为天理不在心外，所以，“存天理”也就是“存心之理”，“此心无私欲之蔽，即是天理，不须外面添一分”，他也认为理欲不容并立，主张“去得人欲，便识天理”。[⑧]陆王学派与程朱学派的论证方式不同，但结论和目的都是一致的。正如清初思想史家黄百家所说，他们都以“扶持纲常名

---

①〔明〕王守仁：《大学问》，《王阳明全集》卷二十六，吴光等编校，第1071页。
②〔明〕王守仁：《传习录上》，《王阳明全集》卷一，吴光等编校，第6页。
③〔明〕王守仁：《传习录中》，《王阳明全集》卷二，吴光等编校，第53页。
④〔明〕王守仁：《传习录中》，《王阳明全集》卷二，吴光等编校，第48页。
⑤〔明〕王守仁：《大学问》，《王阳明全集》卷二十六，吴光等编校，第1071页。
⑥〔明〕王守仁：《传习录中》，《王阳明全集》卷二，吴光等编校，第86页。
⑦〔明〕王守仁：《传习录中》，《王阳明全集》卷二，吴光等编校，第51页。
⑧〔明〕王守仁：《传习录上》，《王阳明全集》卷一，吴光等编校，第3、26—27页。

教”为职志。王阳明把致良知之教称为“拔本塞源”论，自叹：“何等轻快洒脱！何等简易！”[①]他所说的致良知，就是以儒家的方式搭建精神世界、意义的世界或价值的世界，并以此为安身立命之地。

王阳明提出致良知之教，根本目的是解决如何把人造就为圣贤的问题。儒学既是一种政治哲学，也是一种人生哲学。不过，在王阳明之前，讲儒学的重点，显然被放在政治哲学方面，而不放在人生哲学方面。自从王阳明提出致良知之教以后，讲儒学的重点则从政治哲学转到了人生哲学。王阳明修正了儒家的圣人观念，把儒家人生观讲到了高峰。关于圣人，孟子的说法是“人皆可以为尧舜”（《孟子・告子下》），荀子的说法是“涂之人可以为禹”（《荀子・性恶》），都是把“圣人”同“王”联系在一起的，不是指普通人。准确地说，他们眼中的圣人，其实就是“圣王”。儒者即便做不成“圣王”，至少也做个“圣官”。他们都有鼓励人们“到朝廷里去做官”的意向。诚然，孟子倡导“大丈夫”人格虽然没有把普通人排除在外，但主要还是对文化精英讲的；虽然也有浓重的政治哲学意味，但并没有把儒家人生观讲到位。到王阳明这里，才把圣人讲到“人”的层面，把儒家的人生观讲透了。

在他的致良知之教中，圣人的观念已经泛化了，从狭小的庙堂扩展到广袤的民间，使平头百姓都有了成为圣人的可能。他切断了圣人与官位之间的联系，对圣人作了平民化的解释，甚至以为“满街人都是圣人”[②]，强调在成就圣人的可能性上，大家机会平等。按照王阳明的圣人理念，圣人就是自觉地致良知的人，就是问心无愧的人，就是清清白白的人，就是有价值感、使命感、责任感的人，就是与万物同体的人。一个人能否成为这样的圣人，同他充当的社会角色没有必然联系。达官显贵可以成为圣人，平民百姓也可以成为圣人；读书人可以成为圣人，不识字的劳动者也可以成为圣人，同样可以拥有圣人的尊严。朱熹是规范伦理学的倡导者，以天理的观念约束人，主张做一个明明白白的人；王阳明是德性伦理学的倡导者，以良知的观念鼓励人，主张做一个堂堂正正的人。

为了把圣人平民化，王阳明也切断了内圣与外王的联系，切断了

---

①〔明〕王守仁：《传习录上》，《王阳明全集》卷一，吴光等编校，第32页。
②〔明〕王守仁：《传习录下》，《王阳明全集》卷三，吴光等编校，第132页。

德与才之间的联系。他把人的德性比作金子的成色，把才能比作金子的分量。认为做人如同炼金子：纯金讲究的是成色，而不是分量；做人讲究的是内圣，而不是外王。“所以为圣者，在纯乎天理，而不在才力也”[①]，圣人的可贵之处，就体现在人的德行上，同才能的大小没有关系。这意味着，圣人未必就能成就外王，因为内圣只是成就外王的充分条件，并不是必要条件。能否成就外王，还需以应有的才干为必要条件。王阳明的这种看法，并不是排斥才干，只是强调德比才更重要，更根本。在明代，研习朱学的读书人，大都抱有功利目的，是为了应对科举考试；而研习王学的人，不抱任何功利目的，只是为了成就圣人。王阳明并不鼓励他的弟子到朝廷去做官，只是鼓励他们在日常生活实践中修行，努力把自己造就成圣人。在他的从学弟子中，有相当多的人明确表示放弃科举考试。例如，王艮不仅自己不参加科举考试，并且希望自己的后代，永远都不要选择科举之路。王学没有成为官学，没有被纳入科举的范围，没有得到官方的扶植，只以其理论魅力吸引受众。朱学的受众大概都是读书人，王学的受众更为广泛，不仅有读书人，也有不识字的人。他的从学弟子王畿说：“先师（王阳明）首揭良知之教，以觉天下，学者靡然宗之。”[②]并非虚语。

在程朱理学愈趋僵化的情况下，王阳明心学的产生曾风靡一时，其积极理论意义，我们不可低估。概括起来，至少有以下几点：

第一，高扬人的主体性。王阳明平生讲的“致良知”，旨在充分调动人主观精神的能动性，提高人自己把握自己、自己认识和实现自己的内在潜能。他批评朱熹“析心与理为二”的倾向，在把心与理、心与物合而为一的基础上，确立人在意义世界的中心位置。这种理论，对“心”的创造性和主动性，予以充分的肯定。这对于长期处于精神枷锁束缚中的人来说，无疑会得到一种精神的慰藉。王阳明讲出了这样的道理：人要战胜环境，首先要战胜自己，充分调动人的主体精神和思维能力。王学之所以有这样的诉求，可能与明代已孕育的资本主义萌芽有关系。在明代，社会上已经出现了重视人的价值的思想动向，出现了强

①〔明〕王守仁：《传习录上》，《王阳明全集》卷一，吴光等编校，第32页。
②〔明〕王畿：《抚州拟岘台会语》，《王畿集》卷一，吴震编校整理，凤凰出版社2007年版，第26页。

调个性自觉的思想动向，王学可以说是这种潜在的思想动向在哲学上的折射。

第二，不迷信权威和经典。王阳明致力于打破官方化了的程朱理学的思想垄断，他在理学流行、圣人被神化的情况下，公然声称“夫道，天下之公道也，学，天下之公学也。非朱子可得而私也，非孔子可得而私也”[①]，表现出极大的理论勇气。他认为，判断是非、善恶的标准，既不是那些权威，也不是“六经”典籍，而是自己心中的“良知”。王阳明说：“夫学贵得之心，求之于心而非也，虽其言之出于孔子，不敢以为是也，而况其未及孔子者乎？求之于心而是也，虽其言之出于庸常，不敢以为非也，而况其出于孔子者乎？”[②]他不赞成“以孔子之是非为是非”，不迷信权威，也不迷信经典，倡导理性主义态度，客观上具有冲击旧权威、旧教条的积极作用。不过，这种作用还是很有限的。因为王阳明虽然反对权威、反对教条，但他不反对“天理”，不反对儒家道德伦常，并且还自觉地为儒家道德伦常进行哲学论证。

第三，强调道德自律和人性自觉。阳明心学的突出特点在于，强调道德主体的自觉精神和道德自律的原则，赋予良知以“不假外求”的内在性，主张通过主体的自觉、自悟“复其天地万物一体之本然”[③]。阳明心学简易直接，活泼开阔，故而能给当时的学术界，带来一股新风气。

七、王夫之：天下惟器

王夫之，字而农，号姜斋。晚年隐居在湘西蒸左衡阳金兰（今属曲兰镇）的石船山下著述，自号“船山老农”“船山遗老”，学者称“船山先生”。

王夫之的哲学和张载的哲学之间的连接点就是“气”。不过，由于所处语境不同，王夫之只能接着张载讲，而不能照着张载讲。他的讲法有独到之处，对许多哲学话题作出更新。张载处在北宋理学初创时期，以宗教哲学为论敌。他的理论任务是：既需要证明现实世界的真实性，

①〔明〕王守仁：《传习录中》，《王阳明全集》卷二，吴光等编校，第88页。
②〔明〕王守仁：《传习录中》，《王阳明全集》卷二，吴光等编校，第85页。
③〔明〕王守仁：《大学问》，《王阳明全集》卷二十六，吴光等编校，第1067页。

批判虚无主义；也需要为儒家伦理找到理论根据，批判否定人生价值的出世主义。在他的哲学体系中，气本体既有存在的意义，也有价值的意义。王夫之处在明末清初，以心性哲学为论敌。这时的正统理学家已沦为王学末流，充分暴露出玄虚而荡的弊端。他们只会在方寸之心上做文章，沉湎于自己营造的精神世界中，以至于遗落了现实世界。王夫之的理论任务是：把人们从空谈心性的迷梦中唤醒，引导大家把目光从穷理尽性转向经世致用。他对张载气学作去价值化、去抽象化的处理，突出“器”具体存在的意义。他不再关注“形而上学”，转而关注“形而中学”。他不再关注做人的道理，转为关注做事的道理，把儒家重视实践的特色讲到了高峰。可惜，历史并没有给他提供做事的机会，他的哲学也只能作为一种理论留给后人。

话题一：道器关系

王夫之对张载气学的推进，突出表现在，把理论重心由对“气”的关注，转向对“器”关注，形成“天下惟器”的世界总体观。他说：“天下惟器而已矣。道者器之道，器者不可谓之道之器也。”[①]关于气本体论，他的看法没有超出张载，也不是他谈论的重点。他的理论兴趣已经从对抽象本体的研究，转移到对具体存在物的关注。“天下”是他对世界总体的称谓，“器”是他对具体存在物的称谓。这个“惟”字很要紧，集中概括了他的世界总体观的特色。在他看来，世界就是各种具体存在物的总和，并且世界只有一个，故称之为“惟”。他不再突显“气”的本体性，而特别强调“器”的现实性，从而化解了张载哲学中“本体”与“客形”之间的对立，纠正了把世界二重化的倾向。王夫之没有否定气的本体地位，但不认为气有单独的存在状态，强调气完全体现在具体事物之中，体现在“器”中。从这个意义上说，“气”也就是“器”，故而说“天下惟器”。按照“天下惟器”的说法，世界上只有具体的存在物，没有抽象的存在物；一般不可能脱离个别而单独存在。王夫之关于气学的讲法，不再贯彻“形而上学”的理路，转而贯彻“形而中学”的理路，把中国哲学中“世界只有一个”理念推到了极致。

王夫之提出“天下惟器”说，既是对张载气本体论的发展，也是对

---

①〔清〕王夫之：《周易外传》卷五，第203页。

朱熹理本体论的否定。王夫之不同意朱熹"理在气先"说，认为"气"本身就是本体，并不是"理"的附庸。"理，即是气之理；气当得如此，便是理；理不先，而气不后。""若论气，本然之体，则未有几时，固有诚也。……唯本有此一实之体，自然成理。"[①]他取消了理的本体性质，把气看作唯一的本体，强调"气外更无虚托孤立之理"[②]。他不认同程朱的"理先气后"说，也不认同陆王"心外无物"说。他指出，理和心都不是本体，只有气才称得上本体。气化流行，阴阳动静，化生出宇宙万物。万物发展变化的规则是理，理乃是气的体现。在理气之间，不存在着孰先孰后的问题。气作为本体，不可能在人心之内，只能在人心之外；物作为气的表象，当然也在人心之外。王夫之认同气本体论，不过，他没有像张载那样看重气的本然状态，而特别看重气的现存状态。于是，他把哲学话题由理气关系问题，转到道器关系问题。

理气关系是关于世界总体的静态解释，而道器关系则是对世界总体的动态解释。"器"是"气"的具体化，"气"的现存样态就是"器"，就是各种有形的存在物。王夫之从理气关系入手，进而讨论道器关系。王夫之说的"道"，指的是具体事物所表现出来的规律性，相当于理学家说的"物理"。王夫之指出，理对于气没有逻辑上的在先性，道对于器也没有逻辑上的在先性。他说："道者，物所众著而共由者也。物之所著，惟其有可见之实也。物之所由，惟其有可循之恒也。既盈两间而无不可见，盈两间而无不可循，故盈两间皆道也。"[③]道不在器先，而是在器中，在物中。道不可能单独存在，必须以器为载体。王夫之由此得出结论说："无其器则无其道。"[④]例如，如果没有弓箭，根本谈不上射箭之道；如果没有马车，根本谈不上驾车之道；如果没有礼器和乐器，根本谈不上礼乐之道；如果没有儿子，根本谈不上父道；如果没有弟弟，根本谈不上兄道。总而言之，道都是具体而微的，倘若脱离了"器"，"道"便不成其为"道"了。

对于《周易·系辞上》中"形而上者谓之道，形而下者谓之器"

---

①〔清〕王夫之：《读四书大全说》卷十，第660、663页。
②〔清〕王夫之：《读四书大全说》卷十，第660页。
③〔清〕王夫之：《周易外传》卷五，第178页。
④〔清〕王夫之：《周易外传》卷五，第203页。

的说法，由于后来的哲学家理解不同，表达出不同的理论倾向。程颐的说法是："所以阴阳者是道也；阴阳，气也。气是形而下者，道是形而上者。"[①]朱熹把道等同于理，他说："理也者，形而上之道也，生物之本也；气也者，形而下之器也，生物之具也。"[②]他们勾勒出的世界图式，是一种二层化结构：一层是形而上，另一层是形而下。王夫之从"天下惟器"论出发，反对他们对道器作形而上与形而下的划分，因为这是对道器统一关系的割裂。在他看来，具体的器物皆由阴阳二气凝聚而成，而"道"则存在于器物之中。他说："统一此物，形而上则谓之道，形而下则谓之器，无非一阴一阳之和而成，尽器则道在其中矣。"[③]他由此得出结论："据器而道存，离器而道毁。"[④]他对《周易·系辞上》中"形而上者谓之道，形而下者谓之器"作出新的解释："上下无殊畛，而道器无易体。"[⑤]意思是说，形上与形下的界限是相对的，二者之间没有不可逾越的鸿沟。到王夫之这里，真正把气本体论讲到了实处。根据这种本体论，他把程、朱、陆、王所倡导的穷理尽性的儒学，改造为经世致用的儒学。

话题二：两一关系

在王夫之"天下惟器"的世界总体观中，以气解释世界的统一性。那么，如何解释世界的多样性呢？他采用的是辩证法的解释方式。他说："天下之变万，而要归于两端，两端生于一致，故方有美而方有恶，方有善而方有不善。"[⑥]他认识到，矛盾着的事物有其统一性，同一事物内部具有矛盾着的两面性。他说："使无一虚一实，一动一静，一聚一散，一清一浊，则可疑太虚之本无有，而何者为一。惟两端迭

---

①〔宋〕程颢、〔宋〕程颐：《河南程氏遗书》卷十五，《二程集》，王孝鱼点校，第162页。

②〔宋〕朱熹：《答黄道夫》，《晦庵先生朱文公文集》卷五十八，朱杰人、严佐之、刘永翔主编：《朱子全书》（第23册），第2755页。

③〔清〕王夫之：《思问录 俟解 黄书 噩梦》，王伯祥点校，中华书局2009年版，第30页。

④〔清〕王夫之：《周易外传》卷二，第37页。

⑤〔清〕王夫之：《周易外传》卷五，第203页。

⑥〔清〕王夫之：《老子衍》，《老子衍 庄子通 庄子解》，王孝鱼点校，中华书局2009年版，第5页。

用，遂成对立之象，于是可知所动所静，所聚所散，为虚为实，为清为浊，皆取给于太和絪缊之实体，一之体立，故两之用行。”[①]他的这些看法，大体上都是对张载“一物两体”说的解释和发挥。

王夫之对张载辩证法思想的发展在于，对两一关系作出了新的解释。关于两一关系，中国哲学家的主流看法是“一分为二”。这种看法以太极为辩证思维的逻辑起点，通过对现实世界的直观观察，揭示了矛盾的普遍性原理，着重论述对立面双方展开的过程，对矛盾的实然状态作了深刻的分析，着重论述了辩证法的一个方面，即矛盾双方的对立关系。但是，对辩证法的另一个方面，即矛盾双方的统一关系，阐述得不够充分。张载的“一物两体”说所遵循的思维模式，也“一分为二”。他只从“一”讲出了“二”，并未从“二”再讲回“一”。

明末清初哲学家方以智对“一分为二”的思维模式有所突破，提出“合二而一”的新模式。他说：“‘交’也者，合二而一也。”[②]“交”就是交合，指对立面双方结合在一起，相互转化。他以水加入羹汁中为例说明这个道理：水加入羹汁中以后，二者交融在一起，水也不是原来的水了，羹汁也不是原来的羹汁了。他指出，“一”就是矛盾双方的内在统一性，不过这种统一性不能直接表现出来，必须以第三种形态为媒介。比如，水为对立面双方中的甲方，原来的羹汁为乙方，甲、乙两方融合之后则为“三”，以“三”为媒介使甲乙双方统一起来。所以，方以智的结论是：“一在二中，无非交也。”[③]他进一步指出，如果“二”做旋转运动，则为“四”，“四”仍然统一于“一”；“四”统一于“一”之后，发生质变，这就是“五”。“五”是“一”“四”相统一之后的新形态。因此，无论从动态的角度说，还是从静态的角度说，“二”总是合而为一，或者说“多”总是合而为一。方以智的“合二而一”说与“一分为二”说相比较，其特色在于并不以太极为辩证思维的逻辑起点，而是以太极为辩证思维的理想归宿。它不是对矛盾实然展开的描述，而是对应然状态的展望。它比较深刻地

①〔清〕王夫之：《太和篇》，《张子正蒙注》卷一，第20页。
②〔清〕方以智：《三征》，《东西均注释（外一种）》，庞朴注释，中华书局2016年版，第92页。
③〔清〕方以智：《孝觉》，《易余（外一种）》卷下，张昭炜整理，上海古籍出版社2018年版，第143页。

分析了矛盾双方的内在统一关系，但也流露出夸大统一性的倾向。

王夫之作为张载的继承者和方以智的朋友，完成了两种辩证思维模式的综合。他关于两一关系的看法，可以说是“一分为二”与“合二而一”的合题。他认为，气是对立统一规律的客观基础，“一气之中，二端即肇，摩之荡之，而变化无穷”[①]。对立着的两个方面相互依存，相互转化，互为前提，互为条件，任何一方都不能脱离对方而孤立地存在。“无有乾而无坤之一日，无有坤而无乾之一日”[②]“阴阳不孤行于天地之间”[③]。他已经认识到，对立是统一体中的对立，并把这条原则概括为“分一为二”；他还认识到，对立的双方有内在联系，把这条原则概括为“合二以一”。按照他的看法，“一分为二”与“合二而一”这两条原则是不可以割裂开来的，二者都是事物辩证发展运动过程中的不同侧面，“合二以一者，既分一为二之所固有”[④]。王夫之的这种理解，相当精确地抓住了对立统一规律的基本内涵。

王夫之以气本体论为基础的辩证法思想，可以说达到了朴素辩证法可能达到的最高水平。不过，也应当看到，他的观点仍然存在着一些片面的地方。这主要表现在有时不自觉地离开对立单独讲统一，未免把统一抽象化了。例如，他认为矛盾双方“无终相敌之理”[⑤]。这样的理解，显然把统一看得太绝对了。由此反映出，他的辩证法思想，依然处在自发阶段，尚未达到自觉的程度。

话题三：知行关系

基于“天下惟器”论，在知行观方面，王夫之提出了“行可兼知”说。在知行关系问题上，程朱理学派有割裂知行关系的倾向，陆王心学派则有混淆知行界限的倾向。王夫之在总结他们的理论思维成果的同时，也吸收他们的理论思维教训，以独到的见解对正统理学家的知行观作出回应。他所说的“行”是广义的，指人的一切实践活动，不像正统理学家那样窄。正统理学家所说的行，通常是指道德践履。他所说

①〔清〕王夫之：《张子正蒙注》卷一，第26页。
②〔清〕王夫之：《周易外传》卷六，第245页。
③〔清〕王夫之：《周易外传》卷七，第263页。
④〔清〕王夫之：《周易外传》卷五，第202页。
⑤〔清〕王夫之：《张子正蒙注》卷一，第25页。

的“知”是狭义的，是指人对客观事物的“认知”，不像在正统理学家那里那样广。正统理学家通常把“认知”与“良知”混为一谈，以“良知”遮蔽了“认知”。在正统理学家那里，知行关系既是一个知识论话题，也是一个价值论的话题，并且主要是价值论的话题。王夫之从世界的具体性和现实性出发，只考察人与世界的认识关系，不再纠缠于人与世界的价值关系。在他的哲学中，知行关系只是一个知识论的话题。他只从工具理性的角度研究知行关系问题，不从价值理性的角度研究知行关系问题。他以“行”为基础，比较全面地阐述了知与行之间的辩证统一关系。

首先，他强调“行”是“知”的基础，提出“行可兼知而知不可兼行”的论断。他以吃东西为例说：“饮之食之，而味乃知。”①从这一点来看，行在先，知在后，而不是相反。就人的认识形成过程来说，“行而后知有道”②。人们只有在实践的基础上，不断地积累经验，并且对经验加以总结概括，才能形成规律性的认识。王夫之强调，“知”来源于“行”，“知”离不开“行”，“行”同“知”相比，具有更高的品格。他说：“且夫知也者，固以行为功者也；行也者，不以知为功者也。行焉可以得知之效也，知焉未可以得行之效也。”③

其次，他强调“行”是衡量是否掌握真知的唯一尺度，提出“知必以行为功”的论断。他以学习下棋为例说，倘若学棋者只是整天死扣棋谱，而不去同别人对弈，他肯定不会成为“尽达杀活之机”的高手；要想成为一个下棋的高手，必须经常同棋艺高超的人对弈，通过下棋的实践，通晓“谱中谱外之理”。④可见，真知只能在“行”中获得，是否为真知，也只能在“行”中得到检验。他眼中的真知，是指有效果的知。这种知，同工具理性相联系，同价值理性不相干。

再次，他强调知与行既有区别又有联系，相辅相成，构成辩证统一关系，提出“知行相资以为用”的论断。他说：“知行相资以为用，唯

①〔清〕王夫之：《四书训义》卷二，《船山全书》（第7册），岳麓书社2011年版，第114页。

②〔清〕王夫之：《思问录 俟解 黄书 噩梦》，王伯祥点校，第4页。

③〔清〕王夫之：《尚书引义》卷三，王孝鱼点校，中华书局1962年版，第67—68页。

④〔清〕王夫之：《读四书大全说》卷一，第17页。

其各有致功，而亦各有其效，故相资以互用，则于其相互，益知其必分矣。同者不相为用，资于异者乃和同而起功，此定理也。”[①]他强调知行相资以为用，乃是对王阳明知行合一说的批判。按照王阳明的知行合一说，知和行之间不存在差别，一念发动处就是行。王夫之认为王阳明陷入“销行以归知”的误区，抹杀了知行之间的界限。在王夫之看来，知和行还是有差别的；正因为有差别，才可以“相资以为用”。在“相资以为用”的过程中，人由不知到知，由浅层次的知到深层次的知，“日进于高明而不穷”[②]。

最后，王夫之明确地把“实践”的概念引入认识论中。他在《张子正蒙注·至当篇》中写道：“知之尽，则实践之而已。实践之，乃心所素知，行焉皆顺，故乐莫大焉。”[③]王夫之认为，人不仅具有认识客观世界的能力，而且具有改造客观世界的能力。他说：“耳有聪，目有明，心思有睿知，入天下之声色而研其理者，人之道也。”[④]又说：“已生以后，人既有权也，能自取而自用也。”[⑤]王夫之所说的“实践”，当然不是指社会实践，主要是指个人的实践。通过实践范畴，他把人的认知过程和人的行为过程统一起来了。王夫之看重实践，也是对正统理学家工夫论的批评。在他看来，正统理学家所谓工夫，背离了实践的原则，既算不上知，也算不上行。他强调，实践就是要干实事，讲究经世致用，改造人生和社会，而不是仅仅在心性上做工夫。这才是儒学的真精神。在知行观方面，王夫之比较妥当地把“天下惟器”论同知行统一观结合起来了，达到了相当高的理论水准。他基本上排除了先验论的阴影，比较彻底地贯彻了经验论原则。

话题四：理欲关系

基于“天下惟器”论，在人生观方面，王夫之强调理的具体性，强调理与欲的一致性，反对把人生之理抽象化、凝固化。他推翻了正统理

---

①〔清〕王夫之：《礼记章句》卷三十一，《船山全书》（第4册），岳麓书社2011年版，第1256页。
②〔清〕王夫之：《思问录 俟解 黄书 噩梦》，王伯祥点校，第29页。
③〔清〕王夫之：《张子正蒙注》卷五，第173页。
④〔清〕王夫之：《读四书大全说》卷七，第458页。
⑤〔清〕王夫之：《尚书引义》卷三，王孝鱼点校，第56页。

学家的主流观念，推翻了“存天理，灭人欲”的说法。在正统理学家当中，对于天理在哪里的问题，看法不一。程朱派认为天理在天上，陆王派则认为天理在心中。可是，对于理欲关系的看法几乎众口一词，都主张“存天理，灭人欲”。就连理学家张载，也认同这种观点，他的“变化气质”的诉求，同正统理学家“灭人欲”的诉求，在原则上是一致的。王夫之是这种说法的批评者，他认为理与欲不是对立关系，而是兼容的关系，提出“理寓于欲”说，以独到的观点回应理欲之辨。

“存天理，灭人欲”表达了一种目的论的人生态度，把天理设置为人生的终极目的，把人欲视为实现这种目的的最大障碍。在这种诉求中，包含着三个对立。一是把工具理性和价值理性对立起来，以天理的名义片面地彰显价值理性，而拒斥工具理性；二是把理想与现实对立起来，以天理的名义片面地彰显理想主义，拒斥现实主义；三是群体与个体的对立，以天理的名义片面地强调群体至上，无视个体的利益需求。针对存理灭欲说，王夫之首先做的就是推翻人生目的论，代之以人生过程论。他认为，人生就是一个过程，人性处在不断变化的过程之中，不必以永恒的、抽象的天理为终极目的。他说：“性者，生理也，日生则日成也。”①一个人来到世间，身体一天天地变化，自幼而少，然后进入中年，进入老年。与此相应，人性也“屡移而异”，并非一成不变。“性也者，岂一受成侀，不受损益也哉”②。在他看来，没有不变的、抽象的人性，只有变化的、具体的人性。既然没有不变的、抽象的人性，当然也就没有永恒的、抽象的天理了。

在推翻了人生目的论以后，王夫之进而推翻了理欲对立论。他说：“私欲之中，天理所寓。”③从“天下惟器”的观点来看，人也是一种“器”，也得遵循“器”之道。人作为“器”，作为具体的存在物，不可能不吃不喝，不可能没有利益需求，否则将无法生活下去。因此，不可能无视人欲，片面地强调天理。在王夫之看来，所谓天理，其实就是“人理”，就是成就圣人的道理，不可能与人构成截然对立的关系。圣

---

①〔清〕王夫之：《尚书引义》卷三，王孝鱼点校，第55页。
②〔清〕王夫之：《尚书引义》卷三，王孝鱼点校，第56页。
③〔清〕王夫之：《四书训义》卷二十六，《船山全书》（第8册），岳麓书社2011年版，第91页。

人也是人，也免不了人欲。“圣人有欲，其欲即天之理。天无欲，其理即人之欲”[①]，所谓天理，是相对于人欲而言的，离开了人欲，天理便无从谈起。天理作为人理，其实就是限制人欲的伦理规则，不必以人欲为敌人。王夫之认为，天理自然应当体现在人欲之中。“天理人欲，同行异情”[②]，二者相互兼容，构成完整的人生过程。他认为正统理学家之所以陷入误区，就是没有弄清楚这个道理。他说：“是礼虽纯为天理之节文，而必寓于人欲以见。……故终不离人而别有天，终不离欲而别有理也。”[③]在这个意义上，王夫之批判了正统理学家的禁欲主义倾向，但并没有陷入纵欲主义误区。可以说，他是一位节欲主义者。

话题五：理势关系

基于“天下惟器”论，在历史观方面，王夫之强调理的具体性和历史性，强调理与势的一致性，反对把社会之理抽象化、凝固化。他推翻了正统理学家天理亘古不变的观念，提出“理势合一”说，以独到的观点回应王霸之辩。

正统理学家是人生目的论者，也是历史目的论者。他们以天理解释人生，提出存理灭欲论；也以天理解释历史，提出尊王贱霸论。朱熹把历史上的政治模式分为两种：一种叫作王道，另一种叫作霸道。实行王道的君王，以天理为治国理念，贯彻天理的价值导向。由于天理流行，以天理为目的因，遂形成理想的政治局面，社会上一切现象都是至善的，光明的，这就是儒家一向称道的夏、商、周三代之治。实行霸道的君王，以人欲为治国理念，背离天理的价值导向，造成人欲横流，遂形成混乱的、黑暗的政治局面。按照这种说法，天理是否得以流行，乃是评判历史合理性的唯一尺度；而天理能否流行，完全取决于君王的心术。朱熹的尊王贱霸说，曾受到南宋思想家陈亮的严厉批判，但把这种批判提到历史哲学高度的，则是王夫之。

王夫之承认历史发展有规律性，有理可循。不过，这种理并非来自抽象的天理，而取决于历史发展的客观趋势。他说：“其始之有理，

①〔清〕王夫之：《读四书大全说》卷四，第248页。
②〔清〕王夫之：《周易外传》卷一，第15页。
③〔清〕王夫之：《读四书大全说》卷八，第519页。

即于气上见理，迨已得理，则自然成势，又只在势之必然处见理。”[①]历史发展之理都是具体的，不会脱离历史过程，不会脱离“势”，因此，理与势完全是统一的：“势既然而不得不然，则即此为理矣。”“‘势’字精微，‘理’字广大，合而名之曰‘天’。”[②]他用这个“天”字表明，历史发展是具体的、客观的、自然的过程，同君王的心术没有必然的联系。他举例说：“秦以私天下之心而罢侯置守，而天假其私以行其大公，存乎神者自不测，有如是夫！”[③]秦始皇废除分封制，改行郡县制，其动机是为了能够长治久安，然而在无意之中，却符合了历史发展的规律。由此可见，历史发展取决于客观规律，不取决于帝王的主观动机。

由于王夫之把“理势合一”观念引入史学研究领域，帮助他在这一领域中取得值得称道的成绩。他撰写《读通鉴论》三十卷，每卷根据《资治通鉴》所列帝王世系，又分若干篇。每篇则选择这一时期的历史事件、历史人物若干进行分析和评论。卷末附《叙论》，阐明著书宗旨。他撰写《宋论》十五卷，对上自秦汉，下至两宋的主要历史人物和历史事件都作了较为系统的评论。此外，在他撰写的《尚书引义》《春秋家说》《读四书大全说》《诗广传》等经学著作中，也包含着大量的史学方面的内容。

八、戴震：气化流行

戴震，字东原，又字慎修。因其是安徽人，故其所创的朴学学派被世人称为皖派。

戴震作为清代的考据学大师，曾以毕生的精力从事考据工作，卓有成就。但他反对为考据而考据，认为考据只是“明道”的“舟楫”或“阶梯”。他采用疏证《孟子》字义的方式，揭露正统理学的谬误，重新厘定儒学的基本范畴，建立了自己的思想体系。在《孟子字义疏证》这本书中，他并不解释《孟子》的文句，只是从中挑出一些儒学经常谈论的范畴借题发挥，讲他自己的学术见解。他并不是做关于文本的章句

①〔清〕王夫之：《读四书大全说》卷九，第601页。
②〔清〕王夫之：《读四书大全说》卷九，第599、602页。
③〔清〕王夫之：《读通鉴论》卷一，中华书局1975年版，第4页。

研究，而是对文本作出创造性诠释，讲出《孟子》原本没有讲出来的新思想、新观念，在当时特定的语境中对哲学话题作出更新。他是中国古代历史上很有原创力的思想家，用考据的方式表达自己的哲学识度。在他的身上，再现了顾炎武那种讲究经世致用、拒斥虚浮的学术精神，这使他成为朴学营垒中当之无愧的重镇。

话题一：形上寓于形下

同王夫之一样，戴震也沿袭张载气学学脉。他关于世界总体的看法同王夫之接近，不过理论重心有些区别。王夫之的核心论点是“天下惟器”，认为世界是各种存在物的总和，强调气的具体性，从具体性的角度解构正统理学的超验本体论，批评形而上学倾向。戴震的核心论点是“气化流行”，强调气的变化性，认为强调气永远处在变化状态，任何事物都是气化流行总过程中的一个小过程，他侧重于从过程性的角度，解构正统理学的超验本体论，也批评形而上学的倾向。王夫之所选择的视角，对现存世界的具体性作静态的肯定；戴震所选择的视角，则是对现存世界的过程性作动态的描述。角度虽不同，结论却是一致的，都主张去形而上学化，因而他们的说法，可以相互补充。他们的世界总体观，都强调世界只有一个，反对正统理学家对之作形上与形下的割裂。他同王夫之一样，只讲“形而中学”，不讲“形而上学”。也同王夫之一样，通过批判正统理学的方式，来展开自己的观点。

戴震的世界总体观，有一个突出的特点，就是强调世界的过程性。他对世界不再进行本体论的追问，只作出动态性描述。在他看来，世界就是无始无终的气化流行的过程。他说：“道，犹行也，气化流行，生生不息，是故谓之道。”①他从动态的视角把世界概括为“道”，而道既有“自然过程”的意思，也有“必然规定”的意思。在他的眼里，气就是化，化就是道，给我们勾勒出一幅动态的世界图景。他只讲过程论，不再讲本体论；不再把“理”当作核心范畴，而代之以“道”。在他的哲学体系中，“理”不具有本体的意义，完全从属于气。他反对把“气化流行”的过程归结为任何一种超验的本体，归结为任何一种形而上学观念。

---

①〔清〕戴震：《孟子字义疏证》卷中，何文光整理，第21页。

从过程论出发，戴震提出“道器一体”“理在事中”说，批判朱熹的“道在器先”“理在事先”等说法。他认为，阴阳五行之气构成世界的物质基础，气的运转流行过程就叫作“道”。从动态的角度看，世界是“道”的运行过程；从静态的角度看，世界是“器”，即各种具体存在物的总和；从语源学的角度看，“道”与“行”同义。这样，他便从哲学和文化学两个方面，论证了道与器不可分的统一性，对宋明理学的“道在器先”说作出回应。程朱理学把“道”划入形而上学的范围，把“器”划入了形而下。戴震不同意这样处理二者的关系，对道、器关系作了新的诠释。《易传》中有“形而上者谓之道，形而下者谓之器”（《周易・系辞上》）的表述，他对这句话的解释是，“形而上犹曰形以前，形而下犹曰形以后”[①]，而“形”是把二者统一起来的基础。倘若没有“形”，既谈不上“形而上”，也谈不上“形而下”。正是因为有了“形”，才把道和器联系在一起，所以说“道”就存在于“形”或“器”之中，不可能脱离“形”或“器”单独存在。至于理，也不过是气化流行过程中的条理而已，并不是被宋儒吹胀的精神实体。对于理的本初含义，他作了这样的考订：“理者，察之而几微必区以别之名也，是故谓之分理。”[②]戴震只承认有具体的“条理”，不承认有抽象的“天理”。他对宋儒的批评是：“不徒曰天地、人物、事为之理，而转其语曰‘理无不在’，视之‘如有物焉’。”[③]他指出，宋儒这样处理理器关系，势必把理描绘成脱离任何载体的游魂，描绘成“如有物焉”的怪影；势必割裂二者之间的联系，将人引入迷茫之中，“使学者皓首茫然，求其物不得”[④]。戴震以细致的理论分析和熟练的考据技术，批判了宋儒的天理本体论思想，把道、器、理、气等范畴统一起来，形成注重实际的世界观，彰显了儒学经世致用的精神。

从过程论出发，戴震对太极作了与正统理学家完全不同的解释。他认为，中国哲学中“太极”一词，并不像朱熹说的那样，是什么“总天地万物之理”[⑤]，而是关于“气化流行”过程的总称。戴震说：“孔子

①〔清〕戴震：《孟子字义疏证》卷中，何文光整理，第22页。
②〔清〕戴震：《孟子字义疏证》卷上，何文光整理，第1页。
③〔清〕戴震：《孟子字义疏证》卷上，何文光整理，第13页。
④〔清〕戴震：《孟子字义疏证》卷上，何文光整理，第13页。
⑤〔宋〕黎靖德编：《朱子语类》卷九十四，王星贤点校，第2375页。

以‘太极’指气化之阴阳……万物之流行，莫不会归于此。‘极’有会归之义，‘太’者，无加乎其上之称。”[①]在他看来，“气化流行”就是“太极”，就是宇宙的终极成因：它既是质料因，又是动力因；并且质料因和动力因完全是统一的。

戴震指出，就沉溺于形而上而言，程朱理学的本体论同佛老的本体论没有什么两样。“在老、庄、释氏，就一身分言之，有形体，有神识，而以神识为本。推而上之，以神为有天地之本。遂求诸无形无迹者为实有，而视有形有迹为幻。”[②]佛老认为，人可以分成形体和精神两部分，而以精神为根本。以此推论，则以为无形迹的精神本体是产生天地的根本。他们把无形迹的东西当作实有，反而把有形迹的事物看作是虚幻的东西。与此相类，“彼（佛老）别形神为二本……此（程朱）别理气为二本”；“其以理为气之主宰，如彼以神为气之主宰也；以理能生气，如彼以神能生气也。”[③]佛老把形神分开，以神主宰形；程朱把理气分开，以理主宰气。两者形式不同，实质是一样的。所以，他又说：“程子、朱子就老、庄、释氏所指者，转其说以言夫理，非援儒而入释，误以释氏之言杂入于儒耳。”[④]在戴震看来，宋儒这种援佛入儒的做法，有损于儒学的纯洁性，背离了中国固有哲学中“世界只有一个”的传统。

话题二：寻求天人合一

沿着天人合一的思路，戴震在阐发了世界总体观之后，便把话题转到天人关系学方面。“气化流行”讲的是天学，“血气心知”讲的是天人关系学，讲如何看待天与人之间的合一关系。戴震只在知识论的意义上讲天人合一，而不像正统理学家那样，在工夫论意义上讲天人合一。天人合一的具体成果就是知识。在天学方面，他力求去价值化；在天人关系学方面，他也力求去价值化。他只探讨人对于世界的认识关系，而不探讨人对于世界的价值关系。

①〔清〕戴震：《绪言》卷上，《孟子字义疏证》，何文光整理，第81页。
②〔清〕戴震：《孟子字义疏证》卷中，何文光整理，第24页。
③〔清〕戴震：《孟子字义疏证》卷中，何文光整理，第24页。
④〔清〕戴震：《孟子字义疏证》卷上，何文光整理，第15页。

在知识论的意义上，天（或世界）与人是否可以合一？戴震的答案是肯定的。他的理由有以下三点。

第一，从天这方面说，世界上的各种存在物，都有规律可循，有秩序可循，简言之，都有理可求。正因为世界有理可求，故而可以成为认识的对象，成为知识的来源。如果无理可求，知识当然就不可能了。

第二，从人这方面说，人作为一种特殊的存在物，有资格成为认识主体。按照儒家的一贯说法，天地之间人为贵。人高于其他动物，有其他动物所不具备的“血气心知”。“血气”是指人具有独特的生理结构，具有思维器官，戴震称之为“心”，现代医学称之为大脑。“心知”是指人有理性思维能力。“血气”是形成“心知”的前提，“有血气，则有心知；有心知，则学以进于神明，一本然也”①。正是因为人具有“血气心知”，才具备成为认识主体的资格，才有可能成为知识的掌握者；否则，即便有理可求，知识也是不可能的事情。有“血气心知”的人，指的是有感性的、具体的人，戴震已把抽象的圣人排除在知识论之外。“血气心知”所说的“知”，是关于具体事物的经验之知，他把先验的良知也排除在知识论之外。

第三，元气把天与人联系在一起。从源头上讲，“人之血气心知，本乎阴阳五行”②，也来自元气，也是世界的组成部分，因而可以同世界相沟通，同其他事物相沟通。他说：“人物受形于天地，故恒与之相通。”③元气把认识主体同认识对象联系在一起，感官则是沟通的渠道，“内外相通，其开窍也，是为耳目鼻口”④，“耳之能听也，目之能视也，鼻之能臭也，口之知味也，物至而迎而受之者也”⑤。在他看来，知识的源头不在于人，而在于客观事物。例如，“味与声色，在物不在我，接于我之血气，能辨之而悦之”⑥。他所遵循的认识路线，是从物到心的经验论路线，而不是由心到物的先验论路线。

在论述“血气心知”的时候，戴震对感性认识与理性认识作了区

①〔清〕戴震：《孟子字义疏证》卷上，何文光整理，第19页。
②〔清〕戴震：《孟子字义疏证》卷上，何文光整理，第8页。
③〔清〕戴震：《孟子字义疏证》卷上，何文光整理，第7页。
④〔清〕戴震：《绪言》卷上，《孟子字义疏证》，何文光整理，第92页。
⑤〔清〕戴震：《原善》卷中，《孟子字义疏证》，何文光整理，第71页。
⑥〔清〕戴震：《孟子字义疏证》卷上，何文光整理，第5页。

分，认为“耳目鼻口之官接于物，而心通其则”[①]。不过，同所有的古代哲学家一样，他不可能深入到认识的形成过程之中，去研究感性认识与理性认识之间的关系问题，研究主观与客观之间的关系问题。

他以“血气心知”说为理论依据，批判各种各样的先验论观点。他指出：“庄子所谓‘复其初’，释氏所谓‘本来面目’，阳明所谓‘良知之体’，不过守己自足。既自足，必自大。”[②]他的批判矛头，主要指向正统理学家“冥心求理”说。他指出，这种说法既脱离了“血气心知”，也脱离了客观事物，完全把“理”说成了独立自足的幻影。这样的“理”根本不可能为人所知，“理既完全自足，难于言学以明理，故不得不分理气为二本而咎形气”[③]。

在戴震的“血气心知”说中，还包含着平民意识。他认为，人作为感性的认识主体，都是一样的，并没有上智与下愚之别。有的人成为上智，有的人成为下愚，原因不在于“血气心知”，而取决后天努力的程度。他对孔子说的“唯上智与下愚不移”（《论语・阳货》）作了独到的解释：所谓下愚，不是天生如此，而是不肯努力学习使然；倘若肯努力学习，下愚同样可以转变为上智。“启其心而憬然觉寤，往往有之。苟悔而从善，则非下愚矣，加之以学，则日进于智矣。……故曰不移，不曰不可移。”[④]

在知识论方面，戴震的学说体现了清初朴学家共同的思想倾向。他们为了纠正宋明理学的偏差，都拓宽了“知”的范围，把实用知识也包括在内。顾炎武主张“读万卷书，行万里路”，认为儒者不但应当掌握书本知识，还应当掌握实用知识。王夫之提出“行可兼知”学说，颜元则举起“实学”的旗帜，宣称“救弊之道，在实学，不在空言”[⑤]。实学的范围包括正德、利用、厚生之学，包括兵、农、政事等经世致用之学。朴学家也拓宽了“行”的范围，强调“行”不仅仅指道德践履，更重要的是指动手能力、办事能力。朱熹把格物的“格”解释为“至”，王阳明对“格”的解释为“正”。颜元认为，这些解释都不

---

①〔清〕戴震：《原善》卷中，《孟子字义疏证》，何文光整理，第69页。
②〔清〕戴震：《答彭进士允初书》，《孟子字义疏证》，何文光整理，第168页。
③〔清〕戴震：《孟子字义疏证》卷上，何文光整理，第15页。
④〔清〕戴震：《孟子字义疏证》卷中，何文光整理，第30页。
⑤〔清〕颜元：《存学编》卷三，《颜元集》，王星贤等点校，第75页。

得要领，他的看法是：“格”应当是“‘手格猛兽’之‘格’，‘手格杀之’之‘格’，乃犯手捶打搓弄之义。”[①]例如，学习弹琴，光看琴谱是不行的，必须亲手操弄才能学会。他倡导实学，更倡导实行，主张“习而行之”[②]，“亲下手一番”[③]，“只向习行上做工夫”[④]。他说：“人之为学，心中思想，口内谈论，尽有百千义理，不如身上行一理之为实也。”[⑤]在知识论方面，颜元同王夫之一样，也认为“行”先于“知”，“行”比“知”更重要，主张由“行”得“知”；同戴震一样，也努力突出经验论原则。

话题三：理欲兼容

戴震哲学的第一个话题是天学，提出“气化流行”的过程论，既颠覆正统理学的抽象本体论，又彰显现实性原则。第二个话题是天人关系学，提出“血气心知”的认知论，颠覆了正统理学的良知论，否定先验论，彰显经验论原则。第三个话题是人学，提出一种自然人性论学说，颠覆正统理学的理欲对立论，彰显个体性原则。他的哲学体系以自然人性论为归宿，最后完成了对正统理学的全方位解构。在人学方面，他与宋明理学家明显的区别在于不再热衷于为人寻找安身立命之地，也不再沉溺于理想的精神世界，而要求返回人生活于其中的现实世界，帮助人们重新看待理欲关系问题。在人学方面，他的基本论点就是“理存乎欲”，强调理欲可以兼容。

从“气化流行”和“血气心知”的视角看人，戴震得出的结论是：人就是血肉之躯，就是世界总体中的一种自然存在物，绝不是抽象的天理的体现者。在他的眼中，人是一个全方位的人，一个有血有肉的人，一个会说会笑的人，一个有感性的个体之人。他说：“人生而后有欲、有情、有知，三者，血气心知之自然也。”[⑥]所谓人性，不能归结为天

---

①〔清〕颜元：《习斋记余》卷六，《颜元集》，王星贤等点校，第491页。

②〔清〕颜元：《存学编》卷四，《颜元集》，王星贤等点校，第95页。

③〔清〕颜元：《四书正误》卷一，《颜元集》，王星贤等点校，第159页。

④〔清〕颜元：《颜习斋先生言行录》卷下，《颜元集》，王星贤等点校，第663页。

⑤〔清〕颜元：《颜习斋先生言行录》卷上，《颜元集》，王星贤等点校，第645页。

⑥〔清〕戴震：《孟子字义疏证》卷下，何文光整理，第40页。

地之性或天命之性。那种抽象至善的人性，完全脱离了人的具体生存过程，实际上是不存在的。他认为，只能从此在的角度来看待人性。从这个角度看，人有欲望，有情义，有智慧，这些要素综合起来，就是人性。人作为有感性的个体，大家都是一样的，不存在圣人与凡人之分。在他关于人的看法中，包含着很强的平民意识。按照他的看法，人生而有欲，乃是十分正常的事情。人欲是无法灭掉的，倘若把人欲灭掉了，难道还能算是一个活生生的人吗？人欲并不是人性中的负面因素，而是人性的题中应有之义。因此，不能像正统理学家那样，武断地将人欲归结为恶，必欲除之而后快。他对人性的理解，比正统理学家的眼界开阔了很多。

戴震承认人欲的正当性，并不等于主张放纵人欲，其也主张对人欲加以必要的限制，把人欲纳入人性善的轨道。他认为，人欲有合理与不合理之分。对于不合理的人欲，无疑应当加以限制；而对于合理的人欲，则不能一灭了之。作为儒者，他认同孟子提出的性善论。不过，他认同性善论的理由与正统理学家不一样。正统理学家们把天理、本心或良知之类的抽象本体视为人性善的终极依据，戴震不以为然。他的解释是："人以有礼义，异于禽兽，实人之知觉大远乎物则然，此孟子所谓性善。"①他只从人与禽兽有区别的角度认同人性善，强调人是有礼义、有文化的存在物。他认为，人的生存方式有别于禽兽，需要用礼义规范人的行为，避免各种欲望之间发生冲突。他把礼义规范称为"必然"，称为"理"，认为其根据只能在自然的人性中去寻找，不能到自然人性之外、到子虚乌有的天理本体中去寻找。他说："欲者血气之自然。……由血气之自然而审察之，以知其必然，是之谓理义。"②必然的理，出于自然的欲；离开了欲，理便无从谈起。由此可见，理与欲不是敌对关系，而是兼容关系。戴震主张自然人性论，但并不因此而背离儒家倡导的道德理性或价值理性的原则，没有陷入非理性主义的误区。

戴震指出，理与欲的关系是兼容的关系；理与情的关系也是兼容关系。他说："理也者，情之不爽失也。未有情不得而理得者也。""今

---

①〔清〕戴震：《孟子字义疏证》卷中，何文光整理，第35页。

②〔清〕戴震：《孟子字义疏证》卷上，何文光整理，第18页。

以情之不爽失为理，是理者存乎欲者也。”[①]“不爽失”就是不过分的意思，衡量是否过分的标准就是理，所以说“理者存乎欲者”。理作为使感情表达恰到好处的标准和尺度来说，同情非但不冲突，而且必须以情为前提。他以《孟子》中救助落井儿童的例子说：“所谓恻隐、所谓仁者，非心知之外别‘如有物焉藏于心’也。己知怀生而畏死，故怵惕于孺子之危，恻隐于孺子之死。使无怀生畏死之心，又焉有怵惕恻隐之心？推之羞恶、辞让、是非亦然。”[②]在他看来，救人的道德行为，出于人的自然情感，自己不愿意死，也不忍心看别人面临死亡威胁，自然会出手相助。

依据理、欲、情统一的观点，戴震猛烈地批判了程朱的“理欲之分”及其所带来的社会灾难。他说：“（程朱）辨乎理欲之分，谓‘不出于理则出于欲，不出于欲则出于理’，虽视人之饥寒号呼，男女哀怨，以至垂死冀生，无非人欲，空指一绝情欲之感者为天理之本然，存之于心……此理欲之辨，适成忍而残杀之具。”[③]程朱在区分理欲时，把人欲视为恶，否定了人们要求生存、免除饥寒、男女爱慕等需求的正当性，过分强调天理的至上性和权威性，形成天理的专制主义导向。这种理欲对立的观点，常常被当权者用作残忍的杀人工具。他这样揭露当权者“以理杀人”的罪行：“尊者以理责卑，长者以理责幼，贵者以理责贱。虽失，谓之顺；卑者、幼者、贱者以理争之，虽得，谓之逆。”[④]理欲对立说中的理，实际上成了尊者、长者、贵者欺凌卑者、幼者、贱者的口实，没有理也被说成合“理”；而卑者、幼者、贱者据理力争，虽然有理也被说成不合“理”。这种“理”，完全变成了残杀卑者、幼者、贱者的工具。戴震发出愤愤不平的感叹：“人死于法，犹有怜之者，死于理，其谁怜之？”[⑤]他严厉地斥责“酷吏以法杀人，后儒以理杀人”[⑥]。他指出，“以理杀人”与“以法杀人”相比，残酷性有过之而无不及。戴震言辞激烈地抨击“以理杀人”，显然不是站在

---

①〔清〕戴震：《孟子字义疏证》卷上，何文光整理，第1、8页。
②〔清〕戴震：《孟子字义疏证》卷中，何文光整理，第29页。
③〔清〕戴震：《孟子字义疏证》卷下，何文光整理，第53—58页。
④〔清〕戴震：《孟子字义疏证》卷上，何文光整理，第10页。
⑤〔清〕戴震：《孟子字义疏证》卷上，何文光整理，第10页。
⑥〔清〕戴震：《与某书》，《孟子字义疏证》，何文光整理，第174页。

官方的立场上说话，而是站在平民的立场上说话，站在弱者的立场上说话。在他的呼喊声中，已经透露出市民阶层的市民意识和个性解放的意识。在文学史上，《红楼梦》以艺术的手法，借助贾宝玉等人的形象，倡导个性解放，发出对封建专制主义的抗议声。而戴震作为与曹雪芹同时代的哲学家，也发出了同样的声音，《孟子字义疏证》的社会批判功能，不在曹雪芹的《红楼梦》之下。戴震大胆揭露当权者以“理”的名义压制人性，抗议清王朝扶植程朱理学，推行文字狱的文化政策，喊出了平民的心声。对封建理性专制主义造成了冲击，无疑具有进步的意义。

在抨击程朱理学和当权者“以理杀人”的基础上，戴震重申儒家的民本主义传统，提出“体民之情，遂民之欲”的诉求。他说：“天下之事，使欲之得遂，情之得达，斯已矣。……遂己之欲者，广之能遂人之欲；达己之情者，广之能达人之情。道德之盛，使人之欲无不遂，人之情无不达，斯已矣。”①在他看来，要做到达情遂欲，必须遵循孔子“仁者爱人”的仁学原则，以情换情，将心比心，推己及人。在政治上，就是要“与民同乐”“省刑罚”；在经济上，要轻徭薄赋，“与民同欲”。使“居者有积仓，行者有裹粮”，“内无怨女，外无旷夫”。②戴震的这种诉求，在当时的历史条件下当然不可能实现，但其中所包含的民主主义因素却对后世产生深远影响。近代资产阶级革命派的思想家，乃至“五四”激进的民主主义者，都从戴震的哲学思想中受到过启发和鼓舞。

---

①〔清〕戴震：《孟子字义疏证》卷下，何文光整理，第41页。
②〔清〕戴震：《孟子字义疏证》卷上，何文光整理，第10页。

后 记

本书所涉及的人物，是中国古代哲学史中关节点上的一流哲学家；所涉及的问题，也是中国哲学研究中避不开的全局性问题，故谓之《中国古代哲学通诠》。为了体现本书的结构，标题多数为我在编纂过程中所加，但内容仍保持原来面貌，并且在每一章的第一页标明原刊发处。本书与拙著《中国古代哲学通史》（中国青年出版社2016年版）、《中国传统哲学通论》（中国人民大学出版社2013年版）结为姊妹篇。三“通”互相配合，表达出我对中国古代哲学史的理解，自成一家之言。我从2012年起，告别讲台，迈入退休者的行列。三“通”都是我退休后出版的书，算是我的“晚年定论”。这些书都是我数十年治中国哲学的一点心得，其学术立场基本上保持一致，迄今为止没有大的变化。我历来主张坚持有个性的学术立场，重新书写中国哲学史，不能走千篇一律、人云亦云的老路。写中国哲学史，好比两个人看完同一出戏，回去各自写观后感。戏虽相同，观后感不可能完全一样。诚如西谚所说：“舞台上虽然只有一个哈姆雷特，可是在一千个观众心目中，却有一千个哈姆雷特。”同样道理，不同人写出来的中国哲学史，怎么可能完全一样呢？我写的文章都是自己的真情实感，绝不跟着风气走，绝不说违心的话。我知道，我的有些看法未必正确，可还是敝帚自珍，舍不得轻言放弃，毕竟是自己数十年摸索出来的东西，而不是从什么人那里克隆来的。我愿意同读者在一起，“奇文共欣赏，疑义相与析”。

本书多有舛谬之处，敬请读者批评指正。十分感谢孔学堂书局为此书提供出版机会，十分感谢责任编辑付出辛劳，为本书增色颇多。

宋志明

2022年记于中国人民大学宜园二楼思灵善斋